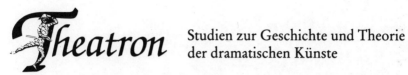 Studien zur Geschichte und Theorie
der dramatischen Künste

Herausgegeben von Hans-Peter Bayerdörfer, Dieter Borchmeyer
und Andreas Höfele

Band 15

Markus Moninger

Shakespeare inszeniert

Das westdeutsche Regietheater
und die Theatertradition des
›dritten deutschen Klassikers‹

Moninger, Markus:
Shakespeare inszeniert : das westdeutsche Regietheater und die Theatertradition des ›dritten deutschen Klassikers‹ / Markus Moninger. – Tübingen : Niemeyer, 1996
(Theatron ; Bd. 14)
NE: GT

ISBN 3-484-66015-5 ISSN 0934-8344

Printed in Germany.
Gedruckt auf alterungsbeständigem Papier.
Druck: Weihert-Druck GmbH, Darmstadt
Einband: Heinr. Koch, Tübingen

Max Niemeyer Verlag
Tübingen 1996

D 19 Philosophische Fakultät für Geschichts- und Kunstwissenschaften

Die Deutsche Bibliothek – CIP-Einheitsaufnahme

Moninger, Markus:
Shakespeare inszeniert : das westdeutsche Regietheater und die Theatertradition des ›dritten deutschen Klassikers‹ / Markus Moninger. – Tübingen : Niemeyer, 1996
   (Theatron ; Bd. 15)
NE: GT

ISBN 3-484-66015-5   ISSN 0934-6252

Druck: Weihert-Druck GmbH, Darmstadt
Einband: Heinr. Koch, Tübingen.

Inhalt

Einleitung

1 Falsches Spiel mit Shakespeare?

Die traditionell starke Lust des deutschen Theaters auf Shakespeare manifestiert sich in seiner Spitzenstellung im Spielplan, die er im Laufe des 19. Jahrhunderts eroberte und von da an kaum bedrängt beibehielt. Seine Bedeutung für die deutsche Theaterentwicklung tritt in der Etikettierung des Dramatikers als "dritter deutscher Klassiker"[1] zutage – damit deuten sich die problematischen Aspekte dieser Liebe schon an.

Das enge Verhältnis erlebte besonders im 20. Jahrhundert eine Zerreißprobe: Das Theater der Weimarer Republik leitete die politisch motivierte "Ummontierung"[2] des 'Klassikers' in die Wege, was in der NS-Zeit in herrschaftsaffirmative, völkisch-ideologische Bahnen abgebogen wurde. Das westdeutsche Regietheater seit den sechziger Jahren revitalisierte die kritische Shakespeare-Interpretation und veränderte nachhaltig die deutsche Theaterästhetik. Der Bezug zwischen 'klassischem' Text, seiner Aufführungstradition und den Inszenierungen ist – da er nun auch wieder zensurfrei diskutiert werden kann – selten so umstritten und beargwöhnt wie zu dieser Zeit.

Die Geschichte des 'deutschen Shakespeare' verlief also alles andere als harmonisch, sie war und ist eine *Problemgeschichte* – vor allem während der zwei Vorstöße des Regietheaters in den zwanziger und sechziger Jahren dieses Jahrhunderts. Aus dem häufig zugeschütteten Widerspruch zwischen ständiger *Verfügbarkeit* der 'klassischen' Werke infolge überzeitlicher Gültigkeit und ihrer gleichzeitig geforderten *Autonomie* resultiert eine Spannung, die kritische 'Umfunktionierungen' im 20. Jahrhundert in scheinbar respektloser Antwort auf die Überlieferung verstärkten. Wegen dieser angeblichen Mißach-

---

[1] "our third classic" nennt ihn Wilhelm Hortmann in Anlehnung an die konventionelle feuilletonistische Formulierung. "Changing Modes in Hamlet Production: Rediscovering Shakespeare after the Iconoclasts." *Images of Shakespeare. (Proceedings of the 3rd Congress of the International Shakespeare Association 1986).* University of Delaware. 1988. 221-235. 236.

[2] Herbert Ihering. "Reinhardt, Jessner, Piscator oder Klassikertod?" (1929). *Der Kampf ums Theater.* Berlin 1974. 305-324. 324.

1

tung ist das Regietheater seinen Gegnern ein dankbares Streitobjekt, die ihm "Anti-Klassiker-Tendenz", "Unkenntnis des historischen Kontexts und Unverständnis für die Stücke" unterstellen: Shakespeare werde übel mitgespielt, statt ihn zu 'spielen'.[3] Befürworter der sogenannten 'Werktreue' verhängen ein Verbot darüber, "Geschichte von einst mit Geschichte von heute 'historisch' zu verquicken".[4] Wenn jedoch der historische Kontext der Werke als die immer noch gültige Interpretationsebene ausgegeben wird, entlarvt sich diese 'Klassiker'-Definition als Rezeption 'sub specie historiae', als *Traditionsautomatismus*, dem die Ewigkeitsperspektive angedichtet wird.

Über die Gründe und die Entwicklung dieser Konfrontation existieren mehr Polemiken als detaillierte Erörterungen darüber, worin die Beziehung zwischen Shakespeare und dem deutschen Theater seit seiner Kanonisierung zum 'Klassiker' besteht und was es dadurch gewinnt. Die vorliegende Studie spürt diesen Fragen nach.

Die Inthronisierung Shakespeares zum 'Klassiker', die ein für allemal den historischen Abstand zu den Texten überbrücken sollte, und seine 'Verbürgerlichung' im deutschen Theater bleiben diskussionswürdig, da ihre Nach- und Nebenwirkungen bis zu den jüngsten Bühnenskandalen spürbar sind.

Das bedeutet zum einen, Shakespeares 'Klassiker'-Status in wesentlichen Stadien seiner 'Inthronisierung' zum *deutschen Shakespeare* seit dem 18. Jahrhundert darzustellen, um die Ursachen und Verfahren des Regietheaters zu befragen. Zum anderen legt die Studie Wert auf die wichtige Phase des Theaters der Weimarer Republik, in der die Möglichkeit eines zeitgenössischen wie virulenten Shakespeare-Verständnisses szenisch demonstriert wird. Freilich darf die Rezeption im Dritten Reich nicht ausgespart werden – auch wenn diese "widerwärtig"[5] ist.

Die Reaktion des Regietheaters auf Shakespeares Werk und seine inspirative Wirkung für die Weiterentwicklung der Theaterästhetik läßt das Verhältnis zu ihm problematisch im besten Sinn werden: als engagiertes Antwortspiel auf die Reizmomente seiner Dramen. Diese waren und sind Anlaß zu einer Überprüfung oder zu einem Wechsel des Theatermaterials. Damit ergeben sich zwei Aspekte: Die Geschichte der semiotischen Strategien des Theaters in der Auseinandersetzung mit Shakespeare ist ebenso wichtig wie die Zugriffe auf den 'dritten deutschen Klassiker', die ihn vom in Deutschland traditionell

---

[3] Wolfgang Wittkowski. "Zerstört das Regietheater die deutsche Literatur?" *Drama und Theater im 20. Jahrhundert*. Ed. H.D. Irmscher, W. Keller. Stuttgart 1984. 476-482. 481.

[4] A.a.O. 482.

[5] Manfred Pfister. "Hamlet und der deutsche Geist: Die Geschichte einer politischen Interpretation." *ShJ(W)* 1992. 13-38. 15.

hohen Sockel herabsteigen und mitunter zum 'Zeitgenossen' werden lassen, den man kaum wiedererkennt. Eine Theaterhistoriographie, die sich keiner Werk-Monographie verpflichten möchte, sondern den Wechsel des Theatermaterials während der Arbeit an oder gegen Shakespeare einbezieht, steht daher vor einer reizvollen Herausforderung: Sie muß die kurze Zeit des Regietheaters auf den 'Klassiker'-Kanon beziehen, um die Theaterentwicklung seit den Sechzigern nicht allein als Abfolge punktueller Skandale zu verstehen, sondern als Prozeß. Welche historiographischen Modelle bietet die Shakespeare- und theaterwissenschaftliche Forschung dazu an?

2 Historiographische Angebote der Forschung

Die Theaterwissenschaft trägt gegenüber der Literatur- und Übersetzungswissenschaft zum geringeren Teil dazu bei, den ohnehin hohen Forschungsberg zum 'deutschen Shakespeare' ins Unermeßliche zu erhöhen. Ein Blick in die kommentierte Bibliographie zum Thema "Der deutsche Shakespeare"[6] (die mir die Darstellung zur Forschungssituation erspart) belehrt über dieses Ungleichgewicht der Gipfelstürmerei, wobei auffällt, wie viel Zurückhaltung die theaterwissenschaftliche und philologische Shakespeare-Rezeption gegenüber Inszenierungen besonders der Nachkriegszeit übt. Kaum ein Beitrag zur Bühnenrezeption nach 1945 versäumt den Hinweis, wie sehr die "Wirkungsgeschichte Shakespeares ein integriertes Stück deutscher Tradition"[7] darstellt:

> Die Präsenz Shakespeares in der kunsttheoretischen, poetologischen und theaterpraktischen Diskussion ist so groß, daß mit Recht behauptet werden kann, daß sich die deutschsprachige Literatur und die deutsche Bühne ohne Shakespeare ganz anders entwickelt hätten.[8]

Trotz Anerkennung der jahrhundertelangen Wirkungsgeschichte Shakespeares entledigen sich die meisten Studien zur jüngeren Bühnenrezeption des Gewichts der Tradition. Zum Teil aus gutem Grund: Globalgeschichtliche Zugänge tragen an der Materialfülle ebenso schwer wie an teleologischen Geschichtskonzepten, deren Unstimmigkeiten in Fragen historischer Sinnbil-

---

6   Hansjürgen Blinn, ed. *Der deutsche Shakespeare/ The German Shakespeare. Eine annotierte Bibliographie zur Shakespeare-Rezeption des deutschsprachigen Kulturraums (Literatur, Theater, Film, Funk, Fernsehen, Musik und bildende Kunst)*. Berlin 1993.
7   Christiane Vielhaber. *Shakespeare auf dem Theater Westdeutschlands 1945-1975*. Diss. Köln 1977. 8.
8   Hansjürgen Blinn. Der deutsche Shakespeare/ The German Shakespeare. A.a.O. 11.

dung hinlänglich bekannt sind.[9] Beispiel dafür ist Ernst Leopold Stahls Werk "Shakespeare und das deutsche Theater"[10] (1947), das die Shakespeare-Rezeption seit ihrem Beginn am werkpoetischen Maßstab der Werktreue (für Stahl ultima ratio des kongenialen Verständnisses) anlegt und damit an einer Hürde scheitern läßt, die erst ab Mitte des 19. Jahrhunderts breiter diskutiert wurde.

Kein Wunder, wenn Studien mit Blick auf Jahrhunderte sich auf "readers" beschränken, wie Hansjürgen Blinns hervorragender Überblick auf Zeugnisse zur "Shakespeare-Rezeption",[11] oder sich auf Fakten konzentrieren wie der historisch-detaillierte Rundblick "Shakespeare on the German Stage." (1568-1914).[12] Die ausgebliebene Problematisierung kompensiert dessen Verfasser Simon Williams durch ausgezeichnete Veranschaulichungen von Shakespeare-Inszenierungen vor allem des 19. Jahrhunderts, weshalb sich die vorliegende Studie für diesen Zeitraum auf die theorieästhetische Dimension der 'Klassiker'-Kanonisierung beschränkt. Horst Zanders "Shakespeare bearbeitet"[13] schildert die Rezeption der "history-plays" in Bezug auf das werkpoetologische Kriterium der 'Werktreue', um zu verdeutlichen, daß Inszenierungen zumindest des dramatischen Theaters auch ohne Einstriche in den dramatischen Text interpretieren. Damit hebt Zander die nahezu einzig verbleibende Kategorie aus den Angeln, mit der immer wieder versucht wird, lange Theater–Zeit–Räume aus der Warte einer selbst historischen Sichtweise zu beurteilen.

Der Rückzug in Einzelgeschichten, die sich auf kurze Zeiträume beschränken (wie z.B. eine Historiographie zur Theaterkritik seit 1945)[14] ist verständlich. Dabei führt die Tatsache, daß die Theaterwissenschaft nicht über fixierte Artefakte als Primärquellen, sondern über transitorische Ereignisse diskutiert,

---

[9] Vgl. Hans-Peter Bayerdörfer. "Probleme der Theatergeschichtsschreibung." Theaterwissenschaft heute. Ed. R. Möhrmann. Berlin 1990. 41-64. Erika Fischer-Lichte. *Kurze Geschichte des deutschen Theaters*. Tübingen – Basel 1993. 6f.

[10] Ernst Leopold Stahl. *Shakespeare und das deutsche Theater. Wanderung und Wandelung seines Werkes in dreiundeinhalb Jahrhunderten, zusammengestellt von Carl Niessen*. Stuttgart 1947.

[11] Hansjürgen Blinn, ed. Shakespeare-Rezeption. *Die Diskussion um Shakespeare in Deutschland. I: Ausgewählte Texte von 1741-1788. II: Ausgewählte Texte von 1793-1827*. Berlin 1982 und 1987.

[12] Cambridge 1990.

[13] Horst Zander. *Shakespeare "bearbeitet". Eine Untersuchung am Beispiel der Historien-Inszenierungen 1945-1975 in der Bundesrepublik Deutschland*. Tübingen 1983.

[14] C. Jane Rice. *The discussion of Shakespeare in West Germany, 1945 to 1985*. Stanford Univ. Diss. 1987. Aufgrund dieser ausführlichen Studie verzichte ich auf eine Darstellung der Shakespeare-Rezeption im Spiegel der Theaterkritik.

zur Aufwertung von Einzelereignissen. Dies gilt vor allem für innovationsorientierte Ansichten, die das Regietheater der Sechziger als Traditionsbruch ausrufen und damit eine neue Epoche einläuten. Problembeispiel aus umfangreicheren Arbeiten über Shakespeare und das westdeutsche Nachkriegstheater ist "Shakespeare auf dem Theater Westdeutschlands 1945-1975", die zwar die fünfziger Jahre einbezieht, jedoch vom 'geistigen Theater' unmittelbar zu Kortners Shakespeare-Inszenierungen und zum Regietheater übergeht, ohne das wichtige Moment der Diskontinuität theatersemiotisch und historisch zu untersuchen. Die Problematik der Arbeit, die über teilweise ausgezeichnete Inszenierungsbeschreibungen verfügt, entsteht aus der gewählten Methode selbst. Zum einen verschreibt sie sich dem Einzelereignis, zum anderen – und da kündigt sich die Virulenz eines weiteren Aspekts an – schildert sie lediglich ästhetische Höhenkämme der Theatergeschichte:

> Solange [...] die schauspielerische Virtuosität oder die sorgsam harmonisch abgestimmte Bühnendekoration als Ausdrucksmittel einer vertrauten Übereinkunft zur Perfektion geführt werden, solange bleibt dieser Regiestil für das Thema dieser Arbeit bedeutungslos.[15]

Diskontinuität und Innovation lassen sich jedoch nur vor dem Hintergrund der Konvention erkennen; diese muß – wenn schon das Innovationsprinzip zum Leitfaden gemacht wird – ja erst einmal als die Basis dargestellt werden, von der sich neue ästhetische Praktiken abheben. Die differenzbildende Qualität des Skandalereignisses beschreibt lediglich das 'inouï', nicht die Veränderungen theatraler Normen, die dazu führten.[16]

Die wenigen ausführlichen Studien über die Bühnen-Rezeption Shakespeares bewerten die Emanzipation der Bühne vom Text und von Erwartungshaltungen als vollendeten Bruch mit der Tradition der Lesarten und Inszenierungen. Etikettierungen der jungen Regisseure als "Bilderstürmer" ("iconoclasts"),[17] "Akteure des Sturms"[18] oder als Vertreter eines groß angelegten "Schwindelprodukts"[19] weisen unverkennbar auf das Modell des

---

[15] Vielhaber. A.a.O. 9.

[16] Vgl. Niklas Luhmann. "Das Problem der Epochenbildung und die Evolutionstheorie." *Epochenschwelle und Epochenstrukturen im Diskurs der Literatur- und Sprachhistorie.* Ed. H.-U. Gumbrecht, U. Link-Heer. Frankfurt/M. 1985. 11-33.

[17] Wilhelm Hortmann. "Changing Modes in Hamlet Production: Rediscovering Shakespeare after the Iconoclasts." A.a.O. 221.

[18] Günther Rühle. "Zeit zu enden, Zeit zu fragen." *Was soll das Theater?* (Theater in unserer Zeit. Bd. 3). Frankfurt/M. 1992. 21-40. 24.

[19] Vaget in der Diskussion um Walter Hinck. "Vom Ärgernis der Klassiker-Inszenierungen. Goethes Bearbeitung von Romeo und Julia und Hansgünther Heymes Bearbeitung des Wallenstein." *Verlorene Klassik.* Ed. W. Wittkowski. Tübingen 1986. 353-373. Diskussion: 373-377.

Bruchs, der avantgardistischen Innovation. So gesehen gestaltet sich das Regietheater seit den Sechzigern als konsensuale Ablehnung aller vorausliegenden Normen. Damit gewinnt man ein für die theatergeschichtliche Aufarbeitung sehr einfaches Modell des Epochenbruchs, das zweifach strukturiert ist: von dem totalen Einschnitt in die Tradition und von der avantgardistischen Innovation.

Derart formalistisch konstruiert, haftet der jungen Regisseursgeneration die Faszination des Anfänglichen an, so daß die Vergangenheit als schon abgeworfener Ballast erscheint.[20] Wie Phönix sich nur verjüngt, indem er sich verbrennt, ist dieser gegenwartsbezogenen Interpretation entgegenzuhalten, daß die 'Verjüngung' des Theaters aus (angeblich) 'musealer' Ästhetik erkennbar Normen preisgegeben haben muß. Es hat sich also ein Bedeutungswandel der theatralen Zeichen und Zeichenebenen (oder der Institution selbst) vollzogen, der als Prozeß darstellbar sein müßte.

Wählt man jedoch den kurzen Darstellungszeitraum von nur rund 30 Jahren, so läßt sich die vorhergehende Theatergeschichte in ihren Unterschieden zum Regietheater schnell überreißen: als die Zeit der durch das "Dritte Reich" kompromittierten 'Klassiker' und Theaterschaffenden,[21] als Epoche der "klassischen Humanitätspropaganda",[22] der realitätsfernen und aktualitätsfeindlichen *restitutio hominis*.

Hervorzuheben sind Hortmanns und Höfeles Shakespeare-Studien.[23] Mit dem Kriterium der "Disjunktion" gegenüber der traditionellen Subjekt-Darstellung auf der Bühne geht Hortmann von Einzelereignissen über zu Fragen nach dem Wandel des schauspielerischen Codes. In "The Theatre of Exhaustion? Posthistoire in Recent German Shakespeare Productions"[24] zeigt Höfele einen Trend mehrerer Shakespeare-Inszenierungen der Achtziger zur ästheti-

---

[20] Gegenargumente liefert Günther Erken: "Theaterarbeit mit Klassikern. Erfahrungen eines Dramaturgen bei Hansgünther Heyme." *TZS* 11 (1985). 5-21. 5.

[21] Vgl. dazu Werner Habicht. "Shakespeare and theatre politics in the Third Reich." *The play out of context. Transfering plays from culture to culture*. Ed. H. Scolicov, P. Holland. Cambridge UP. 1989. 110-120.

[22] Jürgen Sang. "Vom Regietheater zurück zum Klassiker-Text. Warum?" *Verlorene Klassik*. A.a.O. 378-383. Diskussion: 383-387.

[23] Wilhelm Hortmann. "Die Macht der Bilder – Szenographische Notate zu einigen jüngeren Shakespeare-Inszenierungen." *Kunstgriffe. Auskünfte zur Reichweite von Literaturtheorie und Literaturkritik*. Fs. für Herbert Mainusch. Ed. U. Horstmann, W. Zach. Bern 1989. 139-151. 141ff. "Theaterschocks bei avantgardistischen Shakespeare-Inszenierungen." *Shakespeare. Didaktisches Handbuch*. 3 Bde. Ed. R. Ahrens. München 1982. I. 313-342.

[24] Andreas Höfele. "A Theater of Exhaustion? 'Posthistoire' in Recent German Shakespeare Productions." *Shakespeare Quarterley*. Vol. 43. 1 (spring 1992). 80-86.

schen Repräsentation des Stillstands und des Nachgeschichtlichen auf, die Kriterien der Handlung und Charakterzeichnung nicht mehr bedienen – und sich damit kraß gegen die Inszenierungstradition stellen. Höfele begnügt sich nicht damit, die Abweichungen der Einzelereignisse von der 'Theatertradition' nur festzustellen, sondern weist nach, wie die Inszenierungen gegen das gewohnte 'fabelbezogene', fiktions-, aktions-, konflikt- und subjektorientierte Theaterverständnis opponieren. Zugleich benennt Höfele die Problematik eines Regietheaters, das bisher immer nur wegen seiner avantgardistischen Innovation berufen oder gescholten wurde; daß es mittlerweile selbst den Zenit des Epigonalen überschritten haben könnte, ohne weitere 'nouvautèes' zu provozieren, wird zur herausfordernden Beweisaufnahme gegen avantgarde-orientierte Theatergeschichten, für die Theater lediglich als Progreß, Vervollkommnung seiner Ästhetiken denkbar ist.

Der Vorteil der genannten Beiträge besteht in der Behandlung mehrerer Shakespeare-Dramen und vielfältiger szenischer Aspekte, während monographische Abhandlungen sich zumeist auf die Frage der thematischen Umwertung oder in den Übersetzungen zum Tragen kommenden "Äquivalenzen"[25] beschränken und damit am Kriterium der 'Werktreue' entlang argumentieren, das eher die Qualität eines persönlichen 'Vor-Urteils' im Sinn Gadamers aufweist.[26] Gerade die im Verstehensprozeß konstruierte Disposition der Dramen für völlig divergente Kontextualisierungen könnte selbst bei textlichen Einstrichen der Schlüssel zur Überzeitlichkeit Shakespeares sein.

3 Vorgehensweise

Die Sichtung nach ästhetischer Innovation und 'Ranghöhe' zählt zum 'mainstream' der Theatergeschichtsschreibung. Abgesehen von der Unklarheit, woran Innovation gemessen wird, steht die Historiographie der 'nouvautées' permanent vor dem Problem, den Wandel von theatralen Normen mit Hilfe von "lange Rezeptionsphasen bestimmenden einzelnen Bühnenereignissen in

---

[25] Ulrike Dippelt. *Vom Mysterium der Gnade zur Korruption durch Macht. Shakespeares 'Maß für Maß' in Westdeutschland: die Geschichte seiner Rezeption in Literaturwissenschaft und Theater 1946-1979. Bonn 1980.* Norbert Hofmann. *Redundanz und Äquivalenz in der literarischen Übersetzung, dargestellt an fünf deutschen Übersetzungen des "Hamlet". Tübingen 1980.*

[26] Zur 'Werktreue' vgl. Andreas Höfele. "Drama und Theater: Einige Anmerkungen zur Geschichte und gegenwärtigen Diskussion eines umstrittenen Verhältnisses." *Forum Modernes Theater 1* (1991). 3-22.

gattungsgeschichtlicher Reihe" und in historischen Dimensionen einzubinden. Der wichtige Versuch, Veränderungen theatraler Normen über 'traditionsfeindliche' Inszenierungen darzulegen, gerät häufig zu einer Formgeschichte der Etablierung und Ablösung von ästhetischen Konventionen, die die prozessualen Aspekte des Traditionsbruchs verkennt.[27] Bayerdörfer optiert für die interdisziplinäre Theatergeschichtsschreibung unter Einbezug von paratheatralen, alltags- und mentalitätsgeschichtlichen Aspekten. Vergleichbare Anwendungen in der Literatur- und Sozialwissenschaft zeigen jedoch, daß sich diese enge Kooperation von Ideen- und Sozialgeschichte nur im 'Team' erreichen läßt. Dem Risiko einer ästhetizistischen Historiographie versucht die vorliegende Arbeit vorzubeugen, indem sie ihren Schwerpunkt auf die "violent clashes"[28] im westdeutschen Theater seit 1960 legt, sie jedoch einbezieht in die Jahrhunderte übergreifende Kanonbildung der Shakespeare-Tradition und des 'Klassischen' seines Werks, bemißt sich doch auch die Phase der theatralen Widerspenstigkeit an dem, was sie als nicht mehr tragbar, als 'verzopften' Shakespeare negativ normiert. Mit anderen Worten: So radikal sich das Regietheater von der Tradition verabschiedet, es setzt das Wissen über sie voraus, nutzt und braucht sie, um sich in Opposition dazu setzen zu können.

3.1 Entwurf von Identitätsthemen

Mit der Berücksichtigung des 'Klassiker'-Prozesses stellen sich zwangsläufig nicht nur philologische und werkästhetische Interessenaspekte,[29] sofern unter 'klassisch' mehr als nur die Vereinbarung verstanden wird, ein dramatisches Werk zum Bildungsgut zu erklären und vom Verfallsdatum zu entbinden. Die Definitionsschwemme, die der Terminus über sich ergehen lassen mußte, begünstigt ein Klima hermeneutischen Unwohlseins, was die Einschätzung über die Zuerkennung des 'Klassischen' und Konsequenzen dieser Zuschreibung betrifft. Auf den kleinsten gemeinsamen Nenner gebracht, unterstellen die vielfältigen Begriffsbestimmungen ein untrügliches Talent des 'klassischen' Autors, Antworten auf Sinn und Sein des Menschen zu finden oder

---

[27] Hans-Peter Bayerdörfer. "Probleme der Theatergeschichtsschreibung." *Theaterwissenschaft heute*. Ed. R. Möhrmann. Berlin 1990. 41-64. 51.

[28] Andreas Höfele. "A Theater of Exhaustion? 'Posthistoire' in Recent German Shakespeare Productions." A.a.O. 81

[29] Das Problem diskutiert ausführlich Andreas Höfele. "Drama und Theater. Einige Anmerkungen zur Geschichte und gegenwärtigen Diskussion eines umstrittenen Verhältnisses." A.a.O.

zumindest Fragen darüber aufzuwerfen, die über zeitlich begrenzte Lösungsversuche hinausgehen und die *conditio humana* berühren.[30] Die Anforderungen an das 'Klassische', trotz der Spanne zwischen der Geschichtlichkeit des Texts und der Aktualität seiner Rezeption die *conditio humana* zu repräsentieren, bezeugen einen Anspruch nach paradigmatischer Menschendarstellung im 'klassischen' Text. Die 'klassischen' Texte des neuzeitlichen literarischen Theaters kommen dem entgegen, stellen sie doch die dramatische Figur in den Vordergrund. Sie hinterlassen möglichen Rezeptionen die Option, aus den inszenierten Figurenreden und Handlungselementen Identitätsthemen zu konstruieren – ob diese auch tatsächlich einem Subjektbegriff verpflichtet sind oder ihn aushöhlen, gerät mitunter zum spannenden Moment der 'Klassikeraktualisierung'.

Eine Historiographie der Bühnenrezeption könnte Stadien von jeweils in Shakespeare-Inszenierungen und Essays konkretisierten Bewußtseinsformen erörtern, in denen sich die 'Überzeitlichkeit' Shakespeares darin manifestiert, daß sie aktuelle Interpretationen der *conditio humana* zulassen. Unter dieser partialgeschichtlichen Annäherung gestaltet sich die szenische Shakespeare-Rezeption auch als stets neu aufgeworfene und inszenierte Positionsbestimmung des Subjekts.[31]

Historiographie in diesem Sinn handelt (auch) von theatral erzeugten Subjekt-Geschichten oder Bestandsaufnahmen über Möglichkeiten des geschichtlichen Subjekts. Damit soll jedoch nicht der Anspruch erhoben werden, "Aufführungsgeschichte als Psychohistorie" zu betreiben, was eine zur Zeit nicht leistbare Rekonstruktion der in einem Rezeptionskreis "dominanten psychischen Dispositionen, Probleme und – ästhetischen – Strategien zur ihrer Lösung"[32] erfordern würde: die enge Verzahnung der Theaterhistoriographie mit mentalitätsgeschichtlichen Aspekten, die – vergleichbare Ansätze in der Literaturwissenschaft belegen dies – sich nur in 'Teamwork' realisieren läßt. Es kann lediglich anhand der figuralen Darstellung in jeweiligen Inszenierungen überprüft werden, inwieweit Handlungs-, Reflexions- und Sprachparadigmen noch auf eine dargestellte Subjektivität verweisen. Leitfaden muß dabei die gedankliche Möglichkeit sein, daß eine aktualisierte *conditio humana* auch jenseits subjektphilosophischen Ermessens das Subjekt "wie ein Gesicht im Sand am Meer" (Foucault) verschwinden lassen könnte.

---

[30] Zur Begriffsgeschichte vgl. Egidius Schmalzriedt. *Inhumane Klassik*. München 1970.
[31] Vgl. dazu Erika Fischer-Lichte. Geschichte des Dramas. Epochen der Identität auf dem Theater von der Antike bis zur Gegenwart. 2 Bde. Tübingen 1990.
[32] Erika Fischer-Lichte. *Kurze Geschichte des deutschen Theaters*. A.a.O. 406, 409.

3.2 Gliederung

Die vier Teile der Arbeit führen von der provokativen Funktion Shakespeares für die Entwicklung des deutschen Theaters über seine Kanonisierung zum 'Klassiker' bis hin zur szenischen Opposition gegen diese 'Klassik-Legende', bis zur merkwürdigen 'historistischen' und hermetischen Eingliederung der Dramen in szenische Endzeit-Konzepte.

Bei der Vielzahl der Shakespeare-Inszenierungen, die sich pro Spielzeit auf über 80 szenische Erprobungen des 'Klassikers' belaufen, sind Beschränkungen unumgänglich. Wegen der erwähnten vorliegenden Arbeiten zur Gattung der Komödie und Historie behandelt diese Studie bei einigen Ausnahmen besonders zwei Stücke aus der Gattung 'Tragödie', die traditionell die "Hauptlast der Bearbeitungen" trägt.[33]

Gewählt wurden "Coriolanus" und "Hamlet": Die Römertragödie erfährt im Lauf von über zwanzig Jahren vier 'Umfunktionierungen', die in verschiedenen Theaterkontexten entstanden sind.

Die Wahl von "Hamlet", dem Schwerpunkt der Inszenierungsanalysen, erklärt sich aus vier Gründen: zum einen aus der besonderen Stellung des Dramas in Deutschland, die aufführungsstatistisch gesehen bis heute unangefochten ist, zum anderen aus der exemplarischen Wirkung, die die meisten der hier beschriebenen "Hamlet"-Inszenierungen für die Theaterästhetik aufwiesen. Drittens birgt die Konzentration auf "Hamlet" einen methodischen Grund, der schon angerissen wurde: Erklärungen darüber, wie sich die Hierarchisierung und das Zusammenspiel von theatralen Zeichenebenen verändert, können sich nicht allein auf sogenannte innovative Inszenierungen stützen. Ohne Rekonstruktion der konventionellen Theaterästhetik gelingt keine hinreichende Erörterung ihrer Veränderung; um die 'Höhenkämme' zu erklimmen, muß das 'Tal' erst einmal begangen sein. Dieser Vorgabe kommt "Hamlet" zupaß: Das Stück gestattet durch seine Spitzenstellung im Repertoire der Shakespeare-Dramen eine angemessene Vergleichbarkeit und Materiallage für die beabsichtigte Vorgehensweise.

Viertens steht "Hamlet" bis heute als *dramatisches Paradigma* für die Probleme eines Charakters im Konflikt mit Gesellschaft und (Staats-)Macht. Umso wichtiger wird das Stück für eine Analyse, die nicht nur formalge-

---

[33] Vgl. Klaus Peter Steiger. *Moderne Shakespeare-Bearbeitungen.* Stuttgart 1990. 21-27.

schichtlich argumentieren möchte, sondern auch versucht, in den jeweiligen Inszenierungen artikulierte Beziehungen des Subjekts im Widerspiel mit Gesellschaft und Macht zu klären. Wenn die *Dramengeschichte als inszenierte Identitätsgeschichte*[34] gesehen werden kann, sollte es auch für Inszenierungsgeschichte möglich sein, Hamlet nachspürend, ästhetisch vermittelte Konstruktionen von Identität in Entsprechung mit jeweiligen theatersemiotischen Strategien zu erkennen. In diesem partialgeschichtlichen Sinn verstanden, greift eine "Hamlet"-bezogene Analyse auf extraästhetische Interferenzen des westdeutschen Theaters hinaus. Wenn das Stück auch nicht für alle Fälle semiotischer Variationen der Theaterentwicklung stehen mag, so bleibt es doch ein Prototyp für mögliche Identitätsgeschichten und -themen. Ihre Krisen sind geradezu ingeniös darstellbar und kritisierbar auf einem Schauplatz von Raum, Sprache und (im Gegensatz zur Literatur oder dem Film) leiblich präsenten Körper; auf einem Demonstrationsort, der zumindest im neuzeitlichen, narrativ orientierten Theater von Identitätsgeschichten zehrt, die virtuell einen gemeinsamen Erfahrungshorizont von Produzenten und Rezipienten berühren. Auch wenn die Gestaltungsmittel dieser Stiftung theatral sind, so führt ihre Präsentation nicht selten zu einer Entgrenzung des aufgeführten Dramenkontextes und des Ästhetischen, die den Rezipientenkreis mit philosophischen und mentalitätsgeschichtlichen Diskursen konfrontieren kann.

Um das bereits kritisch vermerkte Verhaftetsein zumindest eines Teils der Forschung an inszenatorischen Einzelereignissen zu vermeiden, ist es unumgänglich, den langen Vorlauf der Shakespeare-Rezeption vor ihrer Problematisierung durch das Regietheater seit 1960 einzubeziehen. Hierzu gehört vornehmlich das Thema der Aneignung und Annexion Shakespeares bis hin zum "dritten deutschen Klassiker".

Teil I (*Der 'deutsche' Shakespeare: Vom Theaterprovokateur zum Opfer der 'Klassik'-Legende*) erörtert die neuralgischen Aspekte der Shakespeare-Rezeption vom 18. Jahrhundert bis in die fünfziger Jahre des 20. Jahrhunderts. Nach einem Überblick auf die provokatorische Veränderung der Theaterästhetik (Kap.1) durch Shakespeare erörtern Kapitel 2 und 3 seine Wandlung vom 'zeitgenössischen' Anreger der deutschen Theaterästhetik zum überzeitlichen 'Klassiker' und 'Nationaldichter'. Im Zentrum der Auseinandersetzung steht die Problematik des 'Überzeitlichen' bei gleichzeitig behaupteter Aktualität Shakespeares. Diese hermeneutische Unschärfe, die Shakespeares Einbindung in das Konzept der Weltliteratur / des Welttheaters durch Goethe

---

[34] Erika Fischer-Lichte. *Geschichte des Dramas. Epochen der Identität auf dem Theater von der Antike bis zur Gegenwart.* 2 Bde. Tübingen 1990.

hinterläßt, wird schließlich in der nationalpolitisch motivierten Rezeption zugunsten des politischen Zeitgenossen Shakespeare unterschlagen.

Kapitel 4 schildert die Problematisierung des 'deutschen Shakespeare' in den Inszenierungen Ludwig Bergers, Max Reinhardts und Leopold Jessners im Theater der Weimarer Republik. Seine pervertierte Revitalisierung im Theater des "Dritten Reiches" schlägt sich in der "Hamlet"-Insznierung Lothar Müthels (1936) nieder, die ein legendäres Beispiel für die 'Shakespeare-Enteignung' darstellt (Kap.5).

Das Nachkriegstheater der fünfziger Jahre steht im Verdacht, die Problematisierung des 'Klassiker'-Status und der nationalistischen Rezeptionsgeschichte Shakespeares unterschlagen zu haben, um einer Auseinandersetzung auszuweichen. Übergibt das Theater der fünfziger Jahre dem Regietheater der sechziger Jahre das problematische Erbe der Shakespearetradition und der 'Klassiker'-Frage oder trug es auch einige Lösungen dazu bei? Eine Klärung dieser Fragen muß dramaturgische Konzepte über die Bühne als geistiger Raum und das semiotische Modell des geistigen Theaters ebenso einbeziehen, wie Typen des Schauspieler-Codes im 'geistigen Theater' (Kap.5).

Teil II (*Veränderungen der theatralen Normen im Regietheater der sechziger Jahre*) behandelt den Zeitraum, in dem das westdeutsche Regietheater con brio die vorausliegende Theaterästhetik angeht. Gegen die Permanenz der geschichtsfernen Personalisierung von Realitäts-Aspekten (Kap. 1) richten sich 'Umfunktionierungen', die Kap. 2 anhand der Demontage des Helden und der Gattung Tragödie durch Brechts und Hans Hollmanns "Coriolan"-Bearbeitungen darstellt. Die Erörterung von Palitzschs Historien-Inszenierungen zeigt auf, wie die ideologischen Grundlagen der 'Umfunktionierung' des dialektischen Theaters selbst in die Kritik geraten (Kap. 3).

Diese Kritik radikalisiert Peter Zadek, indem er nicht nur das dialektische Theater Brechts 'demontiert', sondern auch die traditionellen Methoden der Charakterdarstellung und der dramaorientierten Bindung der Szene an den 'klassischen' Text hinterfragt, die Derrida als "Theater der geschlossenen Repräsentation"[35] bezeichnet. Die Kritik am Theater der Repräsentation und Interpretation wird anhand der Inszenierungen "Held Henry" und "Maß für Maß" dargestellt (Kap. 4). Besonders "Maß für Maß" wird als Bruch mit vorausliegenden szenischen Konventionen bewertet, von dem aus sich die Wandlung des Regietheaters vom politischen zum sinnlichen Theater anzeigt, das die Innenwelt des Individuums aufwertet. Zugleich läßt sich mit der

---

[35] Jacques Derrida. "Das Theater der Grausamkeit und die Geschlossenheit der Repräsentation." *Die Schrift und die Differenz*. Transl. R. Gasché. Frankfurt/M. 41989. 351-379.

Kategorie des Erlebnisstilwechsels nachweisen, wie gezielt die traditionellen Fundamente der Fiktionalisierung und Charaktererzeugung abgetragen werden, eine Strategie, die über den Anlaß des Einzelereignisses weit hinausgeht. Den Wandel des westdeutschen Theaters möchte ich mit Adornos Konzept des ästhetischen Nominalismus auf theoretische Grundlagen der Theaterästhetik dieser Zeit hin pointieren (Kap. 5).

Teil III (*Hamlet-Inszenierungen in den siebziger Jahren: Von der aktiven Utopie über die Innerlichkeit zum Diskurs der Macht*) vertieft den Einblick in das Theater der siebziger Jahre, in dem sich die Kritik der Theatermacher am Theatertyp der Repräsentation verstärkt. Diese manifestiert sich inbesondere in der allmählichen Reduktion der Charaktere, die von der traditionellen Identitätsstiftung abweicht. Dabei handeln die erörterten "Hamlet"-Inszenierungen besonders auffällig vom Zusammenhang zwischen Macht und Subjekt. Hamlet: der Terrorist und kritische Intellektuelle – dies sind Konzepte, die einen scheinbar krassen Widerspruch zum sogenannten Theater der 'Innerlichkeit' zu bilden scheinen. Dessen Entwicklung aus aktivistischen "Hamlet"-Inszenierungen darzustellen, ist das Ziel von Kap.1. Das angeblich privatime Theater der Innerlichkeit möchte ich mit Hilfe der Ästhetik der "New Sensibility" im Wechsel von hermeneutischer und semiotischer Analyse der "Hamlet"-Inszenierungen von Hans Neuenfels, George Tabori und Peter Zadek darstellen (Kap. 2). Wenn auf diese Phase Heymes "Hamlet" mit einer unbarmherzigen Schilderung des terrorisierten Subjekts antwortet, die den Zuschauer mit einbezieht, so kündigt sich das Ende der politischen Utopien an, mit denen die 'Umfunktionierungspraxis' optierte (Kap. 3).

Teil IV (*Verabschiedung des Menschen in eine Zeit ohne Geschichte: Posthistoire in "Hamlet"-Inszenierungen seit den Achtzigern*) legt den Schwerpunkt auf die Destruktion der Sinnhaftigkeit von Sprache. Die Achtziger stehen im Ruf der Reinthronisierung des Texts und der Anbindung der Szene an ihn. An mehreren "Hamlet"-Inszenierungen läßt sich jedoch nachweisen, daß dieses 'Theater des Texts' keineswegs unproblematisch ist und schon gar keinen Rückzug auf die 'Werktreue' darstellt, die ihm häufig angedichtet wird (Kap. 1). Bei quantitativer Texttreue manifestiert sich eine Umwälzung semiotischer Strategien, die die "Agonistik"[36] der Sprache und der Wirklichkeit enthüllen – mithin einen Wettbewerb um Bedeutung und damit auch um Macht. Dies wird anhand des Verhältnisses zwischen dem Aktionismus der Figuren und den desillusionierenden Macht-Räumen der "Hamlet"-Inszenie-

---

[36] Vgl. Jean-François Lyotard. *Das postmoderne Wissen. Ein Bericht.* Graz – Wien 1986. 40.

rungen der achtziger Jahre dargestellt (Kap. 2). Im Rekurs auf Lyotards Sprachphilosophie kann an Flimms "Hamlet"-Inszenierung erörtert werden, wie das Sprachsubjekt und seine Ohnmacht zum drängenden Thema wird (Kap.3).

Die Reduktion der Handlung, Proxemik und Mimik, die zur Definition des Theatralen schlechthin zu gehören scheinen – verzeichnet eine merkwürdige Parallele des Theaters zum Konzept der 'Posthistoire'. Wie das Theater mit der Schwierigkeit zurechtkommt, den totalen Zerfall des Subjekts ausgerechnet an einem Schau-Platz zu demonstrieren, der vom Menschen und seiner Aktivität lebt, möchte ich an Wendts "Hamlet" und den 'posthistorischen' "Hamlet"-Inszenierungen von Klaus Michael Grüber und Heiner Müller darstellen (Kap.5).

Die genannten Inszenierungen lassen erkennen, daß das literarische Sprechtheater im Vordergrund steht. Shakespeare-Experimente 'freier Gruppen' werden nicht berücksichtigt. Im Sinne partialgeschichtlicher Annäherung an das Thema ist dies legitim, zumal in Deutschland die Beiträge der 'Freien Gruppen' (abgesehen von der andernorts diskutierten Bremer "Shakespeare company") eine relativ geringe Rolle für die Shakespeare-Rezeption gespielt haben.

Zur gewählten Transskription: Mit Patrice Pavis gehe ich davon aus, daß die "verbale Metasprache im Vergleich zu einem Farbenkode oder einem Diagramm der Bühnenbewegungen ein sehr viel komplexeres semiologisches System ist."[37] Die Problematik eines interpretierenden Kommentars, der den 'Text' schlimmstenfalls neu schreibt, wäre jedoch kein Argument gegen diese Notation, da jedes Aufschreibesystem wahrnehmungs- und interpretationsabhängig ist. Sofern audiovisuelle Aufzeichnungen betreffender Inszenierungen zur Verfügung stehen, werden signifikante Strategien der Sprachmelodie mittels Partitur-Zeichen festgehalten. Im Gegensatz zur Tempi- und Lautstärkenverzeichnung, die für unsere Zwecke sinnvoll ist, soll die Modulation nicht mit Noten verzeichnet werden (schließlich handelt es sich nicht um Sprech-Gesänge), sondern mit Pfeilen. " / " und " \ " bedeuten: Ansteigen bzw. Abfallen der Tonlage. " -- " signalisiert eine gleichbleibende Tonlage. Besonders betonte Worte werden kursiv gesetzt. In Klammern angegebene Ziffern bezeichnen die Sprechpausen.

---

[37] Patrice Pavis. Semiotik der Theaterrezeption. Tübingen 1988. 25.

I. Der "deutsche" Shakespeare: Vom Theater-Provokateur zum Opfer der Klassiklegende

1 Auseinandersetzung um theatrale Normen im 18. Jahrhundert

Wesentliches Merkmal der Shakespeare-Rezeption in Deutschland ist seine Kanonisierung zum "dritten deutschen Klassiker" im Bunde mit Schiller und Goethe. Die sich in der Statistik der meistgespielten Autoren widerspiegelnde Trias brach erst 1965 auf, als Brecht Schiller und Goethe auf den dritten bzw. vierten Platz verwies.[1] Die Debatte über Umfunktionierung", "Zertrümmerung", "Experimentiersucht" bestimmt die Auseinandersetzung um die 'Klassiker' (insbesondere Shakespeare und Schiller) seit den sechziger Jahren, wobei die 'Hauptschuldigen' vornehmlich unter der jungen Regisseursgeneration dieses Jahrzehnts ausgemacht werden. Das Schlagwort "Regie-Esperanto"[2] bezeichnet sinnfällig die Feindschaft gegenüber einem Regietheater, das der Vernichtung von Werken – scheinbar unantastbaren Zeugnissen der Autorherrschaft – angeklagt wird; das euphemistische Widerwort dagegen setzt den Vertretern des Regietheaters ein Denkmal der "Bilderstürmer" ("iconoclasts")[3], erinnert an seine Gegen-Bilder zur Tradition. Scharf im Zwielicht stehen die Bilderstürmer, sobald sie ihre Phantasie an 'Klassikern' erproben.

Die Frage nach dem Grund für die Parodie bis hin zur Travestie der 'Klassiker' in den sechziger Jahren berührt das Problem der Geschichtlichkeit der klassischen Texte. Der scheinbare Widerstreit von Gegenwärtigkeit im Anspruch und Vergangenheit in der Faktizität des Textmaterials stellt das Postulat zeitloser Verfügbarkeit auf den Prüfstand. Die Zuschreibungskriterien des 'Klassischen' – Universalgültigkeit und Allgemeinmenschlichkeit – sind davon nicht ausgenommen. Der Prozeß, in dem der Theaterprovokateur Shake-

---

[1] Vgl. zu dieser Trias im deutschen Spielplan Ferdinand Piedmont. "Schiller spielen. 1945-1985. Ein Überblick." *Schiller spielen. Stimmen der Theaterkritik 1946-1985.* Darmstadt 1990. 1-17.

[2] Günther Erken. "Theaterarbeit mit Klassikern. Erfahrungen eines Dramaturgen bei Hansgünther Heyme." *TZS* 11 (1985). 5-21. 6.

[3] Wilhelm Hortmann. "Changing Modes in Hamlet-production". A.a.O.

speare zum domestizierten 'Klassiker' wird, ist deshalb ein wichtiger 'Vorlauf', ohne den die Gegenwehr des Regietheaters mißverstanden wird. Um diesen Prozeß der wachsenden Bedeutung Shakespeares für das deutsche Theater zu umreißen, ist es sinnvoll, vorliegende Forschungsergebnisse ohne Entfaltung des ganzen Materials in einem veränderten Interessenkontext zu erörtern.

Drei Phasen der Shakespeare-Rezeption bis zum 20. Jahrhundert sind unterscheidbar. Die Shakespeare-Rezeption führt im 18. Jahrhundert zur Auseinandersetzung mit der französischen Theaterkultur, durch die das deutsche Theater innovative Ansätze der Darstellungsweise wie auch eine spezifische theatrale Norm gewann (I.1-2). Die daran anschließende Inthronisierung Shakespeares zum 'Klassiker' sucht die Verbindung des Werkes mit soziokulturellen Aspekten der bürgerlichen Emanzipation (I.3). Daran knüpft aber auch das gegenläufige Programm der Nationalisierung des nun kanonisierten 'Klassikers', die im Nationalsozialismus – nach kurzlebigen Gegenentwürfen in der Weimarer Republik – den bisherigen Höhepunkt erreicht (I.5). Diese Entwicklung zur teilweise pervertierten Vertrautheit bedarf der besonderen Erörterung, um die 'Rückgewinnung' eines wieder fremden, spannenden 'Klassikers' durch das Regietheater des 20. Jahrhunderts zu verstehen.

Shakespeares Bühnenrezeption war im 18. Jahrhundert von kritischen Essays initiiert.[4] Hierin zeichneten sich noch heute aktuelle Debatten ab, die den Stoff für Bearbeitungstheorien und Diskussionen der Übersetzungs- und Äquivalenzproblematik abgeben: Unterschiedliche Auffassungen über Übersetzungen, Bearbeitungen[5] und Inszenierungsweisen der Shakespeare-Werke im 18. Jahrhundert nahmen den heute schwärenden Streit um 'Werktreue', 'Verfälschungen' durch Übersetzer und Regisseure vorweg.[6] In der 1741 durch die erste deutsche "Julius Caesar"-Übersetzung provozierten ersten Shakespeare-Debatte zeichnet sich seine Bedeutung für das deutsche Theater ab. Johann Christof Gottsched und Johann Elias Schlegel stritten auch über Übersetzungsfragen, der Schwerpunkt lag auf der szenischen Dramaturgie und der Figurencharakterisierung in "Julius Caesar" – was den Eindruck einer rein

---

[4] Die wichtigsten Beiträge sind republiziert in: Hansjürgen Blinn, ed. *Shakespeare-Rezeption. Die Diskussion um Shakespeare in Deutschland I: Ausgewählte Texte von 1741 bis 1788.* Berlin 1982. Sigle: *Shakespeare-Rezeption I.*

[5] Vgl. die 'Debatte' zwischen Gottsched und Schlegel 1741, dargestellt von Simon Williams. *Shakespeare on German stage. I: 1586-1914. Cambridge 1990.* 7ff.

[6] Vgl. die Angriffe Wielands und Nicolais auf die 'drei Einheiten': Christof Martin Wieland. "Theorie und Geschichte der Red-Kunst und Dicht-Kunst" (1757). *Shakespeare-Rezeption* I. 68f. Friedrich Nicolai. "Briefe über den itzigen Zustand der schönen Wissenschaften in Deutschland." *Shakespeare-Rezeption I. 63-67. 65.*

dramatheoretischen Auseinandersetzung nahelegt.[7] Kennzeichnend für den kunsttheoretischen Diskurs im 18. Jahrhundert ist jedoch die wechselseitige Abhängigkeit wie Einflußnahme von Theater und Dichtung, ungeachtet dessen, daß der Poesie Vorherrschaft eingeräumt wird.[8] Gottsched und Schlegel beabsichtigten trotz eines dramaorientierten Theaterverständnisses keine Autonomie des Dramas gegenüber der Bühne: Das Ziel – die verbesserte Schaubühne – sollte durch die Eingliederung der Literatur in die eher illiterate Theaterpraxis erreicht werden. Die dramentheoretischen Auseinandersetzungen des 18. Jahrhunderts plädieren für die Schaffung einer 'Theatrologie', die das Theater vom Stegreifspiel und dem willkürlichen Umgang mit Texten zum Theatertext mit eigenen Regeln führen und es damit als eigenständige Kunstform ausweisen soll. Theater als semiotisch normiertes Modell gewinnt besonders für Schlegel große Bedeutung.[9] Der Normenkatalog des französischen Hoftheater gilt als Vorbild. Eine Schaubühne, die über ihre erste Erziehung durch "Landstreicher"[10] nicht hinausgekommen sei, bedürfe der Unterweisung in den "innerlichen Regeln des Theaters",[11] wofür die "tragédie classique" das notwendige Rüstzeug bot, solange es keine eigenständige nationale Dramaliteratur gab. Aus diesem Grund verteidigt Schlegel Shakespeare gegen Gottscheds Angriff eher zurückhaltend: Vorbeugend lehnt er die 'irreguläre' Dramaturgie ab, um die Überwindung einer selbst 'irregulären' Theaterform zu sichern, die – wie Nicolai 1755 ergänzt – über das Stadium ihrer "Kindheit"[12] nicht hinausgelangt sei.

Im Gegensatz zu Gottsched betont Schlegel Shakespeares Relevanz für die mögliche Veränderung theatraler Normen und der Hierarchie der Zeichensysteme.[13] Dies gilt vor allem für die differenzierte Charakterzeichnung, die durch "kühne und doch sehr nachdrückliche Züge eines Charakters" eine

---

[7] Diese Meinung vertreten Blinn. "Einführung." *Shakespeare-Rezeption I.* A.a.O. 14, und Williams. A.a.O. 8f.

[8] Vgl. Alexander Gottlieb Baumgarten. *Aesthetica.* 2 Bde. Leipzig 1750.

[9] Vgl. Johann Elias Schlegel. "Gedanken zur Aufnahme des dänischen Theaters." *Werke 3.* 259-298. 298.

[10] A.a.O.

[11] A.a.O. 292.

[12] Nicolai. "Briefe über den itzigen Zustand der schönen Wissenschaften in Deutschland." *Shakespeare-Rezeption I.* A.a.O.. 65.

[13] Johann Christof Gottsched. "Nachricht von neuen hieher gehörigen Sachen." (1741). *Shakespeare-Rezeption I.* 40f. "Anmerkungen über das 592. Stück des Zuschauers." (1742). *Shakespeare-Rezeption I.* 62f. Johann Elias Schlegel. "Vergleichung Shakespears und Andreas Gryphs." (1741). *Shakespeare-Rezeption I.* 41-61. Friedrich Nicolai. "Briefe über den itzigen Zustand der schönen Wissenschaften in Deutschland." *Shakespeare-Rezeption I.* 63-67. 65.

"tiefere Kenntniß der Menschen"[14] verrate. Der Gewinn an anthropologischer Tiefe zieht jedoch den Verlust der eindeutigen moralischen Wertung der Charaktere, der Regelpoetik und der "edlen Regungen und Leidenschaften"[15] konventioneller Charakterisierung mit sich. Nichtsdestoweniger versteht Schlegel die "Affect"-geladene Charakterzeichnung in "Julius Caesar" als Herausforderung für die Darstellung und dramatische Produktion:

> [...] der Engelländer hat einen großen Vorzug in den verwegnen Zügen, dadurch er seine Charaktere andeutet, welcher Vorzug eine Folge der Kühnheit ist, daß er sich unterstanden, seine Menschen selbst zu bilden, und welchen wenigstens ein andrer so leicht nicht erlangen wird.[16]

Wenngleich die Korrektur- und Katalysator-Funktion Shakespeares für den Schauspielstil und die Szenographie erst von Lenz, Gerstenberg und Herder[17] präziser aufgegriffen und in Schröders erster "Hamlet"-Interpretation praktisch erprobt wird, so legen schon zuvor *Wielands, Mendelssohns* und *Nicolais* Shakespearekommentare ein alternatives szenographisches/dramaturgisches Modell zur "tragédie classique" nahe. Wieland nimmt Shakespeare zum Fürsprecher gegen "die Einheit der Zeit und des Orts", die nur scheinbar "unverletzliche Regeln eines dramatischen Stücks" seien.[18] Zugleich bleibt der Shakespeare-Übersetzer den Vorschriften der Gattungspoetik verhaftet, indem er abgeschlossene Episoden und die Mischung von Komik und Tragik kritisiert. Mendelssohn betrachtet die "Übertretungssünden" der Charakterzeichnung ("Othello") und der Sujet-Präsentation ("Der Sturm") als wesentliche Alternative zur theaterfeindlichen "Regel des Anstandes".[19] Nicolai sekundiert: Er spielt die "Mannigfaltigkeit" Shakespeares gegen die sattsam vertrauten Handlungsmuster und den Figurenfundus des rhetorischen Theaters der "théâtre classique" aus.[20]

Ebenso verfährt *Lessing*. Der Vergleich zwischen der Geistererscheinung in Voltaires "Sémiramis" und "Hamlet" fällt zugunsten Shakespeares szenischer wie dramaturgischer Geschicklichkeit aus. Beide Dramatiker greifen tief in die Trickkiste des Theaters. In Voltaires Drama bleibt der Geist äußerlich,

---

[14] Schlegel. A.a.O. 58f.

[15] A.a.O. 59.

[16] A.a.O. 55.

[17] Jakob Michael Reinhold Lenz. *Anmerkungen übers Theater. Shakespeare-Arbeiten und Shakespeare-Übersetzungen.* (1774) Stuttgart 1976.

[18] Wieland. *Theorie und Geschichte der Red- und Dichtkunst.* A.a.O. 69.

[19] Moses Mendelssohn. "Briefe, die neueste Litteratur betreffend." 5. Teil, 84. Brief (1760). *Shakespeare-Rezeption I.* 73.

[20] Nicolai. A.a.O. 67.

coup du théâtre, in "Hamlet" dagegen spiegelt sich die schauerliche, existentielle Bedeutung des Geistes in Hamlets Reaktion. Haarklein analysiert Lessing das szenische Figurenarrangement in "Sémiramis", vermißt die dramatische Einbindung der astralen Schauergestalt. In einer Inszenierung von "Sémiramis" müßten alle Schauspieler auf einmal "Furcht und Entsetzen" angesichts des Geistes äußern. Lessing benennt die dabei entstehenden szenischen Probleme, einen Geist wirklich erschütternd darzustellen. Dagegen rühmt er die darstellerische Herausforderung und Wirkung der 'Geisterdramaturgie' in "Hamlet":

> Nun richte man einmal eine Heerde dumme Statisten dazu ab; und wenn man sie auf das glücklichste abgerichtet hat, so bedenke man, wie sehr dieser vielfache Ausdruck des nehmlichen Affekts die Aufmerksamkeit theilen, und von den Hauptpersonen ab-ziehen muß. [...] Beim Shakespear ist es der einzige Hamlet, mit dem sich das Gespenst einläßt; in der Scene, wo die Mutter dabey ist, wird es von der Mutter weder gesehen noch gehört. [...] Das Gespenst wirket auf uns, mehr durch ihn, als durch sich selbst.[21]

Konkretisierungen dieser Ansätze zur provokativen "szenischen Dramaturgie"[22] der Werke sind zu diesem Zeitpunkt noch nicht zu erwarten, da das Wissen über Shakespeare bis zu Wielands Übersetzungen größtenteils auf Informationen aus zweiter Hand beruht. Weitreichend terra incognita, dient Shakespeare der Polemik gegen das "théâtre classique".

Schon gegen Ende des 18. Jahrhunderts kündigt sich die Auseinandersetzung um Sinn und Unsinn einer Aktualisierung auf szenischer Ebene an. Christian Heinrich Schmid plädiert dafür, Shakespeare nicht in den zeitgenössischen Darstellungsstil zu zwingen:

> Lächerlich also, die im Shakspear die griechische Oekonomie suchen, denen es ver-drüßt, die beliebten drey Einheiten verletzt, und das Kostume nur selten beobachtet zu sehen, die Zeit haben, Ebenmaas und Eleganz da zu prüfen, wo sie Majestät und Stärke bewundern sollten, die Helden sprechen hören wollen, wo Menschen reden, die von dem sechzehnten Jahrhundert das Dekorum des achtzehnten, und von dem Landmädchen den Putz der Dame verlangen.[23]

Das Problem der Historisierung, hier zugunsten einer bewußt eingehaltenen Distanz zwischen Shakespeare und dem aktuellen Rezeptionsstadium beantwortet, zeigt sich vehement in Wielands Shakespeare-Übersetzungen (1762-

---

[21] Gotthold Ephraim Lessing. *Hamburgische Dramaturgie*. Stuttgart 1978. 49. Sigle: *HD*.
[22] Zum Begriff "szenische Dramaturgie" Andreas Höfele. *Szenische Dramaturgie in Shakespeares Dramen*. Heidelberg 1976.
[23] Christian Heinrich Schmid. "Biographie der Dichter. Wilhelm Shakspear." *Shakespeare-Rezeption I*. 97.

66). Er nähert die Dramen des "Mann[es] ohne Kenntniß der Regeln, ohne Gelehrsamkeit, ohne Ordnung"[24] (Nicolai) den Normen des bürgerlichen Trauerspiels wie des Rührstücks an – eine Maßnahme, die die Chancen der Aufführbarkeit Shakespeares beträchtlich erhöht. Wieland paßt Shakespeare jedoch nicht nur den etablierten theatralen Normen an. Bemerkenswert ist die Abfassung der Übersetzungen in Prosa (bis auf "Sommernachtstraum"). Obwohl die Figurencharakterisierung verharmlost erscheint, da mit dem Wegfall der gebundenen Verse wesentliche emotionale Signale nicht mehr übermittelt sind,[25] markieren die Übersetzungen einen Höhepunkt theatralen 'Umdenkens'. Die Vermeidung der werkcharakteristischen Mischung von hoher Poesie und Vulgärsprache unterstützt einen – gemessen an den psychischen Vorgängen der dramatischen Personen – 'wahrhaften' Darstellungsstil, der sich u.a. durch Johann Ekhofs Arbeit am Schauspielstil[26] und durch den von ihm beeindruckten Lessing[27] in der Dramentheorie und -produktion gegen die "Alexandriner-Pathetik"[28] durchsetzt.

In diesem Kontext ist Lessings Kritik am deklamatorischen Stil und die Forderung zu sehen, jede Geste müsse "eine fixierte Bedeutung"[29] erhalten. Lessing klagt den "individualisierenden Gestus"[30] anläßlich einer Inszenierung von Cronegks "Olint und Sophronia" ein. Als weiteren Beleg für eine 'natürliche Darstellung', die Empfindungen in entsprechender Gestik verdeutlicht, zitiert er Hamlets Rede an die Schauspieler.

Die provokative Funktion Shakespeares wird in geradezu konzertierter Aktion von den Dramatikern des "*Sturm und Drang*" betont. Verstärkt gewinnen die Strategien der Emotionslenkung Interesse, die noch J.E. Schlegel als Gefahr für die Schaubühne kritisierte. Die Verwerfung der neoklassizistischen Regelpoetik durch die propagierte freie Wahl von Ort, Zeit und Handlung, wie die Laxheit in gattungspoetologischen Fragen und in Bezug auf die Ständeklausel sind nur ein Teil der Resultate. Wenn Lenz in Shakespeares Werk die Paradigmen für die dramatische Realitätsaneignung, und Schiller das Modell für die "Kopie der wirklichen Welt, und keine idealistischen Affektationen" sehen, gelangt die wichtigste Anregung durch Shakespeare zum Vorschein:

---

24 Nicolai. "Briefe über den itzigen Zustand der schönen Wissenschaften in Deutschland." A.a.O. 66.

25 Vgl. Kenneth Edwin Larson. *King Lear in German Translation: Problems of Translation, Reception, and Literary History. Yale UP 1983.*

26 Zu Ekhof Hans Knudsen. *Deutsche Theatergeschichte.* Stuttgart 1959. 186ff.

27 Vgl. Lessing. HD. 4. Stück. 23.

28 Knudsen. A.a.O. 186.

29 Lessing. HD. 4. Stück. 19.

30 A.a.O. 22

Eine Darstellungsweise wird denkbar, die sich vom höfischen Theater der Repräsentation absetzt. Befreit von den drei Einheiten, der höfischen "bienséance" und Rhetorik, soll sich die Rollenkonzeption nun nach emotionalen und 'psychologischen' Befindlichkeiten der Figuren richten. Zugleich erhält die mitspielende Phantasie des Publikums größere Bedeutung. Dieses wirkungsästhetische Mimesis-Verständnis zielt darauf ab, die figurierte "Secle gleichsam bey ihren verstohlendsten Operationen zu ertappen".[31]

Einer solchen Veränderung steht nach Herder der status quo des deutschen Theaters entgegen: Der "ganzen [Shakespeare-]Welt der Disparatesten Auftritte"[32] sei das aktuelle Theater nicht gewachsen, dessen "wohlgeübten Herrn und Dames würklich viel auf Deklamation, Stelzengang der Sentenzen und Aussenwerke der Empfindung, Beifall und Wohlgefallen anwenden".[33] Eine Inszenierung seiner Werke, die anstelle zeit-räumlicher Wahrscheinlichkeit mit subjektiven Zeitstrukturen[34] spielen und die ganze Einbildungskraft erfordern, erscheint ihm unmöglich unter Theaterbedingungen, die von den neoklassizistischen Einheiten diktiert sind.

Gegen das rhetorische und Kulissen-Theater wendet sich der Ausruf: "Mir ist, wenn ich ihn [Shakespeare] lese, Theater, Akteur, Kulisse verschwunden!"[35] Die Betonung der 'imaginary forces' im Lektüreprozeß kommt keiner Reduktion der Werke zu Lesedramen gleich, reagiert vielmehr resignativ auf die Defizite der zeitgenössischen Bühne.[36] Herder propagiert keinen Dramazentrismus, sondern gewinnt aus den ungleichzeitigen zeitgenössischen theatralen Normen eine Tugend: Shakespeare-Lektüre als Notbehelf.

2 Erweiterung des Schauspielstils: Die Hamlet-Interpreten Brockmann und Schröder

Bis auf Herder und Lessing fallen Reflexionen über die Herausforderungen Shakespeares für die Darstellung eher spärlich aus. Ex negativo bleibt sie Thema insofern, als Herder oder ein zeitgenössischer Theaterkenner wie Schinks nicht verhehlen, wie wenig die deutsche Bühne für Shakespeare bereit

---

[31] Schiller. "Vorrede" zu den "Räubern".
[32] Herder. "Shakespear." *Shakespeare-Rezeption I*. 113.
[33] A.a.O. 108.
[34] A.a.O. 117.
[35] A.a.O. 111.
[36] So die Meinung von Wilhelm Dobbek. "Herder und Shakespeare." ShJ(W) 1955. 35. Und Simon Williams. *Shakespeare on German stage*. A.a.O. 25.

sei. Herders Kritik an den "Stelzengängen" der "Herrn und Dames" des Theaters propagiert die Veränderung der Darstellungsweise, die von anderer Seite ebenfalls gefordert wird: Mit dem Verdikt "Wir haben Schauspieler, aber keine Schauspielkunst"[37] bilanziert Lessing den mageren Erfolg der Theaterreformversuche in Deutschland.

Wie wichtig Shakespeare für die Entwicklung der Schauspielkunst wird, belegen die ersten Hamlet-Darsteller Johann Franz Hieronymus Brockmann (Hamburg, 20.9.1776) und Friedrich Ludwig Schröder (Hamburg, 23.10.1778). Schröders erste, auf Heufeld fußende "Hamlet"-Bearbeitung sei als Beispiel für die Kompromisse erwähnt, die das deutsche Theater eingeht, um Shakespeare aufzuführen.[38] Daß Hamlet überlebt und die Regierungsgeschäfte in Angriff nimmt, ist neben der geänderten Szenenfolge das auffällige Merkmal für die Planierung der Tragödie nach den Normen der "tragédie domestique".[39] Andererseits ließe sich die Wendung zum Besseren auch als politische Gegenwehr zum Absolutismus in ihrer ästhetischer Manifestation verstehen: der Prinz im Widerstreit mit dem verzopften Hofsystem. Die politische Vereinnahmung Hamlets zur "nationalen Ersatzfigur"[40] ändert jedoch nichts an der Vorsicht, die Schröder im dramaturgischen Bereich walten läßt. Wie in der später folgenden "Lear"-Bearbeitung glättet Schröder sämtliche religiös wie moralisch problematischen Szenen und Passagen wie beispielsweise Ophelias Wahnsinnsszene. Der Streit zwischen Hamlet und Laertes an ihrem Grab unterliegt dem Tabu ebenso wie obszöne Passagen. Religiösen wie zugleich spektakulären Nachdruck gewinnt der veränderte Schluß:

Als der Hof gegen ihn [Hamlet] zu den Waffen greift, offenbart die sterbende Königin die Greueltaten des Usurpators. Der Himmel donnert bestätigend. Alle sind gerührt [...] Hamlets Thronfolge steht nichts mehr im Wege. Er überläßt seine Rechtfertigung dem dänischen Volk.[41]

---

[37] Lessing. HD. 106. Stück. 444.
[38] Zu Schröders "Hamlet": Alexander v. Weilen. *Der erste deutsche Bühnen-Hamlet. Die Bearbeitungen Heufelds und Schröders.* Wien 1914. Wilhelm Widmann. Hamlets Bühnenlaufbahn. 1601-1877. Leipzig 1931. Johann Friedrich Schütze. *Hamburgische Theatergeschichte.* Hamburg 1794. 471ff. Rez. in *Literatur- und Theaterzeitung.* Jg. 1778. 753f.
[39] Dargestellt sind diese Normen u.a. von Peter Szondi. *Die Theorie des bürgerlichen Trauerspiels im 18. Jahrhundert.* Frankfurt/M. 1973.
[40] Manfred Pfister. "Hamlet und der deutsche Geist." ShJ(W) 1992. 13-38. 18.
[41] Zit. nach Dieter Hoffmeier. *Die Einbürgerung Shakespeares auf dem Theater des Sturm und Drang.* (Schriften zur Theaterwissenschaft. Bd. 3,II.) Berlin 1964. 31.

Die Textbearbeitung läßt nur geringe Abweichungen von der höfischen Regelpoetik zu. Schröders Darstellung widersteht ihr durch Affektwerte, die an Shakespeares Charakteren zwar bewundert, doch bisher als unspielbar galten. Im Gegensatz zu Brockmann – dem Hamlet der Hamburger Erstaufführung – stellt Schröder einen temperamentvollen, aktiveren Hamlet dar. Brockmanns Darstellung steht unter dem Eindruck der 'Empfindsamkeit' ("Er seufzt tief aus der Brust, seine Augen scheinen in Tränen zu schwimmen").[42] Grenzen dieses Stils markiert die Konfrontation mit dem Geist. Während Garricks Hamlet 'höllische' Angst vor dem astralen Vater ausstand, unterläßt Brockmann die Verdeutlichung dieses starken Affekts. Ein 'Versagen', für das Kritiker Schink nicht Brockmann, sondern eine mangelnde Schauspielkunst verantwortlich macht. Das Theater besitze nicht die "Tiefe der Darstellung, um eine solche Geistererscheinung täuschend genug und also effectuöser zu machen."[43] Diese Auffassung bekräftigt umso mehr die Ansicht, daß Schröders affektvolle Darstellung als Leistung eines ingeniösen Akteurs und als Erweiterung des schauspielerischen Codes gewertet werden muß, die mit der Shakespeare-Rezeption des "Sturm und Drang" verknüpft ist. Dem gewandelten Bedürfnis nach mehr Realismus der Emotionen kommt Schröder entgegen: Aufdecken der mutterfixierten Leidenschaft, verwirrendes Changieren zwischen Zögern und Rache, Aktion, Wut und an Selbstmord grenzende Verzweiflung führen einen emotional zerrissenen Charakter vor. Schröder setzt auf ein *identifikatorisches* Rollenverständnis. Die üblichen publikumsbezogenen Bravourstücke des Darstellers weichen einer – im Sinn der Physiologie des 18. Jahrhunderts – 'psychologischen' Darstellung, der Schink "Wahrheit" attestiert:

> Nie durchsägt er die Luft mit den Händen und zerfetzt seine Leidenschaft durch unnötig verfielfältigte und übertriebene Gestikulation, [...] sperrt den Mund nicht zum Entsetzen auf, und reckt die Hände nicht aus, als wäre er auf die Folter gespannt. [...] Er ist nie außer seiner Rolle. Diese ist ganz in seine Seele verwandelt, wie sich die Speise ins Blut verwandelt. [...] Es ist alles sein eigen, selbst das, was er von der Kunst erhielt, auch die Gedanken und Worte des Dichters.[44]

Die Rolleninterpretation überschreitet den zeitgenössischen, moralisch fundierten Mimesis-Begriff, wonach unter *imitatio naturae* nur das als Natur begriffen wird, was "dem Volk" "einen Vorgeschmack von der moralischen

---

[42] Johann Friedrich Schink, zit. nach Weilen. A.a.O. 43. Parallelen seines Spiels zu den 'Leiden' des jungen Werther werden häufiger angestellt. Vgl. Williams. A.a.O. 79ff.

[43] Schink, zit. nach Weilen. A.a.O. 43.

[44] Schink. *Zeitgenossen*. Leipzig 1818. Bd. 3. 46.

Tugend"[45] verleiht. Die *Darstellung als Schauspielkunst* gewinnt zeitweise Vorrang gegenüber moralisch-pädagogischen Zielsetzungen. Das Theater wird weniger unter politisch-sozialen Aspekten diskutiert, sondern als Ort der ästhetischen Kommunikation mit eigenen semiotischen Gesetzlichkeiten reflektiert – und nicht zuletzt als Ort der 'Psychologie', auf dem das ganze Innenleben einer Figur sich ausbreitet und den Kanon der Grazie und Eleganz des französischen Darstellungsstils hinter sich läßt. Aufsehen erregt das 'natürliche' Ausdrucksrepertoires besonders im Nachbarland. Germaine de Staël, hin- und hergerissen von Schröders Lear, der seinen Hamlet offenbar überbietet, wertet den Wechsel des Ausdrucksmaterials als Neuheit: Die "Natürlichkeit" stehe im vollen Gegensatz zur "Eleganz des Ganges und der Bewegungen" der französischen Darsteller.[46]

Schröders innovative Darstellung läßt ermessen, wie sehr die Shakespeare-Rezeption auf die Entwicklung des Schauspielstils einwirkt. Gegenüber der zeitgenössisch diskutierten und üblichen sozial-ethischen Zielsetzung der Darstellung rückt die professionelle Charakterstudie in den Vordergrund.[47] Unter dem Eindruck dieser Professionalisierung lobt Sulzer die Beredsamkeit des Körpers und bewundert die dazu nötigen, berufsspezifischen Mittel.[48] Die szenische Darstellung – aufgewertet durch schauspielerisches Können – gewinnt zeitweise an Eigenständigkeit gegenüber dem Drama. Ein Stück könne nur zur Hälfte zu Papier gebracht werden, schreibt Goethe 1810, da der "größere Teil desselben dem Glanz der Bühne, der Persöhnlichkeit des Schauspielers" zu verdanken sei.[49]

Konsequenz dieser Autonomie ist die Interpretationsspannweite der dramatischen Rollenkonzeption: Im Vergleich zwischen der 'realistischen' Spielweise Schröders und den 'stilisierenden' Interpretationen am Weimarer Hoftheater, die allerdings die Autonomie der Bühne betonen, wird offensichtlich: Shakespeares Werke zwingen zur Ausformulierung des Schauspielerpotentials, womit sich das Korsett des Rollenfachs lockert.

---

[45] Friedrich Löwen. "In einer wol eingerichteten Republik muß der Flor der Schaubühne notwendig erhalten werden." Zit. nach Hilde Haider-Pregler. *Des sittlichen Bürgers Abendschule. Bildungsanspruch und Bildungsauftrag im 18. Jahrhundert.* Wien 1980. 163.

[46] Germaine de Staël. *Über Deutschland. Stuttgart* 1980. 300.

[47] Vgl. Eduard Devrient. *Geschichte der deutschen Schauspielkunst.* Ed. R. Kabel, Chr. Trilse. 2 Bde. München – Wien 1967. I, 467.

[48] Johann George Sulzer. *Allgemeine Theorie der Schönen Künste in einzelnen, nach alphabetischer Ordnung der Kunstwörter auf einander folgenden, Artikeln abgehandelt.* 4 Bde. Leipzig 21792-94. IV, 514.

[49] Goethe. "Vorwort zur Farbenlehre." *Hamburger Ausgabe.* XIII. 321.

3 Shakespeares Inthronisierung zum 'Klassiker' im 19. Jahrhundert

Die theoretische und praktische Arbeit des 18. Jahrhunderts an Shakespeare hatte seine Einbürgerung in der kulturellen Öffentlichkeit erwirkt und – im Zuge einer Konstitution der bürgerlichen Theaterästhetik – seinen 'Realismus' und die Befähigung zum universalen "Menschenmaler" anerkannt. Seine Modifikation zum 'Klassiker' ist ein Phänomen des Bildungstheaters, dessen Bemühungen um ein 'klassisches' Weltrepertoire noch heute wirksam sind. Dieser Prozeß ist von drei Aspekten bestimmt:

1. Zuerkennung des Werk-Status durch die als kongenial empfundenen Übersetzungen Schlegel, Tiecks und Baudissins, wodurch sich die für die 'Klassiker'-Diskussion folgenreiche Trennung von Kunst und Leben zementiert;

2. Ablösung neoklassizistischer Wertskalen; Shakespeares Dramen gewinnen vor dem Hintergrund eines verstärkt kunsthistorischen Bewußtseins Einzigartigkeit und Inkommensurabilität, eine Entwicklung, die sich in Folge der Romantik und Herders Programm der Historisierung vollzog;

3. Shakespeare-Rezeption unter dem Signum des Bildungstheaters und der Weltliteratur, die bei gleichzeitiger Integration von zeitgenössischen Diskursen zur Ethik und Ästhetik das 'Allgemeinmenschliche' in Shakespeares Dramen betont.

Die Darlegung des Prozesses beschränkt sich auf theorieästhetische und philosophieästhetische Argumente, da zur Bühnenrezeption Shakespeares im 19. Jahrhundert detaillierte Beschreibungen vorliegen[50]; im übrigen kreiert die Bühnengeschichte im 19. Jahrhundert weniger die Basis für den "deutschen Klassiker" des ausgehenden 19. Jahrhunderts. Der 'Klassizismus', in dessen Sog Shakespeare hineingerät, beginnt als kunsttheoretisches Phänomen, das sich mit Verzögerung auch im "Bildungs"-Repertoire des deutschen Theaters widerspiegelt.

3.1 Werk-Status und Überzeitlichkeit

Schlegels, Tiecks und Baudissins Übersetzungen ermöglichten nicht nur die breitere Rezeption des Dramatikers. Ihr Ruf als ingeniöse, dem Original gleichzusetzende Werke verschaffte Shakespeares Dramen den Werkstatus,

---

[50] Simon Williams. *Shakespeare on German stage.* I: 1586-1914. A.a.O.

der ihnen das Entrébillet in die poetologische und akademische Diskussion verlieh.

Mit der Anerkennung des Werkstatus' war auch die erste Voraussetzung für die Erhöhung Shakespeares zum 'Klassiker' gegeben. Die den 'Klassikern' zugeschriebene Universalität verlangt den Werken einen Wahrheitsgehalt ab, der über die Geschichte der Zivilisation, die "einförmigen Gewöhnlichkeiten des Tages"[51] hinausweist – also eine Trennung von Kunst und Realgeschichte impliziert. Daß dieser idealistische Werkbegriff prinzipiell ein Wertbegriff ist, kommt in der dem Werk unterstellten Fähigkeit zum Ausdruck, geschichtliches Erfahren und Erleiden zu transzendieren, zumal, wenn Kunst zum Reservat gegen die zunehmende Zerstörung der Natur durch den Fortschritt der Zivilisation wird. Diese Auffassung ist für die Zeit um 1800 bestimmend: In den Kunstwerken "will man die Brücke über den Graben zwischen Gesellschaft und Natur sehen, sie gelten als Exempel der Möglichkeit einer Verbindung von höchster Künstlichkeit und höchster Natürlichkeit, sie sollen das Leiden an der Zivilisiertheit überwinden helfen, insofern sie eine Sphäre potenzierter Natur inmitten der zivilisierten Welt garantieren."[52]

Wie sehr Shakespeare diesem Programm einverleibt wurde, beweist der Schlichtungsversuch August Wilhelm Schlegels, Schillers Polarisierung von Naivem und Sentimentalischem in Shakespeares Werk zur Einheit zu führen. Zunächst galt es, den Dramatiker von dem Ruf des absichtslos schaffenden (naiven) Genies zu befreien, indem Schlegel Shakespeare völlige Intentionalität des Schöpfungsvorgangs bescheinigte. Shakespeare erscheint so nicht mehr nur als Naturdichter, sondern als Vertreter der Kunstpoesie und Gipfel der modernen Dichtung.[53] Um die erneut entflammte "Querelle des Anciens et Modernes",[54] in die Shakespeare mit hineingezogen wurde, zu beenden, gelangte Schlegel zu dem salomonischen Schluß, der Shakespeare Souveränität sowohl in der Reflexion wie Naturdarstellung unterstellte: Shakespeare – "ein

---

[51] Wilhelm Grimm, zit. nach Christa Bürger. "Das Kunstwerk als Setzung. Rohe Thesen." *Kolloqium Kunst und Philosophie: Das Kunstwerk.* Ed. W. Oelmüller. München – Wien – Zürich 1983. 128-130.129.

[52] Norbert Rath. "Kunst als zweite Natur. Einige Konsequenzen der Ablösung des Nachahmungsgedankens in der klassischen Ästhetik." *Kolloquium Kunst und Philosophie: Das Kunstwerk.* A.a.O. 94-103. 95.

[53] A.a.O. 108.

[54] Dazu Hans Robert Jauß. "Schlegels und Schillers Replik auf die 'Querelle des Anciens et des Modernes.'" *Literaturgeschichte als Provokation.* Frankfurt/M., 1970. 67-106. Peter Szondi. "Antike und Moderne in der Ästhetik der Goethezeit." *Poetik und Geschichtsphilosophie I.* Frankfurt/M. 1974. 149-183.

tiefsinniger Künstler, nicht ein blindes wild laufendes Genie"[55] – sei "naiv und sentimentalisch zugleich."[56]

'Organische Einheit' ist eine normative Voraussetzung des Werk-Begriffs, Transzendierung der Realität die andere.[57] Indem Schlegel – wie später Goethe[58] – Shakespeare auch zum sentimentalischen Dichter kürt, läßt er ihn in den Vorteil der Kunst kommen, die – mit den Worten Hegels über Schillers Kunstreflexionen – die "Einheit des Allgemeinen und Besonderen, der Freiheit und Notwendigkeit, der Geistigkeit und des Natürlichen"[59] schafft. Der utopische Gedanke des Allgemeinmenschlichen ist darin ebenso verankert wie die universale Gültigkeit des Kunstwerks, das als Einheit von Natur und Freiheit erscheint, als Werk des Geistes bzw. als die "durch das Medium hindurchgegangene, für unsere Betrachtung verklärte und konzentrierte Natur"[60] (A. W. Schlegel)

Die Eingliederung Shakespeares in die Kunstwerk-Theorie ging einher mit einer 'klassizistischen' Übersetzungsweise. Die Bemühung um den 'Kunstwert' der Dramen läßt sich an A. W. Schlegels Übersetzungsprinzipien ablesen. Ohne darauf ausführlich einzugehen,[61] seien die anspruchsvollen Grundlagen genannt, die der deutschen Shakespeare-Rezeption wesentliche Richtungen und Diskussionsansätze vorgaben: 'Eindeutschung' bei größtmöglicher Originaltreue. So unbestritten die Treue im Vergleich zu vorhergehenden Übersetzungen eingehalten war, leistete sich Schlegel auf phraseologischer Ebene weitgehende Glättungen, die den 'Volksdramatiker', wie er noch von Herder gesehen wurde, zum nahezu 'klassizistischen' Autor modelten. Grundlegende Charakteristika der Übersetzungen sind: Einheitliche Rhythmik, Ansiedlung des Wortschatzes auf eine 'klassisch' nuancierte poetische Stilebene. Die Praxis einer stärkeren Harmonisierung schließt das Credo von der Unantastbarkeit des Werkes ein, da Einstriche die 'organische' Einheit ja wieder aufbrechen würden. Die Bühnenrezeption verfolgte dabei pragmatischere Grundsätze: Shakespeares Eingang ins Repertoire wurde zumeist unter Kompromissen

---

[55] A. W. Schlegel. "Ueber dramatische Kunst und Litteratur. Zweyter Teil." (1811). *Shakespeare-Rezeption II.* 158.
[56] A.W. Schlegel. KA 16. 105.
[57] Vgl. Christa Bürger. A.a.O.
[58] Johann Wolfgang Goethe. "Shakespeare und kein Ende." *Shakespeare-Rezeption II.* 185.
[59] G.W.F. Hegel. *Vorlesungen über Ästhetik* I-III. Theorie-Werkausgabe. Ed. E. Moldenhaur, K.M. Michel. Bd. 13. Frankfurt/M. 1970. I. 91.
[60] A. W. Schlegel. *Die Kunstlehre. Kritische Schriften und Briefe* 2. Ed. E. Lohner. Stuttgart 1963. 92.
[61] Vgl. dazu Peter Gebhardt. *A.W. Schlegels Shakespeare-Übersetzung. Untersuchungen zu seinem Übersetzungsverfahren am Beispiel des Hamlet.* Göttingen 1970.

gegenüber der 'Werkgestalt' erkämpft. Erst in den Achtzigern des 20. Jahrhunderts gehören kaum eingestrichene "Hamlet"-Inszenierungen zur Tagesordnung.

Ein weiterer Aspekt der Nobilitierung Shakespeares zum 'Klassiker' ist die gewandelte Auffassung über die Historizität von Kunstwerken.[62] Sie wurde von Herder insofern innovativ verändert, als er die Messung Shakespeares an der Elle neoklassizistischer Poetologie mit dem Verweis auf die Eigenständigkeit der Dramen und auf ihre Entstehung in einer anderen Epoche ablehnte.

> Also Sophokles Drama und Shakespeares Drama sind zwei Dinge, die in gewißem Betracht kaum den Namen gemein haben. [...] Man wird Genese Einer Sache durch die Andre, aber zugleich Verwandlung sehen, daß sie gar nicht mehr Dieselbe bleibt.[63]

Zugleich beanspruchte er das Recht, die Dramen aus der Rezeptionssituation heraus zu beurteilen. Die radikale Trennung zwischen antiker und moderner Dichtung ist angesichts dieser Zugangsweise kein Thema. Wohl aber der Alterungsprozeß der Werke, der Mißverständnisse zwischen heutigem und dem im Werk eingeschriebenen Erfahrungshorizont zunehmend verstärkt.

> Trauriger und wichtiger wird der Gedanke, daß auch dieser grosse Schöpfer von Geschichte und Weltseele immer mehr veralte! daß da Worte und Sitten und Gattungen der Zeitalter, wie ein Herbst von Blättern welken und absinken, wir schon jetzt aus diesen grossen Trümmern der Ritternatur so weit heraus sind, das selbst Garrick, der Wiedererwecker und Schutzengel auf seinem Grabe, so viel ändern, auslaßen, verstümmeln muß, und bald vielleicht, da sich alles so sehr verwischt und anders wohin neiget, auch sein Drama der lebendigen Vorstellung ganz unfähig werden, und eine Trümmer von Kolossus, von Pyramide seyn wird, die Jeder anstaunet und keiner begreift.[64]

Herder machte sich über die 'Aufbewahrung des Erbes' keine Illusionen. Noch vor der Zuschreibung des Begriffs 'klassisch' auf Autoren der Neuzeit benennt er dessen Ambivalenz, indem er die geringe Schnittmenge der Erfahrungshorizonte von der Werkproduktion und Rezeption hervorhob. Hieraus entsteht ein 'Klassik'-Verständnis, das gerade nicht die zeitlich indifferente Gültigkeit des Werks voraussetzt. Die Verfügbarkeit des Werks setzt den Rezeptionsprozeß voraus, seine 'Gestalt' ist durch diesen jedoch stets gefährdet. Im gewissen Sinn wies Herder auf einen Weg der Annäherung, den das Regietheater dieses

---

[62] Vgl. Hannelore Schlaffer/Heinz Schlaffer. *Studien zum ästhetischen Historismus*. Frankfurt/M. 1975.
[63] Herder. "Shakespear". A.a.O. 105.
[64] A.a.O. 117.

Jahrhunderts ähnlich sucht: Hinüberretten des Werks in heutige Rezeptionsinteressen durch Abtragung rezpetionshindernder Passagen.

Die Geschichtlichkeit des Werkes wurde betont, um seine legitime Unabhängigkeit von der neoklassizistischen Literaturtheorie aufzuzeigen. Zugleich mußte sie jedoch in den Hintergrund geraten, um seine Aktualität und die Idealnorm der Texte zu betonen. Dieses Problem von Gegenwärtigkeit und historischer Distanz trägt also schon die Klassikerdebatte in sich, ohne daß das Wort selbst benutzt wurde. Die Einzigartigkeit, ja sogar die überzeitliche kulturelle Bedeutung Shakespeares war Herder selbstverständlich. Mit dem Verweis auf den Verfallsprozeß des Werkes durch das zunehmende Auseinanderdriften von werkimmanentem Sinn und Verständnisfähigkeit von seiten der Rezipienten wies Herder Auffassungen von der selbstregulierenden Tätigkeit des Werkes als illusionär zurück: Die Wiedererkennung des Eigenen im Vergangenen steht auf dem Prüfstand.

3.2   Repräsentant des Bildungstheaters, Volksdichter, Weltliterat

Die Brüder Schlegel zementierten durch literaturhistorisches Engagement bzw. Übersetzungen die Einschätzung des Shakespeare-Werks als hohe und in ihrer Werkgestalt unantastbare Poesie. Die kongenialen Übersetzungen A.W. Schlegels, Tiecks und Baudissins taten ein übriges, die Autorität des Dramatikers in der zeitgenössischen Diskussion nun in direkter Wechselwirkung von Theater und Bildung zu befestigen und Shakespeare als Repräsentant des Bildungstheaters auszuweisen.

Heutige Generalisierungen vereinseitigen den bürgerlichen Bildungsgedanken, der die Shakespeare-Rezeption entscheidend vorantrieb, zum "Bildungstheater als Besitz und Statusnachweis",[65] wobei dessen anfängliche Dynamik zu kurz kommt. Nicht Inbesitznahme der Kultur, sondern Konstitution eines eigenen Kulturverständnis verbinden sich im frühen 19. Jahrhundert mit der Absicht, eine Kommunikationsbasis für das Bürgertum zu schaffen, das sich von der höfischen Gesellschaftsordnung absetzt.

Die provokative Herausforderung des Bildungstheaters, die dem Programm der deutschen 'Klassik' inhaltlich entspricht,[66] bezieht ihre Virulenz aus dem politischen Impetus der Romantik ebenso wie aus dem Nationaltheater-Gedan-

---

[65] Hans-Peter Bayerdörfer. "Theater und Bildungsbürgertum zwischen 48-er Revolution und Jahrhundertwende." *Bildungsbürgertum im 19. Jahrhundert.* Ed. M.R. Lepsius. Stuttgart 1992. 42-64.

[66] A.a.O. 46.

ken, und sie zieht nicht zuletzt eine komplexe ästhetische Diskussion nach sich, die das 'Klassische' emphatisch versteht als Abgrenzung von schichtenspezifischer und nationaler Literatur – also ganz im Gegensatz zum faden Geruch, der dem Begriff heute in mißverständlicher Interpretation seiner historischen Bedeutung anhängt.

Der politische Impuls der romantischen Shakespeare-Verehrung zielt auf den 'Volksdichter' Shakespeare ab. Letztlich gipfeln die schon im "Sturm und Drang" besonders deutlichen und bis zu den Brüdern Schlegel reichenden Bemühungen in dem Anspruch, die höfische Dichtung abzulösen: Zur ästhetischen Repräsentation der sozialen Trägerschicht sollte ein Gegengewicht entstehen, das den dezentralisierten Duodezstaaten eine Kulturgesellschaft mit der Option auf die politische Nation entgegenhielt. Der im 19. Jahrhundert besonders diskutierte Bildungsgedanke prägt – im Gegensatz zu seinem heutigen Ruf – eine *Gegenkultur*, die nicht nur das Bürgertum, sondern auch allgemein das 'Volk' einbezieht. Adam H. Müller gilt der Volksdichter Shakespeare als 'Mahnung', den Anspruch auf die politische Nation aufrecht zu erhalten. Shakespeare als 'Pädagoge' nationalen Selbstbewußtseins bedeutet in diesem Vakuum einer politischen Nation noch nicht die nationalistische Beweihräucherung gegen Ende des 19. Jahrhunderts, die das höfische Konzept der Repräsentation imitiert und den Dramatiker vor den großdeutschen Karren spannt.

Die Farce, daß die bürgerliche Idee der politischen Nation in eine Zementierung des imperialen Kaiserreiches überging, sollte kein Anlaß sein, das herrschaftsaffirmative Hoftheater des Wilhelminismus als Ziel der *National-theater*-Bewegung auszugeben. Dem Nationaltheater-Gedanken kommt bis etwa zur Reichsgründung kritische Funktion zu: Er intendierte die Freiheit der Diskussion über Widersprüche zwischen kultur-zivilisatorischem Anspruch und sozial-politischer Realität. Diesen Dialog, der das Theater als Kommunikationsort wählt, betont besonders der Nationalökonom Adam H. Müller in seinen Dresdener Poetik-Vorlesungen (1806). Der Befürworter einer "Einbürgerung der Kunst", die auch die "Spaltungen im bürgerlichen Leben"[67] sichtbar machen solle, stellt diese unter das Banner eines republikanischen und gegen "Repräsentation" und "Sittenspiegel" gewandten Theaters mit Weltrepertoire. Müller bejahte nicht zuletzt einen Wandel der Theaterästhetik:[68] vom Guckka-

---

67 Adam H. Müller. *Vorlesungen über die deutsche Wissenschaft und Literatur. Zweite, vermehrte und verbesserte Auflage*. Dresden 1807. 157-165.

68 Adam H. Müller. "Über die dramatische Kunst" (1806). Vermittelnde Kritik. *Aus Vorlesungen und Aufsätzen*. Ed. A. Krätli. Zürich – Stuttgart 1968. 141f.

stenprinzip zu offeneren szenischen Arrangements mit dem Publikum als "Mitspieler", vom Theater der adeligen Dilettanten zum Theater der Dramaturgen und professionellen Regisseure.[69] Die aggressivere Pointe des "Bildungstheaters" resultiert aus seiner Funktion als Korrektiv und Kritik der bürgerlichen Gesellschaft. Am Beispiel Shakespeare hebt Müller die *"dialogische Seele"*[70] der Dramen hervor: Zwielichtige Typen, die in das moralische Korsett bürgerlicher Wertvorstellungen nicht passen, bilden das Gegengewicht zum "monologischen Interesse"[71] des Sitten- und "Familiengemäldes"[72] (Ifflands, Kotzebues). Müller kritisiert das bürgerliche Drama als schlechte Kunst, die "sich gehorsam nach unsern bürgerlichen Verhältnissen bequemt und wohlerzogen, artig, diskret, ohne alle Persönlichkeit gewissermaßen nur spricht, wenn sie gefragt wird."[73]

Wie sehr sich Bildungsgedanke und 'Klassiker'-Euphemismus verbinden, erweisen gemeinsame Kriterien dieser programmatischen Richtungen. Das Prinzip der Dialogizität setzt auf das Werk als Autorität, die kritische Distanz zum Faktischen wahrt. Fest steht dabei für den Stand der Shakespeare-Rezeption um 1800, daß Shakespeare durch die Schlegel-Übersetzungen zwar zum "Eigentum der deutschen Nation" geworden sei, dies aber nicht einem "bestaubten und verrosteten Nationalgottesdienst" gleichkommen dürfe (Müller).[74] Müller zeigt ahnungslos die Ambiguität beider Programme auf, die im Lauf des 19. Jahrhunderts von der korrektiven Dynamik und der Dialogizität in eine erzwungene Kohärenz von Ästhetik und Nationalgeschichte münden.

Diese Entwicklung und ihre Ursachen hängen eng zusammen mit Goethes Programm der *Weltliteratur/des Welttheaters*, das Shakespeare in den Interessenhorizont bürgerlicher Freiheitsphilosophie und Selbstbestimmung rückt. Dieses Konzept fügt der Ausbildung der bürgerlichen Ästhetik ein gewichtiges Mosaik zu, liefert zugleich nachhaltige Argumente für die Allgemeingültigkeit und Überzeitlichkeit Shakespeares. Ein wesentliches Kriterium des Programms ist die Überzeugung von einem zeitübergreifenden, humanistischen Potential, das bestimmte Kunstwerke über zweckgebundene Dichtung erhebt und damit weltliterarische Bedeutung verleiht. Mit diesem Siegel prämierte Begriff Werke zeichnen sich dadurch aus, daß ihr Anlaß nicht allein die

---

[69] Vgl. Hans-Peter Bayerdörfer. "Theater und Bildungsbürgertum zwischen 48-er Revolution und Jahrhundertwende." A.a.O. 44ff.

[70] Adam H. Müller. "Über die dramatische Kunst." A.a.O.

[71] A.a.O. 165.

[72] A.a.O.

[73] A.a.O.

[74] A.a.O. 100.

Bedürfnisse der Nation sind, in deren Sprache sie verfaßt wurden.[75] Kommunikation und Erfahrungshorizonte sollen durch die Rezeption internationaler Literatur und Dramatik über nationale Grenzen hinaus erweitert werden, schaffen im Idealfall ein Forum bürgerlicher Öffentlichkeit und Verständigung über die Landesgrenzen hinaus.[76] Der Widerstand gegen Kulturchauvinismus geht einher mit dem Versuch, ein 'Gespräch der Nationen' durch ein internationales literarisches und dramatisches Repertoire in Gang zu setzen.

Goethes Aufsatz "Shakespeare und kein Ende!" (1813-1816) betont die weltliterarische Ausrichtung des Programms allein dadurch, daß er mit dem dezidierten Verweis auf Shakespeares Herkunft die Tendenzen zur nationalen Vereinnahmung ablehnt. Gegen die Nationalisierung Shakespeares setzt er den 'allgemeinmenschlichen Gehalt' der Dramen: "Niemand hat das materielle Costüm mehr verachtet als er; er kennt recht gut das innere Menschencostüm, und hier gleichen sich alle."[77]

Die 'Klassiker'-Rolle ist durch den Humanismus-Gedanken schon vorgezeichnet; unterstützt wird sie durch das ethische Engagement, daß Shakespeares Werke nach Goethes Meinung kennzeichnet:

> Niemand hat vielleicht herrlicher als er die erste große Verknüpfung des Wollens und Sollens im individuellen Charakter dargestellt. Die Person, von der Seite des Charakters betrachtet, soll: sie ist beschränkt, zu einem Besonderen bestimmt: als Mensch aber will sie. Sie ist unbegränzt und fordert das Allgemeine. Hier entspricht schon ein innerer Conflict, und diesen läßt Shakespeare vor allen andern hervortreten.[78]

Explizit moralphilosophische Begriffe spielen mit, die Goethes Shakespearekommentar über eine literaturtheoretische Diskussion hinausführen, die vorrangig in dem Shakespeare-Essay vermutet wird. Goethe beendet die "Querelle des Anciens et des Modernes", indem er die modi operandi dieses Streits nicht mehr als Antagonismen zuläßt, und sich damit von der romantischen Dichtungskonzeption abgrenzt.[79] Der Aufsatz enthält mehr: Über diese Debatte hinaus setzt Goethe die im frühen Shakespeare-Aufsatz "Zum Schäkespears Tag" begonnene Recherche nach den ästhetisch verarbeiteten Bedingungen und Grenzen menschlicher Freiheit fort, die er als den "geheimen Punckt" aller

---

[75] Vgl. Dieter Borchmeyer. *Die Weimarer Klassik.* 2 Bde. Königstein 1980.
[76] Johann Peter Eckermann. *Gespräche mit Goethe. in den letzten Jahren seines Lebens.* 1823-1832. Berlin – Leipzig – Wien – Stuttgart 1916. Eintrag vom 15. 7. 1827. 206.
[77] Johann Wolfgang Goethe. "Shakespeare und kein Ende!" In: *Shakespeare-Rezeption II.* 185.
[78] A.a.O. 187.
[79] Joachimi-Deges, Marie. *Deutsche Shakespeare-Probleme im 18. Jahrhundert und im Zeitalter der Romantik.* Leipzig 1907. (Neudruck: Hildesheim 1976)

Shakespeare-Stücke ausgemacht hatte. In ihnen stoße "die prätendierte Freyheit unseres Wollens mit dem nothwendigen Gang des Ganzen" zusammen.[80] Die dramatischen Konflikte der Shakespeare-Dramen verknüpft Goethe mit dem Zündstoff einer dem Bürgertum seiner Zeit "adäquaten Freiheitslehre"[81], die Kant durch den Antagonismus von "Wollen" und "Sollen" in der "Metaphysik der Sitten", "Kritik der praktischen Vernunft" und "Rechtslehre" initiierte. Wie Kant unterstellt Goethe der Kunst eine autonome Dimension, in der sich das Sittliche als Freiheitsbegriff wach hält, der die geschichtliche Praxis transzendiert. Dabei entstehen jedoch auch markante Unterschiede, die Goethes ästhetischem Konzept rezeptionsprovozierende Akzente verleihen.

Goethes Gegenüberstellung von Sollen und Wollen ist unverkennbar von Kants Erwägungen zum Antagonismus von Partikularinteresse auf der einen Seite, gesellschaftlichem Interesse und sittlichen Notwendigkeiten auf der anderen Seite geprägt.

Kant erkennt dem Glückseligkeitsstreben des Einzelnen (das "Wollen" in Goethes Terminologie) soziale Dimension zu, legt ihm jedoch auch Zügel an: Jeder dürfe seine "Glückseligkeit auf dem Weg suchen [...], der ihm selbst gut dünkt, wenn er nur der Freiheit Anderer, einem ähnlichen Zwecke nachzustreben, die mit der Freiheit von jedermann nach einem möglichen allgemeinen Gesetze zusammen bestehen kann [...] nicht Abbruch tut."[82] Dem Individualismus und der persönlichen Vorteils-Verfolgung stellt Kant das "Allgemeine" als ein "Sollen" gegenüber, das er als sittliche Handlung bei völliger Vernachlässigung individuellen Interesses definiert. Kant geht davon aus, daß das sittliche Handeln empirisch nicht nachweisbar sei, da niemand vom anderen sagen könne, ob er eine gute Handlung aufgrund sittlicher oder nicht doch vielleicht aus Nutzenserwägungen begeht (z.B. ob der Kaufmann Kunden ehrlich behandelt, um sie nicht zu vergraulen oder ob er den Betrug aufgrund des kategorischen Imperativs vermeidet). Infolgedessen verlegt Kant das Sittliche in die nicht nachweisbare Autonomie der subjektiven Gesinnung, in den guten Willen, von dem zumindest die Kunst eine 'Idee der moralischen Erfahrung' vermittle.[83] Der Charakter als 'Träger' und Bewahrer des Sittlichen

---

[80] Johann Wolfgang v. Goethe. "Zum Schäkespears Tag. In: *Shakespeare-Rezeption I.* A.a.O. 98-101. 100.

[81] Manfred Buhr/Gerd Irrlitz. "Immanuel Kant." *Materialien zu Kants Rechtsphilosophie.* Ed. Z. Batscha. Frankfurt/M. 1976. 119.

[82] Immanuel Kant. *Rechtslehre.* (1797). Ausgabe der Preußischen Akademie der Wissenschaften. Berlin 1902ff. VIII. 290.

[83] Vgl. Kant. Kritik der praktischen Vernunft. Grundlegung zur Metaphysik der Sitten. Werkausgabe. Ed. W. Weischedel. VII. Erster Abschnitt: "Übergang von der gemeinen sittlichen Vernunfterkenntnis zur philosophischen." 18ff.

bescheidet sich damit, daß er sich als 'sittlicher Charakter' empirischer Überprüfung entzieht. Die Kunst erhält die Aufgabe, Sittlichkeit, Humanität zu
imaginieren, die in der Realität nur als Widerspruch wahrgenommen werden
kann. Da ihr Aktions-Modell zweckungebunden ist, läßt sich das Schöne
pragmatisch zweckfrei als "Symbol der Sittlichkeit" definieren.[84]

Das Verständnis vom Kunstwerk als Träger humanistischen Potentials ist
ein kommunikativer Aspekt, den Goethe Shakespeares Werk zuerkennt.[85]
Nichtsdestoweniger unterscheidet er sich sowohl von Kants Definition der
ästhetischen Autonomie als auch von dessen Pflichtethik. "Sollen" und "Wollen" versieht Goethe teilweise mit einer anderen Bedeutung, gebraucht sie
jedoch ebenfalls als Ausdruck für den Antagonismus zwischen individuellem
Partikularinteresse (dem "Wollen", das er im Gegensatz zu Kant entschieden
aufwertet) und gesellschaftlicher/sittlicher Notwendigkeit ("Sollen", dessen
Bedingungslosigkeit er als "harte Nuß" kritisiert),[86] ein Widerstreit zweier
Geltungsbereiche, die den Spielraum menschlicher Freiheit umreißen. Den
Konflikt zwischen menschlicher Willkür und sittlicher Freiheit sieht Goethe
als das zentrale Thema der Shakespeare-Dramen an. Dabei kommt ihnen die
bedeutende Rolle zu, das Ringen um sittliche Freiheit, das in der geschichtlichen Praxis nur als Scheitern, als "Mißverhältni[s]" zwischen Sollen und
Wollen"[87] erfahren werden könne, bewußt zu machen:

> Aber alles Sollen ist despotisch. Es gehöre der Vernunft an: wie das Sitten- und Stadtgesetz,
> oder der Natur: wie die Gesetze des Werdens, Wachsens und Vergehens, des Lebens und
> Todes. Vor allem diesem schaudern wir, ohne zu bedenken, daß das Wohl des Ganzen
> dadurch bezielt sei. Das Wollen [in der Kantischen Terminologie: die Willkür] hingegen
> ist frei, scheint frei und begünstigt den Einzelnen. [...] Es ist der Gott der neuern Zeit; ihm
> hingegeben, fürchten wir uns vor dem Entgegengesetzen [...][88]

Shakespeares Dramen konfrontieren also mit der *conditio humana*, indem sie
die sittliche Freiheit, die auch die Freiheit zum Sterben-Können einschließt,
dem Verdrängen entreißen und im Ästhetischen bergen. Sie bewahren dadurch
überzeitliche Geltung, daß sie ein Spannungsverhältnis zwischen geschichtlicher Faktizität und moralischem Anspruch setzen.

---

[84] *Kritik der Urteilskraft.* Werkausgabe. X. 294-299.
[85] Vgl. Walter Hinck. "Weltliteratur in Weimar. Goethes Bühne." *Theater der Hoffnung. Von
der Aufklärung bis zur Gegenwart.* Frankfurt/M. 1988. 36-55. 37f.
[86] Goethe. "Shakespeare und kein Ende!" A.a.O. 186.
[87] A.a.O. 187.
[88] A.a.O. 187.

Der provozierende Aspekt dieses ästhetischen Programms besteht darin, daß das Kunstwerk nicht die Idee der Harmonie zwischen Wollen und Sollen vermittelt, sondern den unauflösbaren Konflikt zwischen den beiden Geltungsbereichen darstellt. Während nach Kant die Idee der moralischen Erfahrung in der ästhetischen Autonomie aufgehoben ist, repräsentiert sie nach Goethe den Konflikt, der das Allgemeinmenschliche schlechthin darstellt: "Wollen und Sollen suchen sich durchaus in seinen Stücken in's Gleichgewicht zu setzen; beide bekämpfen sich mit Gewalt, doch immer so, daß das Wollen im Nachtheile bleibt."[89]

Die Verknüpfung von Wollen und Sollen endet nicht in der ästhetisch vermittelten Harmonie, sondern mündet in die ästhetisch vermittelte Aufgabe an den Rezipientenkreis. Angelehnt an die autonome Ästhetik, schreibt Goethe die Allgemeingültigkeit des Shakespeare-Werkes gleichsam für ewig fest, da ihr Wesentliches in der Bewußtmachung eines anthropologischen Konflikts schlechthin besteht und die Deutung der künstlerischen Autonomie als Antizipation der menschlichen sich demnach nur als Einforderung, nicht als Erfüllung realgeschichtlicher Prozesse interpretieren läßt.[90]

Die Offenheit der Werke für alle Zeit-Kontexte ist festgeschrieben, ebenso ihre stetige Aktualität durch die Vermittlung des Allgemeinmenschlichen. Die Überzeugung schwingt mit, Shakespeares Werk biete mehr jeweilige Interpretationen zu entdecken glauben. Wenn die Kommunizierbarkeit des Werks auf der Freiheit von konkreten Situationen gründet, gehörem Unerschöpflichkeit und Unnahbarkeit zu seinem Wesen. Des "Epitomators" Weltfülle gilt Goethe als ein Reservoir der Menschheitsdarstellung, vor der jede Interpretation (also auch jede Inszenierung) scheitern müsse: "Er ist gar zu reich und gewaltig. [...] Wir bekommen nun wohl durch das Studium seiner Stücke die silberne Schale, allein wir haben nur Kartoffeln hineinzutun, das ist das Schlimme."[91] Eine weitere Verbeugung: "Man kann über Shakespeare gar nicht reden, es ist alles unzulänglich."[92] (Eckermann, "Gespräche mit Goethe") Bei aller Laxheit Eckermanns in Fragen geistiger Urheberschaft: Die Skepsis über die Möglichkeiten der theatralen Umsetzung kommt auch in Goethes Shakespeare-Essays zum Vorschein. Daß das Theater Shakespeare nicht vollständig umsetzen könne, klingt angesichts heutiger Angriffe auf die Vereinseitigung und Verfälschung Shakespeares durch Inszenierungen des Regietheaters merkwürdig

---

[89] A.a.O.
[90] Vgl. dazu Wilfried Malsch. "Die geistesgeschichtliche Legende der deutschen Klassik." *Die Klassik-Legende*. Ed. R. Grimm/J. Hermand. Frankfurt/M. 1967. 108-140.
[91] Eckermann. *Gespräche mit Goethe*. A.a.O. 131.
[92] A.a.O.

aktuell. Ebenso "aktuell" mutet Goethes Kompromiß an: Um "Macbeth" aufzuführen, läßt er das Drama skrupellos auf ein zeitgenössisches Theaterverständnis zu bearbeiten. Schillers "Macbeth"-Bearbeitung (1800) für eine Inszenierung am Weimarer Hoftheater, bleibt bis Ende des 19. Jahrhunderts sogar die meistgespielte deutsche Version des Dramas.

Mit der Behauptung der Unerschöpflichkeit Shakespeares, aus der sein Werk überzeitliche Geltung bezieht, ist die vertraute Phase der 'Klassiker'diskussion angerissen, in der im Namen der semantischen "Unendlichkeit" der Werke – im Unterschied zur Vorgehensweise Goethes und Schillers – textverändernde Aktualisierungen diskreditiert werden. Die Aporie des 'Klassik'-Programms wird offenkundig: Mit dem Hinweis auf die unerschöpfliche Souveränität der Dramen gegenüber jedem Nachahmungs- wie Deutungsversuch charakterisiert Goethe die Rezeptionstätigkeit als ein ständiges Scheitern. Der idealistische Kunstbegriff und 'Kunstgriff', der die Kunst der "Einförmigkeit des Tages" entzieht, kommt hier trotz der zugewiesenen kommunikativen Stiftungsfunktion der Werke zum Tragen. Die vermeintliche Offenheit erweist sich als gegenüber der Rezeptionsgeschichte unempfindliche Verschlossenheit, an der jede Interpretation mißlingen muß. Zugleich jedoch soll die Überzeitlichkeit permanent aktuell, müßte damit jederzeit konkretisierbar sein. Diese hermeneutische Unschärfe bleibt virulent bis heute.

Weltliterat Shakespeare dient im 19. Jahrhundert wie kaum ein anderer Dramatiker der Selbstreflexion bürgerlicher Emanzipation und Konstitution des autonomen Subjekts. Besonders die Rezeption des "Hamlet", dessen "Nostrifizierung"[93] für nationale und nationalpoetologische Belange, die Goethe durch die Interpretation Hamlets als Spiegel der eigenen Epoche unfreiwillig anregt, manifestiert eine stark aktualisierende Aneignung, die sich über die Trennung von Kunstwerk und Geschichte hinwegsetzt. Im Gegensatz zu Herder wird diese Aneignung in ihrem Widerspruch zum 'Klassischen' (als Anstoß dieser Trennung) nicht erörtert. Bedeutet diese 'Unterlassung' Aufgabe des Mythos des 'Klassischen' oder ist sie als unvermeidliche Konsequenz des Programms zu verstehen?

3.3 Merkmale und Legitimationsprobleme des 'Klassischen'

Merkmale der Kanonisierung waren bisher: Herders und Schillers Indienstnahme des Dramatikers für die deutsche Version der "Querelle des Anciens et des Modernes", Schlegels Übersetzungstätigkeit, die über das Werk im doppelten

---

[93] Friedrich Dingelstedt. *Studien und Copien nach Shakespeare.* Pesth 1858. 5.

Sinn verfügt: als Artefakt wie als poetologisches Kriterium; das Bildungstheater und schließlich Goethes Rede von der Unerschöpflichkeit Shakespeares. Anhand dieser Problemstellungen und Lösungsangebote kann von einer Integration Shakespeares in das 'Klassik'-Programm des 19. Jahrhunderts ausgegangen werden, das seine Kanonisierung systematisch unternimmt.

Daß die Kanonisierungsversuche bis auf heutige Diskussionen über das Regietheater einwirken, ist die These dieser Arbeit, was sich daran festmachen läßt, daß die 'klassischen' Dramen in das Kreuzfeuer der Kritik der Regisseure geraten und somit Legitimationsproblemen in Bezug auf ihre Gültigkeit unterworfen sind. Grund genug, die Kanonisierung Shakespeares unter dem Aspekt der Geschichtlichkeit, der Verbindung von Überzeitlichkeit und Konkretisierung, zu beleuchten; somit auch unter dem Aspekt von Fremdheit und Aneignung: Die Etikettierung Shakespeares als "dritter deutscher Klassiker" legt darüber hinaus eine Diskussion seiner Nostrifizierung in Deutschland nahe.

In Hinsicht auf seine nationalpolitische Indienstnahme[94] drängt sich die Frage auf, wie aus der scheinbar unnahbaren Verschlossenheit des Werkes, die Goethe gegen eine partiale und nationalistische Aneignung setzte, im Laufe des 19. Jahrhunderts eine dermaßen nationalpolitische Vereinnahmung des Dramatikers hervorgehen konnte.

Was wird unter dem 'Klassischen' verstanden, in das Shakespeare eingegliedert wird? Häufig verdeckt die Berufung auf den Begriff die Variationsbreite seiner Bedeutungen. Bis 1970 begnügten sich Theaterwissenschaft und Germanistik mit der konsensgefälligen Definition des 'Klassischen' als dem Bewahrenden von Humanität, unterließen die etymologische Zergliederung des Begriffs.[95] In diesem Jahr – nur kurze Zeit nach der Publikation der Streitschrift "Klassiklegende" und dem Züricher Literaturstreit – erscheint Schmalzriedts um eine Anthologie von 'Klassik'-Definitionen bereicherte Vorlesung "Inhumane Klassik", die den Begriff seziert.[96] Schmalzriedts Fazit: 'Klassik' erweist sich als Gummi- wie Wertbegriff, in den idealistisch-dogmatische Aspekte einfließen. Dabei ist 'das Klassische' ähnlich wie die 'Werktreue' einem anhaltenden Traditionsautomatismus unterworfen, der durch das klassizistische Programm Goethes und Schillers initiiert, von den Sprachwis-

---

[94] Walter Muschg. "Deutschland ist Hamlet." *Der deutsche Shakespeare.* (Theater unserer Zeit 7.) Basel 1965. 7-31. Manfred Pfister. "Hamlet und der deutsche Geist: Die Geschichte einer politischen Interpretation." ShJ(W) 1992. 13-38. Vgl. auch in Bezug auf die *history* plays Peter Merz. *Der König lebt. Die Geschichte einer Bühnenfigur von Raupachs Barbarossa zu Ionescos Behringer.* Frankfurt/M. 1982.

[95] Vgl. dazu: Die Klassik-Legende. Ed. R. Grimm/J. Hermand. Frankfurt/M. 1967.

[96] Egidius Schmalzriedt. *Inhumane Klassik.* München 1970. 27.

senschaften im 19. Jahrhundert in Bezug zur Nationalgeschichte gesetzt und schließlich vom Theater im letzten Jahrhundertdrittel durch das 'Klassiker'-Repertoire bestätigt wurde. Schmalzriedt erstellt auf der Grundlage von Texten seit dem 18. Jahrhundert zwei stets präsente Zuschreibungskriterien, die ein Werk, sollte es den Zusatz 'klassisch' verdienen, erfüllen mußte: Stil (quantitatives Kriterium) und überzeitliche Gültigkeit mit unerschöpflicher Valuta fürs Allgemeinmenschliche (qualitatives Kriterium). Daß die Werke des "Mann[es] ohne Kenntniß der Regeln, ohne Gelehrsamkeit, ohne Ordnung"[97] sich besonders gegen stilistische Voraussetzungen der 'Klassiker'-Zuschreibung sperren, liegt auf der Hand. Umso überraschender die Ironie, daß ausgerechnet das 'enfant terrible', Skandalon der aufklärerisch-klassizistischen Literaturtheorie, zum meistgespielten 'dritten deutschen Klassiker' wurde.

3.4   Der dramatische Charakter als Repräsentant des Allgemeinmenschlichen in Hegels Shakespeare-Kritik

Da der stilistische Aspekt trotz der klassizistischen Dämpfung durch Schlegels 'Eindeutschung' wenig überzeugend für die Kanonisierung Shakespeares war, gelangten die qualitativen Aspekte zu hohem Kurs in der Shakespeare-Diskussion des 19. Jahrhunderts. Idealität und Harmonie sind auch hier die vorherrschenden Kriterien, das 'Klassische' unter die Vorzeichen Humanität und Bildung zu setzen. Gegen eine von Partikularinteressen zersplitterte Welt möge sich die Idealität des "ganzen Menschen" (Hegel) durchsetzen.

Hegels Stellungnahme zu Shakespeare ist in Bezug auf den Aspekt der Aneignung und der 'Klassiker'-Diskussion besonders relevant, da sie im Rahmen einer systematischen Philosophie der Ästhetik abgesichert ist.

In Goethes Konzept der Weltliteratur schälte sich das Kriterium des ethisch-ästhetischen Rangs der Werke heraus. In diesem Sinne war die Überzeitlichkeit Shakespeares garantiert. Selbst Hegel, der aus seiner Vorliebe für die griechische Tragödie gegenüber der modernen keinen Hehl macht,[98] konzediert diese ethische Kategorie dem "Meister" der "Darstellung menschlich voller Individuen und Charaktere".[99]

---

[97] Nicolai. "Briefe über den itzigen Zustand der schönen Wissenschaften in Deutschland." A.a.O. 66.

[98] Vgl. den Abschnitt "c. Die konkrete Entwicklung der dramatischen Poesie und ihrer Arten". *Vorlesungen über die Ästhetik.* A.a.O. III. 538ff. Sigle: *Ästhetik.*

[99] A.a.O. 561.

Allerdings mit Einschränkung: Auf den Shakespeare, wie ihn Hegel sieht, ist die Formel der antiken Tragödie "erschüttert durch das Los der Helden, versöhnt in der Sache"[100] nicht anwendbar. Unter diesem Aspekt hat Shakespeare zunächst das Nachsehen, da seine Dramen nicht die "ewige Gerechtigkeit [vermitteln], welche [...] bei der inneren Vernünftigkeit ihres Waltens uns durch den Anblick der untergehenden Individuen befriedigt."[101] Bei Verminderung der ethischen Qualität bezieht Hegel die Position des jungen Goethe, indem er den Charaktertypus als das wesentliche Merkmal der Tragödien hervorhebt.

> Nicht sittlich berechtigt, sondern nur von der formellen Notwendigkeit ihrer Individualität getragen, lassen sie sich zu ihrer Tat durch die äußeren Umstände locken oder stürzen sich blind hinein und halten in der Stärke ihres Willens darin aus, selbst wenn sie jetzt nun auch, was sie tun, nur aus Not vollführen, um sich gegen andere zu behaupten, oder weil sie nun einmal dahin gekommen, wohin sie gekommen sind.[102]

Abgesehen davon, wie nahe dem Bradleys Definition des einseitig-konsequenten und deshalb schuldhaften Charakters der Shakespeare'schen Tragödienhelden kommt,[103] ist diese Einschätzung von großer Tragweite. Hegel zementiert Hegel die schon im Sturm und Drang manifeste Bemühung um eine subjektbezogene Ausdeutung des Werkes, indem er den Charakter als das tragende Moment der Dramen ausweist und seine existentielle Situation in einer Welt des Zufalls hervorhebt.

Zwar verweist er auf die Besonderheit der Charaktere, auf ihre im Vergleich zur antiken Tragödie hervorstechende Subjektivität, nichtsdestoweniger gewinnt diese Subjektivität repräsentative und repräsentierende Funktion für die poetische Darstellung einer erhöhten Wirklichkeit. Hegel steht damit durchaus in der Tradition der Shakespeare-Idolatrie des "Sturm und Drangs", der den Bedeutungsreichtum der Dramen stets mit der Frage nach dem Charakter verband. Dabei begnügt er sich nicht bei der Ineins-Setzung von Charakter und Natur, für die Goethes Ausruf exemplarisch ist: "Natur, Natur, nichts so Natur als Schakespeares Menschen" ("Zum Schakespears-Tag"). Hegel denkt Natur nicht mehr identisch mit der wahren Natur des Menschen, sondern unterscheidet zwischen ihr und der "Subjektivität des Herzens".[104]

---

[100] A.a.O. 547.
[101] A.a.O. 565.
[102] A.a.O. 564.
[103] A.C. Bradley. *Shakespearean Tragedy*. London 21966. 5, 13-16.
[104] *Ästhetik*. III. 558.

Die Auffassung vom Subjekt, das als anthropologisches die Menschennatur bzw. conditio humana repräsentiert, schreibt sich seit Herder und Hegel als qualitatives Merkmal in die Shakespeare-Rezeption endgültig ein. Das Gütezeichen des "anthropologischen Menschentypus"[105] ist von da an mit der autonomen Ästhetik untrennbar verbunden, deren Fundament das Subjekt in dreifacher Hinsicht darstellt:

– als Konstruktion einer Individualität auf der Ebene der dramatischen Produktion;
– als Repräsentant des humanum genus;
– als Voraussetzung für die gelingende Rezeption.

Herder und Goethe bewundern Shakespeare wegen der 'überwältigenden' Darstellung dramatischer Individuen und ihrer "inneren Conflict[e]".[106] Die Vermutung, daß die Blickrichtung auf das Subjekt einen wesentlichen Teil der Shakespeare-Rezeption ausmacht, belegt besonders die "Hamlet"-Diskussion der Romantik, in der die Dominanz Hamlets gegenüber den anderen Figuren hervorgehoben wird. An der nahezu ausschließlichen Auseinandersetzung mit dem Protagonisten entzündet sich die Diskussion über das dramatische Subjekt. Als vorgestelltes Ideal spiegelt die "hamletische Seele" das rezipierende Bewußtsein, mindestens entsteht eine innige 'Wahlverwandtschaft' mit dem Prinzen.

Die dramatische Figur durchlebt das Dilemma, als bedingtes ("beschränkt[es]") Subjekt das "Unbegränzte[s]"[107]einzufordern. Sie verkörpert in subjektbezogener Hinsicht ein Individuum, aber auch menschliche Bedingtheit in anthropologischer Hinsicht.

Hegel konkretisiert an Shakespeares Werk gewonnene Auffassungen über die dramatische Figur, indem er Unterschiede ihrer Individualität im modernen und griechischen Drama aufgreift.

Auch die griechischen Helden handeln zwar nach ihrer Individualität, aber diese Individualität ist, wie gesagt, auf der Höhe der alten Tragödie notwendig selbst ein in sich sittliches Pathos, während in der modernen der eigentümliche Charakter als solcher, bei welchem es zufällig bleibt, ob er das in sich selbst Berechtigte ergreift oder in Unrecht und Verbrechen geführt wird, sich nach subjektiven Wünschen und Bedürfnissen, äußeren Einflüssen usf. entscheidet. Hier *kann* deshalb wohl die Sittlichkeit des Zwecks und der Charaktere zusammenfallen, diese Kongruenz aber macht der Partikularisation der

---

[105] Schmalzriedt. *Inhumane Klassik* a.a.O. 25.
[106] Johann Wolfgang Goethe. "Shakespeare und kein Ende!" A.a.O. 187.
[107] A.a.O.

Zwecke, Leidenschaften und subjektiven Innerlichkeit wegen nicht die *wesentliche* Grundlage und objektive Bedingung der tragischen Tiefe und Schönheit aus.[108]

Die "Nichtigkeit des Endlichen"[109] prägt die hellenische Tragödie, das sittliche Pathos bestimmt die Absichten, Kollisionen und Existenz des dramatischen Charakters.[110] Die moderne, besonders die "romantische" Tragödie ersetzt nach Hegels Auffassung das sittliche Pathos durch die "Subjektivität des Herzens", den sittlichen Charakter der antiken Tragödie durch "Partikularität der Charaktere". Die moderne Tragödie verliert an tragischer Tiefe, je mehr sie das "Recht der Subjektivität" hervorhebt.[111] Wenn sich dieses Recht nur noch als "alleiniger Inhalt feststellt",[112] geraten anthropologische Konstanten der dramatischen Figur in den Hintergrund. Das romantische Trauerspiel stellt handelnde Subjekte in "bürgerliche[n] und privatrechtliche[n]", also in zeitgenössischen "Verhältnissen"[113] dar, prägt die dramatische Figur als geschichtliches Subjekt. Dem modernen Drama liegt das "Prinzip der Subjektivität" zugrunde, "hierdurch [treten] in allen Sphären neue Momente heraus, die der moderne Mensch zum Zweck und zur Richtschnur seines Handelns zu machen sich die Befugnis gibt."[114]

Alternativen zu diesem Modell der dramatischen Figuration, die trotz geschichtlich konkreter Subjekthaltigkeit auch "Allgemeinmenschliches Interesse"[115] und damit "Substantialität der Charaktere"[116] bewahren, sieht Hegel in einigen Spätdramen Schillers, in "Faust", besonders in Shakespeares Tragödien.

Ihr Allgemeinmenschliches vermittelt sich jedoch weitaus komplexer – im Gegensatz beispielsweise zum sittlichen Pathos der griechischen Tragödie, das Hegel als ewiges, wenngleich nicht immer erinnertes Gut[117] versteht. Da den modernen Tragödien kein Gesetz – wie die ausgleichende Gerechtigkeit in der griechischen Tragödie – unterliegt, erfordern Shakespeares Tragödien einen veränderten rezeptiven Zugang, der sich über die Empfindungen und das Bewußtsein der dramatischen Figur herstellt. Um die "Subjektivität des Her-

---

[108] *Ästhetik* III. 560.
[109] A.a.O. 548
[110] A.a.O. 556.
[111] A.a.O.567
[112] Aa.O.
[113] A.a.O. 556.
[114] A.a.O. 557.
[115] Ästhetik. I. 497.
[116] Ästhetik. III. 561.
[117] Vgl. zum Wissen um das Sittliche. *Phänomenologie des Geistes. Werke*. Bd. 3. Abschnitte: "Die moralische Weltanschauung"(442ff.), "Das Gewissen" (464ff.).

Lebenswelt des Rezeptionskreises relationiert. Wie Hegel zu dieser Schlußfolgerung kommt, verdeutlichen seine Ausführungen zur Objektivität und zum Allgemeinmenschlichen.

Ausgangspunkt sind zwei Thesen. Die erste vertritt die Norm, eine dramatische Handlung müsse "ein Allgemeinmenschliches Interesse oder doch ein Pathos zur Grundlage haben, welches bei dem Volke, für das der Dichter produziert, ein gültiges, substantielles Pathos ist."[118]

> Dergleichen allgemeinmenschliche Zwecke und Handlungen müssen nun aber [...] zu lebendiger Wirklichkeit poetisch individualisiert sein. Denn das dramatische Werk hat nicht nur an den lebendigen Sinn, der freilich auch beim Publikum nicht fehlen darf, zu sprechen, sondern es muß in sich selber als eine lebendige Wirklichkeit von Situationen, Zuständen, Charakteren und Handlungen dasein.[119]

Ob ein Werk noch den Nerv des jeweiligen Rezipienten und dessen Lebenswirklichkeit zu treffen vermag, entscheidet seine ästhetische, sozial- und kulurrelevante Bedeutungsfähigkeit. Im Fall der antiken Tragödie wie einiger Werke der "Weimarer Klassik" ist die Individualisierung des Allgemeinmenschlichen zu poetisch lebendiger Wirklichkeit unbestritten, wenngleich auch hier Rezeptionshindernisse (das rein äußerliche Historische und in Bezug auf Goethes "Iphigenie" mangelnde Lebendigkeit) im Wege stehen können.

Das Erleben und Zusammentreffen von dramatisierter Wirklichkeit mit der Wirklichkeit des Lesers/Zuschauers konkretisiert Hegel in einer für den damaligen Stand der ästhetischen Diskussion innovativen Differenzierung, indem er – in einer zweiten These – die Werk-Dramaturgie als Voraussetzung gelingender ästhetischer Kommunikation einfordert. Der Unterschied für die Aneignung in den antiken und in Shakespeares Tragödien ergibt sich aus den verschiedenen Manifestationen ihrer allgemeinmenschlichen Gehalte:

> [Shakespeares] Tragödien und Lustspiele [haben sich] ein immer größeres Publikum verschafft, weil in ihnen, aller Nationalität unerachtet, dennoch das Allgemeinmenschliche bei weitem überwiegt, so daß Shakespeare nur da keinen Eingang gefunden hat, wo wiederum die nationalen Kunstkonventionen so enger und spezifischer Art sind, daß sie den Genuß auch solcher Werke entweder schlechthin ausschließen oder doch verkümmern. Den ähnlichen Vorzug der Shakespeareschen Dramen würden auch die alten Tragiker haben, wenn wir nicht, außer den veränderten Gewohnheiten in Rücksicht auf die szenische Darstellung und einige Seiten nationaler Anschauung, eine subjektivere Tiefe der Innerlichkeit und Breite der partikularen Charakterisitik forderten.[120]

---

[118] *Ästhetik.* I. 497.
[119] A.a.O. 499.
[120] A.a.O. 498.

Darstellung und einige Seiten nationaler Anschauung, eine subjektivere Tiefe der Inner-lichkeit und Breite der partikularen Charakterisitik forderten.[120]

Hegel gibt zwei weitere Aspekte für die besondere Wirkung der Shake-speare'schen Dramen an: die durch Werk-Bearbeitung zu erreichende Konver-genz von dramatischer Fabel und nationaler Anschauung, und die Gestaltung der Charaktere.

Aneignung durch "Umarbeitung":

Indirekt impliziert der Verweis auf die nationale Anschauung die Notwendig-keit einer der Rezeptionssituation entsprechenden "Umarbeitung":

> In Shakespeares historischen Stücken z.b. ist für uns vieles, was uns fremd bleibt und wenig interessieren kann. [...] Werden daher fremde dramatische Werke in Szene gesetzt, so hat jedes Volk ein Recht, Umarbeitungen zu verlangen. Auch das Vortrefflichste bedarf in dieser Rücksicht einer Umarbeitung. Man könnte zwar sagen, das eigentlich Vortreffliche müsse für alle Zeiten vortrefflich sein, aber das Kunstwerk hat auch eine zeitliche, sterbliche Seite, und diese ist es, mit welcher eine Änderung vorzunehmen ist.[121]

Doch auch das Unsterbliche des Kunstwerks, sein Allgemeinmenschliches oder seine "Objektivität", vermögen nur dann "an unsere wahre Subjektivität" zu sprechen und "Eigentum" zu werden, wenn es dem Rezipienten in seiner spezifischen historischen Situiertheit zu Bewußtsein gelangt.[122] Im Bedarfsfall sollte ein Bearbeiter die auf das Herkunftsland des Dramas verweisenden nationalen Bezüge und alle historischen Aspekte einstreichen, die als Anachro-nismus zur Lebenswirklichkeit der Rezeptionszeit erscheinen.[123] Diese Form der Aneignung ist nicht als Freibrief für eine Lesart zu verstehen, die im Sinne von Gervinus oder Freiligrath eine stark auf nationalpolitische Bedürfnisse bzw. Defizite ausgerichtete Interpretation und Aneignung Shakespeares voll-zieht. Hegel plädiert für die Umarbeitung von Werken entsprechend eines "nähere[n] Interesse[s] heutiger Bildung und Zwecke", die Zuspitzung der Interpretation auf eine *"Wahrheit für uns".*[124] Die Dramen erfordern Bearbei-tung in dem Maße, wie "wir [...] unmittelbar uns darin bekannt und vertraut finden",[125] ihre 'unsterbliche Seite' bleibt jedoch für eine Nationalisierung Tabu. Hegel wendet sich also gegen die vollständige Horizontverschmelzung

---

[120] A.a.O. 498.
[121] A.a.O. 358.
[122] A.a.O. 361.
[123] A.a.O. 352ff.
[124] A.a.O. 345, 349, 352. Hervorhebung mm.
[125] A.a.O. 357.

Charakter:

Die Aneignung des Allgemeinmenschlichen vollzieht sich nach Hegel über die Auseinandersetzung mit der (aktualisierten oder noch zu aktualisierenden) Lebenswelt und dem Denken der dramatischen Figur, die nicht mehr eine "bloß individuelle klassische Verlebendigung sittlicher Mächte" darstellt.[126] Da der Charakter der Shakespeareschen Tragödien der Zufälligkeit der Welt ausgeliefert ist, bedeutet die Unversöhnbarkeit von Charakter und Sittengesetz[127] einen Orientierungsverlust sowohl für das dramatische Subjekt wie für das Publikum. Mibilligend hebt Hegel den Typus des 'modernen' Menschen hervor, den er in "Hamlet" repräsentiert sieht.

> In diesem Fall bleibt uns nur der Anblick, daß sich die moderne Individualität bei der Besonderheit des Charakters, der Umstände und Verwicklungen an und für sich der Hinfälligkeit des Irdischen überhaupt überantwortet und das Schicksal der Endlichkeit tragen muß.[128]

Scheitern und Tod der Figuren sind nicht mehr von 'höherer' Notwendigkeit abgesichert, sondern stellen sich als "Wirkung unglücklicher Umstände und äußerer Zufälligkeiten dar, die sich ebenso hätten anders drehen und wenden und ein glückliches Ende haben können."[129] Nichtsdestoweniger birgt "Hamlet" Allgemeinmenschliches. Der Zugang zum "Objektiven" bietet sich durch die Identifikation mit der Figur in der Weise, daß ihr subjektives Verständnis vom Zufall als Fatum zur Orientierungsgrundlage wird. Für die Rezeption bedeutet die moderne Tragödie und insbesondere Shakespeare als Vertreter der veränderten Gattung einen paradigmatischen Wandel des Zugangs. Der Rezipient erkennt das Schicksalshafte wie die Substantialität des Sittlichen nicht mehr am Handeln der Figuren selbst oder an ihren Verstößen wie erfolgenden Sanktionen, die sich mehr oder minder zufällig ereignen, sondern vor allem durch Einsicht in ihr Bewußtsein. Am Beispiel von "Hamlet" und "Romeo und Julia" erläutert Hegel, wie unversöhnt – und damit für das Publikum unerträglich – die Protagonisten der modernen Tragödie enden. Eine Art tragischer Versöhnung, die "unglückselige Seligkeit im Unglück",[130] stelle sich nur durch Überlistung des Zufalls ein, indem das Ausgeliefertsein der

---

[126] Ästhetik. III. 554.
[127] Vgl. Hegels Bezugssetzung von "Choreophoren", "Elektra" und "Hamlet". *Ästhetik* III. 559.
[128] A.a.O.
[129] A.a.O. 566.
[130] A.a.O. 577.

dramatischen Figur an die Außenwelt durch interpretative Akte als Übereinstimmung mit der inneren Natur des Charakters vorgestellt wird:

> [...] es drängt sich unmittelbar die Forderung auf, daß die äußeren Zufälle mit dem übereinstimmen müssen, was die eigentliche innere Natur jener schönen Charaktere ausmacht. Nur in dieser Rücksicht können wir uns z.B. in dem Untergange Hamlets und Julias versöhnt fühlen. Äußerlich genommen, erscheint der Tod Hamlets zufällig durch den Kampf mit Laertes und die Verwechslung der Degen herbeigeleitet. Doch im Hintergrund von Hamlets Gemüt liegt von Anfang an der Tod. Die Sandbank der Endlichkeit genügt ihm nicht [...][130]

Das dramatische, problematische Subjekt bietet den Schlüssel zum Verständnis – und nur die Akzeptanz dieser "Tiefe der Innerlichkeit", die nach Hegel die griechische Tragödie nicht bietet, ermöglicht die Erkenntnis des modernen Menschen. Das Kriterium des Allgemeinmenschlichen ist also nicht mehr die "Herstellung des Bewußtseins aus dem Streite sittlicher Mächte und Verletzungen zur Einheit und Harmonie dieses *sittlichen* Gehaltes selber."[131] Im Sich-Einlassen auf die subjektive Sicht wird ein neues Kriterium gewonnen: die "Substantialität"[132] des Subjekts. Bezüglich "Hamlet" besteht sie in der moralischen Integrität Hamlets, die jedoch im Bewußtsein der Endlichkeit und der Auslieferung an den Zufall keinen kausalen Bezug zum Handeln findet – und dies wäre als Crux des modernen Menschen zu werten.

3.5 Sonderrolle, Überzeitlichkeit und Nationalisierung Shakespeares

Shakespeares *Sonderrolle* manifestiert sich in der Gestaltung eines Menschenbildes, das, um begriffen und zur 'Wahrheit für uns' zu werden, einen Wandel der Rezeptionshaltung verlangt: Annäherung an die Subjektivität Hamlets, die bei gelungener Rezeption eine Entsprechung zwischen der dramatisch gestalteten Wirklichkeit und der Lebenswirklichkeit des Rezipienten erreicht. Shakespeares Dramen, insbesondere "Hamlet", sind aufgrund der "Substantialität der Charaktere" stärker auf Umarbeitung bzw. Aktualisierung angewiesen. Einen weiteren Grund für die Notwendigkeit der Konkretisierung stellt die Fremdheit der Dramen dar, deren nationale Anschauung von der eigenen "nationalen Anschauung" überlappt werden muß.

Bezüglich der *Überzeitlichkeit* weist Hegel anhand der verschiedenen Formationen von "Objektivität" in Dramen aus unterschiedlichen Epochen die

---

[130] A.a.O. 566. Zu "Romeo und Julia": 567.
[131] A.a.O. 552.
[132] A.a.O.

Geschichtlichkeit des angeblich Allgemeinmenschlichen und Überzeitlichen nach. Objektives Kriterium dieser Kategorie ist der über die individuellen und nationalen Belange der jeweiligen Rezeptionszeit hinausweisende Gehalt des angeeigneten Dramas, der allerdings nicht mit der ahistorischen Geltung eines etwa unantastbaren Werkes zu verwechseln ist. Die Unerschöpflichkeit, die noch Goethe dingfest macht, erreicht in Hegels Reflexion die Faszination ihrer *geschichtlichen Vermittlung*: Sie beruht in der Wirklichkeit des Dramas "für uns", d.h. in seiner Verfügbarkeit für die jeweilige Lebenswirklichkeit. Und diese muß – auch auf Kosten der Textgestalt – dramaturgisch/szenisch erarbeitet werden.

Im Unterschied zur Welle der "Nostrifizierung", *Nationalisierung* Shakespeares, die besonders mit Gervinus und Freiligrath einsetzte und das Fremde seiner Werke hinwegspülte, geht Hegels Programm der Aneignung dialektisch vor. Auch Hegel spricht vom Eigentum an Shakespeare. Aber er versteht unter Aneignung auch Wahrung des Differenten, ohne das Shakespeares Dramen ihre reflexionsfördernde Unvertrautheit verlieren könnten. Abtragen von unverständlichen Inhalten und morsch gewordenen Bedeutungen gehören ebenso zum Programm der Aneignung wie die Veränderung veralteter szenischer Mittel in Rücksicht auf den zeitgenössischen Theaterapparat. Die "Kollision unterschiedlicher Zeiten"[134] soll vermindert, die Chance gelingender Rezeption dadurch erhöht werden. Und so sehr mit der Forderung nach einem "Hinausrücken aus der Unmittelbarkeit"[135] einer vollständigen Nationalisierung vorgebeugt wird: Für die nachhegelianische Rezeption ist es verführerisch, die Kunstrezeption unter die Erfordernisse der Realgeschichte zu stellen. Politische Kunst als Nachhall des Vormärz ist das Modell, durch das Shakespeare zum Repräsentant einer antizipierten Nation wird.

3.6 Der deutsche Shakespeare

Die politisch motivierte Nationalisierung setzt erst im nachhegelianischen "Gespinst"[136] der Spekulationen ein: über Shakespeare, seine 'Stammeszugehörigkeit' und Kunst, die im Namen des deutschen Geistes für die Ziele der politischen Nation und Einheit annektiert wird ("Shakespeare" von Gervinus, 1862).

---

[134] *Ästhetik* I. 345.
[135] A.a.O. 342.
[136] Walter Muschg. "Deutschland ist Hamlet." A.a.O. 24.

Die Dialektik des Aneignungsverfahrens im Sinne Hegels war bestimmt von Fremdheit und eigener Lebenswirklichkeit.

Würde man diese Forderung, Fremdheit auch in der Aneignung nicht zu verleugnen, zum Maßstab erheben, müßte die Geschichte der Shakespeare-Rezeption zumindest in weiten Bereichen der Philologie noch bis in die 1960er Jahre als eine Geschichte des Scheiterns beschrieben werden. Im Gegensatz zum Theater, das trotz formal-ästhetischer Bezüge zum "Reichskanzleistil" entschiedene Gegenpositionen zu nationalsozialistischen Interpretationsmustern inszenierte, prolongierte ein nicht unbeträchtlicher Teil der deutschen Shakespeare-Forschung nationalideologische Deutungen.[136]

Die eindimensionale Nationalisierung gelang durch die Fixierung des Begriffs "Eigentum" auf die Nostrifizierung, wobei unter Nationalisierung zur Zeit der "Shakespeare"-Veröffentlichung von Gervinus (1862) noch nicht die Selbstbespiegelung und -bestätigung der politischen Nation zu verstehen ist, in der das Bildungstheater zum Statusnachweis reduziert wurde.

Im Hinblick auf die Aneignung der 'Klassiker' im 19. Jahrhundert, die Shakespeare mit einbegreift, vollzieht sich eine Wendung vom idealistischen Kunstbegriff – durch den die "Kunst der Geschichte entzogen"[137] wird – zum mimetischen Kunstbegriff: Kunst greift nicht mehr über die Realität hinaus, sondern verläuft parallel zur Realgeschichte.

Gervinus schneidet dieses Kunstverständnis auf die politische und die Bildungs-Nation zu. Unter dem Diktat des mimetischen Kunstverständnisses verläßt Shakespeare den Sockel der geschichtlichen Unberührtheit und verfaßt aktuelles, politisches Drama: "Wir blicken in den Spiegel unserer Gegenwart, als ob dies Werk" – natürlich ist "Hamlet gemeint – "in diesen Tagen erst geschrieben wäre."[138]

Die "Weimarer Klassik" erscheint Gervinus als Vollendung der literarischen Produktion, wobei eine Beschränkung die Zweischneidigkeit des Arguments belegt: Künftige Geschichte – für Gervinus die Geschichte der Suprematie – koppelt sich von der weltbürgerlichen Antizipation ab, die die zehnjährige Kooperation Goethes und Schillers auszeichnete. Dies gilt zumindest für Goethes Werk, während Schiller zunächst als dem nationalen Befreiungskampf eng verbündet interpretierter Autor gegen Goethe ausgespielt wird. Unter dem Blickpunkt geschichtsphilosophischer Teleologie ist die Prüfung

---

[136] Vgl. Ruth v. Ledebur. *Deutsche Shakespeare-Rezeption seit 1945.* Frankfurt/M. 1974. 153ff.

[137] Erika Fischer-Lichte. "Probleme der Rezeption klassischer Werke – am Beispiel von Goethes Iphigenie." A.a.O. 114.

[138] G.G. Gervinus. *Shakespeare.* 2 Bde. Leipzig 3 1862. II. 129.

der Literatur auf Verwertbarkeit für die Entwicklung des Nationalstaats folgerichtig, ebenso konsequent, wenn das mimetische Kunstverständnis zugunsten des realgeschichtlichen Handelns und auf Kosten der ästhetischen Autonomie in den Vordergrund tritt. Die Literatur diente einem 'Volk' lange genug, dem das "geistige Leben das einzige wertvolle Leben ist." Es sei an der Zeit, die Deutschen "auf das Gebiet der Geschichte hinauszuführen".[139]

Wie vormals Hegel ruft Gervinus das Ende der autonomen Kunst aus, appelliert an die Notwendigkeit ihrer politischen Funktion, womit er zugleich das Bildungstheater-Programm in seiner ursprünglichen kosmopolitischen Zielsetzung verabschiedet:

> [...] ganz so füllte uns das Leben und Weben im Gedichte und Schauspiele aus, und auf dem Theater die Aufgabe der Zeit zu spielen, uns an Worten und an einem Wortheldenthum zu freuen, gefiel uns mehr, als eine gelassene und gesetzte Vorbereitung für den Ernst der Zeiten.[140]

Die Selbstbespiegelung im Zeichen der nun politisierten Literatur negiert das Fremde in Shakespeares Werk und dessen Vergänglichkeit, die Herder noch bewußt war. Der Zauderer Hamlet wird zum politischen 'Struwwelpeter' mit Abschreckungsfunktion für die Deutschen, die aus dem "realen Leben in das Reich der Ideale" geflüchtet seien und damit wie Hamlet Dringliches, politisches Handeln, vergaßen. Der romantischen, introvertierten "Hamlet"-Interpretation, die in der Handlungsarmut das Zeugnis einer tief denkenden, edlen Seele sieht, hält Gervinus entgegen, sie habe nur die "Lichtseiten dieses Charakters gesehen, bis neuerdings auch seine Schatten in unser Auge fielen."[141] Mit getrübtem Blick für die Herkunft des Dramatikers übergibt Gervinus Shakespeare dem Besitzstand deutscher Nation mit der Behauptung, nur der deutsche Geist ermesse das Kunstideal und die Sittlichkeit des Genies, das "kraft seiner generellen Natur" dem "germanischen Stamme" angehöre.[142]

Nach der Reichsgründung verstärkt sich dieser 'völkische' Zugang beträchtlich. Die Mystifikation Shakespeares zum "menschgewordenen Schöpfertum des Lebens selbst" (Gundolf) verzichtet zwar im Gegensatz zu Gervinus auf die direkte Koppelung der Werke an die Realgeschichte. Doch der nun im "deutschen Geist" manifeste Kulturchauvinismus übt eine starke Attraktivität auf die nachfolgende nationalsozialistische Aneignung Shakespeares aus.

---

[139] Gervinus. *Geschichte der poetischen Nationalliteratur der Deutschen.* 5 Bde. Leipzig 1835-42. II. 13.
[140] A.a.O. 130.
[141] G.G. Gervinus. *Shakespeare.* A.a.O. 129.
[142] A.a.O. 585.

Hamlet erscheint in Gundolfs Abhandlung als nordischer Mensch, der im "Dunstkreis von Düsternis, Trauer und Endschaft" als Einziger "die ganze Ordnung" des Seins durchdringe.[143] Der Interpretationsfokus auf Hamlet reduziert die anderen Figuren auf "seine Medien, seine Spiegel, seine Erwecker", "ausgefaltete, menschgewordene, zustandsträchtige Gemütsstimmung oder Geisteslage des Helden und des Dichters", auf dessen "ausgeweitetes Ich".[144] Während Gervinus "Hamlet" als unseliges Identifikationsobjekt der Deutschen kritisiert, greift die mystifizierende Verklärung des Protagonisten auf die romantische Hamlet-Verehrung zurück, vermengt diese offensichtlich unbewußt mit dem Zusatz chauvinistischer, wenn nicht 'völkischer' Merkmale.

Die Kanonisierung Shakespeares setzt sich im Spielplan-Repertoire und in der akademischen Diskussion auf Kosten des Humanismus-Potentials der 'Klassik', der 'demokratischen', 'kosmopolitischen' Intention des Bildungstheaters und der provozierenden Fremdheit des Dramatikers durch. Dieses Stadium, das bis 1918 kaum Einschnitte aufweist, haben Muschg und Pfister[145] ausführlich erörtert. Ich schlage daher einen großen Zeitsprung vor: zum Regietheater der "Weimarer Republik", das im "deutschen Shakespeare" wieder die Opposition zur Realgeschichte entdeckt.

4 Gegen den Traditionsautomatismus: Regietheater der Weimarer Republik

Von den genannten Aspekten der 'Klassiker-Kür' ist bis zum Ende des "Dritten Reiches" die *Nationalisierung* Shakespeares als historisch weitgreifenderes Moment zu veranschlagen. Im Namen des deutschen Geistes reklamiert und an den Spitzen der Aufführungszahlen der Klassiker-Inszenierungen auch im "Dritten Reich" rangierend, bleibt Shakespeare Verkünder 'deutschen' Geistes. Die ketzerische Frage nach der Vergänglichkeit seines Werks und nach einem möglicherweise erforderlichen Wechsel des Theater-Materials wurde nicht gestellt.

Gegenentwürfe unternimmt das *Regietheater der Weimarer Republik*, das den nationalpolitischen Zeitgenossen Shakespeare ebenso zu überwinden

---

[143] Friedrich Gundolf. *Shakespeare. Sein Wesen und Werk.* 2 Bde. Berlin 1928. II. 47, 52.
[144] A.a.O. 72f. 63.
[145] Walter Muschg. "Deutschland ist Hamlet." A.a.O. Manfred Pfister. "Hamlet und der deutsche Geist: Die Geschichte einer politischen Interpretation." A.a.O.

suchte wie den olympisch-zeitlosen 'Klassiker' des wilhelminischen Hoftheaters. Der detaillierten Beschreibung dieser Gegenbewegungen zu Shakespeare als "geistiges Mobiliar des wohlsituierten Bürgertums"[147] widersetzt sich die Materialfülle des Themas. Stattdessen sei jeweils ein szenisches Beispiel für besonders auffällige und nahezu 'idealtypische' Verfahren dieser Zeit angegeben, die das Konzept der uneingeschränkten Besitzergreifung konterkarierten. Dabei soll der Blickwinkel über die Nationalisierung hinaus auf die Frage gelenkt werden, welche mit Shakespeare besonders konnotierten Aspekte des Traditionsautomatismus hinterfragt werden. Zweifellos gehören – als Teil der Nationalisierung – die Autorität der Eindeutschungen von Schlegel/Tieck zur Tradierung: Obwohl sie erst im Verlauf der Stilbühnenbewegung um 1900 andere Fassungen verdrängten, galt es schon in den Zwanzigern als Sakrileg, wenn ein Aufführungstext nicht von der Handschrift des Dioskurenpaars gezeichnet war. Herausragende Inszenierungen des Theaters der Weimarer Republik reagierten mit Befremden auf den 'deutschen' Shakespeare, infolgedessen auch auf die scheinbar kongenialen Eindeutschungen Schlegels und Tiecks. Der Weg führte nicht weg von nationalen Belangen, aber zur kritischen Problematisierung des Nationalistischen.

Dieser kritischen Rezeption lassen sich idealtypische Verfahren der Klassikeraktualisierung zuordnen:

1. Dekonstruktion historistischer Inszenierungs- und Ausstattungsweisen, die scheinbar die im Drama vermittelte Epoche rekonstruieren. Diese Gegenentwürfe zielen ihrerseits auf eine Historisierung der Form ab, indem sie die Strukturen des Bühnenraums und der szenographischen Elemente des Theaters der Shakespeare-Zeit, über die die szenische Dramaturgie der Stücke informiert, mit aktuellen Theatermitteln und unter den Bedingungen verfügbarer Raumstrukturen respektieren;

2. Historisierung, die die "Fabel und die in ihr enthaltenen Widersprüche gemäß den Sichtweisen von gestern und heute" verdoppelt;[148]

3. Verwendung des Textes für Montagen, Umarbeitungen bis hin zur Realisierung auf ihm fußender Adaptionen (diesem Typ ist in Teil II der Studie ein eigenes Kapitel über Brechts Theorem der 'Umfunktionierung' gewidmet).

---

[147] Herbert Ihering. "Reinhardt, Jessner, Piscator oder Klassikertod?". *Der Kampf ums Theater.* Berlin 1974. 305-324. 305.

[148] Patrice Pavis. *Semiotik der Theaterrezeption.* Tübingen 1975. 187–198. 190.

4.1 Opposition gegen den Historismus. Ludwig Bergers "Cymbeline"

Die Dekonstruktion rekonstruierender Inszenierungsweisen richtet sich gegen den Historismus der Ausstattung, der im wilhelminischen Hoftheater noch bis zum Ersten Weltkrieg vorherrscht. Ein Beispiel für dieses Verfahren stellt Ludwig Bergers Bemühung um den Shakespeare-Stil dar, die nicht als archäologische Suche mißzuverstehen ist.

Berger plädiert vornehmlich für das Theater des Schauspielers, in dem die Zentralperspektive auf den Guckkasten ebensowenig aktzeptiert wird, wie die Gliederung und Verdeckung theatraler Produktion durch den Theatervorhang:

> Shakespeares Schauspieler steht im leeren Raum. Er hat keine Hilfsmittel als den eigenen Körper und die eigene Stimme. Aus Bewegung und Wort und ihrem beiderseitigen Zusammenhang [...] wächst seine Kunst.[149]

Bergers Ziel illustriert die Erstaufführung von "Cymbeline" (Deutsches Theater, Berlin 1919). Die nahezu dekorationslose Bühne veränderte die gewohnten Raumstrukturen des "Deutschen Theaters". Über das verdeckte Orchester zog sich ein Podium, das gemäß des Gemeinschafts-Programms der expressionistischen Theaterästhetik Akteure und Publikum 'zusammenrücken' ließ. Die anti-illusionistische Ausstattung beschreibt Jacobsohn:

> [Berger] setzt in die Mitte des Hintergrunds einen halbhohen [dreigliedrigen, von Faktor[150] als "Brückentor" bezeichneten] Torbogen, von dem nach rechts und nach links Gardinen sich spannen, und dessen Pfosten ein Vorhang [...] verbindet. Hinter ihm liegt Imogens Schlafgemach oder die Höhle des Belarius. Darüber läuft eine Brücke, auf der personae dramatis angehuscht kommen. Die Szene bedeutet entweder England oder Italien, entweder Garten oder Hafen, entweder Thronsaal oder Schlachtfeld."[151]

Die Multifunktionalität des Raums bedeutete zweierlei: einmal den Versuch, über die Repräsentation einer Fabel hinaus Stimmungen zu erzeugen, die den in "Cymbeline" ständig gefährdeten und Frieden als Zwischenkriegszeit erkennen lassen. Berger schuf eine verdämmernde Atmosphäre der Bedrohung, in der die Figuren "anhuschen", Krieg und Frieden keine voneinander abgeschiedenen Dimensionen darstellen. Orte der Versöhnung waren vormals Schauplätze der Schlacht. Das von Cymbeline gefeierte "schöne Ende" (V.5) erwies sich als labile Hoffnung, nicht als Faktum.

---

[149] Ludwig Berger in *Das neue Deutschland*. Berlin 1919. 262f.
[150] Emil Faktor. Zit. nach Rühle. A.a.O. 169.
[151] Jacobsohn. Zit. nach Rühle. A.a.O. 167.

Zum zweiten erzielte die Raumstruktur eine Aufwertung der Darstellung, die Spielräume nicht nur evozieren, sondern im höheren Maße diejenigen Charakterisierungen leisten mußte, die in der Regel von einer "Milieu"-Ausstattung oder einer symbolistischen Dekoration erfüllt werden. Sprache und Darstellung waren infolgedessen die wichtigsten Informationsträger. Offenbar bezog die Inszenierung wesentliche Impulse aus dem Darstellungsstil, den die "Tribüne" geschaffen hatte. Berger nutzte die "Erweiterung des Bühnenraumes, um Monologe und ähnliche Aussprachen des Einzelnen unmittelbar mit dem Zuschauer korrespondieren zu lassen. Es wird gleichsam in ein Gesamtohr des Parketts hineingesprochen [...]"[151]

Der expressionistische Schauspielstil setzt auf Rezitation, wobei die Schauspieler als Mittler der dramatischen Vision und nicht als Illustratoren figuraler Psychologie ausgestellt werden: In "Cymbeline" geschah dies durch räumliche Isolierung der Sprechenden und ihre Hervorhebung durch Scheinwerfer bei gleichzeitiger Verdunkelung der anderen Raumsegmente. Die visionäre Funktion des Schauspielers wurde durch eine Gestik betont, die fern von alltäglicher Logik auf den ästhetisch verdeutlichten Ausdruck setzte.

Diesem Inszenierungstyp entsprechen bei unterschiedlichen szenischen Resultaten und Verfahrensweisen weitere Inszenierungen der Zeit: etwa Richard Weicherts "Othello"-Inszenierung, die dem Stück eine immanente Idee abzugewinnen suchte. Weichert nutzte die Spirale als szenische Metapher für die Eifersucht, in die sich Othello tödlich verstrickt. In der Mord-Szene umkreist Othello Desdemona in "immer enger werdendem Radius und erstickt sie. [...] Er ist im Kreis gefangen, er kann nicht zurück, nur vorwärts, es gibt keinen Ausweg, darum muß er auch in der konzentrischen Mitte sterben, in die das Bett gestellt ist."[152]

4.2 Reinhardts Opposition zum politischen Theater

Max Reinhardts Theaterästhetik fällt aus den genannten Inszenierungs-Typen heraus. Seine Shakespeare-Inszenierungen weisen besonders nach 1918 einen persönlichen, kaum nachgeahmten Inszenierungs-Typ aus: Intensivierung romantischer Motive bis zur Unterschlagung gegenläufiger Elemente, mitunter vereinseitigende Festlegung des Textes auf die Gattung.

---

[151] Faktor. A.a.O.
[152] Richard Weichert. "Regiebuch zu Othello." Zit. nach Jörg Fenkohl. *Dramen Shakespeares auf der Bühne des deutschen Expressionismus.* Diss. Berlin 1972. 30.

Bezeichnend dafür ist das malerische, ein Stück Venedig ins Berliner Deutsche Theater versetzende Bühnenbild (Ernst Stern) für die Inszenierung "Der Kaufmann von Venedig", das der jeunesse dorée Venedigs "lichten Hintergrund" verlieh, der die tragischen Aspekte des Dramas überstrahlte. Mittels der Drehbühne ermöglichte schnelle Schauplatzwechsel wurden nicht dazu genutzt, das ständige Nebeneinander von Tragik, Grausamkeit (Shylocks Haus, Gericht) und Lebenslust (die Szenen auf dem Rialto und in Belmont) in beunruhigender Schwebe zu halten: "Venezianische Lebenslust ist die Dominante der Aufführung, hebräisches Lebensleid nur ein dissonanter Ton."[153] Die Romantisierung der venezianischen Welt unterschlug das Problem des Antisemitismus und der Tragik des verlassenen Vaters, das Fritz Kortner 1927 als Kern der Rollenkonzeption gestaltete (Regie: Jürgen Fehling. Volksbühne Berlin):

Daß das Mädchen [Jessica] aus diesem dumpfen, engen Judengelaß hinausstrebt, hinausstreben muß in die lichte Welt da draußen, das erscheint mir durch dieses düstere Bild als etwas Naturnotwendiges.[154]

Rudolf Schildkraut – der erste Shylock der mit sechs Wiederaufnahmen und 363 Aufführungen nach dem "Sommernachtstraum" erfolgreichsten Reinhardt-Inszenierung – charakterisierte einen jüdischen Kaufmann, der eher Invektiven hinnimmt, als den begrenzten, durch Assimilation mühsam gewonnenen Freiraum des Überlebens zu gefährden. Erst in der Gerichtsverhandlung zitierte er mit schneidenden Gesten und lautstarkem "Jargon" das literarisch, theatral und völkisch geprägte Klischee des 'Ostjuden',[155] um Shylocks Haß zu verdeutlichen. Kortner griff in Fehlings Inszenierung zu demselben Darstellungsmittel, um Shylocks bewußte Annäherung an das Bild darzustellen, das die Gesellschaft von ihm entwirft – für den Erpreßten, Verratenen die einzige, wenn auch vergebliche Form des Protests. Zeitgenössische Kritiken zu Reinhardts Inzsenierung lassen jedoch erkennen, daß Schildkrauts Shylock eher komische Figur in einer Gerichtsverhandlung war, die nur sie selbst ernst nahm.

In der Inszenierung manifestiert sich eine wichtige Leistung Reinhardts, Rollenkonzeptionen aktuelle Akzente zu verleihen: nahezu eine "List" in

[153] Siegfried Jacobsohn. Zit. nach Hugo Fetting. *Von der Freien Bühne zum Politischen Theater. Drama und Theater im Spiegel der Kritik.* 2 Bde. Leipzig 1987. I. 306.
[154] Heinrich Hart. Zit. nach Fetting. A.a.O. 309.
[155] Vgl. Hans-Peter Bayerdörfer. "Das Bild des Ostjuden in der deutschen Literatur." *Juden und Judentum in der Literatur.* Ed. H.A. Strauss, C. Hoffmann. München 1985. 211-236.

einem Ausstattungsarrangement, das zeitgenössische Anspielungen vermied. Gegen die Hauptströmung des 19. Jahrhunderts, Shylock als lächerliche Figur oder als zornig-alttestamentarischen Rächer zu geben, setzte Reinhardt einen Prototyp des emanzipierten jüdischen Bürgers, der sich zur Gesellschaft loyal verhält, ohne in ihr vollständig aufzugehen. Diese Konzeption belegt wie die Angleichung von Ferdinand ("Kabale und Liebe") oder Don Carlos an die revoltierenden 'Söhne' des expressionistischen Dramas ("Don Carlos", Deutsches Theater Berlin, 1909) Reinhardts Tendenz, Rollenkonzeptionen gegen die Aufführungstradition zu kreieren. Reinhardt wies einen Weg des Hinüberrettens der 'Klassiker', den Jessner mit Fritz Kortner weiterführen solle: die Ausstattung der Rollenfiguren mit zeittypischen Eigenschaften, was ihnen eine ungeheuer spannende Wertigkeit und Aktualität verlieh – so wurde aus dem alttestamentarischen Kaufmann ein Vertreter des emanzipierten Judentums, ohne daß Reinhardt diese Aktualisierung besonders signalisierte.

Dies unterscheidet ihn von Leopold Jessner. Reinhardt entwickelte keine Dramaturgie, die das zeit-räumliche Universum des 'klassischen Textes' auf allen Ebenen seiner Sinndimensionen in die Spannung zum 'Heute' zwang. Die Möglichkeit war gegeben, Shylocks Grausamkeit als Resultat gesellschaftlichen Unrechts darzustellen. Verhindert wurde sie jedoch durch die Inszenierung der Gerichtsverhandlung als Spiel, die die vorher aufgebaute, kritische Rollenkonzeption nicht konsequent ausführte:

> Eine bewegtere Darstellung ist mir noch nicht vorgekommen, Das war ein Rennen, Tollen, Zappeln, Stürmen von Anfang bis zum Ende. Eine Beweglichkeit, bei der alle mittaten, selbst Shylock, Porzia und der Doge. Großmann als Lanzelot machte geradezu den Akrobaten. Ein köstlicher Kobold, aber etwas mehr Grazie könnte nicht schaden.[156]

Von den Kritikern sah lediglich Fritz Engel die Defizite, die durch die 'Weg-Romantisierung' des Problematischen entstand: "Es ist nicht zu leugnen, daß diese Kunst Gefahren hat. Wie etwa Hofmannsthal als Dichter, sieht Reinhardt als Regisseur die Dinge von der malerischen Seite."[157] Reinhardt gilt bis heute als Demiurg szenischer Attraktivität, dem Theater ein Fest in einer Traumwelt jenseits des Alltags und der Entfremdung bedeute. Vernachlässigt wird darüber seine Opposition gegen die Wahrnehmungskulinarik des Theaterhistorismus und die Suche nach einem – die 'Klassiker' aktualisierenden – Darstellungs-Verismus, von dem beispielsweise die ästhetische Biographie Fritz Kortners nicht zu trennen ist. Wenn auch Reinhardt heute mit einigem

---

[156] A.a.O. 310.
[157] Fritz Engel. Zit. nach Fetting. A.a.O. 315.

Recht selbst als 'kulinarisch' gilt, so richtet sich sein Theater legitim gegen das Theater der aktualisierenden Politik: Die noch aus Iherings Opposition gegen den 'Theaterzauberer' herrührende Polarisation zwischen politisch-linkem und ästhetisch-konservativem Theater greift dabei zu kurz. Reinhardt konzipierte in der Tradition des Bildungstheaters ein Weltrepertoire – er führte 1919 "Wie es euch gefällt" dem deutschen Spielplan zu –, wobei er nicht nur die nationalistische Verengung des Bildungstheater-Gedankens überwand. Darüber hinaus belebte er diesen neu, indem er 'Weltrepertoire' nicht allein inhaltlich verstand, sondern auch auf das Durchprobieren internationaler und historischer Theaterstile und -formen erweiterte, sich eher ästhetisch, weniger politisch um Theater sorgend.

4.3 Grundidee: Leopold Jessners republikanischer "Hamlet"

Als Gegenpol zu Reinhardt verstand sich Leopold Jessner: Einer zerrissenen Kriegsgeneration "können die Bretter, die die Welt darstellen, nicht mehr als verkleinernde Photographie oder spielerisch-opulentes Zauber-Theater bedeutsam werden."[158] Jessners Dramaturgie des Zeitausdrucks[159] repräsentiert den zweiten Inszenierungs-Typus: die Entwicklung einer sozial relevanten Dramaturgie im Spannungsverhältnis zum alten Text, der durch Einstriche "entdichtet und entwest"[160] erscheint, womit Jessner einen entscheidenden Vorstoß gegen 'Werktreue'-Verfechter unternahm: Die Auffassung, jede Zeit hole das "ihr Gemäße" aus dem Werk, geht davon aus, daß jede Inszenierung unabhängig von der Textbearbeitung eine Interpretation des Dramas leistet und nicht allein dessen Illustration.

Jessners Prinzipien der Ausstattung und Schauspielweise befreiten den 'deutschen' Shakespeare vom prunkhaften Ornat im Makart-Stil und nahmen ihm das Pathos nationaler Selbstbespiegelung. Die entrümpelten, kargen Räume entsprachen einer Dramaturgie, die den Text auf sein Grundmotiv zuspitzte: Freiheitskampf in "Wilhelm Tell", Karriere und Sturz in "Richard III.", Eifersucht in "Othello", Korruption des Staates in "Hamlet". Jessners Räume sind insofern politisch und öffentlich, als alles Private vom Sozialen durchdrungen ist. Sie dienen als stilisierte, sinnbildliche Emanationen von Gesetz-

---

[158] Leopold Jessner. "Die Stufenbühne." *Schriften. Theater der zwanziger Jahre.* Ed. H. Fetting. Berlin (Ost) 1979. 155-156. 155.

[159] Leopold Jessner. "Das Theater. Ein Vortrag." Zit. nach Horst Müllemeister. *Leopold Jessner – Geschichte eines Regiestils.* Diss. Köln 1956. 33.

[160] Alfred Kerr über die Klassiker-Behandlung anläßlich der "Räuber"-Inszenierung Piscators (1926). Zit. nach Rühle. A.a.O. II. 724.

mäßigkeiten, die die Privatmythologie der tragischen Individuen brechen. In "Richard III." symbolisiert sich der Mechanismus der Macht im blutroten Stufenbau. Geßlers Niederlage zeichnet sich in dem Maße ab, wie Tells Anhänger über die oberen Bereiche der breiten Stufenbühne Raum gewinnen. Aufgrund dieser kommentierenden Funktion der Räume ist es mißverständlich, angesichts der sparsamen Andeutung von Schauplätzen und der kargen Ausstattung von dem "neutralen Raum" der Jessner-Dramaturgie zu sprechen.[161] Der Begriff trifft eher auf die Raumkonzeption Appias zu – vor der "Jessner-Treppe" ein 'Liebhaber' von Stufenbauten –, dessen Ausstattung für Glucks "Orpheus und Eurydike" (Hellerau 1912) auf die musikalische und bewegungsrhythmische Unterstützung des Körpers abzielte. Jessners Raumdramaturgie akzentuiert dagegen soziale Gesetzmäßigkeiten und verweist auf den Sog des Privaten ins Politische. Mit der kommentatorischen Funktion der Räume ergibt sich auch eine völlig veränderte Wertigkeit des dramatischen Subjekts. Sowohl "Wilhelm Tell" als auch "Richard III." zielen auf die Entpersönlichung der Figuren ab.

Anhand von Jessners "Hamlet"[162] (Staatliches Schauspielhaus Berlin. 3. 12. 1926) seien diese Strategien dargelegt.

Caspar Neher schuf für die Szenen am Hof einen verfallenen, mauerschiefen Thronsaal mit vielen, wie von unsichtbarer Hand bewegten, knarrenden Türen. Die Atmosphäre der Überwachung war ein zentrales Element der szenischen Interpretation: Nicht "Sein oder Nichtsein" rankte sich als Leitsatz um die Inszenierung, sondern "Es ist was faul im Staate Dänemark." Daß Helsingör in Deutschland lag, verdeutlichte der Hofstaat, den Jessner in parodierte Uniformen des Kaiserreichs kleidete.

Um dieser politischen Tendenz willen verzichtete Jessner auf die traditionell psychologisierende Darstellung des Protagonisten. Jessner-Gegner, die "Hamlet" zum Anlaß einer weiteren der vielzähligen Petitionen im Preußischen Landtag gegen den jüdischen Sozialdemokraten nahmen, erkannten 'ihren' Shakespeare nicht wieder: "'Hamlet' von Leopold Jessner. Es gibt ein Stück gleichen Namens von Shakespeare – man darf beide nicht miteinander verwechseln!"[163]

---

[161] Müllemeister (a.a.O. 51ff.) und Fenkohl (a.a.O. 36).

[162] Zur Bedeutung der Inszenierung für Jessners Theaterpraxis vgl. Andreas Höfele. "Leopold Jessner's Shakespeare Productions 1920-1930." *Theatre History Studies.* Vol. XII. 1992. 139-156. 149-151.

[163] Curt Hotzel. "Hamlet." Kein Nachweis. Dat. 15.12.1926. ("Theaterwissenschaftliche Sammlung Dr. Steinfeld." Keine Archivnummer.)

Schlegels Übersetzung diente als Grundlage der (verschollenen) Strichfassung. Entsprechend dem dramaturgischen Prinzip, Grundmotive des Textes hervorzuheben, kürzte Jessner die Monologe, die Wahnsinnsszene Ophelias und vor allem Gertruds Bericht über ihren Tod, der auf die ungeschminkte Nachricht reduziert wurde.

Ärger und Verwunderung entzündete sich vor allem an den Stellen, die die politische Dimension des Textes hervorhoben. Gegen die Konvention versah Jessner die 'Haupt- und Staatsaktionen' (Thronrede, I.2; Hamlet-Hauptmann, IV.1; Machtübernahme Fortinbras, V.2) mit nur geringen Einstrichen. Hamlet dagegen büßte offenbar unüblich viele Repliken ein, verlor damit seine Dominanz gegenüber den anderen Figuren.

Die Szenenbilder halten den Zeitausdruck der Inszenierung wach, der die monarchistischen Strömungen der Weimarer Republik entlarvte.

Hamlet trifft auf seinen Vater (I.4) vor einem Leuchtturm mit flackerndem roten Signallicht, das die astrale Karikatur auf den preußischen Militarismus streift; das Gespenst der Monarchie - suggeriert die Inszenierung - ist nicht überwunden, sogar höchst lebendig: Vater und Sohn ignorieren die Tatsache, daß es sich um ein Gespräch mit einem Toten handelt. Der aktualisierende Bezug setzt sich in der Schauspielszene fort (III.3). Mit Beginn des verbalen Teils der "Mausefalle" öffnet sich der Vorhang, gibt den Blick auf den nachgebauten Zuschauerraum des Schauspielhauses frei. Die Loge der Königsfamilie befindet sich auf einer Höhe mit der ehemaligen Hohenzollern-Loge des Schauspielhauses. Die gedoppelte Theatralität entlarvt mit Claudius zugleich die monarchistischen Tendenzen der Weimarer Republik und bezieht in diesen Affront das Publikum der "Hamlet"-Inszenierung mit ein. Die Empörung konservativer Kritiker richtet sich gegen die Verunglimpfung der deutschen Kultur, ihres Shakespeare-"Erbes", der Institution wie der Geschichte des Schauspielhauses:

> Wo säße Jessner, wenn die Könige von Preußen nicht in ihrer Stadt ein Hoftheater geschaffen hätten; wenn nicht das deutsche Volk in Jahrtausenden eine Sprache, Dichtung hervorgebracht hätte, die das Werk des angelsächsischen Genius in sich aufnahm als blutsverwandt, neu erblühen zu lassen?[164]

Der Angriff auf die "Novembergröße Jessner"[165] resultiert nicht allein aus der 'Veruntreuung' eines ohnehin zweifelhaften Erbes zu einem "sozialdemokratisch-pazifistisch-antimonarchischem Radaustück mit umfassenden Schlaf-

---

[164] Curt Hotzel. A.a.O.
[165] A.a.O.

zimmerszenen nach Wedekindschem Modell",[166] sondern aus der Offenlegung der rebublikfeindlichen Tendenzen der zwanziger Jahre, auf die die Inszenierung in parodistischer Gegenwehr antwortet: Sobald die Entlarvung von Claudius gelungen ist, wirbelt der wilhelminisch karikierte Hofstaat völlig wirr auseinander, flüchtet aus dem Theater im Theater. Die stärkste Anbindung an den politischen Gehalt leistet die Inszenierung durch die Konfrontation Hamlets mit der vorbeiziehenden Armee des Fortinbras (IV.4), die an einem Hafen stattfindet: Soldaten mit Stahlhelmen und Matrosen in der legendären Uniform der "Kieler Blaujacken" besteigen einen Panzerkreuzer mit hochragenden Kanonen; der im April 1926 aufgeführte Film "Panzerkreuzer Potemkin" (Sergej Eisenstein, UdSSR 1925) dürfte geistiger Vater des militärischen Piktogramm gewesen sein. Gleichsam im Widerruf zum revolutionären Geschichtsoptimismus des Films prognostiziert die Inszenierung der Republik die monarchistische Konterrevolution. Während dieses geschichtsträchtigen Moments reflektiert der 'Republikaner' Hamlet in einer kleinen Jolle (Aufschrift: "England") über seine Handlungsarmut.

Um jeden Anklang an den individuellen Heldentod zu vermeiden, trennt die Inszenierung Hamlets Tod und den Machtantritt von Fortinbras (V.2) ungewöhnlicher Weise durch einen offenen Umbau. Das (nicht weiter rekonstruierbare) Ambiente für das Duell verwandelt sich unter dem Aufmarsch von Soldaten in denselben Raum, in dem die Thronrede von Claudius stattfand (I.2). Die Bilder vor und nach dem Machtwechsel gleichen sich: Fortinbras empfängt von einem Diener ein Blatt und verliest wie Claudius in I.2 mit schnarrender Stimme einen Verlautbarungstext über seinen Machtantritt. Diese Politisierung der bis dahin vorwiegend im Sinne romantischer Melancholie inszenierten Tragödie nimmt Kotts These vom großen Mechanismus der Macht gewissermaßen vorweg, läßt jedoch vornehmlich durch die Uniformen der norwegischen Armee Bezüge zu zeitgenössichen antirepublikanischen Strömungen genau erkennen.[167]

Der merkwürdige Umstand, daß Claudius' Arm nach der Entlarvung gelähmt ist, gilt als 'Blaue Blume' der Jessner-Forschung: eine Anspielung auf Wilhelm II.? Wenn ja, so wäre das über den Stellvertreter Claudius (Aribert Wäscher) vermittelte Bild reine Karikatur: Claudius schnarrt die Thronrede (I.2) im militärischen Habitus wie eine Marionette herunter. Sein martialisches Gehabe weicht ängstlichem Winseln, als er vor vor Laertes und seiner Gefolgschaft zurückweicht. In dem Antrag der "Deutschnationalen Partei" im

---

[166] A.a.O.
[167] Vgl. Höfele. A.a.O.

Preußischen Landtag, Jessner auf die Wahrung "deutsch-christlicher" Werte zu verpflichten,[168] ist noch keine Rede von Majestätsbeleidigung, wohl aber in der nationalistischen "Deutschen Allgemeinen Zeitung".[169] Zum Verständnis der politischen Ziellinie dieser Inszenierung hätte es einer solchen Symbolik, die Jessner (aus Selbstschutz?) selbst zurückwies,[170] nicht bedurft.

Zur Innovation dieses politisch-republikanischen "Hamlet" zählt nicht nur die thematische Politisierung und Übertragung der bis dahin vorwiegend individualisiert dargestellten Konflikte in den aktuellen politischen Horizont. Den politischen "Hamlet" bereichert Jessner um 'gewagte' sexuelle Anspielungen und unkonventionelle Rollenkonzeptionen.

Für die Auseinandersetzung Hamlet–Gertrud (III.4) konstruierte Neher zwei Simultan-Räume: Neben Gertruds Schlafzimmer befindet sich das Schlafzimmer von Claudius – beide sind mit überdimensionalen Betten ausgestattet. Entgegen der Tradition, die für III.4 einen schmerzhaft-melancholischen Hamlet vorsah, stellt der Raum die Sexualität aus, schürt die Spekulation über das inzestuöse Begehren Hamlets, das auch in eindeutiger Gewalt zum Ausdruck kommt. Hamlet zerrt während des Medaillons-Vergleichs Gertrud (Maria Koppenhöfer) von ihrem zu Claudius' Bett.

Die Austreibung alles 'Klassizistischen' durch ein zeitgenössisches Ausdrucksrepertoire vermeidet auch die Darstellung einer Tragödie des exemplarischen Helden, der in parodistischer Manier auf einem Sofa stirbt.

Die Aktualisierung erzielt eine bewußte 'Fehlbesetzung' insbesondere Hamlets und Ophelias gegen die romantisierende Darstellungskonvention. Fritz Kortner als Hamlet (mit blonder Perücke) weist sowohl die Tradition des Melancholikers zurück, die Alexander Moissi perfektioniert hatte, als auch das germanophile Hamlet-Bild, das 1926 von einigen Kritikern schon als übliches abgerufen wird. Für diese versteht es sich von selbst, daß der "jargongefärbte Hamlet" gegen die "Seelentragödie des germanischen Menschen"[171] verstoßen mußte, obwohl sich der Antisemitismus, dem sich auch Jessner anläßlich der "Hamlet-Verballhornung"[172] ausgesetzt sieht, in den Kritiken noch nicht völlig ungeschminkt präsentiert.

---

[168] Auszug des Antrags in der *Vossischen Zeitung*. 14.12.1926. Rpt. in Hugo Fetting. *Von der Freien Bühne zum Politischen Theater*. A.a.O. II. 317f.

[169] Paul Fechter in *Deutsche Allgemeine Zeitung*. Zit. nach Fetting. A.a.O. 332.

[170] Leopold Jessner. "Hamlet, der Republikaner." *Vossische Zeitung*. .15.12.1926. [Post-Ausgabe]

[171] Hotzel. A.a.O.

[172] Strecker. A.a.O.

Kortners Hamlet - ein antiromantischer "untersetzter Geselle mit struppigen Haarsträhnen. Der Gegenpol Moissis."[173] - zollt dem tragischen Helden keinen Tribut. Häufig ist er entweder mit der Dämmerung im weiten Spionage-Raum unkenntlich verschwistert oder verliert sich in Massenszenen. Die Reduktion der Figurenrede leistet einen weiteren Beitrag zur Depersonalisierung und Verkleinerung des Protagonisten zum "Irgendwer"[174]

Die moderne Rollenkonzeption betrifft auch Ophelia. Seit der Uraufführung von Brechts "Baal" (Regie: Brecht. Deutsches Theater Berlin. 14.2.1926) hatte Blandine Ebinger den Ruf als "unschuldig-piepsend[es]"[175] Opfer der Verhältnisse geradezu 'gepachtet': "[...] zwischen Wilhelm Busch und Zille schwankt ihre Erscheinung."[176] Weddinger Dialekt unterstützt die Darstellung Ophelias als "dürftiges, unterernährtes, idiotisch piepsendes und lispelndes, armseliges Proletariergeschöpf."[177]

Die Verkleinerung der Figuren auf das "Niveau einer kleinmenschlichen Gegenwart"[178] manifestiert sich auch in Detail-Sequenzen, die gleichsam in Vorwegnahme des westdeutschen Regietheaters psychische Triebmomente der Figuren verdeutlichen. Ophelia spannt eine Unterhose von Laertes über ihren Arm – die sexuelle Konnotation ist ebenso 'respektlos' wie das Spießertum von Polonius (Paul Bildt), der Laertes Tugendregeln erteilt und dabei in einen Pyjama gekleidet ist.

Die negative Pressekritik 'von rechts' überwog positive Einschätzungen, die Jessners Inszenierung nicht allein als neue Sicht auf das Stück, sondern vor allem als Plädoyer für die Weimarer Republik sahen. Kortner stand neben Jessner im Mittelpunkt der Auseinandersetzung: Er wurde als "Zumutung" und "störendes Element"[179] gebrandmarkt, wobei sich die rassistisch motivierte Ablehnung hinter dem Kollektivsymbol des 'östlichen' Menschen versteckte, der als negative Größe schlechthin stand:

---

[173] A.a.O.
[174] H. Rosenthal. "Hamlet im Staatstheater." *Tägliche Rundschau.* 4.12.1926.
[175] Norbert Falk über Blandine Ebinger in der Rezension zu Baal. Zit. nach Fetting. A.a.O. 267.
[176] Felix Hollaender. Zit. nach Günther Rühle. *Theater für die Republik. Im Spiegel der Kritik.* A.a.O. II.766.
[177] Franz Köppen. "Hamlet' bei Jessner." *Berliner Börsen-Zeitung.* 4.12.1926.
[178] A.a.O.
[179] A.a.O.

Trotz seiner semmelblonden Perücke hatte er nichts Dänisch-Aristokratisches, noch Grüb-lerisch-Insichversunkenes an sich, sondern wirkte wie irgendein ungefüger östlicher Bauer, der manchmal recht unangebrachte Späße macht.[180]

Kortner fügte sich in die präfaschistische Hamlet-Idolatrie nicht ein. Wie sehr ein anderer hervorragender Schauspieler die Register des 'nordischen Prinzen' zu ziehen wußte, läßt sich als Dienstleistung der Ästhetik gegenüber der Staatsideologie verbuchen, zumal zu der Zeit, als Gustaf Gründgens den Hamlet spielte, solch ein "störendes Element"[181] wie Kortner mittlerweile zum Kreis der verfemten Verfolgten und Vertriebenen zählte.

4.4 Shakespeare-Aneignung im Dritten Reich: Gustaf Gründgens als "Hamlet"

Im Vorfeld des "Dritten Reiches" sind die Tradition des 'deutschen Shake-speare' und der Topos von Hamlet als besondere Bezugsfigur zur deutschen Entwicklung gleichsam Geschichte, auf die sich die nationalsozialistische Deutung berufen kann. Während eine Minderheit nationalsozialistischer Kommentare Shakespeare für 'undeutsch' erklärt, feiert ihn die Mehrheit als 'nordischen' Dichter par excellence.[182]

Insbesondere Aktualisierungen von "Hamlet" laden dem Stück und seinem Autor die Bestätigung nationalsozialistischer Ideologie auf: Verteidigung des "nordischen Menschen", 'Rache für Versailles', 'völkische Verpflichtung'.[183] Hamlet wird zum visionären Tatmenschen stilisiert, dessen Kampf gegen Claudius mit der 'Auflehnung' gegen 'Versailles' verglichen wird, die schließlich 'Führer' Fortinbras siegreich zu Ende führt.[184] Wenn Aussagen über Shakespeares Aktualität erfolgen, u.a. von dem Gauleiter Joseph Wagner, der 1937 einen Festvortrag zur Tagung der "Deutschen Shakespeare-Gesellschaft" über die Frage "Was ist uns Shakespeare?" hält, dann im Sinne germanophiler Vereinnahmung des Dramatikers. Die Gleichschaltung der Theater wird in den

---

[180] Franz Servaes. Zit. nach Fetting. A.a.O. 317.
[181] A.a.O.
[182] Nach Ansicht von Joseph Wulf (*Theater und Film im Dritten Reich. Eine Dokumentation.* Berlin – Wien 1983. 251) halten sich die Aussagen zum "undeutschen" und "deutschen" Shakespeare die Waage. Ein Blick auf die "Shakespeare-Jahrbücher" der betreffenden Zeit vermittelt jedoch einen deutlichen Überhang der Plädoyers für den "nordischen" Dramati-ker, was insbesondere für die "Hamlet"-Rezeption gilt.
[183] Vgl. Joseph Wagner. "Was ist uns Shakespeare?" *ShJ* 74 (1938). 13-19.
[184] H. Chr. Mettin. "William Shakespeare auf dem deutschen Theater der Gegenwart." *Deutsches Adelsblatt* 55 (1937). 994-996.

Shakespeare-Jahrbüchern des Zeitraums als ersehnte Hinwendung zu einer 'Werktreue' vermerkt, deren erlösender "Verzicht auf Sensation und Unsachlichkeit der Inszenierungsweise überhaupt" zugleich die Unterdrückung des Theaters der Weimarer Republik besiegelt, die schon während der Jessner-Fehde deutliche Ergebnisse vorwies.

> [...] fast überall begegnet uns das Streben nach einer Spielführung, die bescheiden zugunsten eines werktreu und liebevoll zusammengefaßten Ganzen zurücktritt, worin dann, soweit die Aufgabe es zuläßt, die nordisch-germanische Grundhaltung Shakespeares, wie im Berliner "Hamlet" und im Münchener "Lear", besondere Bedeutung erfährt.[186]

Die "Hamlet"-Inszenierungen von Saladin Schmitt (Bochum 1935) und von Lothar Müthel (Berlin 1936) signalisieren diesen Wandel. Besonders Müthels Inszenierung mit Gustaf Gründgens in der Titelrolle gilt als nordisches "Seelendrama"[187] schlechthin.

Ein vergleichender Blick auf die Aufführungsstatistik von "Hamlet", "Lear" und "Kaufmann von Venedig" bestätigt, welchen Stellenwert "Hamlet" für die nationalsozialistische Kulturpolitik errang. "Hamlet" und "Lear" stehen an der Spitze der Tragödieninszenierungen, ab 1936 rangieren sie zumeist unter den ersten fünfzehn der meistaufgeführten Shakespeare-Dramen.

Aufführungshäufigkeit im "Dritten Reich" (Angaben: Rang, Aufführungszahl, Inszenierung)								
	Hamlet			*Lear*			*Kaufmann*		
Jahr	Rang	Auff.	Insz.	Rang	Auff.	Insz.	Rang	Auff.	Insz.
1935	11	40	8	5	98	9	12	39	8
1936	1	175	23	7	58	8	12	41	5
1937	1	287	33	20	14	4	11	45	3
1938	1	245	30	13	27	5	16	22	4
1939	4	164	23	9	36	5	16	23	3
1941	6	8	52	16	11	2	21	3	1
1942	11	3	27	13	14	3	4	72	3

Die Daten sind aus den jährlichen Bühnenberichten des *ShJ* 1939-1943/44 ermittelt. Für 1940 gibt es keine Angaben.

---

[186] *ShJ* 72 (1936). 239.
[187] A.a.O. 248.

Für den plötzlichen Anstieg von "Hamlet"-Inszenierungen sprechen ideologische Gründe: Zum einen präsentiert die Bochumer "Hamlet"-Inszenierung von Saladin Schmitt im Jahre 1935 nach Angaben der Kritik eine "Seelenlegende", die – gewollt oder nicht – die Möglichkeit aufzeigt, wie sich die von den Jungdeutschen geschmähte handlungsarme Gedankentiefe Hamlets nun positiv umwandeln läßt: zur Tragödie des visionären, nordischen Menschen, der an der Unreife seiner Zeit scheitert und sein Volk schließlich in die Hand des stärkeren 'Führers' Fortinbras übergibt. Ein weiteres Argument dieser Interpretation könnte die Publikation von Rothes "Der Kampf um Shakespeare. Ein Bericht" (1936) bieten. Rothes "Hamlet"-Kommentar manifestiert ein vitalistisches Weltbild, das den Instinkt, die Urkraft über Intellekt und Bildung stellt und sich dadurch faschistoider Sympathie sicher sein kann. Entsprechend des aktiveren Hamlet-Bildes mindert Rothe in seiner Übersetzung des Dramas retardierende Momente. So setzt er beispielsweise den Monolog "Sein oder Nichtsein" vor die Begegnung mit dem Geist:

> Im 2. oder 3. Akt wirkt das Sprechen dieses Monologs wie eine Kontemplation, eine philosophische Betrachtung seines Zustands, – in der ersten Szene wirkt er wie eine dramatische Explosion, die alle Möglichkeiten von Hamlets Wesen erhellt.[187]

Ab der Spielzeit 1941/42 erfolgt ein Bruch der "Hamlet"-Hausse, was jedoch mit der Verlagerung des Kriegsschauplatzes nach Deutschland zusammenhängt. Die Annexion der Tragödien, die als 'heroische Dramen' eine dubiose Tradition des nationalsozialistischen und 'arischen' Geistes bilden sollten, weicht einem evasiven Spielplan: Tragödien spielen sich außerhalb des Theaters zur Genüge ab.

Signifikant sind die Einbußen der Tragödien-Inszenierungen bis auf den wieder entdeckten "Lear", dessen kurzfristige Erfolgsquote gegen Kriegsende wieder abflacht, während die Komödien einen Boom erfahren; die höchste Steigerung erfährt "Der Kaufmann von Venedig". Von 20 Inszenierungen 1933 fällt das Stück bis 1941 auf eine Inszenierung zurück. Eine mögliche Erklärung für die Reduktion der Inszenierungsanzahl in den Jahren der Diktatur bietet wohl die Heirat Jessicas mit einem Christen, eine 'Rassenschande', die den propagandistischen Nutzwert des Dramas denkbar einschränkt.

1942 erlebt das Stück einen kurzen Aufschwung mit zwar nur 3 Inszenierungen, aber einer beachtlichen Aufführungszahl (72), die es auf Rang 4 katapultieren. Für den kurzfristigen Anstieg des Dramas gibt es keine doku-

---

[187] William Shakespeare. *Dramen. In Übersetzungen und Neufassungen durch Hans Rothe.* III. München – Wien 1963. 189.

mentierbaren, jedoch schlüssige Zusammenhänge. Einmal ist ab 1940 eine radikalere Kulturpolitik zu beobachten. Waren bisher zur Wahrung des welt-kulturellen Anstrichs des "Dritten Reiches" extrem negative Zeichnungen von Juden ausgeblieben, so entstehen allein in diesem Jahr die wichtigsten Propa-gandafilme "Jud Süß" (Veith Harlan), "Der ewige Jude" (Fritz Hippler) und "Die Rothschilds" (Erich Waschneck) – zynisch eingesetzt als Test, inwieweit die Shoah-Planer mit dem Antisemitismus der Bevölkerung rechnen können. Die Filme sollen auf die sogenannte "Endlösung" durch eine propagandistisch–ästhetisch verpackte, menschenverachtende Darstellung vorbereiten. In die-sem Zusammenhang ist die "Shylock"-Welle vermutlich einzuordnen – das Stück erreicht nahezu die Aufführungsziffern der populärsten Komödie "Was ihr wollt". Es ist anzunehmen, daß die Aufführungszahl auf Druck 'von oben' wächst. Die Anordnung des Wiener Statthalters Baldur v. Schirach an das Burgtheater, sich dem Trend mit einer "Kaufmann"-Inszenierung anzu-schließen, ist hierfür ein Beispiel.[188]

Im kurzen Vorblick auf das Regietheater der sechziger Jahre läßt sich nur zu gut verstehen, warum es auf diese Vereinnahmung Shakespeares mit äußerst provokanten Inszenierungen reagiert: In der bewußten Suche nach "Umfunk-tionierungen" und "Experimenten" praktiziert es eine konsequente Verweige-rung gegenüber den Theaterformen, die kompromittierte Regisseure des "Drit-ten Reichs" nach 1945 konservieren – nun im Dienst der demokratischen Kultur. Die Opposition beschränkt sich nicht auf Personen und die mit ihnen verbundenen Stile.[189] Auch die Stücke waren 'kompromittiert', mußten zurück-gewonnen werden; denn Shakespeare wurde nicht allein in akademischen und populärwissenschaftlichen Zirkeln dem 'Auge der Rassenseele' entsprechend zugeschnitten. Das Theater trug dazu seinen maßgeblichen Teil bei. In der ohnehin ungenügenden Aufarbeitung der Annexion der 'Klassiker' im "Dritten Reich"[190] ist es signifikant, daß die Ideologisierung von "Hamlet" kaum ins Blickfeld geriet. Die Sorge der Shakespeareologen und Theaterkritiker um eine möglichst unbescholtene Tradition läßt die "Hamlet"-Okkupation weitgehend im Dunkeln, um das populäre Stück zu "retten". Hamlet gilt jedoch auch im

---

[188] Wulf. *Theater und Film im Dritten Reich. Eine Dokumentation.* A.a.O. 7.

[189] WilhelmHortmann . "Changing Modes in Hamlet-Production: Rediscovering Shakespeare after the Iconoclasts." *Images of Shakespeare. (Proceedings of the 3rd Congress of the International Shakespeare Association 1986).* University of Delaware. 1988. 221-235. 235ff.

[190] Vgl. dagegen Werner Habicht. "Shakespeare and the theatre politics in the Third Reich." *The play out of context. Transfering plays from culture to culture.* Ed. H. Scolnicov, P. Holland. Cambridge, UP. 1989. 110-120.

"Dritten Reich" als "Protagonist unserer Zeit".[191] Wird die ideologische Besetzung des Stücks außer acht gelassen, so wäre beispielsweise die Bemühung
Kurt Hübners um einen möglichst nicht interpretierten "Hamlet" (Bremen
1965) nur zum Teil verständlich.

Repräsentativ für einen nationalsozialistischen Ideotext ist Lothar Müthels
"Hamlet" von 1936 mit Gründgens in der Titelrolle. Seine Interpretation setzt
Maßstäbe für künftige "Hamlet"-Inszenierungen im "Dritten Reich" – und
noch nach 1945 wird sie als vorbildliche und legendäre Konzeption des
'Tatmenschen' erinnert. Anhand der detaillierten Rollenbeschreibung von Paul
Fechter und der Antwort von Gründgens auf Fechters Interpretation lassen sich
die Mechanismen der Vereinnahmung darstellen, die den Protagonisten zum
Repräsentanten des 'nordischen Menschen' modifizieren.[192]

Unter der Regie Lothar Müthels und auf der Textgrundlage von Schlegel
spielt Gründgens in einer schwarz ausgeschlagenen und kaum dekorierten
Bühne den Hamlet im traditionellen enganliegenden, schwarzen Kostüm.
Fechter hebt als besondere Konstitution der Figur die Verwandlung vom
Zögernden in die Rolle des Rächers hervor und interpretiert die neue Sicht auf
"Hamlet" als Heroismus des stärkeren Lebens gegenüber dem "gemeinen":

> Er läßt seinen Hamlet das große Schauspiel der Rache inszenieren – aus einer innersten
> Anlage wie aus dem Instinkt für die Würde des großen Lebens über dem gemeinen. Mit
> einer heroischen Kraftanspannung, die die sprachliche Spiegelung vom ersten bis zum
> letzten Wort erfüllt, ohne auch nur für Augenblicke nachzulassen, zieht er die Kurve dieses
> Schicksals.[193]

Fechter stellt heraus, daß Hamlet in anfänglicher Schwäche die 'notwendige
Forderung des Schicksals' zunächst nicht zu erfassen, zu tragen vermag.
Gründgens verdeutlicht die Schwäche des Protagonisten in I.2 nach dem
Abgang des Hofes. Er wirft sich über einen langen Tisch, schreit die Worte
"Oh, löste dieses allzufeste Fleisch [...]" gequält und schluchzend heraus. Im
weiteren Verlauf kristallisiert sich Hamlets Isolation durch die figur-räumlichen Beziehungen heraus. Hamlet bleibt distanzierter wie gemiedener Beobachter. Die starke Vermitteltheit seiner Wahrnehmung wertet Fechter als
betont künstlerischen Aspekt der Darstellung, wofür ihm besonders ein gesti-

---

[191] Ortrud Stumpfe. "Der Protagonist der Gegenwart. Hamlet ist unsere Zeit." *Literatur* 40
(1937/38). 328-330.
[192] Paul Fechter. "Deutsche Shakespeare-Darsteller." *ShJ* 1940. 123-137. Gründgens' Antwort. A.a.O. S. 131-133.
[193] Fechter. A.a.O. 124.

sches Detail Beweis ist: Hamlet nimmt Yoricks Schädel nicht in die Hand, sondern umhüllt ihn mit seinem Mantel.

Hauptaspekt der Konzeption ist nach Fechter der Tatmensch, der jedoch zugleich isoliert und in ästhetischer Wahrnehmung befangen zu sein scheint. Gründgens Antwort auf diese Deutung ist aufschlußreich. Er rückt die Konzeption in die Nähe des heroischen Handelns und betont das Pflichtbewußtsein Hamlets gegenüber der Forderung eines übermenschliche Kraft abverlangenden Schicksals. Die Aspekte des Ästhetizismus, bzw. der Theatralität wertet Gründgens insofern positiv um, als er sie als Mittel der Verstellung ausgibt, die Hamlet zur Tarnung seines Plans dienen. Beabsichtigt oder nicht – diese Erklärung ist bei aller Traditionalität unter verändertem kulturpolitischen Kontext nationalsozialistischen Deutungen verfügbar. Gerade Hamlets 'Wahnsinn' muß als besondere List des 'nordischen Menschen' (dessen Ikonographie der schlanke, große, blond-blauäuige Gründgens einlöst) gerechtfertigt werden, um den Heroismus der Figur ohne Schatten eines Zweifels zu stärken und jeder Interpretation Vorschub zu leisten, das 'Neue Reich' verdanke seine Entstehung einem Wahnsinnigen. So gerät Hamlets 'Zerrissenheit' zur Überlebenstaktik, geschickten Verstellung, durch die sich die "geistreiche Dialektik" der "westischen Rasse" ("westisch" wird hier noch positiv gewertet) von jeher ausgezeichnet habe.[194] Auf diese Weise legitimiert sich Hamlets Zögern als bewußte Strategie des Tat-Menschen. Diese Motive hebt Gründgens in seiner Antwort auf Fechter hervor:

> Ich lese gern, wenn Sie schreiben, daß ich mir das Recht zum unmittelbaren, ungeformten Leben nicht gestatte [...] mein Zögern und mein immer wieder Überlegen ist die Sorge, einer Aufgabe, die für mich zu groß ist, [...] gerecht zu werden. "Der Geist, den ich gesehn, kann ein Teufel sein." Deshalb kommt es zum Schauspiel. Ich will handeln, aber ich muß wissen, weil ich sonst nicht handeln könnte, und mir ist der Impuls, [...] aus dem heraus ich blind handele und den Falschen [Polonius] treffe, eine bedeutende Warnung. Und so geht der gefährliche Weg mit verdoppelter Selbstkontrolle [...] weiter.[195]

Gründgens betont das Heldenhafte ebenso wie die schicksalshaft aufgefaßte Notwendigkeit der Rache, wodurch es möglich wird, Hamlet vom vernichtenden Urteil der Jungdeutschen zu befreien und ihn somit als heroisches Opfer darzustellen. Dazu steht der von Fechter vermutete Ästhetizismus im krassen Widerspruch – Gründgens interpretiert das Umhüllen von Yoricks Schädel als Ehrfurcht.

---

[194] Niederstenbruch. "Nordisch-westliche Züge in Shakespeares Sprache." *DNS* 49 (1941). 37-50.
[195] Fechter. A.a.O. 132.

Das von den Jungdeutschen vielgeschmähte Zögern des Protagonisten stellt für seine nationalsozialistische Vereinnahmung keinen Widerspruch dar, sondern gilt als spezifische Qualität des nordischen Hamlet: "Der deutsche Denker, Dichter, Träumer, und in jedem Sinn ein Kämpfer."[196] Sicher ist es nicht 'deutsch' im nationalsozialistischen Sinn, wenn diese Merkmale eines zerrissenen Charakters ausgespielt werden. Jedoch als 'Verpuppung' auf dem Wege zur 'heroischen Tat' interpretiert, stellt das sprichwörtliche Zögern Hamlets kein Problem für die germanomanische Anthropologie dar – selbst der Monolog "Sein oder Nichtsein" kann so als Moment der Reflexion auf dieses Ziel hin eingespannt werden. Diese Ziellinie bestätigt eine Rezension:

> [...] unser Hamlet [der nordische Tatmensch], den Gustaf Gründgens darstellt, ist nicht nervös und nicht schwärmerisch. [...] 'Sein oder Nichtsein' ist die Frage, aber das Sein fordert die handelnde Bewußtheit, wie sie Hamlet unter Schmerzen fand.[197]

Diese Disposition des Schmerzes als Wandlungserlebnis und -zeugnis wird von Gründgens deutlich ausgespielt und ist – nach eigener Auffassung – besonders relevant:

> Wider meinen Willen wird mir eine Aufgabe aufgehalst, der ich mich nicht entziehen kann, und die durchzuführen mir ebensoviel Qual wie äußerste Verantwortung auferlegt.[198]

Auch für diesen Aspekt ließe sich einwenden, daß Qual und Verantwortungslast objektiv zu erkennende Merkmale der Figur darstellen. Ebensowenig erscheint als besondere Notwendigkeit eines nationalsozialistischen Hamlet, wenn die "dumb show" den Zeitpunkt darstellt, ab dem Hamlet von der Schuld seines Onkels überzeugt ist und zur Tat schreitet. Der Übergang vom Zögern zum Tatendrang gewinnt in Müthels Inszenierung eine besonders intensive Prozessualität. In I.2 sitzt Gründgens lethargisch und mit geschlossenen Augen an dem Tisch, die gefalteten Hände hält er weit von sich gestreckt. Erst in dem Moment, als Gertrud ihn anspricht, öffnet er die Augen:

> Er spricht halblaut, ohne sich zu bewegen: nur wenn der König sich gegen seine Rückkehr nach Wittenberg wendet, regt sich in ihm ein stummer Vorgang des Protests, in einer Bewegung, die ohne Worte zu finden, wieder abebbt.[199]

---

[196] Rudolf Huch. *William Shakespeare. Eine Studie.* Hamburg 1941. 91.
[197] Stumpfe. A.a.O.
[198] Fechter. A.a.O. 132.
[199] A.a.O. 125.

Die Betonung des Kraftlosen weist markante Ähnlichkeit zur Darstellung von Josef Kainz (Wien 1905) auf. Ein Vergleich verhilft zur Unterscheidung zwischen einem anti-romantischen und einem 'nordischen' Hamlet-Bild. Auch Kainz verhält sich ähnlich apathisch. Doch im Gegensatz zu Gründgens, der in dieser Haltung verbleibt, bricht Kainz die Introvertiertheit auf, sobald ihm die Tat von Claudius enthüllt wird. An der Wahrheit dieser Botschaft zweifelt er ihm Gegensatz zu Gründgens Hamlet nicht: Den Rezensionen über die Wiener Aufführung zufolge setzt die Rollenkonzeption von Beginn an auf den Tatmenschen, dessen Tatendrang lediglich durch die noch nicht erwiesene Schuld von Claudius gebremst wird:

> Bei dem Worte: "Mord", das er dem Geiste nachspricht, erhebt sich zum erstenmal seine Stimme, und gleich darauf, bei "Eil', ihn zu melden", reißt er auch schon das Schwert aus der Scheide und schwingt es, als wolle er unverzüglich zur tätigen Rache schreiten.[200]

Kainz bestätigt diese Auffassung: "Hamlet fühlt genau, daß entweder der König oder er aus dem Weg geräumt werden muß"[201] – eine bewußt gegen das romantische Hamlet-Bild gerichtete Spielweise. Kainz' Darstellung stellt sich gegen den zeitgenössischen Psychologischmus im Zeichen der 'Nervosität', weist offenbar starke Einflüsse des Renaissancekults der Jahrhundertwende auf.

> Kein melancholischer Neurastheniker, kein am Lebensmerkmal verkürzter Enkel eines großen Geschlechts mit Merkmalen der Dekadenz, keine "problematische Natur", sondern ein kraftvoller Willensmensch, dem nicht der Mangel an Energie hemmt, sondern das Zuviel des Vorhabens, die angestrebte Vollkommenheit der Tat.[202]

Gründgens' Darstellung ist zunächst ebenfalls mit traditioneller Schwermut behaftet, die erst mit dem Monolog "Sein oder Nichtsein" aufbricht, um der Figur nun Entschlossenheit zu verleihen. Wie Kainz betont er die Introspektive, doch verleiht er dieser mit dem Entschluß zur Tat eine andere Qualität. Kainz hebt mit dem Worten "So macht Gewissen Feige aus uns allen" zur "mit unendlicher Wehmut durchzitterten"[203] Selbstanklage an, wird dann durch ein von Ophelia verursachtes Geräusch aufgeschreckt. Gründgens dagegen bemerkt noch vor dem Monolog sowohl Ophelia als auch Claudius und Polonius,

---

[200] Ferdinand Gregori. "Josef Kainz: Hamlet." *ShJ* 1905. 13-21. Zu Kainz' Hamlet: P. Schraud. *Theater als Information.* Diss. Wien 1966. 97ff. E. Kober. Josef Kainz. Wien 1948.

[201] Zit. nach Heinz Kindermann. "Josef Kainz in seinen Shakespeare-Rollen." *ShJ* 1973. 62-77.

[202] Kober. A.a.O. 202f.

[203] Kober. A.a.O.

schleudert die Worte abrupt laut und mit anziehendem Tempo in Richtung der Lauschenden. Hier ist im Vergleich zu dem ahnungslosen und grübelnden Hamlet von Kainz ein starkes Affektsignal gesetzt, das den Wandel zum Tatmenschen verdeutlicht. Dieses Ereignis und die gelungene Entlarvung im Schauspiel sind dem zögerlichen Hamlet Gründgens' 'Erweckungs- bzw. Wandlungserlebnisse', die ihn schicksalshaft zur Tat drängen. Dieser Wandel wird nochmals durch einen signifikanten Bruch der Spielweise verdeutlicht. Nach der Aufführung der "Mausefalle" reagiert Hamlet gegenüber der Königin mit kaum zu bändigender Energie, "jetzt sich in ein immer mehr gesteigertes Rasen vorantreibend."[204]

Eine kurzer 'cut-back' in die romantische Darstellungsweise geschieht während der Friedhof-Szene. Doch das furiose Duell in V.2 läßt keine Zweifel am Tatmenschen: Gründgens ficht bravourös, stürzt sich auf dem Höhepunkt des 'showdown' auf Claudius mit langgezogenen "Hoho", durchbohrt ihn und träufelt ihm sicherheitshalber Gift zur Mitgabe in den Hades ein.

Den 'nordischen Hamlet' unterscheidet vom Hamlet des Renaissancekults ein explosiver Umschlag vom Zögernden zum Tatmenschen, dessen Erweckungserlebnisse die Belauschung und das Schauspiel darstellen. Diese Peripetie wird als Wandlung der Figur dargestellt, die sich offenbar an die Wandlungsdramaturgie nationalsozialistischer Provenienz anlehnt. Diese nur durch das 'mythische' Wandlungserlebnis plausible Zweistufigkeit der Charakterentwicklung läßt sich für einen Großteil 'heroischer' Stücke nationalsozialistischer Dramatik wie "Schlageter" (Johst) feststellen; sie geht als konstitutives Element in die Hamlet-Darstellung von Gustaf Gründgens ein.

5 Nachkriegszeit: Dramaturgisch-theatrale Konventionen im Vorfeld des Regietheaters

Mit den fünfziger Jahren ist das Stadium der deutschen Shakespeare-Rezeption erreicht, das dem Regietheater der nachfolgenden Dekade den direkten Angriffspunkt liefert.

Damit soll keineswegs behauptet werden, die Sechziger ließen sich in toto auf eine radikale Innovation des Theaters festlegen. Die von Hortmann vorgeschlagene Bezeichnung "iconoclasm"[205] für das Regietheater wertet dessen

---

[204] Fechter. A.a.O. 129.
[205] Wilhelm Hortmann. "Changing Modes in Hamlet-Productions: Rediscovering Shakespeare after the Iconoclasts." A.a.O. 220f.

Opposition als paradigmatischen, zeitlich und ereignishaft präzise bestimmbaren Epocheneinschnitt. Die Veränderungen zeichnen sich eher schleichend ab und bleiben auch in der Folgezeit parallel verlaufende Entwicklungen zu eher traditionalistisch und 'werktreu' einzustufenden Inszenierungen. Die Sechziger sind eher als Widerstreit verschiedener Theaterauffassungen zu verstehen, da zwei Regisseurs- und Schauspielergenerationen mit unterschiedlichen Erfahrungshorizonten miteinander konkurrieren oder sich gegenseitig bewußt nicht zur Kenntnis nehmen. Die ästhetischen Errungenschaften des Theaters der Weimarer Republik, sichtbar in Nachkriegsinszenierungen von Fehling, Gründgens, Kortner und Piscator, bleiben durchaus präsent – jedoch im geringeren Maß als ästhetische Verfahren, die zum Teil vor 1933, aber vor allem im nationalsozialistischen Regime als Gegenargument zum Regietheater der Weimarer Republik entwickelt wurden. Nahezu alle Repräsentanten des avantgardistischen Theaters der Weimarer Republik mußten emigrieren, und nur wenige – wie Kortner, Brecht und Piscator – können ihre Arbeit fortsetzen: und auch dann nur unter kulturpolitischen Schwierigkeiten (Brecht im Osten, Piscator im Westen).

Die personelle Kontinuität vieler im "Dritten Reich" agierenden Regisseure auch nach 1945 besiegelt den Bruch mit den alternativen Möglichkeiten des Theaters der Weimarer Republik und erleichtert die Prolongierung eines "Theaters der großen Form" (Gründgens, Schuh), das im "Dritten Reich" den Klassikern abseits vom dezidiert propagandistischen Zeitstück übergestülpt wurde. Die Inszenierungspraxis galt als Argument gegen "individuelle Sensation" und "zugunsten eines werktreu und liebevoll zusammengefaßten Ganzen"[206], eine unter dem kulturpolitischen Diktum eher dubiose 'Liebeserklärung' an den Dramentext, die das Verbot von politisch-kritischen Interpretationen camouflieren sollte.

Gegenbewegungen zu diesem Theater gehen von den ehemaligen Exilanten aus. So decken Fritz Kortner und Berthold Viertel die ästhetische Kontinuität vom Theater unter der Diktatur zum Theater der Republik in beißender Kritik – "Reichskanzleistil", "Staatstheaterpathos" – auf.[207] Besonders Brechts Theaterarbeit am "Berliner Ensemble" schließt an die Positionen der zwanziger Jahre an. Obwohl Brechts posthumer Einfluß auf 'Umfunktionierungen' der sechziger Jahre nicht zu unterschätzen ist, und trotz Kortners und Piscators markanten und häufig 'skandalösen' Inszenierungen: Der Hauptangriff auf die

---

[206] *ShJ* 72 (1936). 239.
[207] Vgl. Fritz Kortners Kritik an der privatistischen "Don Carlos"-Inszenierung von Gründgens (Hamburg 1962/63). *Letzten Endes.* Ed. J. Kortner. München 1971. 41.

merkwürdige Kontinuität des 'Reichskanzleistils' obliegt der jungen Regisseursgeneration, deren Erfahrung besonders vom Nachkriegstheater oder von einer entgegengesetzten Theaterkultur (Peter Zadek) geprägt ist.

Von einer nahezu institutionalisierten Etablierung des Regietheaters läßt sich erst in der zweiten Hälfte der sechziger Jahre mit der Übereinkunft der Theaterkritik sprechen, verschiedene Inszenierungen des Bremer "Theater am Goetheplatz" mit dem Signum "Bremer Stil" zu versehen und damit das Forum der Nachkriegsavantgarde auszurufen. Das Verbindliche dieses 'Stils' artikuliert sich in den kahlen Bühnenbildern von Wilfried Minks, in der Anbindung einer jungen Schauspielergeneration an das Haus, sowie in der Vorgabe, die "Klassiker" im sprachlichen "Zurückgehen" auf die Texte, aber auch in der Emanzipation der Szene von den Texten zu überprüfen.[208] Die Regisseure verfügen jedoch weder über ein gemeinsames Programm der textlichen 'Umfunktionierung', noch über einen Formenkanon der Darstellungsweise. Hübner gibt beispielsweise einen kaum eingestrichenen "Hamlet" (1965/66). Die Besetzung mit dem jungen Bruno Ganz soll die Adoleszenz-Problematik des Protagonisten signalisieren. Von diesem psychologischen Realismus unterscheidet sich Grübers "Sturm" (1969/70), das Publikum in eine irreale Welt der Trance saugend. Stein arbeitet dagegen mit "Torquato Tasso" (1968/69) eine aleatorische Gestik aus, die die soziale und psychische Disposition der Figuren verdeutlicht. Peter Zadek ("Maß für Maß", 1967/68) reißt sämtliche Bastionen des Literaturtheaters ein, auf das Hübner und Stein Wert legen.

Bestätigende Signalfunktion für Bremen als Ausgangsort des jungen Regietheaters liefert das seit 1963 jährlich einladende Berliner "Theatertreffen", das 1967 neben Kortners "Clavigo" zwei folgenreiche Bremer Arbeiten von Stein ("Torquato Tasso") und Zadek ("Maß für Maß") präsentiert. Sie schreiben sich im theatralen Diskurs als Antipoden der Regisseure ein, deren beruflicher und künstlerischer Werdegang mit der Kulturpolitik und dem Theater während des "Dritten Reiches" verbunden ist. Zu ihnen zählen die um 1900 geborenen Regisseure, um nur einige zu nennen: Heinrich Koch, Gustav Rudolph Sellner, Hans Schalla, Karl-Heinz Stroux und Oscar Fritz Schuh.

Obwohl sich viele Inszenierungen in den sechziger Jahren gegen das literarische Theater richten, verwenden sie häufig zur 'Umfunktionierung' der Theaterkonventionen klassische Texte, die Kronzeugen des Wort-Theaters. Dies scheint um so erstaunlicher, als die sogenannte Dokumentar- und Bewäl-

---

[208] Burkhard Mauer. "Überprüfung der Klassiker." *Spielräume – Arbeitsergebnisse. Theater Bremen 1962-1973* . Ed. Burkhard Mauer, Barbara Krauss. Programmheft Nr. 15. Ed. Theater am Goetheplatz. Bremen 1973. 124.

tigungsdramatik mit dem größten Schub an Zeitstücken aufwartet, den es bis dahin in der BRD gab. Der Zugriff auf die 'Klassiker' hat zwei Gründe: Zum einen trifft das Regietheater den Nerv bildungsbürgerlicher Kultur, in deren Tradition die junge Regisseursgeneration zum Teil selbst steht. Zum anderen braucht der politische und ästhetische Impuls des Regietheaters geläufige Stoffe und Texte, um seinerseits Wirkung entfalten zu können.[209]

5.1 'Klassiker'-Diskussion in den fünfziger Jahren: Probleme des Humanismus-Programms

Typisch für Klassikerinszenierungen der fünfziger Jahre ist die Vorstellung vom Theater als Tribüne. Der Rückgriff auf das Programm von Karl-Heinz Martin übernahm jedoch nur den Titel. Während Martin 1919 "Die Tribüne" als Kammertheater für zeitgenössische Stücke einrichtete ("Die Wandlung" wurde dort uraufgeführt), verpflichtet sich das Programm des tribünenhaften Theaters im Gegensatz zum historischen Vorbild den 'Klassikern'. Karl Pempelfort, der das Theater der Tribüne in der unmittelbaren Nachkriegszeit als "Weg zur neuen Ordnung unseres Seins"[210] ausrief, hält beispielsweise Brecht von den Festspielen, die der DGB für Arbeitnehmer und Angestellte begründete, bis Mitte der Sechziger fern. Der 'klassische' Spielplan spiegelt das bundesrepublikanische Theaterverständnis wieder: Die meisten Theatermacher halten "lebende Autoren und Komponisten auf Abstand" (Hans Henny Jahnn) und streben infolge der Erfahrung eines bis in Personalstrukturen politisierten Theaters nach der Entideologisierung der Bühne. Daß die personelle Kontinuität wichtiger Posten nach 1945 weitgehend erhalten bleibt, ist natürlich ein Widerspruch, der dieses Vorhaben in Frage stellt.

Schlagworte dieses Programms sind *restitutio hominis, Bühne als geistiger Raum* (Schuh) und *Theater des Zeigens* (Vietta). Bis heute herrscht das Pauschalurteil vor, die *restitutio hominis* habe ein evasives Theater verfolgt. Von der Urteilswarte des Regietheaters und der politischen Ästhetik der sechziger Jahre aus betrachtet, ist die Abwertung des unmittelbaren Nachkriegstheaters zwingend. Das Regietheater läßt sich umso kritischer und politischer darstellen, je eindeutiger die 'Bühne als geistiger Raum' als Fortsetzung der

---

[209] Vgl. Hans-Peter Bayerdörfer. "Theater und Bildungsbürgertum zwischen 48er Revolution und Jahrhundertwende." *Bildungsbürgertum im 19. Jahrhundert.* Teil III. Ed. M.R. Lepsius. Stuttgart, 1992. 42-64.

[210] Karl Pempelfort. "Zum Spielplan der Ruhrfestspiele Recklinghausen 1951." *Programmheft Recklinghausen 1951.* Recklinghausen 1951. 9.

NS-Ideologie und NS-Ästhetik erscheint. In dem Maße, in dem das Theater der fünfziger Jahre für unbelehrbar erklärt wird, wird das Regietheater unkritisierbar. Die Ablehnung des apolitischen Humanismusprogramms verdeckt jedoch auch Probleme einer politischen Ästhetik: Genauso wie einige Repräsentanten der 'Bühne als geistiger Raum' mit dem restitutio-Programm die Kontinuität des 'Reichskanzleistils' unter neuem moralischen Banner rechtfertigen, vernachlässigt die 'ästhetische Linke' grundsätzliche Legitimationsfragen politischer Ästhetik, die doch gerade im Theater des "Dritten Reiches" – unter anderem Vorzeichen – einen zweifelhaften Höhepunkt erreichte.

Es ist daher notwendig, das Theater der fünfziger Jahre nicht allein vom Standpunkt des Regietheaters zu verurteilen, sondern aus seinem historisch-ästhetischen Kontext her zu begreifen. Der Widerspruch zwischen dem Überhang ästhetischer Verfahren und Künstler aus dem Dritten Reich und dem Anspruch auf ein ideologiefreies Theater benennt das eigentliche Problem eines Theaters, das im Humanismus eine zweifache Front findet: Als antimarxistische Traditionslinie schlechthin wendet sich der Humanismus des 'geistigen Theaters' gegen das künstlerische Linksspektrum, das von der Theaterkultur der DDR besetzt und damit unvereinbar mit der westdeutschen BRD schien. Zweitens setzt sich die restitutio hominis bei teilweiser Anlehnung an den Existentialismus vom Rassismus und jeglicher Wertigkeits-Einstufung des Menschen ab – aber auch von der Unterscheidung zwischen Tätern und Opfern, weshalb es geschehen kann, daß die Deutschen als ein Haufen verblendeter 'Ödipusse' entschuldigt und mit den eigentlichen Opfern des Nationalsozialismus gleichgesetzt werden.

Die Selbstversicherung humaner Werte mit Hilfe des klassischen, existentialistischen und poetischen Dramas bleibt von der Intention her anerkennenswert, ist jedoch im historischen Kontext fragwürdig. Die Ablehnung der politischen Ästhetik ist angesichts der Theaterpolitik des "Dritten Reiches" verständlich. Das Humanisierungsideal erhält jedoch Flecken; denn gerade diejenigen Regisseure akklamieren einem unpolitischen Theater, die zum Großteil von 1933-45 Karriere machten und – dies ist der eigentliche Einwand – sowohl das Regietheater der Weimarer Republik, die Vertreibung seiner wichtigsten Vertreter, als auch ihre eigene Funktion im Theater der Diktatur tabuisieren. Wohl nicht zufällig beteiligt sich kein aus dem unfreiwilligen Exil zurückgekehrter Regisseur an den Programmen des ideologiefreien Theaters.

Magie – Sellners Beschwörung:

Es 'heideggert' in Sellners und in Viettas Schriften. Auch bei Oscar Fritz Schuh ist viel vom Sein, dem Tragischen, Sein und der Schuld die Rede. Schuh löst besonders das letztgenannte Problem in dem Sinn, daß die Bühne Instrument für eine entpolitisierte und allgemeinmenschliche Wahrheit, nicht für die Wahrheit der jüngsten Vergangenheit wird. Zeigt Sellners Selbsteinschätzung seiner Inszenierungspraxis als "Theater der Sprache" an, welchem Ausdrucksmittel die Szene besonders verpflichtet ist, so verweist das andere Stichwort "Theater der Magie" auf die Ablehnung von Aktualisierung und politisch-diskursiver Vermittlung durch Theater: "Keine Erholung durch Identifikation mit Helden, kein Austausch wie im Kino. Aber auch kein Wecker des Kopfes wie bei Brecht. Sondern Bezauberung, Magie"[211] – ein Plädoyer für ein Theater ohne Zeitgeschichte: Magie verweigert sich der Darstellung von historischen, individuell oder epochal bestimmten Situationen, sie beschwört vielmehr existentielle Grenzsituationen.

Obwohl diese weltanschaulichen Euphemismen als Richtlinien für die theatrale Realisierung ungeeignet scheinen, führen sie zu szenischen Konkretisationen durch folgende Mittel: Absorption sämtlicher zeitbezogener situativer Zeichen und ihre Ersetzung durch symbolische Chiffren, also eine Ausdünnung der geschichtlichen Situation unter Zuhilfenahme von zeitgenössischen Symbolen transhistorischen Charakters. Sellner bedient sich hierzu zumeist der Bildenden Kunst Klees und Braques, verbindet sie mit Raumstrukturen der antiken "skene". Ziel der "Formsprache" ist die Parabel, in der Sein und Zeit ahistorisch sind, wobei diese undenkbare Zeit jene magische Grenzsituation begreifen lassen soll. Für die Einschätzung Sellners als Vertreter des kultischen Theaters, des rituellen Banns spricht, daß sich seine Inszenierungen während der Darmstädter Zeit in den verwendeten Raumformen und symbolischen Zeichen kaum voneinander unterscheiden und sich damit ein stets identischer Ort ergibt, der Voraussetzung für ein Ritual ist: Möglicherweise deshalb genießt Darmstadt zeitweise eine ähnliche Weihe wie der grüne Hügel Bayreuths. Zeremonie und das Wort dienen dem magischen Theater als Träger von Erfahrung über den Tag hinaus:

> Ich suchte die Beschwörung. Den Menschen auf der Szene heraufzubeschwören und die Menschen vor der Szene zu beschwören. Ich suchte nach Urbildern, nach Zeichensetzung.[212]

---

[211] Sellner-Dramaturg Claus Bremer in: Gustav Rudolph Sellner/Wolfang Wiens. *Theatralische Landschaft*. Bremen 1962. 101. 26f.
[212] Gustav Rudolph Sellner. *Theatralische* Landschaft a.a.O. 27.

Innovativ gegenüber dem 'Reichskanzleistil' und der 'hohlen Pracht' der Gründgens-Bühne reduziert sich die Szene auf düstere, graue Raumweiten, in denen "das Wort der Bühne" (Egon Vietta)[213] die *restitutio hominis* harmonisierend antizipiert. Dieses Theater konstatiert nicht nur in den Klassiker-Aufführungen (Sellners Darmstädter "Lear", 1951), sondern auch in der bezeichnenderweise intensiven Rezeption des Theaters des Absurden soziale Zwänge, tendiert jedoch dazu, die *restitutio* als Immergleichheit der *conditio humana* zu interpretieren und sie unter Ausschluß politischer Aktualität ins Geistige zu verlegen – wenngleich diese Methode natürlich aktuell und 'zeitgenössisch' insofern ist, als Politik aus dem Theater ebenso verdrängt wird wie aus dem Alltagsleben der Adenauer-Zeit des "Wirtschaftswunders".[214]

Mit Schuh verbindet Sellner die Antipathie gegen politisches Theater, optiert für ideologiefreie Sinnsuche: "Was war zunächst wichtiger, als die Suche nach dem Wesen des Menschen, die Suche nach dem verlorengegangenen Menschenbild?"[215] Die Frage, ob die Auseinandersetzung mit dem zerrissenen, geopferten oder schuldhaften Menschenbild im historischen Kontext nicht wichtiger und humaner wäre, werfen die Apologeten eines theatralisierten Humanismus nicht auf.

Kult – Viettas Theater des Zeigens:

1955 erscheint Viettas "Katastrophe oder Wende des Theaters?" als Taschenbuch, das zu den billigsten und auflagenstärksten Theaterbüchern der deutschen Nachkriegszeit zählt. Das populärwissenschaftliche Pamphlet gegen das Theater der Regisseure verfolgt die Erneuerung des Theaters aus dem Kult, Ritual und – im Unterschied zu Nietzsches Tragödien-Definition – aus der Religion. 'Bühne des Zeigens' hört sich brechtisch an, meint jedoch diametral Entgegengesetztes. Durch die Stilisierung ritueller Jagd-Tänze zur theatralen Urszene erfindet Vietta eine metaphysische Definition des 'Zeigens':

> Hier heißt Zeigen noch nicht auf Mißstände weisen oder Menschen nachahmen, sondern auf das Allerzentralste zeigen [...] Daß Menschen sind, schafft die Erde in die Bühne um, weil mit dem Menschen ein großes Zeigen anhebt, das wir als Historie erfahren, und es ereignet sich nicht in Kausalketten, wie die Historiker meinten, sondern in elektrischen, furchtbaren Schüben, in Erdbeben, die jäh und doch nicht unvorbereitet bisher Unenthülltes enthüllen.[216]

---

[213] Egon Vietta. Katastrophe oder Wende des deutschen Theaters. Düsseldorf 1955. 221.
[214] Vgl.dazu Dieter Bänsch, ed. *Die fünfziger Jahre*. Tübingen 1985.
[215] Sellner/Wiens. *Theatralische Landschaft*. A.a.O. 27.
[216] Vietta. *Katastrophe [...]* A.a.O. 84.

Die Bühne dient als ausgewiesener, sakraler Bedeutung würdiger Ort der Wahrheitsenthüllung. Es mag angehen, Rituale und den dionysischen Tanz als "magische Vollendung von Gott und Mensch"[217] zu definieren, doch die geforderte Rückgewinnung ihrer Kraft für das zeitgenössische Theater weist über die Grenzverwischung von Ritual und Theater hinaus auf ein Bild des Menschen, das die Geschichte seiner physischen und psychischen Tätigkeit völlig ignoriert:

> Im folgenden wird die These vertreten, daß mit dem Menschen auch alle seine Wesenszüge gegeben sind, selbst wenn diese erst im Zeitablauf der Historie zur Entfaltung kommen.[218]

Zugleich formuliert Vietta das Gesetz des Tragischen als Eruptivkraft des Schicksals, die ihren Sinn im Unerklärlichen gewinnt - dort, wo gewöhnlich der Anstoß zur Sinnsuche beginnt.

Theater erschließt sich Vietta als Kultstätte, wo der Schauspieler die Rolle des Schamanen und das Publikum die Rolle einer Gemeinde übernimmt. Beide sind in magische Vorgänge einbezogen, die auf metaphysische Mächte 'zeigen'. Wiederum kombiniert Vietta die Heraufbeschwörung einer Kultgemeinde mit Heideggers Reflexion über den Ort als ausgewiesene "Stätte" und über das "Ding":

> Aber noch wissen wir nicht, welcher Art dieser Ort des Zeigens ist. Heidegger sagt: ein Ding, und wir wissen, was er unter Ding versteht. [...] Er erinnert an das Wort Thing, die Versammlungsstätte. Das Ding versammelt, sammelt. Die heutige Bühne ist kein Thing mehr. Wir dürfen nicht dem Irrtum verfallen, das Sammeln des Publikums mit dem Sammeln des "Dings" zu verwechseln.[219]

Wie konservativ ästhetische Ziellinie und geschichtliche Perspektive sich verbinden, manifestiert die Definition des Theaters als heiliges: "Die Bühne ist der Ort des Zeigens, und weil wir Sterblichen als die Zeigenden auf der Erde wohnen, ist die Bühne ein sakraler Ort, sofern Bühne noch Bühne ist: Theatron."[220]

Die Ähnlichkeit der aus dieser Aufgabe abgeleiteten szenographischen Forderungen mit Sellners Inszenierungspraxis ist kein Zufall. Viettas "Katastrophe" ist nicht zuletzt das Fazit des Sellner-Dramaturgen über eine langjährige Zusammenarbeit. Vietta fordert weite Räume, in denen sich der instrumentalisierte Schauspieler verliert: "Der Ort des Zeigens erschließt Raum, gibt

---

[217] A.a.O.
[218] A.a.O.
[219] A.a.O. 95.
[220] A.a.O. 96.

Raum, braucht Raum. Der Raum ist von dem Ort des Zeigens eingeräumt."[221]
Er verlangt den Schauspieler, der als Schamane zum Instrument für den in der
Sprache geborgenen Sinn wirkt. Die Sprache (damit der Text) ist das primäre,
nahezu heilige Mittel des Theaters:

> Das furchtbarste Zeigen geschieht in der Sprache. Wenn wir daher sagen, die Bühne ist der
> Ort des Zeigens, so ist sie um so mehr der Ort der Sprache und nicht der agierenden
> Schauspieler, der Tanzbewegungen und der Bühnenräume.[222]

Infolgedessen ist der Text unantastbar; er präsupponiert als "Anweisung zur
Gestalt, zur Form der Bühne, ja zum Raum der Bühne"[223] jegliches szenische
Geschehen, wodurch seiner Aufführungsreihe die gleichbleibende Struktur
des Rituals und die Wiederholbarkeit eines Urerlebnisses aufgezwungen wird.
Die antimoderne Haltung, verschärft in der Kritik am Subjektivismus der
modernen Tragödie, die Shakespeares "Hamlet" besonders betrifft, mündet in
die Vorstellung von Theater als metaphysisches Ereignis. Sprachrohr des
Textes, verlangt dieses Theater nicht den Zuschauer, sondern den *Zuhörer*:

> Das Theater, das sich in die Katakomben zurückzieht, wird nicht ohne Hörer sein:
> entscheidend ist, ob die Zuschauer zu Zuhörern werden, in denen das Wort der Bühne
> weiterzeugt und nicht verlorengeht.[224]

Viettas Theater des Zeigens impliziert eine irrationale Definition des "Geistigen", die er im waghalsigen Oszillieren zwischen Heidegger und Thingspiel
unternimmt. Auch wenn Vietta weder auf Heidegger noch auf das Thing als
Versammlungsstätte im nationalsozialistischen Sinn zurückgreift, so erstaunt
zumindest die insensible Rede über eine Theaterform, in deren Namen die
nationalsozialistische Theaterutopie als "Staatsakt, Drama als – im allerhöch-
sten Sinne – politische Tat"[225] propagiert wurde.

5.2 Gegen das Regietheater der Weimarer Republik

Die Errungenschaften der politisch-historischen Funktion des Theaters der
Weimarer Republik werden zugunsten der kollektiven Beantwortung auf das
"Werbistdu"[226] abgelehnt. Dieser Neologismus, der seine Inspirationsquelle

---

[221] A.a.O. 94.
[222] A.a.O. 97.
[223] A.a.O.
[224] A.a.O. 221.
[225] zit. nach Klaus Lazarowicz und Christopher Balme, eds. *Texte zur Theorie des Theaters*.
Stuttgart 1991. 633.

Heidegger zu überbieten sucht, versteht sich als existentielle Antwort auf den kompletten Fragenkatalog, den der Zuschauer ins Theater bringen mag. Viettas Programm kennzeichnet besonders die Ver-Wesung, der das Theater der fünfziger Jahre von den Künstlern unterzogen wird, die im Dritten Reich die Inszenierung als dramenhörige Auslegung der Szene befürworteten.

Ähnlich Vietta gebraucht Oscar Fritz Schuh Reizbegriffe, die aus der Theaterkultur der Weimarer Republik stammen. Spricht Vietta vom "Theater des Zeigens", so Schuh vom *Theater der Analyse*. Doch der Eindruck einer traditionsbildenden Anknüpfung trügt. Die folgende These Rühles bedarf daher der Korrektur.

Im Grunde ist unsere ganze Theaterarbeit nach dem Kriege [...] die Suche danach, ob nicht jene so viel erinnerten zwanziger Jahre wirklich tragfähige Arbeitsgrundlagen oder sagen wir Modelle für künftige Theaterarbeit entwickelt hätten.[227]

Dies gilt sicher für die Genese des Zeitstücks, nicht jedoch für die Dramaturgie und Szenographie der Klassiker-Inszenierungen. Schuh räumt etwaige Mißverständnisse beiseite, den Begriff 'Theater der Analyse' als Rückgriff auf Modelle des Vorkriegstheaters zu verstehen:

Dem Theater ist es gegeben, jene übersinnlichen Phänomene, die das Leben der Menschen immer wieder beunruhigen, [...] zwar nicht zu deuten, aber sie darzustellen und durch ihre Darstellung zu bannen.[228]

Die "Regentschaft des Geistigen" modifiziert die Bühne (Tribüne) zur Kanzel von monumental anmutender Abstraktion und Schönheit, zur absoluten, da zeit- und ortlosen Offenbarung. Schuhs Essays verhängen ein Verbot über Aktualisierungsverfahren wie diejenigen des Regietheaters der Weimarer Republik. Den politischen Aspekt läßt er nur negativ zu: als Gegenstück zu den "seelischen Tiefen des Handelns, [die die] Menschheitsentwicklung bestimmen."[229]

Schuh entwickelt eine geschichtlich begründete Überwindung des politischen Theaters und Rechtfertigung dafür, daß das 'geistige Theater' an den seit 1933 besonders propagierten Formen festhält. Dabei gelangt er zu folgenden Epocheneinschnitten: Das politische Theater der Weimarer Republik befreite die alten Dramatiker und insbesondere Shakespeare vom Ruch der "Bildungs-

---

[226] Vietta. *Katastrophe [...]* A.a.O. 140.
[227] Günther Rühle. *Theater der Zeit.* A.a.O. 154.
[228] Schuh. "Klassiker-Inszenierungen heute." *Die Bühne als geistiger Raum.* A.a.O. 72f.
[229] A.a.O. 74.

klassiker". Die 'Verstöße' gegen die Texte und die damit einhergehende Verengung der 'Klassiker' waren allerdings nur zeitweise legitim, um die Gültigkeit der klassischen Texte zu verdeutlichen und den "musealen Kram abzuräumen."[230] Diese Verfahren führten jedoch zur Verengung der 'Klassiker'.

Im nationalsozialistischen Regime, folgert Schuh weiter, entwickelte das Theater unterschwellige Kritik, indem es die 'klassischen' Texte und den in ihnen geborgenen Humanismus ohne interpretatorische Zugabe sprechen ließ und somit Zensur und Kulturpropaganda ausbootete. Opportunismus und 'innere Emigration' erweisen sich überraschend als Widerstand und List der Vernunft.

Die Legende der "Stunde Null" verinnerlicht auch Schuh: Seiner Ansicht nach überwanden die Erfahrung und das Erleiden des "Dritten Reiches" das "unlebendige, spießige und kleinformatige" Epochendenken, und ermöglichten eine Epoche, "die uns ebensosehr vom Politischen wie vom Geistigen wie vom Religiösen her neue Impulse und eine neue Sicht auf diese [klassischen] Werke gegeben hat."[231]

[...] denn heute sind wir imstande, selbst zu empfinden, was uns an politischer oder geistiger Aktualität in diesen Stücken noch unmittelbar anspricht, ohne daß uns vom Regisseur eine vorgeprägte, eine bereits in allen Fasern zerlegte Auffassung der "Interpretation" geliefert werden muß.[232]

Die 'Jetztzeit' sei durch das Erleiden des "Dritten Reiches" reif geworden, so daß die Interpretation, die im Nationalsozialismus der Zensur zum Opfer fiel, nun ohne Regievorgaben vom Publikum selbst geleistet werden könne.

Die Genese texttreuer Inszenierungspraxis läuft darauf hinaus, die im "Dritten Reich" gegen Aktualisierungen des Theaters der Weimarer Republik ausgespielte Inszenierungspraxis der 'großen Form' nun auch für die Nachkriegszeit und im Nachhinein alsästhetische 'Résistance' zu rechtfertigen.

Für eine solche klassizistische Zeitdeutung, in der die Texte – gleichgültig in welchem historischen Kontext – auf die ihnen gemäße Harmonie treffen, ist Gegenwartsbezug "das Schlimmste, was man mit einem Stück der Vergangenheit anstellen kann."[233] Diese Ablehnung reagiert vehement auf die schnell

---

[230] A.a.O. 72.
[231] A.a.O.
[232] A.a.O.
[233] A.a.O. 74.

wieder abebbende Welle 'modischer' und politischer Aktualisierungsversuche zu Beginn der Fünfziger.[234]

Das 'Hinüberretten' der 'Klassiker' über 'dunkle' Epochen ihrer Instrumentalisierung, an der die Regisseure des 'geistigen Theaters' schließlich beteiligt waren, gelingt nach Schuh also nur über die vermeintliche Werkeinheit als Prämisse der Regie: Das Drama wird nicht mehr – wie von Jessner, Ihering, Brecht[235] – als Artefakt verstanden, zu dem jede Inszenierung einen interpretierenden Zugang, den Zeitausdruck suchen muß, um es in ein ästhetisches Objekt zu verwandeln. Vielmehr sieht Schuh das Drama als selbstregulierendes Sinnangebot, das sich ohne interpretierende Regie-Zutat den veränderten historischen Verhältnissen anpaßt.

Im Versuch der Entideologisierung wird das Theater selbst ideologisch, da es die Bühne als Ort allgemeingültiger Wahrheit versteht, die angeblich im Drama aufgehoben ist. Geleugnet wird die unvermeidliche Interpretation, der die Transformation des Dramas zur Aufführung unterliegt.

5.3 Theater des Geistigen: allgemeinmenschlich, unpolitisch?

Die genannten Aspekte möchte ich im Hinblick auf die zentrale Problematik des 'geistigen Theaters' zusammenfassen.

Die "Bühne als geistiger Raum" beinhaltet die Ablehnung des politischen Theaters. Geschichtlichen Zugang läßt sie nur mehr als allgemeinmenschlichen Erfahrungswert zu, der die historische Distanz zu den klassischen Texten ausklammert, zugleich jedoch außer Acht läßt, daß mit dem Ausschluß des Politischen die Mentalität der deutschen Gesellschaft der Adenauerzeit deutlich hineinspielt. Noch 1965 dient dem Kritiker Siegfried Melchinger die an die Dominanz des Dramas gekoppelte Vorherrschaft des Geistes als Argument gegen die Umfunktionierung: nicht "'Umfunktionierung' à la Brecht, sondern 'Be-geisterung'"[236]

Die Sehnsucht nach Tradition und die Ablehnung des Regietheaters der Weimarer Republik prägen die meisten Regisseure, die sich in den Fünfzigern und Sechzigern für das "geistige Theater" aussprechen.[237] In seinen techni-

---

[234] Vgl. Arthur Luther in ShJ(W) 1953. 228.

[235] Vgl. Andreas Höfele. "Leopold Jessner's Shakespeare Productions 1920-1930." *Theatre History Studies*. Vol. XII. 139-156. 141ff. Herbert Ihering. "Reinhardt, Jessner, Piscator oder Klassikertod?" *Der Kampf ums Theater*. Berlin 1974. 305-324.

[236] Siegfried Melchinger. "Shakespeare heute." *ShJ(W)* 1965. 59-79. 62.

[237] U.a. Hans Vogt (zit. von Reiner Störig in "Bühnenbericht." *ShJ(W)* 1955. 222) und Hannes Radzum. "Probleme der Shakespeare-Regie." *ShJ(W)* 1955. 227.

schen Errungenschaften wird das Theater der Zwischenkriegszeit akzeptiert, traditionsbildende, weiterführende Ansätze werden ihm besonders von Schuh und Vietta aberkannt.

Die Vertreibung und Verfemung von Regisseuren und Schauspielern des politischen und avantgardistischen Theaters der Weimarer Zeit bleibt ein Tabuthema. Die ehemaligen 'inneren Emigranten' lasten den Bruch mit der Theaterkultur von Weimar dieser selbst an, indem sie das politisch relevante Theater für die Verengung der 'Klassiker' verantwortlich machen – diese merkwürdige Sicht entspricht der weit verbreiteten Überzeugung der Adenauerzeit, wonach der Nationalsozialismus eine verständliche Reaktion auf die angeblich demokratiefeindliche 'linke' Kultur und Politik darstellte.

Die Ablehnung beruht auch auf einem völlig anderen Selbstverständnis der Theaterpraxis. Herausragende Inszenierungen Bergers, Jessners, Brechts Bearbeitungen und Stücke wie auch Piscators Inszenierungen übten szenische Kritik an Weltanschauungen, ohne geschlossene Sinnsysteme zu konstruieren; Die Vertreter des "geistigen Theaters" zielen auf die Vermittlung "weltanschaulicher Begebenheiten"[238] ab, die sich auf der Grundlage der Tradition der klassischen Texte vollziehen soll, um daraus wieder eine Theatertradition zu kreieren. Obwohl Schuh Bearbeitungen wie Brechts "Hofmeister" nicht ablehnt, um das Stück von Lenz wieder dem Repertoire zuzuführen, fordert er die Dominanz des Wortes ein, die 'Metaphysik' des unangetasteten 'klassischen' Textes und einen höchst zurückhaltenden Regisseur. Es ist dabei offensichtlich geworden, wie sehr die ästhetischen Kriterien trotz einiger Anlehnungen an den Humanismus des Existentialismus die 'innere Emigration' schönfärben.

5.4 Sehnsucht nach dem klassischen Subjekt: Maximilian Schell als Hamlet (1960)

Um den Schauspieler-Code des 'geistigen Theaters' darzustellen, greife ich auf Franz Peter Wirths Film "Hamlet" (Bavaria Atelier, 1959) zurück, der von der FWU für den Schulunterricht vertrieben wurde. Der Film versteht sich als 'abgefilmtes Theater', verpflichtet sich explizit dem Konzept der "Werktreue" und dem "herkömmlichen Werkverständnis", weshalb er für inszenierungsanalytische Zwecke (bei Nichtberücksichtigung filmischer Mittel) durchaus

---

[238] Schuh. *Darmstädter Gespräch*. A.a.O. 255.

verwendbar ist.[239] Die programmatische Konventionalität weist die Inszenierung als normales Alltagsereignis der Theaterästhetik aus.

Die Raumkonzeption verweist auf die Nähe zum 'Theater des Geistigen', indem sie den symbolischen Raum bestätigt, den Sellner und Schuh szenisch und Vietta dramaturgisch für die 'Bühne als geistiger Raum' reklamierten. Die dramatis personae agieren im dekorationsarmen Arrangement mit hohen Betonpfeilern, die einerseits eine Burg stilisieren, andererseits kalte Abgeschlossenheit symbolisieren. Expressionistische Vorbilder sind hier ebenso zu erkennen, wie – unter filmischem Aspekt betrachtet – die Ausstattung von Laurence Oliviers "Hamlet". Wenige historische Requisiten (Thron, Bankettisch) deuten einen eher archetypischen Macht-Raum an. Vorherrschend sind wie in Ausstattungen von Franz Mertz vertikale Raumgliederungen durch Treppen und Stufenterrassen, die auch Assoziationen zu roh behauenen Felsen auslösen.

Gegenüber der amts- und standesspezifischen Kleidung des Hofes ragt Hamlet in den ersten Bildern durch das traditionelle schwarze Gewand als Außenseiter wie Symbolfigur heraus, wodurch das Verhältnis der Rollenfigur zum Publikum vorentscheidend geprägt wird. 'Hamlet' ist einerseits mit der Macht-Welt Helsingörs verwoben, andererseits als Sprecher existentieller Reflexion ausgestellt. Horatio trägt ein ähnliches Kostüm, wird dadurch als Adjuvant des Protagonisten ausgewiesen. Die Sonderstellung Hamlets bestätigt sich auch durch häufige Isolation und Kontaktarmut, die nur gegenüber Horatio, Ophelia und Gertrud aufgebrochen wird.

Zur Veranschaulichung des Schauspieler-Codes greife ich einen traditionellen Höhepunkt von "Hamlet" heraus: Hamlets Begegnung mit Ophelia in III.1.

Ophelia – schulterlange, um den Nacken fallende schwarze Haare, sehr junges Gesicht, weißes Kleid – kniet in schicklich erotisierter Gebetshaltung vor dem Lehnstuhl. Sie richtet sich auf, als Hamlet mit den Worten "Nymphe, in Dein Gebet schließ' alle meine Sorgen ein" auf sie zutritt. Er geleitet Ophelia zur Bank und setzt sich neben sie, nachdem sie ihm Briefe und einen vertrockneten Blumenstrauß überreichte.

Hamlets Changieren zwischen der Taktik, durch Demütigungen Ophelias die Lauschenden aus dem Versteck zu locken und bloßzustellen, und seiner

---

[239] Institut für Film und Bild, ed. *William Shakespeare. Hamlet.* Gekürzte Fassung der Inszenierung von Franz Peter Wirth. Produktion: Bavaria Atelier GmbH. Geiselgasteig 1959. Fassung der FWU von 1963. 83 min. S/W. Videokassette, Reg.-nr. 420378. Zitate nach der "AV-Begleitkarte". Darsteller (außer den im Text erwähnten): Rolf Boysen, Hans Caninenberg, Eckehard Dux, Alexander Engel, Adolf Gerstung, Dieter Kirchlechner, Karl Lieffen, Paul Verhoeven, Karl Michael Vogler.

Enttäuschung über Ophelias Mitwirken an der Intrige wird in klar voneinander abgesetzten Verhaltens-Sequenzen verdeutlicht.

Hamlets Überlegenheit manifestiert sich in der kalkulierten Entwicklung des Wutausbruchs (III,1.130ff.), der erst mit der dritten Wiederholung von "Geh' in ein Kloster" (145ff.) die eigene Verletztheit offenbart. Die Passage "Ich bin sehr stolz, rachsüchtig, wie alle. Wir sind ausgemachte Schurken" spricht er ruhig, aufzählend, dabei von Ophelia abgewandt. Als Polonius sich unvorsichtiger Weise sehen läßt, unterläuft ihr eine unbewußte, hilfesuchende Geste, was Hamlet mit einem kurzen Blick zum Vorhang und wissendem Lächeln quittiert.

Nun folgt 'Phase 2' seines gesteuerten Ausbruchs, die durch kurzes Verharren und eine 'Ruhepause' eingeleitet und damit von der ersten Phase sehr deutlich abgesetzt ist. Hamlet steht auf, Ophelia richtet sich ebenfalls auf. Hamlet verstellt den Blick der Lauschenden auf Ophelia und fragt dicht an ihrem Ohr "Wo ist dein Vater?", bietet ihr in der scheinbaren Umarmung Schutz, die Wahrheit ungefährdet zu sagen. Ophelias spontane Geste in Richtung der Lauschenden ebbt furchtsam ab. Hamlet quittiert dies mit einem schmerzlichen Lächeln und einem kurzen Blick auf das Versteck. Auf Ophelias Replik "Zu Hause, gnädiger Herr" verhärtet sich sein Gesicht, und zum ersten Mal in dieser Handlungssequenz wird er laut: "[gehaucht] Laß die [cresc, acc] Tür hinter ihm abschließen, damit er nirgends den Narren spielt, als in seinen eigenen [ff] vier Wänden!" Dann schleudert er Ophelia auf die Bank. Ophelia krümmt sich zusammen, preßt die Faust an den Mund.

Die letzte Phase gilt Hamlets Verletztheit und dem Versuch, Ophelia zu schützen. Hamlet intoniert die letzte Wiederholung "Geh' in ein Kloster, geh'" als eindringlichen Rat. Er beugt sich mit schmerzlicher Miene über Ophelia, es bleibt bei einer zart angedeuteten Geste des Trostes. Mit einem 'Luftkuß' verläßt er Ophelia in erstaunlich ruhiger Verfassung — geradezu widersinnig besonnen, erinnert man sich der kurz zuvor ausgebrochene, eruptive Emotion.

Anhand dieser Sequenz läßt sich die Ausgangsthese deutlicher belegen. Die These ging vom *Schauspieler als Mittler* und Repräsentant transzendenter Wahrheit aus, die eine Widerspruchsfreiheit der Charaktere geradezu verlangt, um der Vermittlungsaufgabe der "Bühne als geistigem Raum" gerecht zu werden. Infolgedessen ordnet Schell psychologisch komplexe und turbulente Inneneinsichten in klar voneinander abgesetzten Verhaltenssequenzen. Der Widerstreit der Gefühle und das Wissen, im Grunde an zwei Adressaten (Ophelia, die Lauschenden) zu sprechen, werden nicht in simultaner Verschachtelung sondern in sukzessiven Phasen vermittelt. Das "präzise Aufgehen des Schauspielers in der Rolle" (Schuh) verfolgt nicht die Individualisierung und Psychologisierung sondern die Repräsentation der allgemeinmenschlichen, existentiellen Problematik anhand eines 'exemplarischen' Subjekts durch das Zeigen. Ein weiteres Anzeichen dafür ist das Aussparen von Übersprungshandlungen, die die Individualität gerade im Affekt psychologisieren würden. Stattdessen setzt sich ein bewußt inszenierter Gestus des Zeigens durch, der durch deutlich voneinander abgesetzten Sequenzen ein Theater der Leitmotive emotionaler und reflexiver Art konstituiert. Schells Darstellungsweise verweigert die psychologisch-natürliche Entsprechung von Geste und Wort, illustriert den Text bewußt.

Ein Beispiel hierfür bietet Hamlets Monolog "Sein oder Nichtsein". Das Abwerfen der Verstellungsrequisiten (Blume, Schal, Buch) kündigt unverfälschte Einsichten in die hamletische Seele an: 'Müdigkeit' und 'Kraftlosigkeit' während der introspektiven Passagen werden gestisch durch das Kauern auf einer Treppe untermauert. Intonation und Gestus gewinnen an Kraft, als Hamlet von der Introspektive zur Zustandsbeschreibung des Regimes übergeht. Während der Reflexion über Unrecht und Anmaßung geht er auf und ab. Bei den sehr leise, zitternd hervorgebrachten Worten "... lieber ertragen, als zu Unbekanntem fliehn'" kühlt Hamlet die Stirn an einer Wand und setzt sich mit dem Gestus totaler Erschöpfung. Schell gliedert die Sequenz durch entsprechende Modulation der Sprachmelodie, Tempi und Bewegungen in aktionshaltigere und introspektivere Subsequenzen. Der Eindruck des Statuarischen resultiert aus der Strategie, jedem Gefühlsausdruck ein geschlossenes Sinnsystem von Wort und Geste zu widmen und Verhaltensänderungen mit Zäsuren zu versehen.

Anhand der Äußerungen Schuhs und Viettas wurde festgestellt, daß es sich bei dem 'Geistigen' um die Vermittlung eines weltanschaulich geschlossenen Sinnsystems handelt. In Wirths "Hamlet" beherrscht vornehmlich die christliche Ikonographie Szenen, die Schuld und Reue thematisieren. Claudius umklammert umso verzweifelter ein Kreuz, je kläglicher sein Versuch zu beten scheitert (III,3). Gertrud versucht im Gebet vor einem Hausaltar die erschütternde Ahnung der Wahrheit zu bändigen, die die "Mausefalle" auslöste (III.4). Die christliche Symbolik hält sich obstinat in Erinnerung: Das Gestänge des zweisitzigen Throns symbolisiert sowohl die Metapher 'Dänemark als Gefängnis' wie auch ein Kreuz, unter dem Hamlet später sterben wird. Die Friedhof-Szene (V, 1) wartet mit einer Unzahl von Kreuzen in auffälligem Abstand zum Grab der sündigen Selbstmörderin Ophelia auf. Das Finale ringt um christliche Symbolik. Gertrud trinkt mit demonstrativer 'Bedeutsamkeit' aus dem 'Schirlingsbecher', eine Geste, die das subjektive Wissen der Rollenfigur transzendiert und den symbolischen Vorgang betont. Verzeihung und Vergebung erhalten christliche Attribute: Hamlet reicht Laertes die Hand und schließt ihm die Augen, als dieser stirbt. Dasselbe Werk tut Horatio an Hamlet, der vor den Kreuz-Verstrebungen des Throns zusammensinkt.

Der sakrale Zugriff auf das Theater und auf das Stück stellt keinen Einzelfall dar. In Verbindung mit existentialistischen Interpretationen werden die 'Klassiker' – vorneweg "Hamlet" und "Macbeth" – als sozial-geistiges Über-Ich reklamiert, wenn auch mit selten so deutlicher Verpflichtung zur christlichen Weltanschauung.[240] Die 'Christianisierung' des Stücks und Einebnung von Widersprüchen der Charaktere verweisen einerseits auf die Schwierigkeit – wenn nicht Unmöglichkeit – das Interpretationsverbot einzuhalten, andererseits auf zentrale Bedürfnisse der "Bühne als geistiger Raum".

Die Herrschaft des Textes ist ein Merkmal dafür, daß das 'geistige Theater' auf allerdings veränderte Weise dem Konzept des 'klassischen Subjekt' nachtrauert. Die Imagination eines souveränen Operators der Sprache, in dem sich "die Zusammengehörigkeit des Denkens mit dem Sein auf dem Boden der Sprache" enthüllen soll,[241] manifestiert sich in ausgefeilter Rezitation des Textes und im Körperspiel Maximilian Schells. Der Körper soll einerseits als "natürliches Zeichen der Seele"[242](vgl. Hamlets Enttäuschung über Ophelia und die Introspektion während des Monologs) fungieren, andererseits als Repräsentant allgemeinmenschlicher Wahrheit.

Das Vertrauen in die Fähigkeit des dramatischen Textes zur Antwort auf alle denkbaren historischen Situationen ist blind gegenüber dem hermeneutischen Dialog zwischen dem Eigensinn des Textes und der Interpretation. Die "Bühne als geistiger Raum" behauptet den Text als Nebentext der Inszenierung; die mediale Differenz zwischen Stück und Aufführung wird als 'Werkeinheit' ausgegeben und gestattet lediglich ein präsuppositionales Verhältnis zwischen dem Drama und der Inszenierung. Durch die Unterschlagung der szenischen Interpretationstätigkeit und durch die metaphysische Sakralisierung des Textes wie seiner Sprache, die dem Schauspieler schamanische Autorität verleiht, hinterläßt das "Theater des Geistigen" dringenden Diskussionsbedarf, den 'Umfunktionierungen' der sechziger Jahre vehement einfordern.

---

[240] Vgl. zu Parallelerscheinungen in der christlich dominierten Shakespeare-Interpretation der fünfziger Jahre Ruth v. Lebedur. *Shakespeare-Rezeption seit 1945.* A.a.O. 156ff.

[241] Manfred Riedel. "Grund und Abgrund der Subjektivität." *Das neuzeitliche Ich in der Literatur des 18. und 20. Jahrhunderts.* München 1988. 29-53. 44.

[242] Erika Fischer-Lichte. *Geschichte des Dramas. I: Von der Antike bis zur deutschen Klassik.* Tübingen 1990. 285.

II. Veränderungen der theatralen Normen im Regietheater der sechziger Jahre

1 Umfunktionierung' - 'Werktreue'

Dieser Teil erörtert die Veränderungen theatraler Normen in Shakespeare-Bearbeitungen und -Inszenierungen der sechziger Jahre, die in der zeitgenössischen Auseinandersetzung unter dem Begriff *Umfunktionierung*[1] registriert und kritisiert wurden.

Seit dem 18. Jahrhundert wurde Shakespeare in Deutschland in erster Linie als der große Tragiker rezipiert. Diese Tendenz erreicht – nach der Aufwertung seiner Komödien vornehmlich durch Max Reinhardt – im Theater der fünfziger und der frühen sechziger Jahre noch einmal einen Höhepunkt. Das neue Regietheater, das sich gegen die "Bühne als geistiger Raum" zu formieren begann, opponierte gerade auch gegen das Tragikkonzept, das seine Vorgänger zum Wesenskern der Shakespeare'schen Bühnenkunst erklärt hatten. Das Regietheater formuliert die scharfe Absage an das Bedürfnis der "Bühne als geistiger Raum", sich aus der Alltagsgeschichte zu stehlen und den Gegenwartsbezug nur in höchst symbolisierter und stilisierter Form zuzulassen, die als kongeniale Entsprechung zum nicht hinterfragten Ewigkeitszug des Tragischen gerechtfertigt wurde.

Die Gegenbewegung schlägt sich u.a. auch im Autoritätsschwund der Schlegel/Tieck-Übersetzungen nieder, der schon ab der zweiten Hälfte der fünfziger Jahre in den jährlichen Bühnenberichten des Shakespeare-Jahrbuchs beklagt wird. Ab 1965 häufen sich Eingriffe in den Text und szenische Inkongruenzen zur Fabel und zum historischen Kontext besonders stark, was die Verfechter der 'Werktreue' in Alarmbereitschaft versetzt. Karl Brinkmann moniert im Bühnenbericht zur Spielzeit 1967/68, daß viele Regisseure Shakespeares Dramen nicht mehr "originalgetreu herausbringen. Vieles an diesen ist nach ihrer Meinung zeit- und geschichtsbedingt, damit aber ausschließlich

---

[1]   Zur Verwendung des Begriffs 'Umfunktionierung' vgl. die jährlichen Bühnenberichte im *ShJ(W)* und *ShJ(O)* der frühen sechziger Jahre.

Angelegenheit der Shakespeare-Philologie."[2] Shakespeare im Experimentierfeld des modernen Theaters? Eine Schreckensvision:

> Wenn die Gegenwartsnähe nicht greifbar genug ist, wird das Stück neu gefaßt, verkürzt oder erweitert zur Verschiebung der Akzente bei Handlungen und Charakteren, es wird, um es mit einem Modewort auszudrücken, "umfunktioniert". [...] Das Werk des Dichters liefert für manche Inszenierungen nur noch den Rohstoff.[3]

Der Begriff 'Umfunktionierung' zieht ohne genauere Kategorien die Grenze zwischen textorientierten, um szenische 'Äquivalenz' bemühten Inszenierungen einerseits und andererseits solchen Bearbeitungen, die entweder Schlegel/Tieck einer szenisch vermittelten Kritik unterziehen oder zu szenischen Arrangements greifen, die sich dem gegenwärtigen kulturellen und politischen Kontext besonders zu öffnen suchen und eigene Textbearbeitungen kreieren. Das letztgenannte Verfahren gewinnt immer stärkere Dominanz: Die mit dem Siegel der Originaltreue versehenen Schlegel/Tieck-Übersetzungen liegen in der Spielzeit 1967/68 nur noch etwa der Hälfte von 67 Shakespeare-Inszenierungen zugrunde.[4]

Die Stichworte 'Umfunktionierung' und 'Zertrümmerung' fallen in der Auseinandersetzung mit der Bearbeitungspraxis besonders in den Sechzigern häufig als Bezeichnungen für zunehmend vehemente Texteingriffe und Montagen der Dramen mit Fremdtexten oder generell für 'politische' Interpretationen der Werke. Suggeriert wird damit eine im schlechten Sinn gemeinte Kontinuität der "Verbrechung", die allerdings mit Brechts Theorie der Verfremdung und Ummontierung nicht immer deckungsgleich ist. Während Brecht die "Ideologiezertrümmerung"[5] des "falschen Bewußtseins" intendiert, werden dem eher feuilletonistisch verwendeten Begriff auch Inszenierungen zugeschlagen, die – wie "Iphigenie/Titus Andronicus" (Joseph Beuys, Claus Peymann, Wolfgang Wiens. "Experimenta 3". Frankfurt/Main. Theater am Turm, Mai 1968) – auf Veränderungen von Wahrnehmungsweisen abzielen.

Wenn in den Sechzigern völlig unterschiedliche Textbearbeitungen und Inszenierungen – von Brecht über Dürrenmatt, Hollmann bis Palitzsch/Wehmeier – unter dem abschätzig gemeinten Begriff "Verbrechung" zusammengefaßt werden, ist diese vornehmlich von Theaterkritikern und Shakespeare-

---

2 Karl Brinkmann. "Theaterschau: Bühnenbericht 1967." *ShJ(W)* 1968. 207.
3 Brinkmann. "Theaterschau. Bühnenbericht 1969."*ShJ(W)* 1970. 195.
4 A.a.O. 211.
5 Bertolt Brecht. "Über experimentelles Theater." *Schriften zum Theater*. Frankfurt/M. 1963. III. 83.

Philologen vollzogene Vaterschaftserklärung eher ein Zeichen für die aus der Sorge um den heiligen Gral Shakespeare wachsende Abwehr gegen den zunehmend kritischen Dialog mit der Tradition, dem auch Shakespeares Texte unterworfen wurden.

Die Kritik des Regietheaters richtet sich allgemein gegen das Vermächtnis des "geistigen Theaters", was eine politische Aktualisierung nicht unbedingt einschließt. Ebenso wichtig ist der Angriff auf die nahezu metaphysisch abgesicherte Autorität des Texts und auf das Konzept des Tragischen, das zur zentralen Angriffsfläche wird.

Im "geistigen Theater" gebührte der erste Platz der Sprache, der sich das Körperspiel in psychologischer und stilisierter Darstellung subsumierte. Die sogenannten 'Umfunktionierungen' von Bertolt Brecht, Hans Hollmann, Peter Palitzsch und Peter Zadek prägen ein neues Verständnis von der Relation und Hierarchie der Zeichenebenen. Sie reißen die 'dienende' Funktion des Schauspielers ebenso auf, wie sie das sinnhafte Verhältnis zum Text nicht mehr als Ergebnis seiner scheinbaren Selbstregulierung begreifen.

Mit der Aktualisierung war der Gegensatz zum Theater der Fünfziger ausgesprochen, das sich – wie gezeigt wurde – der Demut gegenüber dem Text und einer chimärenhaften Werkeinheit/'Werktreue'[6] verschrieb, die die geistige Entsprechung von Drama und Inszenierung postulierte.

Dabei ist es reizvoll paradox, wenn sich diese Strömung gegen ein Phänomen richtet, das es 'theoretisch' nicht gibt. So räumt Jan Berg nach akribisch geführtem Beweis ihrer Unmöglichkeit ein, mit der Kategorie sei auch weiterhin zu rechnen, selbst wenn sämtliche rezeptionstheoretischen Merkmale dagegen sprechen: "Eine Aufführungsanalyse, die 'Werktreue' nicht als Moment der ästhetischen Kommunikation ernst nimmt, verfehlt ihren Gegenstand im voraus."[7] Signum der Werktreue ist: Die historische Distanz und die Unmöglichkeit, die Ursprungsintention eines Textes oder seinen Eigensinn ohne Interpretation zu rekonstruieren, werden schlicht ignoriert und durch die selbstverständlich zeitgebundene Normsetzung der Äquivalenzbeziehungen zwischen Inszenierung und Text ersetzt. Sofern unter "Werktreue" nicht allein die Unantastbarkeit des Texts verstanden wird,[8] sondern auch Deutungsmuster

---

6   Zum Begriff "Werktreue" und zum Verhältnis Drama – Inszenierung: Andreas Höfele. "Drama und Theater: Einige Anmerkungen zur Geschichte und gegenwärtigen Diskussion eines umstrittenen Verhältnisses." *Forum Modernes Theater* 1 (1991). 3-22.

7   Jan Berg. "Werktreue: eine Kategorie geht fremd." *TZS 93-100. 99.*

8   Für die Unantastbarkeit des Texts optieren vor allem Störig und Brinkmann in den "Bühnenberichten" des *ShJ(W).*

mitspielen, teilen ihre Verfechter unabsichtlich den kleinsten gemeinsamen Nenner mit der Methode der 'Umfunktionierung': die Integration heutigen Wissens in die Interpretation des Texts mit Hilfe der Aufführung. Übertragen auf die 'werkgetreue Inszenierung': die Integration der Kenntnis von 'mustergültigen' Phasen der literarischen, dramatischen und theatralen Rezeption des Texts in das als werktreu postulierte Verständnis von ihm.

Die Diskussion über die "richtige" szenische Version bzw. "Perversion" des Dramas stellt diese tradierten Interpretationsmuster als "Wahrheit" oder Eigensinn des Texts dar. Eine methodische Grundlage hat dieses Verfahren jedoch nicht, das im Hinblick auf mögliche szenische Unterbietungen des Textniveaus bestenfalls polemischen Wert beanspruchen könnte. Denn die als "werktreu" anerkannte szenische Muster-Version ist das Resultat einer langen Phase widersprüchlicher und engagierter Auseinandersetzung mit den Stücken. Gerade der szenische Überlieferungsprozeß eines Dramas verweist auf seine immer neu beginnende Bewertung, die bis zur völligen Umkehrung seiner vermeintlichen oder im kulturellen Diskurs konventionalisierten Intention reichen kann.[9] Die "Werktreue" bzw. das ihr zugrundeliegende Argument der Werkeinheit leugnet den sozialästhetischen Prozeß der permanent variierten Sinndeutungen, die sich im Lauf der Kanonisierung und des Traditionsbruchs ereignen.[10]

Diese Auseinandersetzung radikalisieren die Inszenierungen der sechziger Jahre. Die Praxis der 'Umfunktionierung' bezieht das von den Anhängern der "Werktreue" postulierte Äquivalenzverhältnis von Text und Inszenierung in ihre Kritik ein, indem sie den Text und die Aufführung häufig als verschiedene und mitunter auseinanderdriftende Sprech-Instanzen ausweist.

Die Wiederentdeckung der "Faszination des Anfänglichen"[11] legt besonders die tradierten Muster der Rezeptionsgeschichte frei. Häufig bemißt der neugewonnene utopische Gehalt sich an dem, was die Wirkungsgeschichte verschüttete, indem sie den Text in ein affirmatives Verhältnis zum jeweiligen sozialen Kontext zwang.

---

[9] Vgl. Herbert Ihering. "Klassikertod [...] ." A.a.O. 318.

[10] Wenn Herta Schmid ("Das dramatische Werk und seine theatralische Konkretisation im Lichte der Literaturtheorie Roman Ingardens." *Das Drama und seine Inszenierung*. Ed. E. Fischer-Lichte et al. Tübingen, 1984. 24) das Recht des Zuschauers auf eine dramenadäquate "Hamlet"-Inszenierung einfordert, erteilt sie der Wiedererkennung Vorrang gegenüber der Chance, neue Einsichten zu und durch ein altes Stück zu gewinnen, Shakespeare wird – so Günther Erken ("Theaterarbeit mit Klassikern." *TZS* 11 (1985). 15) – reduziert zur "Mechanik des albernsten Zitatengedächtnisses".

[11] Günther Erken. "Theaterarbeit mit Klassikern." A.a.O. 13.

Die meisten 'umfunktionierenden' Inszenierungen befinden sich im Dialog mit Brechts "Klassiker"-Dramaturgie: Ihre markanten "Verstöße" gegen die Tradition treffen besonders gattungspoetologische Aspekte der Tragödie, die von der veränderten Position des exemplarischen, tragischen Helden bis zur Ablehnung der Gattung selbst reicht.

Diese Tendenz wird in Kapitel 2 anhand von "Coriolan"-Bearbeitungen und -Inszenierungen dargestellt. Das Stück weist insofern Angriffsmöglichkeiten auf, als seine Aufführungstradition in Deutschland stets auf die "Führerfigur" Coriolan setzte.[12]

Die 'Umfunktionierung' betrifft jedoch nicht nur die Gattung Tragödie selbst und ihre Hervorhebung des exemplarisch Einzelnen, sondern auch das "dialektische Theater" selbst, das den Anfang der 'Umfunktionierung' nach 1945 macht. Die Verschränkung der sozialistischen Teleologie mit den klassischen Texten steht zunehmend selbst im Zweifel.

Diese Kritik an Brechts politischem Theater führt jedoch nicht zur Aufgabe politischer Fragestellungen, wie in Kapitel 3 untersucht wird: Palitzschs "Der dritte Richard" behält die ästhetischen Mittel der Brecht-Dramaturgie teilweise bei – der geschichtliche Ausblick ist dagegen düster.

Die zunehmende Kritik an Brechts Dramaturgie und Theaterpraxis der 'Umfunktionierung', die sich besonders in Zadeks "Held Henry" formuliert, erörtert Kapitel 4.1. Die in der Einleitung formulierte These, Shakespeare werde nicht nur mitgespielt, sondern sei wichtiger Anreger für die Entwicklung innovativer Ästhetik und für die Emanzipation von vorgegebenen theatralen Normen, wird an der für die sechziger Jahre einzigartigen Körperästhetik von Zadeks "Maß für Maß" dargestellt (Kap.4.2), durch die das Theater mit Hilfe des Shakespeare'schen Stoffs (bei Zerstörung seines Texts) neue semiotische Verfahren gewinnt, die für das künftige Regietheater nicht wegzudenken sind.

2 'Umfunktionierungen' der Tragödie: "Coriolan"-Variationen 1950-1970

Wenn für Auseinandersetzungen mit dem Vermächtnis des "geistigen Theaters" nicht pauschal gelten kann, sie seien durch die Integration politischer

---

[12] Vgl. Martin Brunkhorst. *Shakespeares "Coriolanus" in deutscher Bearbeitung. Sieben Beispiele zum literaturästhetischen Problem der Umsetzung und Vermittlung Shakespeares.* Berlin – New York 1973.

Ansätze bestimmt, so gilt dies zumindest für die drei wesentlichen "Coriolan"-Inszenierungen seit 1945 – Kochs Frankfurter (1961/62), Wekwerths Berliner (1964/65) und Hollmanns Münchener Inszenierung (1971/72). Zwei Gründe sind ausschlaggebend. "Coriolan" – bezeichnenderweise zur Zeit der zunehmenden militärischen und politischen Aggressivitiät des Wilhelminischen Deutschlands (1871-1918) erstaufgeführt – wurde in Deutschland bis zum Ende des "Dritten Reiches" als Drama eines exemplarischen 'Einzelnen' rezipiert. Eines der gattungsspezifischen Merkmale des Stücks, die Hervorhebung des Einzelnen, wurde in Harmonie zur historischen Mystifikation des visionären und von seiner Zeit unverstandenen 'Führers' gezwungen. Dieses Erbe holte das Stück unmittelbar nach Kriegsende ein. Wegen "glorification of dictatorship" wurde es auf den Index der "black list" gesetzt.[13]

Der zweite Grund zielt ins Spannungsfeld von 'klassischem' Text und 'Umfunktionierung'. Daß kein geringerer als deren Praeceptor Brecht 1951/52 "Coriolan von Shakespeare"[14] mit klassenkämpferischer Geschichtsperspektive versah, forderte – gerade während des Brecht-Boykotts – das westdeutsche Theater heraus. Die posthume 'Umfunktionierung' des 'Umfunktionierers' gestaltet sich nicht zuletzt in Versuchen, Brechts "Coriolan"-Bearbeitung und die Normen des dialektischen Theaters in veränderten Theaterkontexten zu überprüfen. Brecht bezeichnete die "Historisierung" als die Hauptsache der 'Umfunktionierung': die "alten Werke historisch zu spielen" erfordere, "sie in kräftigen Gegensatz zu unserer Zeit zu setzen."[15] Verhandlungsgegenstand ist der "veränderliche und der verändernde Mensch."[16] Der Ideotext von Brechts 'Umfunktionierung' orientiert sich an der Didaktik der Veränderung, die ästhetischen Mittel bemessen sich in Abweichung von theatralen Konventionen, die den 'fremden Blick' verschleiern. Wie die verschiedenen nachfolgenden Inszenierungen die Fassung beurteilen, bestimmt also auch ihr Verhältnis sowohl zur theatralen Konvention als auch zu Brechts ideologischer Umwertung des Prätexts. Die Brisanz der Brecht-Bearbeitung für das Theater der frühen sechziger Jahre ist offensichtlich. Ihre gattungsbezogenen "Umwertungen" drohen dem geistigen Theater sein Fundament zu entziehen:

---

[13] Vgl. Ernst Leopold Stahl. *Shakespeare und das deutsche Theater. Wanderung und Wandelung seines Werkes in dreiundeinhalb Jahrhunderten.* Stuttgart 1947. 732.
[14] Bertolt Brecht. *Coriolan von Shakespeare. Stücke: Bearbeitungen.* Bd. 1. Frankfurt/M. 1984. 171-273. Mitarbeiter der Fassung: Peter Palitzsch, Käthe Rülicke und Manfred Wekwerth.
[15] Bertolt Brecht. *Gesammelte Werke in 20 Bänden.* Frankfurt/M. 1967. II. 539.
[16] Brecht. A.a.O. XVII. 1009f.

Gerade diese Bearbeitung ist schwer zu spielen, schwerer als andere Brecht-Stücke, bei denen der Text den Erfolg sicher über die Rampe trägt. Und andererseits gibt es auch nicht mehr die Möglichkeit, über das tragische Schicksal des Helden leicht einem Erfolg zuzusteuern.[17]

Heinrich Koch – Hilpert- und Sellner-Schüler, bis dahin ohne Brecht-Erfahrung – inszenierte die Uraufführung der Bearbeitung in Frankfurt am Main. Seine Inszenierung ist deshalb von historischem Interesse, da sie den "Umfunktionierer" Brecht im Namen des "geistigen Theaters" selbst einer 'Umfunktionierung' unterzieht.

Dagegen versucht Manfred Wekwerth (Berlin 1964/65), "Coriolan" auf der Basis des semiotischen Modells Grundgestus für eine zeitgenössische Auseinandersetzung zu gewinnen. Freilich mit 'Heimvorteil' gegenüber der Frankfurter Inszenierung: Die Identifikation mit den ideologischen Standpunkten Brechts bereitete kaum Probleme, zählte doch Manfred Wekwerth zu Brechts Co-Autoren, die auf eine Frage, ob die Plebejer den Adel besiegen würden, meinten: "Bei uns sicher."[18]

Die Münchener "Coriolan"-Inszenierung (1971/72) basiert auf dem Text Hans Hollmanns: "Coriolan – ein Heldenleben. Frei nach Shakespeare".[19] Hollmann meldet gegen Brechts Geschichtsoptimismus die Sinnlosigkeit der Perspektiven an, die dem Zufall keine Bedeutung einräumen. Der Regisseur bringt Kotts These vom Gleichlauf der Geschichte ins Spiel, gestaltet sowohl den 'klassischen' Text als auch Brechts Fassung um.

Schwerpunkte der Bearbeitungen bzw. Inszenierungen sind gattungsspezifische Aspekte: die Exemplarität des Helden, das *hamartia*-Konzept; aber auch die 'Umfunktionierung' Brechts. Wegen der unausgewogenen Materiallage[20] sind Szenenvergleiche kaum möglich, häufig erfordern die unterschiedliche Wichtigkeit und Singularität der Inszenierungen Kommentare jenseits der Vergleichsebene.

---

[17] André Müller. "Ein Stück durchleuchteter Geschichte." *Die Tat*. 13.10.1962.

[18] "Studium des ersten Auftritts." A.a.O. 22. Rezensionen: Eugen Delmas. "Bühnenschlacht um Coriolan." *Frankfurter Neue Presse*. 30.9.1964. Armin Eichholz. "Brechts neuer Coriolan – ein Klassenkampf gegen Rom." *MM*. 28.9.'64. Martin Geiling. "Das totale Theater." *Westdeutsche Rundschau*. 1.10.'64. Ingvelde Geleng. "Der dritte 'Coriolan'." *Mittelbayrische Zeitung*. 15.1.'66. Rudolph Walter Leonhardt. "Brecht und Shakespeare." *Zeit*. 4.9.'64. Ders. "Können wir den Shakespeare ändern?" *Zeit*. 2.10.'64.

[19] Hans Hollmann. *Coriolan – ein Heldenleben. Frei nach Shakespeare*. (Blätter des Bayerischen Staatsschauspiels). Ed. Bayerisches Staatsschauspiel. München 1970. n.p.

[20] Zu Kochs Inszenierung stehen nur wenige Abbildungen zur Verfügung. Zu Wekwerths Inszenierung gibt es neben dem üblichen Material eine Filmaufzeichnung, Hollmanns Inszenierung dokumentieren Regie-, Tonbücher und Streifenabzüge.

2.1 Brechts "Coriolan von Shakespeare": Umarbeitungen und Inszenierungen von Manfred Wekwerth, Heinrich Koch und Hans Hollmann

Zu Bertolt Brechts unvollendeter Bearbeitung liegen ausführliche Studien vor, weshalb die folgende Analyse kurz ausfällt und sich auf die Demontage des tragischen Helden, des "Coriolanus" zugrundeliegenden *hamartia*-Konzepts und auf die Ablehnung der gattungsspezifischen Aspekte der Tragödie beschränkt.[21]

Fokus der dramaturgischen Eingriffe ist die diegetische Transformation[22] der fiktionalen "Welt" des Prätexts in ein völlig verändertes zeiträumliches Universum des Posttexts, wobei das Handlungsgerüst weitgehend beibehalten wird. Bedenkenswert dabei ist, daß die Transformation auf theatrale und dramenrelevante Konventionen hinausgreift, indem sie die bislang relativ sichere Position des tragischen Helden als "stock figure" des Dramas und Theaters bestreitet.

Die Demontage des Helden Coriolanus gelingt durch Aufwertung der von Shakespeares als "cockle of rebellion, insolence, sedition" ("Coriolanus". III.1. Z. 99) charakterisierten Plebejer bei gleichzeitiger Abwertung des Protagonisten. Die Bürger wandeln sich in Brechts Fassung allmählich von Partikularinteressenten zum Kollektiv, das eine eigene geschichtliche Praxis entwickelt und die Aristokratie entmächtigt: Identifikationsfigur hierfür ist der "Mann mit dem Kind", der trotz individueller Not die Revolution befürwortet (vgl. die Szenen I.1 und II.3). Dieser Bewußtseinswandel resultiert aus der Erkenntnis, daß Coriolan nur solange ein "unersetzlicher Held" bleibt, solange die Bürger auf die Aneignung geschichtlicher Praxis verzichten. Der Heldenstatus Coriolans gerät erst durch das "Lied von der Dankbarkeit der Wölfin" (II.3) ins Wanken, in dem Coriolan erkennen läßt, daß der Kampf der Bürger um Rom entgegen der Abmachung ausschließlich der Aristokratie zugute kommen soll. In Analogie zum Originaltext endet die Auseinandersetzung zwischen Bürgern und Patriziern in der mißglückten Verhaftung, der sich Coriolan durch den Seitenwechsel entzieht.

Obwohl Brecht Coriolans Notwendigkeit als *homme de guerre* affirmativ darstellt, läßt er keinen Zweifel daran, daß diese Rolle lediglich mangels eines Besseren aus der bürgerlichen Schicht auf Coriolan übergeht. Die Singularität

---

[21] Uta Baum. *Bertolt Brechts Verhältnis zu Shakespeare*. Berlin (Ost) 1981. Martin Brunkhorst. *Shakespeares "Coriolanus" in deutscher Bearbeitung*. A.a.O. Rodney T.K. Symington. *Brecht und Shakespeare*. Bonn 1970.

[22] Gerard Génette. *Palimpsestes. La littérature au second degré*. Paris 1982. 404ff.

des tragischen Helden geht Coriolan infolgedessen ab. Die Strategie der Entheroisierung gelingt duch die verringerte Auftrittshäufigkeit, Reduktion und Travestierung der Figurenrede Coriolans. Sämtliche Passagen, die den Heldenstatus aus der Sicht anderer Figuren (z.B. des Gegenspielers Aufidius) bestätigen, sind gestrichen. Umso lächerlicher wirken Coriolans wiederholte Versicherungen seiner Notwendigkeit. Ist er den Volskern in Shakespeares "Coriolanus" zunächst Held und erst dann Mittel, so dient er in Brechts Fassung nur als Fachmann, dessen sich Aufidius bedient: "hat er Rom, dann hab ich ihn" (Brecht. IV.4. 255). Die Lizenz zum Töten schließt Coriolans Untergang ein, ohne daß er es weiß.

Die Figurenumwertung hebelt den Status des tragischen Helden aus. In enger "Zusammenarbeit" mit dem Text bricht Brecht das *hamartia*-Konzept auf, das "Coriolanus" zugrundeliegt, und kontextualisiert das Drama mit Aspekten frühsozialistischer Machtumstrukturierung. Der Status des tragischen Helden konstituiert sich bei Shakespeare durch seine überragende Bedeutung als Feldherr und die Anbindung seines Schicksals an das Überleben der Urbs. Der dramatischen Spannung liegt die Polarisation von Naturgesetz auf der einen, persönlicher Rache und Machtgier auf der anderen Seite zugrunde. Die Peripetie des Dramas – Coriolans Verzicht, Rom anzugreifen – ist nur vor dem Hintergrund der normativen Verbindung von Naturgesetz (Familienbindung) mit göttlicher Ordnung (Erhalt Roms und der sozialen Ordnung) verständlich. Zerbricht die Familie des tragischen Helden, zieht sie den Kollaps der göttlich autorisierten, staatlichen Ordnung nach sich. Shakespeares Coriolan irrt tragisch, wenn er glaubt, das Naturgesetz für kurze Zeit außer Kraft setzen zu können, indem er sich gegen den Rat seiner Mutter stellt und zu den Volskern überläuft.[23] Dieses *hamartia*-Konzept funktioniert Brecht politisch um, indem er Coriolans Handlungs- und Denkweise travestiert und ihn als leicht komisches Produkt der sozialen Trägerschicht charakterisiert. Coriolans Selbstüberschätzung verliert tragische Aspekte, zumal sein Entschluß, Rom zu verschonen, die soziale Umwälzung der Stadt nicht verhindert. Dagegen wird der Konflikt der gesellschaftlichen Umwälzung – im Originaltext eine Folge von Coriolans Fehlleistungen – zum Fundament und zur Normfrage der dramatischen Entwicklung aufgewertet.

Brecht funktioniert Volumnias Appell um: Nicht der persönliche Konflikt steht im Vordergrund, sondern der mögliche gesellschaftliche Umschlag von der Oligarchie zur Volksherrschaft, eine völlig veränderte Fragestellung, die

---

[23] Vgl. Jan Kott. *Shakespeare heute*. A.a.O. 232f.

Coriolans Wertigkeit diminuiert. Als Held spielt er in der nun von den Bürgern betriebenen Geschichte keine Rolle mehr: "Unersetzlich | Bist du nicht mehr, nur noch die tödliche | Gefahr für uns alle." Volumnia erkennt, daß sich die Zeit des Adels ungeachtet der Konfliktlösung dem Ende zuneigt. Stilistisch deutet sich der "Niedergang" ihrer Klasse schon zu Beginn an. Wenn Volumnia Homers "Ilias" (Brecht. I.2. 184) zitiert, so sieht sie die Realität im Licht des schon ästhetisierten Tragischen. Das gebrochene Pathos ironisiert die traditionelle Überbewertung der Persönlichkeit wie der Sprache, die sich im literarischen Theater bzw. "Thaeter" (Brecht) manifestiert. Brecht setzt an zwei Aspekten an: Zum einen ironisiert er den hohen Stil der Tragödie. Er mindert die Bedeutung des exemplarischen Einzelnen und betont statt dessen das geschichtliche Potential des Kollektivs. Zum anderen weist die stückimmanente 'Umfunktionierung' über den Einzelfall der "Coriolan"-Bearbeitung hinaus und richtet sich gegen die Dominanz des literarischen Theaters im allgemeinen, der Brecht einen aufgewerteten alltäglichen Sprachduktus und gestische Demonstration entgegensetzt.

Trotz der Vorstöße gegen den Originaltext vermeidet die Bearbeitung eine Verkleinerung der Tragödie zur Burleske. Komische Elemente sind stets mit dem *Grundgestus* verquickt, um individuelles Verhalten hervorzuheben und auf gesellschaftliche Situationen zu beziehen. Der Respekt gegenüber Shakespeare zeichnet sich zwar nicht in der Achtung vor dem tragischen Helden aus, wohl aber in der Übernahme der Plot-Strukturen und im Eingehen auf die frühbürgerliche Situation, die von Shakespeare vor der Folie der antiken Coriolan-Legende kritisch, von Brecht dagegen positiv gesehen wird.

Anreiz der Heldendemontage ist zweifellos die Wirkungsgeschichte des Stücks. So richtet sich die Bearbeitung nicht allein gegen "Shakespeares Universum", in dem das Volk als Aktant der Geschichte keinen Platz gewinnt, sondern auch gegen theatrale Normen einer Ästhetik, die der Größe des Individuums verpflichtet ist.

Was da [in der "Coriolan"-Rezeptionsgeschichte] als Coriolan auftrat, war nicht einmal mehr der personifizierte Stolz der römischen Republik, sondern der Hagestolz der Hohenzollern. [...] Der Zuschauer sollte seinen Shakespeare auf Anhieb haben, und er bekam ihn mit der blechernen Größe eines Gyges und dem traurigen Humor der Mundartstücke. [...] Aber in erster Linie ist es die Tragödie für das Individuum, das sich für unentbehrlich hielt. Die scheinbare Unersetzlichkeit des Individuums ist ein Riesenthema noch auf lange Zeit, von der Antike zu uns führend.[24]

---

[24] Anon. "Brecht und Shakespeare." *Zeit.* 4.9.1964.

Die westdeutsche Theaterkitik reagierte besonders allergisch auf die Demontage des Helden. Gegen die "Folgerichtigkeit" eines "präzisen Lehrstücks, nach dem sich der derzeitige Stand des Marxismus rekonstruieren ließe",[25] wird sogar noch anläßlich der Inszenierung Hollmanns die "Tragödie einer hohen Seele" eingefordert, die gezwungen werde, ihren "hohen Sinn und aristokratischen Geist hinter einer 'Personifikation des Krieges' und des 'Klassenfeindes' [zu] verstecken."[26] Das *hamartia*-Konzept solle überzeitlicher Maßstab der "Coriolan"-Rezeption bleiben:

> Ihm [Shakespeare] war es einzig und allein um die persönliche Tragödie dieses Römers zu tun. Er schrieb die Tragödie von der Selbsterniedrigung einer hohen Seele. Keineswegs ein politisches Stück um die Auseinandersetzung zwischen Aristokratie und Demokratie. Und ganz gewiß keinen dramatischen Traktat über die Segnungen der Volksdemokratie – wobei dieses Wort natürlich füglich in Anführungszeichen gehörte.[27]

Der Einwand gegen die Verfälschung Shakespeares ist nicht von der Hand zu weisen: Wenn bei Brecht die misera plebs zum populus intactus wird, so geschieht dies weit über Shakespeare hinweg. Doch bleibt bedenkenswert, ob dem Werk neue Sichtweisen abverlangt werden müßten, sollte es zum Repertoire aus mehr als bildungsbürgerlichen Gründen gehören.

Die Inszenierungen Kochs, Wekwerths und Hollmanns beziehen unterschiedliche Standpunkte zu Brechts Fassung. Besonders Kochs Inszenierung ist von den zeitgenössischen Folgen der deutschen Teilung geprägt: Die "Rettung" des Sozialismus durch Einschließung seiner 'Nutznießer', die erst ein Jahr zurückliegt, provoziert offenbar die Umwertung des 'Umfunktionierers' Brecht.

Text und Sujetpräsentation:

Ein Problem der Frankfurter Inszenierung von Heinrich Koch birgt die unvollendete Brecht-Fassung. Den Schlachtszenen liegen – entsprechend der in der Suhrkamp-Ausgabe angebotenen Einrichtung – Passagen der Tieck-Übersetzung (I,4 – I,10) zugrunde. Die Inszenierung steht damit vor der Schwierigkeit, das an Grausamkeit zu enthüllen, was in der Tieck-Fassung durch die offensichtliche "bienséance" gefiltert wird. Zugleich verlangt jedoch die von Brecht veränderte Perspektive auf den Kriegspezialisten Coriolan, neben der Gewalt

---

[25] Armin Eichholz. "Brechts neuer Coriolan – ein Klassenkampf gegen Rom." *MM*. 28.9.1964.

[26] Eo Plunien. "Shakespeare/Brecht: Klassenkampf in Rom." *Welt*. 28.9."62.

[27] Eo Plunien. "Nicht Shakespeare, nicht Brecht." *Mannheimer Morgen*. 25.9."62.

des Krieges auch die Kunst der Kriegsführung zu vermitteln. Kochs Lösungsversuch greift zur möglichst krassen Gewaltdarstellung: "So überaus blutig präsentieren sie [Römer und Volsker] sich, als hätten sie den Umweg über das Grand Guignol in Paris genommen"[28] Die schockierende Brutalität reicht jedoch nicht aus, um den Experten organisierten Mords zu etablieren. Coriolan erscheint als "Frontschwein mit Kraftausdrücken, [ein] Haudegen"[29] ohne besonders gefährliche "Qualitäten" – eines der vielen Signale, die eine distanzierte Haltung der Inszenierung zu Brechts Figurengestaltung verdeutlichen.

Wekwerths Berliner Inszenierung verstärkt die Nähe zu Brecht und die Distanz zum klassischen Text. Das Programmheft verzeichnet in kurzen Zügen Coriolans Schicksal und die Gründe für sein Scheitern, wie sie aus "Coriolanus" und den ihm zugrundeliegenden Quellen bekannt sind. Den Gegenstandpunkt zu dieser Legende bekunden die Bearbeiter im Schlußsatz: "Andere Quellen nennen noch andere Gründe."

Diese Kommentierung suggeriert ein Spannungsverhältnis, das sich aus dem Widerspruch zwischen einseitiger Überlieferung (der bekannten Legende um Coriolan) und scheinbarer historischer, jedoch unterdrückter Authentizität ergibt. Zudem verstört die Suggestion die von der ästhetischen Dimension und dem kulturellen Nimbus des klassischen Texts geprägte Erwartungshaltung, kündigt gleichsam ein 'Enthüllungsdrama' über die wahren Hintergründe an. Im Gegensatz zur westdeutschen Uraufführung ordnet das Autorenkollektiv Brechts Fassung häufig zu Parallelmontagen, die scheinbar inkongruente Vorgänge miteinander verbinden oder zu semantischen Syntagmen montiert werden. Die Einrüstung von Aufidius (Bild 2 /Shakespeare. I,2)[30] und Coriolan (Bild 3, Brecht. I,2)[31] gestalten sich als nahezu identische Vorgänge mit zelebrierenden Gesten. Die Rüstungen der Gegner sind kaum auseinanderzuhalten, die Verwandlung in *hommes de guerre* verdeckt die Individualität der Feldherren. Coriolans vermeintliche Unersetzlichkeit stellt sich als Illusion heraus, bevor sie textlich thematisiert wird.

Die Kosten des "Heldentums" für die Plebejer sind augenscheinlich: Beim Einzug in Rom schreitet Coriolan durch eine Allee aus Rüstungen (10. Bild/Brecht. II.2) der gefallenen Gegner, die an Masten angebracht sind. Im 16. Bild (Coriolans Auszug aus Rom; Brecht III.3) sind die Rüstungen abgehängt – nackte Kreuze symbolisieren den Preis, den die Plebejer für Coriolans

---

28 *Westfälische Rundschau.* 25.9."62.
29 Joachim Kaiser. "Coriolan – von links gesehen." *SZ.* 24.9."62.
30 Diese Szene wurde im Gegensatz zu Brechts Fassung wieder integriert.
31 Die Szene entspricht Brecht. I,2, Coriolan wird jedoch hinzugefügt.

"Heldentum" zu zahlen haben. Durch die Parallelmontage verbindet die Insze-
nierung die zwei herausragenden Handlungsstränge des Dramas zu einem
Reflexionskomplex: Der innenpolitische Konflikt zwischen Plebejern und
Aristokraten ist eng verknüpft mit dem außenpolitischen Krieg zwischen
Römern und Volskern. Dadurch sind Aufstieg der Plebejer, Niedergang der
aristokratischen Oligarchie und Ablehnung des Kriegsspezialisten, der die
Gesellschaft teuer zu stehen kommt, dermaßen verflochten, daß der Blick auf
die sozialen Folgen einer Gesellschaft gelenkt wird, die sich einen Fachmann
wie Coriolan leistet. Zudem werden die Bedingungen sichtbar, die einen
Helden zwangsläufig produzieren, weil die soziale Ordnung nur durch den
Krieg stabil bleibt.

Hollmanns Inszenierung basiert auf der Textfassung des Regisseurs: "Coriolan – ein Heldenleben". Die Bearbeitung enthält mehr Zudichtungen einzelner Szenenkomplexe als Brechts Fassung. Von dieser übernimmt sie den
Epilog, der mit der Ratssitzung der herrschenden Plebejer ausklingt. Die
Verabschiedung der "Tragödie" verdeutlicht sich expressiv durch mehrere
Gesangseinlagen skurriler Männerchöre, die während der Schlachtszenen
parodierte 'Vaterlandslieder' der Jahrhundertwende singen (Bilder 6,7). Hollmann wandelt die Tragödie "Coriolanus" zur Nummern-Revue aus 33 Episoden.

Im Gegensatz zu Brecht, der das Stück wie Shakespeare mit der Versamm-
lung von bewaffneten Bürgern beginnt, führt Hollmann in einem Vorspiel
Helden der modernen Zeit vor: "Geschäftemacher", "Prälaten, Literaten und
Herren, die was sind." (Bild 1) Allein das Vorspiel deutet stärker als Brechts
Bearbeitung auf die Transformation des Plots in zumindest vertrautere gesell-
schaftliche Zusammenhänge – nämlich der Zeit um den 1. Weltkrieg.

Die Satire herrscht vor. Die Fassung präsentiert die Themen Heldentum und
Krieg aus der Sicht von Repräsentanten verschiedener Gesellschaftsschichten,
die sehr stark an "Die letzten Tage der Menschheit" (Karl Krauss) erinnern und
Shakespeares Charaktere travestieren: Schieber, Angehörige plebejischer und
aristokratischer Familien, Veteranen, Bürger, die ihrem Beruf im Krieg genauso nachgehen wie vorher, und für die "Heimatfront" unentbehrliche Funktion-
sträger (die Volkstribunen), die den Krieg mit prahlerischer Stammtischstra-
tegie kommentieren (Bilder 9, 11, 13). Von Krauss übernimmt der Text auch
die Struktur der parataktischen Situations-Montage.

Während Brecht die Sprachniveaus von Aristokraten und Plebejern annä-
hert, verstärkt Hollmann die Unterschiede durch ironisierend gebundene Rede
der Patrizier, die sich vom "Pöbel" (Hollmann. 1. Bild) abzusetzen suchen, und
durch eine Vulgärsprache artikulationsschwacher Plebejer, deren Reflexions-

niveau noch stärker sinkt als bei Shakespeare. Beide Bearbeiter nivellieren die Figurenrede von Coriolan und verleihen ihm eine aggressive Sprache. Stärker als Brecht greift Hollmann zur Karikatur, wenn er beispielsweise Volumnias und Coriolans Figurenrede mit Floskeln aus dem Englischen und Französischen ridikülisiert (Bild 4) und Coriolan als Angeber und zitterndes Muttersöhnchen charakterisiert.

Funktioniert Brecht Volumnias Rede zur Abrechnung mit dem tragischen Helden und mit der Tradition des literarischen Theaters um, greift Hollmann lediglich zur Parodie, die keine begründete Normveränderung vermittelt: Der Schicksalsgedanke wird durch die Bloßlegung der Textorganisation der Rede und ihre Ridikülisierung ohne neue inhaltliche Zusammenhänge negiert.[32] Brecht wendet die Travestie normverändernd an: Volumnias Rede wird explizit auf die Normfrage der Ersetzbarkeit Coriolans zugespitzt und verändernd umfunktioniert. Volumnia erscheint bei Hollmann als komische Alte einer theaterhaften Gesellschaftsschicht:

> Dein ganzes Leben hast du deiner Mutter nicht einen Funken Höflichkeit erwiesen, wenn sie, die arme Henne, die nicht erfreut durch and're Brut, von Krieg zu Krieg dich gluckte und sicher heim, mit Ehren stets beladen. (Bild 30)

Ab dem 19. Bild überlagern sich Parodie und geschichtsphilosophische Aspekte, eine Verbindung, die in den vorhergehenden Szenen nicht vorkam. Kotts These von der Kreisstruktur der Geschichte und Brechts sozialistischer Lösungsentwurf werden verstärkt (und zu spät) in die Deformation der Gattung Tragödie eingebracht. Zwei widersprüchliche Konzepte geschichtlicher Praxis konkurrieren:

> Ob ein volskischer Graf auf uns rumtrampelt oder ein römischer, ist mir doch gleich; die Generäle, die ihre Töne spucken, was ist denn anders? Die Uniform – ein bißchen. Und ob jetzt römische oder volskische Schieber die Preise machen, deswegen geh ich nicht auf die Barrikaden. (Bild 29)

Brecht steht gegen Kott. Bestätigt ein Bürger den unveränderlichen Zustand bei austauschbaren Machthabern, so bezweifelt ein Anderer den Fatalismus: "Ich finde, wir sollten weiterdiskutieren." (Bild 29) Die Plebejer kommen erst im Schlußbild (Bild 33) wieder zu Wort. Dort agieren sie plötzlich im Kollek-

---

[32] Wolfgang Karrer (*Parodie, Travestie, Pastiche*. München 1977) versteht Parodie als Bloßlegung der Organisation des Textes, Travestie als eine über die Bloßlegung hinausgehende inhaltliche Umwertung des Textes oder einzelner Textpassagen.

tiv. Ungeklärt bleibt jedoch, wie der Machtmechanismus ausgesetzt wird und was den Bewußtseinswandel der Plebejer verursacht.

Obwohl die Schlußszene auch einen intertextuell deutlich signalisierten Tribut an Brecht darstellt, wirkt sie aufgrund der vorher ausgebliebenen "ernsthaften Umwertung" nicht überzeugend. Beiden Bearbeitern ist bewußt, daß der alte Text nicht den optimalen Rezeptionsmodus für das zeitgenössische Publikum bietet. Die Trennung zwischen Hollmann und Brecht verläuft auf der Textebene nicht allein zwischen den Mitteln der 'Umfunktionierung', sondern zwischen unterschiedlichen Perspektiven auf die geschichtliche Praxis.

Raumdramaturgie und V-Effekt: "Geistiger Raum", sozialer Grundgestus und Revue:

Das Bühnenbild (Franz Mertz) der Frankfurter Inszenierung zitiert szenische Mittel des dialektischen Theaters. Ins Große Haus der Städtischen Bühnen setzt Mertz ein rechteckiges Spielpodest, dessen Ränder im Dunkel der weiträumigen Bühne verdämmern, wobei das Podest stets gleichmäßig beleuchtet ist. Leicht nach hinten ansteigend und mit einer kleinen Treppe auf zwei Raumebenen aufgeteilt, wird es von einer weißen Leinwand begrenzt, die für Projektionen dient (etwa zum Anzeign vor Ortswechseln). Solarisierte Photos stellen römische Ruinen dar. Kubische, graue Versatzstücke dienen als Säulen (u.a. für die Stimmenwerbung auf dem Forum), Bänke oder Tische. Die Anspielungen auf den szenographischen Kanon des dialektischen Theaters hindern jedoch nicht daran, die Szenenübergänge ohne Vorhang, aber im Dunkeln vorzunehmen – ein deutlicher "Verstoß" gegen Distanzierungsstrategien, die Brechts Fassung einfordert. Die Multifunktionalität der kubischen Versatzstücke wie die Dunkelheit, in der das Spielpodest zu schweben scheint, verleihen den Szenen die für Mertz-Räume typische "Transzendenz" der Zeitlosigkeit, die Sellner metaphorisch als "Perforierung alles [...] szenisch Festen"[33] beschrieb: Überhöhung des Gezeigten, das im Kontrast von ausgestrahlter Spielfläche und sie umgebender Finsternis angesiedelt ist und damit Assoziationen zu mythischen Prozessen der Zerstörung freisetzt. Unvermeidbar stellt sich die Diskrepanz zu Brechts Theatertheorie und -praxis her, von der seine Bearbeitung nicht zu trennen ist.[34]

---

[33] G.R. Sellner/Wolfgang Wiens. *Theatralische Landschaft.* Bremen 1962. 15.

[34] Gleichsam als Kompromiß gegenüber dem dialektischen Theater weist die Ausstattung über den Kontrast von Hell und Dunkel hinaus keine weitere Symbolisierung auf, wie sie in den Bühnenarbeiten für "Antigonae" (Essen, 1950) und "Elektra" (Darmstadt, 1956) anzutreffen ist. Mertz folgt in der Frankfurter Inszenierung einem noch stärker versachli-

Im Sinne des V-Effekts handelt dagegen die Inszenierung Manfred Wekwerths: Ein momumentales, drehbares Portal dominiert die weiß verkleidete Guckkasten-Bühne (Ausstattung und Kostüme: Karl v. Appen). die verschieden gestalteten Frontseiten markieren je nach Position die Schauplätze Rom und Corioli. Rom wird durch eine weiße Fassade mit Andeutungen historischer Fassadenornamente, Corioli durch dunkle Holzpalisaden gekennzeichnet. Andere Schauplätze konkretisieren sich lediglich durch sparsame Dekoration.

Die Drehbühne stellt dem Kriterium des sozialen *Grundgestus* entsprechend ein wichtiges dramaturgisches Element dar: Sie verdeutlicht sowohl die permanente Kriegsgefahr auch in Friedenszeiten als auch die soziale Umwälzung innerhalb der Urbs. An den wichtigsten 'Drehpunkten' des Plots, während Schlachtszenen und Coriolans Stimmenwerbung, dreht sich das Portal. Scheinbar ein Anfang zur friedlichen Konsolidierung der Gesellschaft, weist die Bewegung auf die soziale Sprengkraft, die die Wahl des Kriegsspezialisten und Plebejerfeindes zum Konsul auslöst. Zum dritten und letzten Mal kommt die Drehbühne zum Einsatz, nachdem Coriolan die Bitte seiner Familie ablehnt und den Angriff auf Rom beschließt, das nun die Plebejer beherrschen.

Analog zur sparsamen Raumausstattung setzt die Lichtdramaturgie lediglich einen farbigen Akzent ('verletzt' also Brechts puristische Ablehnung gegen farbige Lichtdramaturgie). Die kontinuierlich helle Ausleuchtung wird nur in den Schlachtszenen vermindert. Nach dem Massaker in Corioli, das Coriolan im Alleingang anrichtet, strahlt rotes Licht aus dem Toreingang, den er im Triumphzug passiert.

Die Verwandlung Roms in einen Börsensaal der Gründerzeit zeigt die Abweichung der Hollmann-Inszenierung[35] von den vorhergehenden "Coriolan"-Umfunktionierungen an. Waren diese mehr oder minder bestrebt, die zeitliche Distanz zum "Heute" in der Raumgestaltung zu bewahren, so dient hier das Bühnenbild als Zerrspiegel der zeitgenössischen Realität. Wie der Text

---

chenden Prinzip der Raumgestaltung, das seine Ausstattungen für Shakespeare-Inszenierungen prägt. Archaische Atmosphäre gewinnen die Räume aus dem Kontrast der nackten, zumeist schrägen Bühne (Lear. Darmstadt, 1951. "Troilus und Cressida". Berlin, 1954) oder der zerklüfteten, stilisierten "Landschaft" ("Sturm". Hamburg, 1960) mit der Finsternis, die die äußeren Spielfelder "aufzusaugen" scheint.

[35] Rezensionen: Max Christian Feiler. "Auf schreckenerregende Weise zurecht gemacht." *MM.* 18.7.'70. Angelika Klingenfuss. "Hollmann schreibt Shakespeare um." *MM.* 16.7.'70. Ivan Nagel. "Ein hochbegabter Regisseur haut daneben." *SZ.* 18./19.'70. Erich Pfeiffer-Belli. "Coriolan – fern von Shakespeare." *Welt.* 22.7.'70. George Salmony. "Hollmanns Untergangsrevue." *AZ.* 18.7.'70. sf. "Hollmanns vaterländische Revue frei nach Shakespeare." *MM.* 24.7.'70. Karl Ude. "Coriolan im 19. Jahrhundert." *SZ.* 16.7.'70.

hier das Bühnenbild als Zerrspiegel der zeitgenössischen Realität. Wie der Text mit plakativen Aktualisierungen arbeitet, so stellt das Bühnenbild ebenso direkt-verständlich das Fundament der heutigen bürgerlichen Gesellschaft aus. Während die Frankfurter und Berliner Inszenierung das soziale Fundament der Handelnden mit Andeutungen von Kriegsschauplätzen bezeichneten, stellt Hollmann den Wirtschaftsraum in den Vordergrund. Dem Börsen-Querschnitt vorgelagerte Schienen auf Bohlen weisen auf den industriellen "Arbeitsraum" der Plebejer; Sie agieren zwar auf der untersten (Raum-/Gesellschafts-) Ebene, bilden jedoch die grundlegende Produktivkraft der Gesellschaft.

Die Börse als Signum des Kapitalismus beherrscht den geschilderten Geschichtsverlauf, was von vornherein die heroischen Aspekte von "Coriolanus" diminuiert. Wie Brecht im Romanfragment "Die Geschäfte des Herrn Julius Caesar" verdeutlicht: Der Finanzmarkt ist die Grundlage für die Entstehung von Imperien und Diktaturen, jedoch kaum für exemplarisch Einzelne – ein Umstand, der dem fiktiven Verfasser der Biographie Caesars keine Darstellung von "Heldentaten im alten Stil"[36] ermöglicht.

Während die sparsame Ausstattung und die Kostüme die Gründerzeit evozieren, rücken die Darstellungsweise und die Umgangssprache die Fabel in heutige Nähe. Die Plebejer protestieren mit Transparenten ("Not bricht Eisen"; "Brot ist für Alle da") und im *sit-in*.

Die Kostüme verdeutlichen den sympathiesteuernden Kontrast zwischen Plebejern und Patriziern. Die enganliegenden Uniformen der Soldaten und Coriolans in den Schlachtszenen machen schnelle proxemische Abläufe, durch die sich Coriolan in der Inszenierung des Berliner Ensembles auszeichnet, unmöglich. Zackige Gänge und Gesten vermitteln den Eindruck von Zinnsoldaten. Die Demontage Coriolans und seiner Kaste wird noch weiter getrieben: Ihre Phantasieuniformen sind Granvilles satirischen Zeichnungen "Aus dem Staatsleben der Tiere" entlehnt, die das Militär als stolzgeschwellte, von Prunkuniformen beinahe erdrückte Grashüpfer und Hähne darstellen. Eine ähnliche Parodisierung vermitteln die überdimensionalen Culs der weiblichen Figuren. Hollmann zwingt die einstmaligen Sympathieträger des Stücks in den festiven Kostümcode der Operette, während die einfachen, zum Teil zerschlissenen Joppen der Plebejer lediglich auf ihre Armut und ihre Arbeit hinweisen, wobei die Kluft zwischen Arm/Arbeit und Reich/Müßiggang deutlich ausgestellt wird.

---

[36] Bertolt Brecht. *Die Geschäfte des Herrn Julius Caesar*. Frankfurt/M. 1969. 48.

Die verschiedenen Konzepte der Inszenierungen zeigen sich also schon in der 'äußeren Aufmachung'. Orientierung an Bühnenformen der fünfziger Jahre in Frankfurt, Ausstellung des *Grundgestus* in Berlin, Karikatur bzw. Satire in München.

2.2 Rekonstitution des Tragischen, Grundgestus und groteske Elemente

Angeregt durch Szene II.3, in der die Plebejer den entscheidenden Platzgewinn über das Forum verbuchen und die Patrizier vertreiben, symbolisiert die Frankfurter Inszenierung den innenpolitischen Klassenkampf und Machtgewinn der Plebs in einer breit angelegten Choreographie.

Zu Anfang ist das "Volk" an den Rand des Podests gedrängt, scheint Lemuren gleich mit dem Dunkel der Bühne zu sehr verschwistert, um die Aufmerksamkeit der Patrizier überhaupt erregen zu können. Die Loslösung aus dem schwarzen "ubique", in das Mertz die Urbs nicht zufällig plaziert, verdeutlicht drohende Gefahr für die Patrizier, die noch die Herrschaft über Rom (über die obere Spiel-Ebene) in der Hand haben. Im Lauf der Geschichte arbeiten sich die Plebejer hinauf, bis sie schließlich den Sitz des Konsuls besetzen und die vorherige Machtelite auf die Seitenbänke verdrängen. Um den Machtwechsel zu verdeutlichen, wird die Regieanweisung gesprochen, die der Bitte um eine Gedenktafel für Coriolan folgt: "Abgeschlagen. [Regieanweisung:] Der Senat setzt seine Beratung fort." Idealiter gewinnt diese von links nach rechts verlaufende, also Neubeginn und Aktivität verheißende Choreographie[37] eine große, sinnliche Spannung, die mit ihrer figur-räumlichen und zeitlichen Ausdehnung den langsamen Prozeß der wirklichen Geschichte der Machtverteilung in die gespielte Zeit zu integrieren scheint.

Die Eroberung des Bühnenraums verweist in formal-ästhetischer Sicht auf avantgardistische Massenchoreographien im Theater der Weimarer Republik, die das "Volk" als Revolutionspotential hervorhoben. Zwei Beispiele: In Jessners "Wilhelm Tell" (Berlin, Staatstheater, 1919) wird die von Geßlers Truppen beherrschte, erhöhte Plattform erst mit dem Sieg Tells und seiner Anhänger vollends gestürmt.[38] Eine Strategie der räumlich symbolisierten Konfrontation zweier antagonistischer Schichten verwendet auch Fehling in

---

[37] Zur abendländischen Kodifizierung der Bewegungsrichtung vgl. Hans Mayer. "Die Bewegung nach links und rechts. Beispiele aus Literatur, bildender Kunst, Theater und Film." *diskurs film* 1. München 1987. 87-89.

[38] Vgl. die entsprechenden Rezensionen zur Inszenierung in Günther Rühle. *Theater für die Republik*. A.a.O. 190-198.

"Masse Mensch" (Berlin, Volksbühne, 1921), worin der Chor der Arbeiter völlig an den Rand der Treppe gedrängt ist und vor den Soldaten zurückweicht.[39] Bezeichnend ist jedoch, wie das einstmals avantgardistische Mittel der Massen-Regie in ein starres Bewegungsspiel einer Plebs verkümmert, der die von Brecht geforderte "kraftvolle" Bedrohlichkeit fehlt. Die Choreographie, die Aktivität ausdrücken sollte, gab den Szenen "etwas Denkmalhaftes und Starres und ließ eine großräumige, dynamische Entwicklung der gegensätzlichen Gruppen nicht zu."[40] Brecht hatte beabsichtigt, das "Volk" und die Soldaten durch etwa 20 Schauspieler zu vertreten und der Choreographie die Aufgabe zu überlassen, die kleinen Haufen der gegnerischen Parteien in ihrer Gefährlichkeit darzustellen. Dies verweist auf eine starke semiotische Regelung des Kampfes, in dem die Wertpaare Recht – Ohnmacht, Unrecht – Macht leicht auf die streitenden Parteien zu beziehen wären. Koch dagegen inszeniert vor allem Angst und Ohnmacht der Plebejer – jedoch nicht das revolutionäre Potential. Aus Brechts Geschichtsdrama "Coriolan" wird wieder die mit monumentaler Schlachtstimmung gespickte Tragödie:

> Koch hat als Konzeption, vielleicht unterschwellig, noch die Vision von Shakespeares Römerstück. Darum die alten, vernutzten Bewegungsschablonen (Fortlaufenwollen), die Stimmungsgesten von Aufstand, Begeisterung und Furcht, das Herausschreien von Texten, mit Kehlenüberanstrengung und Halskrampf.[41]

Die Berliner Inszenierung führt das Leiden der Plebs, den Preis des Krieges und des Heldentums eindringlich vor. Sie ist, was die Anwendung des *Grundgestus* anbelangt, unvergleichlich Brecht-treu wie theatral effektiv: In der Beratung der Plebejer über den Aufstand (I.1) vermittelt Wekwerth recht penetrant, was das rationale Potential des Grundgestus meint: den demonstrativ dargestellten Wandel von persönlicher Motivation zum kollektiven 'Aha-Erlebnis'. Langsam vollzieht sich der Einigungsprozeß, in dem zum Aufstand

---

[39] Vgl. die Abbildung in *Das Theater des deutschen Regisseurs Jürgen Fehling*. Ed. G. Ahrens. Berlin 1985. 87.

[40] Wilhelm Westecker. "Coriolan als Volksschädling." *Christ und Welt*. 28.9."62. Weitere Rezensionen: Anon. "Shakespeare à la Brecht." *Der Tagesspiegel*. 13.10."62. Drews. "Der Held ist tot – das Volk lebt." *Stuttg. Zg*. 6.12."62. hc. "Brecht engagiert Shakespeare." *Frankfurter Neue Presse*. 24.9."62. André Müller. "Ein Stück durchleuchteter Geschichte." *Die Tat*. 13.10."62. Peter Neuber. "Coriolan, kaum von Brecht." *Die Tat*. 10.10."62. Ulrich Seelmann-Eggebert. "Shakespeare mit Brecht-Retuschen." *Badische Neueste Nachrichten*. 27.9."62. Th.H. "Shakespeares "Coriolan" – umgepolt von Brecht." *Wiesbadener Tagblatt*. 24.9."62.

[41] Günther Rühle. "Brot und Tribunen." *FAZ*. 24.9."62.

Die gestische Darstellungsweise wird anhand dieser Szene anschaulich: Verängstigt sammelt sich das 'Volk' vor dem römischen Stadttor, aus dem Hintergrund dringen Schreie und Waffengeklirr. Mit den Worten "Eh ihr in der Sache irgend weiter geht", löst sich aus der Menschentraube der 1. Bürger, beugt sich etwas vor und erhebt dogmatisch den Zeigefinger. Ein Bürger, der bisher an der Tormauer mit herabhängendem Kopf lehnte und der Diskussion mit geschlossenen Augen "schläfrig" gefolgt war, bringt plötzlich die Gruppe mit dem Satz zum Schweigen "Coriolanus ist der Hauptfeind des Volkes." Stille, überraschte, verdutzte Gesichter. Wie im verlangsamten Slapstick wenden sich die Plebejer dem bisher Unbeachteten zu, der seine Haltung nicht ändert. Ein Bürger läßt sich nach einer Pause betont langsamer auf den Boden nieder, weist die anderen stumm an, sich zu ihm zu setzen. Einige zögern, folgen jedoch schließlich dem Beispiel, der Kreis der Sitzenden, die die Stehenden in stummer Aufforderung anstarren, wird größer. Andere, die sich auf leisen Sohlen davonstehlen wollen, werden mit sanfter Gewalt in den Kreis der Revoltewilligen hineingezogen.

Kennzeichen dieser Sequenz ist die A-Synchronie von Worten und Gesten, die zwar nicht kontrapunktisch relationiert sind, jedoch ungewöhnlich verzögert aufeinander folgen. Die Einheit von (Verbal-)Sprache und Gesten, also von Reflexion und Handlung, ist noch nicht hergestellt. Sobald jedoch der Kreis gebildet ist, findet das ausgestellte Körperspiel zurück zur 'normaleren' Darstellung. Die Logik der Gesten und Mimik zielt weniger auf individuelle Charakterisierung ab, vielmehr auf den Zustandsbericht über eine noch unentschlossenen Menge, die sich allmählich zum handelnden Kollektiv wandelt – Grundgestus geballt: Die Bewegungssequenz vermittelt Einblick sowohl in die individuelle Situation der Figuren als auch in ihre soziale Lage, die momentan von Krieg und Angst gekennzeichnet ist.

Der Grundgestus betrifft nicht allein choreographische Strategien, sondern auch ein figurenspezifisches sowie sozial definierendes Repertoire bestimmter Gesten und Intonation. Beide Verfremdungseffekte sind insbesondere in der Schlachtsequenz nachzuvollziehen.

Die Schlachtszene (Choreographie: Ruth Berghaus) verdeutlicht die neuzeitliche Kriegs-Logik – Verwandlung vieler Körper in einen Schlachtkörper – unter Verwendung von Zitaten des Kabuki- und Nō-Theaters: ein Verfremdungsaspekt, der im europäischen Theater erst mit Ariane Mnouchkines Shakespeare-Variationen zum Topos szenischer Verfremdung avancierte.[42]

---

[42] Vgl. insbesondere *Richard II*. Théâtre du Soleil. Vincennes 1981.

Wekwerth/Tenschert fassen die 5 Schlachtszenen (Shakespeare. I,4-9) in ein Bild (4) zusammen, wobei die Dialoge auf die Anfeuerung Coriolans an seine Soldaten und auf den verfrühten Nachruf auf Coriolan reduziert sind. Coriolans Alleingang gegen die Volsker stellt in Shakespeares Drama ein wichtiges Element zur Figurencharakterisierung dar; ebenso für Brecht und die Berliner Inszenierung, die den "Terminator" hervorheben, um seine Gefährlichkeit für die Plebejer aufzuzeigen. Dazu verschränkt sie proxemische und gestische Codes des Nō- und Kabuki-Theaters, die für den Krieger und zur Verdeutlichung der Figuren-Wertigkeit ausgefeilte Regeln vorsehen. Das Nō-Theater stellt die wichtigste Figur (einer Szene, eines Stücks) heraus, indem ihr andere Darsteller sekundieren. Diese Regel zitiert die Berliner Inszenierung. Während des Übergangs vom Massenkampf zum Einzelkampf Coriolans gegen mehrere Soldaten weichen die Soldaten zurück, die Bühne "gehört" Coriolan, der mit artistischem und formalisiertem Körperspiel den Kampf vorführt, die "Kunst der Betrachtung" (Brecht) herausfordert.

Coriolan steht breitbeinig im Rudel der Volsker, Arme etwas vom Körper abgewinkelt, Schild und Schwert drohend vom Körper weg gerichtet. Als die Volsker auf ihn zugehen, breitet er die Arme aus und hebt sie gleichzeitig hoch. Simultan vollzieht er eine Drehung des Körpers auf dem rechten Fuß, das andere Bein erhoben und leicht ausgestreckt.

Die breitbeinige Ausgangsstellung in gebeugter Körperhaltung zitiert einen gestischen Code des Kabuki-Schauspielers, der emotionale Spannung und höchste Präsenz der Rollenfigur verdeutlicht. Die Drehung mit dem Körper, das Heben und Ausstrecken der Arme, während der die Coriolan nahezu begrabenden Soldaten (ohne Körperkontakt) weggeschleudert werden und zu Boden fallen, enthält Bewegungssequenzen, die schon vorher von Ekkehard Schall "aufgebaut" wurden. Sie sind als typisches Verhaltensmuster des Protagonisten etabliert und für die Momente reserviert, in denen die kriegerische Mentalität Coriolans ausbricht (z.B. während der Stimmenwerbung und der Gerichtsverhandlung). Diese gestischen und proxemischen Sequenzen werden mehrmals abgerufen und damit Teil einer zum Ritus fixierten Choreographie. Dies ist wiederum ein Merkmal der Körpersemiotik des Nō und – bezüglich der einzelnen Sequenzen selbst – auch der Kriegerdarstellung im Kabukitheater.[43] Beachtlich ist die Transformation eines für das Kabuki-Theater charak-

---

[43] Vgl. dazu die Illustration von Katsu Shunsho aus dem Jahre 1777, die den Schauspieler Ichikawa Danjuro V in der Rolle des Gorgo aus dem Kabukistück "Shibaraku" darstellt. Abgebildet in M. Hürlimann, ed. *Das Atlantisbuch des Theaters*. Zürich – Freiburg 1966. 911.

teristischen "feed-back" des Publikums auf eine besonders gelungene artistische Pose des Schauspielers in die fiktive Spielebene. Im Kabuki ist es üblich, daß der "Krieger" mitten im Kampf zum lebenden Bild (*mie*) erstarrt, um so "den begeisterten Zuruf seines Bühnennamens"[43] herauszufordern. Sobald Coriolan zum beherrschenden Akteur der Schlacht wird, beginnt ein ihm reservierter Sprechgesang: "Ca-jus Mar-cius". Ein weiterer Aspekt der Transformation stellt der onomatopoetische Ruf "*o-u!*" während des ritualisiert verfremdeten Gemetzels dar, der im Nō-Theater als chorische Begleitung zum Tanz des *Shite* erfolgt. Die Schlacht als streng formalisierten Tanz darzustellen, ist nicht nur Zeichen für die emotionale Präsenz der Figuren, sondern betont die Entmenschlichung des Körpers zur Kampfmaschine.[44]

Nicht nur die genannten szenischen Details bestätigen die Verfremdungsstrategie unter Zuhilfenahme extrakultureller theatraler Codes. Auch in Bezug auf den Identitätsprozeß der Rollenfigur – ihre Verwandlung zum Kriegsspezialisten – ist ein bemerkenswerter theatraler Vorgang zu beobachten. In den Schlachtszenen beugt sich Coriolan nach vorne, so daß sein Gesicht von der Gesichtsmaske (dem Stirnschutz seines Helms) verdeckt wird. Derselbe Effekt wird während der Vorbereitung zum Angriff auf Rom eingesetzt, als Schall den Stirnschutz über das Gesicht zieht. Die Maskierung stellt einen überdeutlicher Kommentar zur Identität der Rollenfigur dar: Coriolan verwirklicht sich nur als Kriegsmaschine, zugleich wird diese reduzierte Identität dadurch kritisiert, daß das menschliche Antlitz durch die Maske "ersetzt" wird. Diese verfremdete Darstellung der Identitätsfindung ist dem Wandlungsprozeß des *Mae-Shite* nicht unähnlich. Der maskierte und in Mimikry agierende *Mae-Shite* erfährt mehrere Wandlungsprozesse, bis er als *Shite* seine eigentliche Identität (als Gott oder als Dämon) enthüllt. Kennzeichen für die Wandlung ist eine zunehmend rituelle Körpertechnik, die das "absolute" Wesen herausstellt. Dieses Phänomen der wachsenden Objektivierung der Figur bis hin zum jeder Subjektivität inkommensurablen numinosen Wesen ist für eine Verfremdungsstrategie verwendbar, deren "point of view" diese Objektivierung eben nicht als *humanum genus* aufzufassen vermag: Die Inhumanität des "Terminators" Coriolan wird überdeutlich.

---

[43] Adolf Muschg. "Das japanische Theater." *Das Atlantisbuch des Theaters.* A.a.O. 916. Ernst Earle. *The Kabuki Theatre.* London 1956. Japanisches Kulturinstitut, ed. *Klassische Theaterformen Japans.* Köln – Wien 1983.

[44] Diese Gemeinsamkeit von Tanz und Krieg hat Hans Christian Andersen im Märchen vom "Standhaften Zinnsoldat" mit dem Tod der Primaballerina und des Soldaten symbolisiert.

Die Berliner Inszenierung versucht, mit Hilfe des *Grundgestus* individuelles Verhalten und soziale Situationen zu verbinden. Somit lenkt sie vom *hamartia*-Konzept ab, erreicht eine Depersonalisierung der Konflikte, während die Frankfurter Inszenierung auf deren Individualisierung setzt.

Besonders gegenüber den Plebejern und gegenüber der eigenen Familie kehrt Hans Laubenthal als Coriolan in Kochs Inszenierung den "Bramarbas"[45] hervor, wobei er offenbar angesichts des nicht gerade mutig dargestellten 'Volkes' größere, zynischere Dominanz gewinnt, als die Bearbeitung 'erträgt'. Obwohl die Prahlerei Coriolans den Heldenstatus mindert, widerspricht sie nicht dem Konzept des tragischen, sich überschätzenden Helden. Hinzu kommt die neidvolle Bewunderung, die Aufidius (Hans Korte) Coriolan zollt. Der Held wird etabliert statt demontiert. Angesichts der Individualisierung der Konflikte erscheint es als verspäteter Tribut an das dialektische Theater, wenn der Tod Coriolans "klein", als "Gekitzel mit Taschenmesserchen"[46] dargestellt wird. Wurde er in den Schlachtszenen als Haudegen ohne Furcht gezeigt, so versucht die Inszenierung der möglichen Glorifizierung mit einer kleinen Demontage entgegenzuwirken, wobei das plötzlich auftretende Motiv von Feigheit nicht ganz schlüssig zu sein scheint. Eben noch stößt Coriolan die Diener von Aufidius zur Seite, und nun kapituliert er mit hocherhobenen Händen, als sie ihn mit gezückten Dolchen einkreisen. Die reichlich späte Abwertung dient jedoch nicht dazu, die eigentlichen Helden von Brechts 'Umfunktionierung', nämlich die Plebejer, aufzuwerten.

Im Gegensatz zur individuell typisierenden Charakterzeichnung der in Togae gekleideten Patrizier erscheinen die in dreckigen Einheitsanzügen steckenden Plebejer als nahezu gesichtslose Masse. Die typisierende Darstellung resultiert aus der Idee, die Dynamik des "Volkes" vom ruhenden Pol zum Aktanten der Geschichte choreographisch über den ganzen Verlauf der Inszenierung zu verdeutlichen. Wo die Inszenierung Brechts Aufwertung der Plebejer zu folgen scheint, trennt sie sich zugleich von ihm. Die Machtergreifung führt dazu, daß sich die Plebejer in zwei Klassen teilen. Die Volkstribunen halten in der entscheidenden Schlußszene, die das demokratische Bewußtsein der neuen Herrschaft darstellen soll, Abstand zu den beratschlagenden Plebejern. Zwar drapieren sie sich mit Gewändern in den Farben der Trikolore, doch verdeutlicht ihre räumliche Distanz zur eigenen Klasse eine Kluft zwischen Basis und einer Führung, die noch von den Patriziern eingesetzt wurde (Brecht. I.1). Ihr "smartes", "intelligentes" und "kalt-sachliches" Spiel gemahnt einige

---

[45] Michaelis. A.a.O.
[46] hc. A.a.O.

108

Kritiker an Parteifunktionäre – eine Lesart, die angesichts des nur ein gutes Jahr zurückliegenden Mauerbaus sehr deutlich nach der DDR schielt. Die skeptische Antwort auf Brechts Lösungsentwurf sozialer Widersprüche manifestiert sich hier besonders: Die Klassenherrschaft des Patriziats mündet im Gegensatz zu Brechts Fassung nicht in die Kollektivherrschaft des Proletariats. Daß dadurch die Aufwertung des 'Volkes' mit einem Fragezeichen versehen wird, führt schließlich zur Hinterfragung des Machtmodells selbst, dem Koch – der von Brecht intendierten Einigkeit von Volkstribunen und Basis widerstrebend – ein Zwei-Klassen-System der 'Volksherrschaft' entgegensetzt. Die Geschichte der Machtverteilung scheint erst zu beginnen, das neue Rom erst einmal aus den Ruinen des alten Rom erbaut werden zu müssen, was die Prospekt-Veduten antiker Ruinen nahezulegen scheinen: Sie bilden den Hintergrund des Geschehens und halten auch während der innenpolitischen Auseinandersetzung um ein friedliches Rom das Bewußtsein der Zerstörung und des Krieges wach, weisen zugleich den Krieg als Normalität aus, mit der die Figuren leben und rechnen.

Hans Hollmanns Inszenierung artikuliert die Skepsis gegen die politische Botschaft der Brecht-Fassung vor dem Hintergrund eines theatralen Modells, das den Zufall stärker als die vorhergehenden Inszenierungen einbezieht und somit vom 'Kanon' des Tragischen dezidiert abrückt.

Bezüglich der Rollenkonzeption der Patrizier folgt Hollmanns Inszenierung nur bedingt der Strategie der Berliner Inszenierung. Merkmal der zunehmenden Verunsicherung von Marcius ist seine Gangart: Während der Konfrontation mit den Plebejern schreitet Michael Hallwachs (Coriolan) breit aus, karikiert die stramme Haltung des Militärs durch ein Hohlkreuz. Während der Stimmenwerbung, die Coriolans Machtverlust einleitet, stolpert er häufig über die Schienenbohlen, wobei er sich vergeblich um martialischen Stechschritt bemüht. Dabei zerrt er an der weißen Toga – dem politischen Symbol der 'republikanischen' Wahl –, als ob er sich aus einer Zwangsjacke befreien müsse.

Die sich in der Karikatur äußernde Kritik macht – im Gegensatz zu Brechts und Wekwerths Umfunktionierung, aber im Einklang mit der Frankfurter Inszenierung – vor den Volkstribunen nicht halt. Schon kurz nach der Ernennung entlarvt sich Sicinius als chauvinistisches Sprachrohr des Adels, als er die Plebejer in Freud'scher Fehlleistung versehentlich zur "Vergrößerung" statt zur "Verteidigung des Vaterlandes" aufruft. Die im Shakespeare'schen Text vorhandene kritische Perspektive auf die Volkstribunen wird von der Inszenierung verstärkt. Mehrmals lassen sich die Tribunen neue Anzüge – und damit die Ideologie des Patriziats – anpassen, demaskieren sich als Parteigänger des

Adels. Infolgedessen endet ihre Karriere mit der ersten Beratungssitzung der Plebejer.

Zur Entlarvung des falschen Heldenbegriffs dienen groteske Effekte, die Hollmann aus dem Fundus von Jarrys "Ubu Roi" bezieht. Dort ist der Krieg mit den Mitteln des "Grand Guignol"-Theaters in schockierender wie komischer Weise auf sein grausames und ständig wiederholtes Grundmuster reduziert: Jagen und Töten. In IV.4 jagd Ubu Bordure, der sich zunächst befreien kann, aber schließlich im sadistischen 'Katz- und Maussspiel' unterliegt.[47] Ähnlich 'erlegt' Marcius einen volskischen Soldaten:

[Er] stellt ihm ein Bein, hebt ihn auf, läßt ihn wieder frei, faßt ihn, der Volsker befreit sich, Cajus Marcius fällt dabei, steht wieder auf, ergreift den Volsker wieder, schießt.[48] (8. Bild)

Reminiszenz an Jarry weisen auch die weiteren Schlachtszenen auf. Die Auseinandersetzung zwischen Cajus Marcius und Aufidius wird nicht im Zweikampf sondern im Wettbewerb ausgetragen, in dem die jeweils gegnerischen Soldaten als Schießbudenfiguren dienen (12. Bild). Wer die meisten Soldaten erschießt, gewinnt. Wie in "Coriolanus" verbittet sich Aufidius die Einmischung seiner Soldaten in den Zweikampf, als ein Söldner mit einer Mitrailleuse die Bilanz seines Herrn aufbessert. Platte Travestie: "Dienstwillig und nicht tapfer. Ihr beschimpft mich, | Verdammt, mit eurer Hilfe." (12. Bild) Auch diese Szene hält sich an Jarry (der u.a. "Coriolanus" parodiert): In "Ubu Roi" verbessert Bordure die Bilanz der russischen Armee, indem er ein Massaker unter den polnischen Soldaten anrichtet.

Dient die Schlachtszene in der Inszenierung des Berliner Ensembles dazu, den Kriegsspezialisten zu etablieren und seine Gefährlichkeit zu betonen, zielt Hollmanns Inszenierung auf die Kritik des Krieges schlechthin ab, indem sie ihm in plakativen Tableaus jegliche vermeintliche Größe und Heroenhaftigkeit nimmt. Ein Beispiel: Das Tableau "Krieg I" (6. Bild) präsentiert das Ende einer Schlacht. Auf den Stufen der in den Kuppelsaal führenden Treppe stopft sich ein Soldat die hervorquellenden Eingeweide in den Bauch, ein erblindeter Soldat irrt auf der Suche nach seiner Feldflasche über die Bühne, während Leichenfledderer hektische Aktivität verbreiten. Plakativ und in grotesker Weise entlarven sich die Unmenschlichkeit des Krieges und die Hohlheit seiner Verherrlichung: Während dieser Sequenz, die Honoratioren in

---

[47] Alfred Jarry. *Ubu*. Paris 1978. 96-102.
[48] Zit. nach dem Inspizientenbuch, das von der publizierten Fassung abweicht.

Bratröcken musikalisch begleiten, stolziert Coriolan im Stechschritt über die Leichen, nimmt den Applaus des Chors entgegen, verbeugt sich und tritt ab.

Im Vergleich zu Brecht und Wekwerth nutzt die Inszenierungen schockartige Strategien, um die Unmenschlichkeit des Krieges phatisch fühlbar zu machen. Analysen im Sinne des *Grundgestus* bietet sie jedoch nicht an. Grund dafür ist ein Geschichtsmodell, das das Kriterium der Sinnhaftigkeit allenfalls als Werk des Zufalls zuläßt.

Posttext und Prätext:

Die Inszenierungen und Text-Fassungen repräsentieren verschiedene Typen der 'Umfunktionierung': Das Verhältnis von Prätext und Posttext bestimmt sich jeweilig anders.

Mit Génettes akribischer Sezierung von "Umwertungen" lassen sich Brechts Bearbeitung, Kochs und Wekwerths Inszenierungen als "ernsthafte Umwertung" ("transformation sérieuse") bewerten.[49]

Die "ernsthafte Umwertung" der Frankfurter Inszenierung bezieht sich zunächst auf den Posttext Brechts, um in zunehmend engeren Bezug auf Shakespeares Prätext die soziale Abwertung der Plebejer und die gattungsspezifischen Normen der Tragödie wieder zu etablieren.

Bühnenraum und Choreographie verweisen die Frankfurter Inszenierung an das "geistige" Theater, dessen Programm der Transdzenierung des Gesellschaftlichen dem sozialen Kontext, der der Brecht-Fassung eingeschrieben ist, widerspricht. Unter dem Aspekt der Äquivalenz zwischen der Bearbeitung, dem damit verbundenen semiotischen Theater-Modell und der Inszenierung bewertet, wäre Kochs Inszenierung als Markierung zweier Theaterformen und -stile zu betrachten, die sich in wechselseitiger Umkodierungsanstrengung befanden, was zumindest zu diesem Zeitpunkt der Theaterentwicklung einem Remis zwischen "geistigem Theater" und "dialektischem Theater" gleichkam.

Zugleich verweist jedoch die politische Umdeutung durch die Inszenierung auf das Problem der Brecht-Fassung, die den einzelnen Helden durch den Kollektiv-Helden ersetzt. Trotz Verstoß gegen die gattungsspezifischen Aspekte der Tragödie gewinnt der neue Held eine Aura, die selbst dem exemplarisch Einzelnen nicht zugestanden wurde. Wenn Brecht das Individuum als Repräsentant geschichtlicher Praxis abschafft, so strahlt das Kollektiv umso harmonischer hervor – aber auch weniger glaubhaft. Der sozialistische Lösungsentwurf trägt im Vergleich zum Konzept des Tragischen, das den

---

[49] Gerard Génette. *Palimpsestes. La littérature au second degré.* A.a.O. 237ff.

'Irrtum' oder die 'Schuld' des Protagonisten ernst nimmt, weitaus idealistischere Züge. Zwar entgeht der "neue" Held, das Volk, nicht Irrtümern, indem es dem Mythos der Unersetzlichkeit und damit seiner eigenen untertänigen Funktion zu lange nachhängt. Aber es gewinnt eine Widerspruchsfreiheit, die häretischer ist als das tragische, auf dem Konflikt der *hamartia* und der Versöhnung beruhende Konzept. Widerspruchsfreiheit bedeutet dort die Versöhnung gleichberechtigter Ansprüche. Sie beruht also auf einem dualen Wertverhältnis, während Brechts "Coriolan" die Widerspruchsfreiheit auf den Aktanten "Volk" überträgt. Insofern ist die Rekonstitution der Tragödie, die die Frankfurter Inszenierung auszeichnet, nicht allein konservativ, sondern sie stellt die 'Umfunktionierung' Brechts legitim in Frage.

Brechts und Wekwerths 'Umfunktionierung' beruhen auf dem semiotischen Modell 'Grundgestus'. Es dient dazu, den Abstand der eigenen theatralen Praxis und Ideologie zu Shakespeares Werk auf allen Zeichenebenen zu verdeutlichen. Die "seriöse Transformation" manifestiert sich besonders im distanzbewußten Verhältnis zum Prätext. Parodistische und travestierende Elemente weisen den Posttext permanent auf den Prätext zurück. Und wo die szenischen Mittel der Transformation nicht ausreichen, verhelfen Zudichtungen zu einer neuen normativen 'Wahrheit', die teilweise gegen Ideologie und Struktur des Prätexts entscheidet. Nichtsdestoweniger bleibt Shakespeares "Coriolanus" lesbar auf seine spezifischen Differenzen zu dem veränderten sozialen und politischen Diskurs, den Brecht und Wekwerth einbringen, indem die Abtragung der "unpassenden" Textpassagen stets signalisiert wird.

Der Grundgestus spielt – wie anhand von Wekwerths "Coriolan" gezeigt wurde – eine entscheidende Rolle. Er scheidet Text und Inszenierung in zwei Blöcke: die Fabel und den Kommentar, das Gesehene und das Zurschaustellen. Wie Patrice Pavis ausführt, ist dieses Verfahren als Offenlegung der text- bzw. aufführungskonstituierenden Tätigkeit zu verstehen. Der vom Text bzw. von der Aufführung erzeugte Diskurs ist nicht länger homogen, "it threatens at any moment to break away from its enunciator."[50]

"Coriolan – ein Heldenleben" ereignet sich in einem Stadium der Theaterdramaturgie, in dem der Aufbruch der dramatischen Fabel durch groteske szenische Elemente nahezu Kanon ist. Die Inszenierung setzt auf schockartige Provokation (Gewaltdarstellung) und visualisiert ein Geschichtskonzept, das den historischen Prozeß als Abfolge sinnloser Kontingenzen charakterisiert. Damit verändert sich auch die Relation Schauspieler – Rollenfigur. Der

---

[50] Patrice Pavis. *Languages of the Stage. Essays in Semiology of Theatre.* New York 1982. 45.

Metaphysik der Versöhnung im Tragischen beraubt, verlieren die Rollenfiguren ihre Entität. Folgerichtig ist ihre Präsentation als Marionetten. Das *hamartia*-Konzept wird mit vehementem Sinnverlust auf der "niedrigen" Ebene des "Grand Guignol" verzerrt widergespiegelt. Ein entgegengesetztes Konzept, das Brecht und Wekwerth zu bieten versuchen, liefert Hollmann dagegen nicht. Die Inszenierung zieht sich auf die Position der Negation zurück, indem sie Shakespeares Tragödie parodistisch und karikaturhaft in die Form der Revue preßt.

Hollmann richtet die szenische Darstellung so ein, daß sie mit dem Posttext "Coriolan – ein Heldenleben" deckungsgleich ist. Intermediale Spannweiten zwischen dem Text und der Inszenierung und Verweise auf den Prätext Shakespeares fehlen. Damit verzichtet Hollmann im Gegensatz zu Brecht und Wekwerth darauf, Shakespeare trotz aller Eingriffe in sein Werk immer noch präsent zu halten.

Während Brecht, Koch und Wekwerth die Transformation offenlegen und dabei die von Shakespeare gebotenen Figuren und Konflikte teilweise ernst nehmen, hält sich Hollmanns Inszenierung innerhalb der Grenzen der Parodie, damit auch innerhalb von nur begrenzter Kritikmöglichkeit. Sie begnügt sich damit, Diskrepanzen zwischen Macht, Machtrepräsentation und dem ökonomischen Unterbau darzustellen: Anstatt einer veranschaulichten Analyse überführt die Inszenierung die Erfahrung und Geschichte einer repressiven Gesellschaft in schockierend-blutrünstige Bilder. Infolgedessen gewinnt sie nicht die analytische Schärfe, die sowohl Brechts Fassung als auch Wekwerths "Coriolan"-Inszenierung auszeichnet.

Die Abkehr von der "kritischen Regie"[51] intendiert einen ikonoklastischen Angriff auf das Klassiker-Gut "Coriolanus", ohne die neugewonnenen Aspekte über die allgemein gehaltene Anklage bürgerlicher Machtstrukturen hinaus zu verdeutlichen.

Brechts Bearbeitung und Wekwerths Inszenierung manifestieren ein deutliches Mißtrauen in das Konzept tragischer Versöhnung, starkes Vertrauen jedoch in die Sinnhaftigkeit der Geschichte. Hollmanns Inszenierung dagegen lehnt beides ab: Nicht zufällig ist die Theater-Metapher zweimal besonders vertreten: Einmal in der grotesken Überzeichnung der Schlacht, in der viel Theaterblut fließt, ein weiteres Mal in der Darstellung der Patrizier, die operettenhaft agieren. Die Verbindung von Toten- und Theaterwelt reaktualisiert sinnbildlich den Topos vom "Volk" als Spielball und Statisterie im

---

[51] Nagel. A.a.O.

Schauspiel der Mächtigen, für das diese – wie Coriolan nach einer besonders grausam gelungenen Schlachtszene – den Applaus entgegennehmen.

In den mehr als zwanzig Jahren, die zwischen den Fassungen liegen, manifestiert sich neben der stärkeren Perforation der Autorität der Gattung "Tragödie", eine starke Skepsis gegenüber dem dialektischen Theater. Spürbar wird dies vor allem im Verlust der Geschichtsutopie, die Brechts 'Umfunktionierung' schlechthin bedingt.

Hollmanns "Coriolan" ist dafür exemplarisch: Die schlecht gelöste Umwandlung der Kott'schen Sicht auf eine unwandelbare Geschichte zu Brechts eindeutiger Geschichtsperpektive weist eine Unsicherheit auf, die Ende der Sechziger allgemein die Praxis der 'Umfunktionierung' bestimmt. Zu diesen Merkmalen zählen der Aufbruch der Gattung wie der Umschlag des Tragischen in häufig groteske Komik. Die Ablösung der Tragödie durch groteske Mittel antwortet auf eine als stets wiederholbar empfundene, sinnentleerte Geschichte. Nicht das tragische Konzept, der schicksalshaft-notwendige Wandel bestimmt die Fabel, sondern Willkür, der die Personen ausgeliefert sind. Nur unter Zuhilfenahme dieses Kriteriums läßt sich der plötzliche Umschlag der Sicht Kotts zu einer brechtischen Lösung in Hollmanns Fassung plausibel erklären.

3 "History play" und Geschichts-Neurose: "Der dritte Richard" (Peter Palitzsch. Stuttgart 1968/69)

3.1 Gleichlauf der Geschichte

Wekwerths "Coriolan" stellt einen Höhepunkt des politischen Theaters der DDR dar. Der sozialistische Geschichtsentwurf – in der DDR häufig zur Deckungsgleichheit mit dem Realzustand zwangserklärt – verliert in der BRD die Faszination seiner ästhetischen Überhöhung. Die Klassikerrezeption gibt sich geschichtspessimistischer Aktualisierung hin: Brecht ist out, Kott ist in. Jan Kotts These zu den "history plays" subsumiert sich unter dem Begriff "großer Mechanismus": Die Machthaber sind austauschbar, das Machtsystem besteht weiter.

Das Tragische verliert an Bedeutung, je stärker die Kategorie der Gleichförmigkeit als bestimmendes Moment der Geschichte den Metatext einer Inszenierung charakterisiert. In Peter Palitzschs Inszenierung "Der dritte Richard" (Stuttgart 1968/69; letzter Teil der Trilogie "Krieg der Rosen")[53] werden die Folgen aufgezeigt, die ein solches Geschichtsbild für traditionelle Aspekte der Figurenposition des Dramas/Theaters bereithält: Das Individuum spielt keine Rolle mehr und das Kollektiv füllt das Vakuum nicht aus. Diese Weise der 'Umfunktionierung' begnügt sich nicht nur mit einer thematischen Transformation, sondern greift das Theater der Repräsentation an. Der Protagonist – ob exemplarisch Einzelner oder das Kollektiv – tritt ab, verliert seine Singularität. Bezeichnend für die Opposition zum sozialen Modell des dialektischen Theaters: Palitzsch nimmt im 1. Teil des "Kriegs der Rosen" ("Heinrich VI.", "Edward II.", "Der dritte Richard") die Idee der kollektiven Herrschaft nicht auf, obwohl der Cade-Strang in "2 Heinrich VI." zu dieser Umwertung durchaus den Rohstoff hätte liefern können. Ähnliches trifft auf die Bearbeitung/Inszenierung "Der dritte Richard" zu: Abbau der dramatischen Individualität und Verdeutlichung der wiederholbaren Geschichte bestimmen gleichermaßen einen klassischen Text, der bis dahin als Studie eines pathologischen Charakters oder als großes nationales Befreiungsdrama inszeniert wurde.

Die folgende Inszenierungsanalyse setzt Zanders detaillierte Textanalyse voraus[54] und konzentriert sich auf die Frage, wie die genannten Aspekte Individualität und Geschichtsperspektive den szenischen Kommentar, den Metatext zum Drama bilden. Nur ein kurzer Blick auf die schriftliche Bearbeitung zeigt die Integration der Kott'schen These, wonach Geschichte unabhängig von der geschichtlichen Praxis des 'Protagonisten' verläuft: Richmond und Richard halten dieselbe Rede an ihre Soldaten, bevor sie in die Schlacht ziehen (Palitzsch 17 f,g. Shakespeare V.3). Der Sieger wird wie Richard enden, leitet er doch seine Herrschaft mit der tödlichen Erbschaft der Kriegsopfer ein. In der Schlußszene (17 h) wird Richmonds Rede auf die Toten von Lovels Stimme übertönt, der die von den Bearbeitern erheblich erweiterte Liste der Gefallenen vorliest – vorgetragen also von dem Funktionär, der am Aufstieg Richards maßgeblich beteiligt war und nun Richmond dient. Das System zieht Bilanz, wobei es gleichgültig ist, wer für welche Ziele starb. Die Aufzählung der Leichen unterminiert die Verkündigung des Friedens und die Vereinigung der Häuser Lancaster und York:

---

[53] William Shakespeare. *Der Krieg der Rosen. 1. Teil: Heinrich VI. 2. Teil: Eduard IV. In der Fassung von Peter Palitzsch und Jörg Wehmeier.* Frankfurt/M. 1970. *Der Dritte Richard. Der Krieg der Rosen, 3. Teil in der Fassung von Peter Palitzsch und Jörg Wehmeier.* Programmheft, ed. Württembergisches Staatstheater Stuttgart. Stuttgart 1968.
[54] Horst Zander. *Shakespeare bearbeitet.* A.a.O. Zum "Krieg der Rosen" vgl. "Heinrich VI." vgl. 199-222. Besonders zu "Der dritte Richard" vgl. 149-158.

Richmond. Jetzt werden Richmond und Elisabeth...
Lovel. Earl Scrope of Bolton...
Richmond. Die echten Erben beider Rosenstücke...
Lovel. William Count of Shrewsbury...
Richmond. In Liebe sich vereinigen und in Gott... (17h, 65)

Gegen diese 'Umfunktionierung', ihre Hinzudichtungen, Umwertungen der Charaktere und Situationen, appelliert die Kritik an die 'Werktreue':

[...] das ist unmöglich, wenn man es mit einem Meisterwerk zu tun hat. [...] Meisterwerke sind geprägte Form, unantastbarer Text. Wer würde es wagen, Figaros Hochzeit neu zu instrumentalisieren, weil ihm Mozarts Palette zu kärglich erscheint, Hamlets Monolog umzuformulieren?[55]

Zander weist dagegen nach, wie trotz der Textänderung Motive des Prätexts aufgenommen und verstärkt wiedergegeben werden.[56] Für diese Fassung gilt zumindest nicht das Wort von der "Zertrümmerung" Shakespeares. Zuspitzung trifft eher zu.

Nur in wenigen Inszenierungen findet sich eine derart starke Entsprechung zwischen szenischer Darstellung und den Interpretationsschwerpunkten, die die Bearbeitung hervorhebt.

Die Bühne (Wilfried Minks) besteht aus Wandsegmenten, die ein Barockschloss im Querschnittsschema andeuten. Die Konturen des vertikal zunehmend zerklüfteten Bühnenbildes sind in der oberen, schwarz glänzenden Hälfte durch ein umlaufendes Fries von grellblauen Neonröhren hervorgehoben. In der Mitte zentriert sich die Staffelung der Wände zu einer turmähnlich hochgezogenen 'Kabine' mit je zwei seitlich angebrachten Öffnungen. Sie dient bei wechselnder Innenausstattung sowohl als Boudoir, Kathedrale, Gruft, Thronsaal, Tower (bei heruntergelassenen Gittern). Seitliche Treppenaufgänge führen zu einem Balkon (Schauplatz beispielsweise für Richards Krönung). Darüber hängt ein grell leuchtendes Wappen aus Neonröhren: ein Schildornament, das von einem Tierkopf, sowohl an einen Löwen als auch an eine Bulldogge erinnernd, überblendet werden kann. An der unteren Seite des Turms steht eine prunkhaft "wilhelminisch-spießig-kleinbürgerlich"[57] gepol-

---

[55] Kurt Honolka. "Schlag nach bei Shakespeare." *Stuttgarter Nachrichten*, 18. 6. 1968.
[56] Zander. A.a.O. 149-158.
[57] Clara Menck. "Der Hofnarr des Teufels." *FAZ*, 19. 6. 1968. Vgl. auch: Hans Daiber. "Siegreiches Ende der Rosenkriege" *Mannheimer Morgen*, 19, 6, '68 EH. "Der dritte Richard." *Cannstatter Zeitung*, 18. 6. '68. haj. "Der dritte Richard." *Telegraph*, 22. 6. '68. Ders. "Peter Palitzsch 'Dritter Richard'." *SZ*, 18. 6. '68. Törner, Regina. "Jahrmarkt der Weltgeschichte." *FR*, 26. 6. '68.

sterte Bank mit Tragegriffen. Sie wird als multifunktionales Requisit eingesetzt und versinnbildlicht Margarets Aussage über den permanenten Kreislauf von Aufstieg und Sturz: Je nach Erfordernis dient sie als Trimmgerät für Richard, als Thron, als Leichenbahre und als Block für die Guillotine. Die drei zentralen Räume entsprechen ihrer Struktur nach der Dreigliedrigkeit der Bühne des Globe: die Rampe würde der (allerdings keilförmig) in den Zuschauerraum stoßenden Plattform, die durch die Tafel von der Rampe trennbare Nische im Turm der Hinterbühne und die Balustrade dem 'balcon' der 'Shakespeare-Bühne' entsprechen.

Szenen und Übergänge, die nicht eindeutig Innenräume benötigen, spielen vor einer Genealogie-Tafel der englischen Dynastie.

Die Konzeption der Inszenierung, Mechanismen der Macht darzustellen, war schon aus dem Text zu erkennen. Die Bühne spiegelt die dynamischen Beziehungen zwischen Aufstieg und Fall in der vertikalen Gliederung wider: plakativ durch die Komposition von schwarz und weiß, geometrisch durch die sich nach oben zerklüftenden Wandsegmente.

Zur Verdeutlichung des Machtmechanismus und des Zerfalls der Werte zitiert und verkehrt Minks die Bildtektonik der Malerei des Spätmittelalters und der Frührenaissance. Für die sakrale Kunst und die Historienmalerei dieser Zeit ist die vertikale Bildkomposition moralisch konnotiert. Die untere Bildhälfte wird mit Dissonanzen belebt, wobei der Blick sowohl des Betrachters als auch der Figuren auf die Klarheit und Helle der oberen Bildhälfte gelenkt wird. Das in der vertikalen Stufung versinnlichte Prinzip der "chain of being"[58] ist auch in der spätmittelalterlichen Literatur existent: beispielsweise in Dantes "Göttliche Komödie", die ihre Leser vom Höllenpfuhl über zahllose Treppenlabyrinthe in die Klarheit des göttlichen Mysteriums führt. Michelangelo treibt diese Ordnungsstiftung noch weiter: Das Fresko "Bekehrung Pauli" (Capella Paolina, Vatikanischer Palast, um 1545) präsentiert in der unteren Bildhälfte mit anderen Leibern teilweise unkenntlich verschränkte Körper vor dunklem Hintergrund, in der oberen, 'lichtdurchfluteten' Hälfte strahlen Gott und die christlichen Allegorien in übersichtlicher Körperformation.

Das Bühnenbild kehrt die farblichen Äquivalenzen für Dissonanz und Chaos (unten – dunkel) und Ordnung (oben – hell) um. Während die Bildtektonik der Renaissance dunkle Schattierungen in der unteren Bildhälfte ansiedelt und damit Existenzweisen und Orte bezeichnet, die von der (göttlichen)

---

[58] Vgl. Sir John Forescues naturrechtliche Abhandlung über die Seinshierarchie, erläutert von Ulrich Suerbaum. *Das Elisabethanische Zeitalter*. Stuttgart 1989.

Klarheit weit entfernt sind, siedelt Minks die dunklen Farben ausgerechnet in der Höhe der Balustrade an, wo die geometrische Ordnung des Bühnenbildes aufbricht. Das Element "mutability" – Zeichen für den Riß der göttlichen Ordnung – wird deutlich visualisiert: Es herrscht nur noch die Dissonanz, deren harmonisierender Gegenpol fehlt. Zugleich kann die glänzende, schwarze Lackfarbe im oberen Bereich als Travestie auf die Metapher von der Welt als "Caelum Empiraeum" göttlicher Ordnung konnotiert werden. Hier jedoch reflektiert nur mehr Schwärze, die den göttlichen Zusammenhang aller höheren und niederen Existenzweisen gewissermaßen verdunkelt und dagegen Kotts Geschichtsthese in düstere Äquivalenz überführt: "Die dichte und undurchdringliche Nacht der Geschichte, die keinen Morgen kennt, oder die Finsternis, die die menschliche Seele belagert."[59] Nicht nur das: Der schwarze Hintergrund, der etwa auf Balkonhöhe, dem Schauplatz von Richards Krönung beginnt, vermittelt die Verstrickung der Mächtigen in Inhumanität, Schuld, Chaos.

Das Regieprinzip der Distanzierung ist in die Bühnengestaltung eingebracht: Die Bloßstellung des Bühnenapparates schlägt sich mit der Pracht der teilweise historischen Kostüme und einzelnen Blattgoldrelikten an den Wänden, die den Prunk der Krönungsszenen aus dem ersten und zweiten Teil des "Kriegs der Rosen" zitieren. Dasselbe Mittel der Brechung und des ironischen Zitats bestimmt die Kostümierung: Die Edlen tragen leicht verschlissene Kostüme, Richard tritt in einem aus Brokatfetzen geschnittenen Gewand auf, womit ihn die Produzenten in die Nähe des "vice" rücken. Die Kleidung der Volksmasse trägt keine spezifischen Attribute. Lediglich die Mörder von Clarence erscheinen als wohlsituierte Bürger mit Zylinder. 'Raise and fall' bestimmen auch die polyvalente Verwendung der Requisiten, die jegliche repräsentative Symbolik verlieren. Der Thron – Symbol für die Würde und Stellvertreterfunktion des Herrschers – dient zugleich als Schafott, die Kathedrale zugleich als Kerker. Die Indifferenz gegenüber der Wertigkeit von Symbolen, Religion und eschatologisch gedachter Geschichte, nach Kott ein Merkmal des 'großen Mechanismus'[60], wird durch signifikante Multifunktionalität von Raumsegmenten und Requisiten prägnant visualisiert.

---

[59] Jan Kott. *Shakespeare heute.* A.a.O. 47.
[60] A.a.O. 19ff.

3.2 Rollenkonzeption und historische Anspielung

Die Inszenierung verwendet hauptsächlich groteske Effekte und situative Komik. Das Groteske dient zur Ausstellung des Zusammenhangs von Inhumanität und Machtgewinn. So stellt Clarences Ermordung die zentrale Szene einer Interpretation dar, die einerseits den großen Mechanismus aufzeigt, andererseits mit grotesken Mitteln auf die zum Inszenierungszeitpunkt tabuisierte und deshalb besonders aktuelle Vergangenheit Deutschlands anspielt: die Verbindung von Sadismus und pedantisch administrativer Vernichtung.

Die Mordszene an Clarence ereignet sich als grausames Theater (ohne 'Theater der Grausamkeit' zu sein), die impliziten Regieanweisungen Shakespeares sind dabei wörtlich transformiert. Die Szene spielt in der von Gittern umstellten Kabine (4, 19ff.). Die Attentäter (Peter Roggisch, Heinz Baumann) – im Bürgerornat, Frack und Zylinder, gekleidet – führen ihrem Opfer pedantisch vor Augen, was ihm widerfahren wird.

1. Mörder. Wir...
2. Mörder. wollen...
1. Mörder. Dich...
Clarence. Ermorden?
2. Mörder. Ja.
1. Mörder. Erraten. [...]
Clarence. [...] An den Erlöser denkt, nicht an den Profit.
1. Mörder. Befehl, Herr, ist Befehl.
2. Mörder. Befehl vom König.
Clarence. Befehlsempfänger, Du... (4. 21f.)

Von der Kritik wird besonders diese Szene als Anspielung auf politische Morde im "Dritten Reich" verstanden:

Die Henker und die Verurteilten verrichten ihre Arbeit mit der protokollarischen Sachlichkeit, der Schreibstubenakribie von Personen, die wir nicht nur allein vom Ausschwitz-Prozeß her kennen.[61]

Elisabeth klagt Richard als "Massenmörder" (14. 52) an – eine weitere aktualisierende politische Dimension des Protagonisten. In diese Aktualisierung des Dramas paßt sich auch die Darstellung von Hans-Christian Blech ein. Er charakterisiert Richard als "modernen Manager der Macht"[62], der mit den dämonisierenden Interpretationen in den fünfziger Jahren kaum etwas gemein

---

[61] Braem. A.a.O.
[62] Menck. A.a.O.

hat. Seine Wendigkeit und Flexibilität drückt sich in akrobatischen Bewegungen aus, die im krassen Kontrast zur verkrüppelten Haltung umso grotesker hervorstechen: Das Zepter unter den 'gelähmten' und 'deformierten' Arm geklemmt, scheucht er eilig hinkend seine Befehlsempfänger auf. Dabei kokettiert Richard mit seinen körperlichen Gebrechen. Er gerät zur "Mischung von Goebbels, Heydrich und Stalin".[63] Anspielungen legen diesen Vergleich nahe: Richards Gefolgsleute verwenden den 'deutschen Gruß', und Richards rhetorische Kraft, mit der er Anne gewinnt, wird auch in weiteren Szenen deutlich ausgestellt. Die 'Entdämonisierung' der Figur und ihre Aktualisierung in Gestalt des zeitgenössischen, machtpragmatischen Politikers gilt weiten Teilen der Kritik als 'Verfälschung':

> Wenn man weiß, daß auch in Shakespeare der Odem des Barocks wehte und in ihm das Kraftgefühl jener Zeit lebendig war, dann liegt es nahe, während dieser Aufführung bisweilen bedenklich den Kopf zu schütteln.[64]

Symptomatisch für die Inszenierung ist der virulente und rasante Autoritätsverlust Richards schon auf dem Höhepunkt der Krönung. Während der Inthronisierung verlischt das gleißend-blaue Neonlicht, was offenbar auf den Verlust der Blendungsfähigkeit Richards hindeutet. Auf Buckinghams Druck und unter geistlichen Gesängen jubelt eine von Claqueuren angeführte träge Masse zaghaft – doch während der Krönung kündigt sich der Untergang an. Als Richmonds Name fällt, zuckt Richard auf, 'wittert' seinen Feind (vgl. 14.44). Wobei auch hier deutlich wird – insbesondere angesichts des "harmlosen Bubi"[65] Richmond -, daß der Feind nicht Richmond selbst ist, sondern das System der Macht, das Richard in demselben Mechanismus zu zerreiben beginnt, dessen er sich bediente. Buckingham verbalisiert das Grundgesetz des "großen Mechanismus":

> Jetzt bist du oben, weiter geht es nicht,
> Jetzt gibt es nur noch eines, stürzen, stürzen,
> Die ganze Totentreppe abwärts, stürzen
> Bis in das Totenreich [...] (17 e, 60)

Die Nacht vor der Schlacht und die Schlacht selbst bilden den Tiefpunkt von Richards Karriere – einmal mehr suchen die Bearbeiter personifizierende

---

[63] Honolka. A.a.O.
[64] M. Kalliga. "Shakespeare im Licht der Neonlampen." *Stuttgarter Zeitung* – Ausgabe für Bad Cannstatt, 18. 6. '68.
[65] Honolka. Zu derselben Charakterisierung gelangen auch Kalliga, Menck, Ulrici, a.a.O.

Parallelen zur nationalsozialistischen Diktatur: Richard entwickelt in hektischer Aktivität Schlachtpläne und jongliert mit Heeren, über die er nicht mehr verfügt (17g. 62). In der Schlacht selbst ertönt Richards bekannter Ruf nach dem Pferd, das seiner Macht nochmals die Sporen geben soll. Die Demontage des Protagonisten gerät zur Farce; Richards Ruf hört sich so an: "Ein Pferd, ein Königreich für ein Einpferd."[66]

Von vielen Kritikern als Bruch mit dem Inszenierungskonzept gewertet, sprechen die die Herzogin und Margareta ihren Part mit der hohen Sprache der Tragödie, was sich auch im Text manifestiert (vgl. 15, 47). Die Revitalisierung des Tragischen gewinnt Sinn insofern, als sie von Opfern geleistet wird, die sich vom Machtmechanismus verabschieden, nachdem sie durch ihn aller Illusionen beraubt wurden. Das tragische Bewußtsein formiert sich als Zuflucht zur Einsicht in einen Prozeß der zunehmenden Irrationalität der Geschichte: Die einst als rational verstandene Machtstrategie der Rosenkriege schlägt um in die Kettenreaktion des Machtmechanismus. Bezeichnend dafür ist, daß Palitzsch die halb wahnsinnige Margareta die Erkenntnis über eine Geschichte ohne Differenz aussprechen läßt: "Stürzen und Steigen, ganz dasselbe, eins" (7, 27), in dem das "Auf und ab, das Wechselspiel | Vom Tod und Töten, Leben und Geburt" nicht mehr nur Privatsache einer Dynastie ist, sondern zur totalen Bedingung Beherrschter wie Herrscher wird, "tödlich allen Bürgern dieser Insel" (7, 28). Um die Parallele zu I.1 zu zeigen, wo der Mörder Gloster der Beerdigung seines Opfers Heinrich VI. beiwohnt, äußert Margarete diese Einsicht während der Totenmesse für Clarence.

Wesentlicher Bezugspunkt des Konzepts ist die Schlußszene. Richmond erscheint als dermaßen schwacher Charakter, daß ein Soldat während seiner Friedensrede vor sich hinpfeift. Daß auch er im "großen Mechanismus" zerrieben wird, deutet seine Begründung für den Feldzug gegen Richard an, die mit Richards Rechtfertigung des Kampfes nahezu identisch ist. (17 f, 61; 17 g, 62). Die Destruktion des 'Führers' manifestiert sich in der völlig unzeremoniellen, eilig vollzogenen Krönung. Stanley setzt Richmond die noch blutbesudelte Krone auf und kommentiert: "Trag sie, genieße sie und mach' was draus." (17 i, 64) Als Richmond nach der Frage, wer gefallen sei, Lovel in der ja auch den neuen König entlarvenden Aufzählung unterbrechen will, fährt dieser unbeirrt fort. Richmonds Friedensappell geht in der Bilanz der Toten unter.

---

[66] Hans Daiber. "Siegreiches Ende der Rosenkriege" *Mannheimer Morgen*, 19.6.'68 EH. "Der dritte Richard." Cannstatter Zeitung, 18. 6.'68.

In verstärktem Maße gegenüber vorhergehenden "Richard"-Inszenierungen[67] durchbricht Palitzsch die traditionelle Interpretation der Titelrolle durch die Entdämonisierung und groteske szenische Strategien. Obwohl er auf Brechts Ästhetik verweisende Mittel benutzt, entfernt sich der Ideotext der Inszenierung noch stärker als in den ersten beiden Teilen der Trilogie der "Rosenkriege" von politischen Gegenentwürfen. Er aktualisiert einerseits das Drama auf Bezugspunkte der deutschen Nachkriegsgeschichte, die als Kontinuum der NS-Zeit verdeutlicht wird, gibt es jedoch auch als Geschichtsdrama schlechthin – der Boden der Geschichtsphilosophie ist dünn.

3.3 Verlust des 'Helden', schwindendes Vertrauen in die Geschichte

Die "Coriolan"-Bearbeitungen, Wekwerths und Hollmanns "Coriolan"-Inszenierungen sowie "Der dritte Richard" (1968/69) weisen gemeinsame Aspekte in der Verweigerung des Tragischen und in der Verweigerung einer biographischen Form der Figuren auf. Dennoch ergeben sich markante Unterschiede zwischen den schriftlichen und szenischen Adaptionen der DDR und BRD.

Der *Heldenstatus* bleibt in den DDR-Adaptionen in der Kollektivfunktion erhalten. Bearbeitung und Inszenierung stellen mit Hilfe des Grundgestus' die "res acta" für das Publikum aus und verleihen der Fabel das Engagement einer Parabel. In diesem Sinn berührt sich ihr Konzept mit der Definition der Tragödie, die Lukács als die Kraft der abstrakten Reflexion über die Gesellschaft und ihre Gesetzmäßigkeiten verstand. Die "Coriolan"-Fassungen Brechts und Wekwerths ziehen jedoch den Trennstrich zur metaphysischen Aura der Tragödie, konkretisieren die 'letzte Antwort' auf die geschichtlich aktuelle Situation. Die Kritik am Individuum als Gegenstand der Mimesis wendet sich zugleich gegen die Tradition des bürgerlichen Theaters, das seit der Aufklärung über ein repräsentatives Sinnsystem für Probleme des Individuums verfügt und in den fünfziger Jahren seinen vorläufig letzten Höhepunkt erreichte.[68]

Nicht ohne Grund sind im bürgerlichen Illusionstheater und selbst im antiillusionistischen Theater der fünfziger Jahre der fixierte Text, der Schauspieler und der Dialog die Grundlagen der szenischen Präsentation. Die organisierte Rede des Texts formuliert und reguliert die Fiktion nach den Bedürfnissen einer Sprechinstanz. Die Autorität des Texts beredet die Wirk-

---

[67] Vgl. Zander. A.a.O. 109-169.
[68] Vgl. Erika Fischer-Lichte. *Semiotik des Theaters II. Vom "künstlichen" zum "natürlichen" Zeichen. Theater des Barock und der Aufklärung.* A.a.O. 292.

lichkeit, bis sie der "Klarheit des Geistes" verfügbar ist.[69] Da diese vornehmlich durch Sprechakte der dramatischen Personen konstruiert wird, ist die so erzeugte und interpretierte Wirklichkeit von der Identität und Einheit der Subjekte untrennbar.

Brecht und Wekwerth/Tenschert entscheiden sich gegen die Tradition, indem sie das Subjekt nicht als Entität gelten lassen und den tragischen Konflikt zwischen Individuum und Sittengesetz in den Kampf der Kollektive überführen. Die Identifikation mit dem Kollektiv erlaubt zugleich die Darstellung der Geschichte als Entwicklungsprozeß und Fortschritt. Der 'Held' als Strukturelement wird beibehalten, aber anders besetzt. Ebenso behandeln sie das *hamartia*-Konzept. Sie heben es in seinem Verweis auf den exemplarisch Einzelnen aus, um es auf die geschichtliche Praxis der Plebejer zu beziehen. Darüber hinaus gilt ihnen der tragische Irrtum nicht mehr als endgültiges Zeichen für den Untergang des Helden, sondern als Peripetie zur geschichtlichen Aktivität des Kollektiv-Helden. Hollmann überführt diese Aspekte in die Satire, die ex negativo des Helden-Topos' und *hamartia*-Konzepts bedarf, um Wirkungskraft auszuüben.

Palitzsch dagegen läßt auch den Kollektiv-Helden nicht gelten. Eigentümlicherweise konserviert "Der dritte Richard" in der Rollenkonzeption von Margareta und Elisabeth sprachliche Formen und Leidaspekte der Tragödie, 'erinnert' an den Versöhnungsaspekt der Gattung Tragödie, der jedoch nur noch als Verlusterfahrung greifbar ist; die Inszenierung bricht nicht nur die Verbindung von menschlichem Handeln und geschichtlichem Prozeß auf, sondern radikalisiert den Verlust der Identität. Richard ist einer von vielen Auf- und Absteigern im politischen System. Richmond unterscheidet sich von ihm nur äußerlich, seine Karriere wird ähnlich verlaufen. Die Geschichte und das Schicksal der Individuen erweisen sich als ein determiniertes, ständig in sich kreisendes Zugrundegehen, das die Entwicklung von Aufstieg und Fall nur als Wiederholung, nicht als 'Fortschritt' zuläßt.

Darin liegt die Radikalität des Angriffs der Inszenierung auf die Kriterien des dialektischen Theaters und auf das Verständnis von der dramatischen Figur, die eine Entwicklung durchmacht. Noch immer fungiert der Schauspieler als Repräsentant einer Rollenfigur, wird eine Geschichte erzählt, die als Interpretation extraästhetischer Realität durchaus begreifbar ist. Doch die Kreisstruktur des Geschehens läßt Vergangenheit, Gegenwart und Zukunft miteinander verschmelzen: "Stürzen und Steigen, ganz dasselbe, eins" (7, 27).

---

[69] Jaques Derrida. "Die soufflierte Rede." *Die Schrift und die Differenz*. A.a.O. 292.

Die stetige Wiederholung annihiliert auch die Bedeutung des persönlichen Handelns. Angesichts des Resultats seiner Vernichtung sind Richards Taten so unwichtig wie die Krönung Richmonds, dessen Aufstieg als Abstieg absehbar ist. Die Kreisstruktur der Geschichte und das vergebliche Aufbegehren der Mächtigen, sie zu durchbrechen, läßt jedes Handeln absurd erscheinen. Geschichte wird damit als Farce charakterisiert; jede Tat ist eine Wiederholung.

4 Dialektisches Theater und Theatermaterial im Prüfstand

Die "Coriolan"-Variationen strebten in der Praxis der 'Umfunktionierung' danach, das Profil des Theaters der fünfziger Jahre zu verändern. Von der Metaphysik der Texte im Sinne einer unantastbaren Wahrheit kann aufgrund der Eingriffe in die Prätexte keine Rede sein. Ebenso emanzipierte sich der Schauspieler von seiner Funktion als Mittler. Damit leisteten das dialektische Theater, Palitzsch und Hollmann eine erhebliche Abbruchsarbeit an der schauspielerischen Norm und der Texthörigkeit des 'geistigen Theaters'.

Das dialektische Theater gerät ins Visier: Peter Zadeks "Held Henry" überprüft den Grundgestus und V-Effekt, "Maß für Maß" dagegen treibt die Destruktion vorgegebener theatraler Konventionen weiter, indem die Inszenierung zu einem Wechsel des Theatermaterials anregt und die Praxis der Fiktionalisierung reflektiert. Diese Inszenierung attackiert zugleich den Dramazentrismus des Theaters, der ja gerade durch die Praxis der 'Umfunktionierung' der 'Klassiker' wieder wichtig geworden war.

4.1 "Held Henry" (Peter Zadek. Bremen 1963/64)

Gemessen an Brechts eindeutiger Praxis der 'Umfunktionierung' ("Coriolan" wurde der Zadek-Inszenierung als maßstabsetzendes Vorbild entgegengehalten),[70] erschien der Theaterkritik "Held Henry" (Peter Zadek, Bremen 1963/64) als ein Konglomerat sinnloser Verfremdungen.

---

[70] Wolfgang Schlüter. "Heldentum mit Fragezeichen." *Braunschweiger Presse.* 18.1.'1964. Weitere wesentliche Rezensionen: Claus-Henning Bachmann. "Entgleiste Shakespeare-Aufführung." *Stuttgarter Nachrichten.* 16.2.'64. Ders. "Die Helden von Bremen." *FR.* 13.2.'64. Walther M. Herrmann. "Das Opfer einer Theaterschlacht." *Hamburger Abendblatt.* 18.1.'64.

So aber spielen sie Shakespeare und spielen ihn nicht, und man mag wohl an einen Pianisten denken, der mit der rechten Hand ein Lied Carl Loewes spielt, um mit der Linken 'verfremdend' Kurt Weill 'dagegenzuklimpern'.[71]

der Basis der formalistischen Evolutionstheorie wäre die Transformation der V-Effekte des dialektischen Theaters als ernsthafte Parodie zu werten, die Elemente dominanter ästhetischer Reihen kritisch übernimmt, um ihre Dekanonisierung und Ablösung zu betreiben. "Held Henry" erscheint als Produkt einer *Zwischenzeit* (Tynjanov) der ästhetischen Entwicklung: Die etablierten Verfahren sind ausgeschöpft, neue kaum sichtbar.[72] "Held Henry" wird darauf hin zu analysieren sein, in welchem Bezug die Inszenierung zum semiotischen Modell des Grundgestus steht und in welchen Aspekten sie Brechts Verfremdungstheorie verabschiedet.

In Analogie zu Brechts Forderung, 'Klassiker' auf das Material zu überprüfen und die Aspekte herauszugreifen, die der Gegenwart Aufschluß über sich selbst zu geben vermögen, wählt Zadek den Heroismus als aktuelles Thema, wobei er ebenso wie seinerzeit Brecht den Vorwurf der Verfälschung nicht gelten läßt. Das Drama handle vom "Heldentum" – insofern sei die Inszenierung dem Stück treu:

> Die Inszenierung, so wage ich zu behaupten, ist werkgetreu. [...] Ich glaube, diese Inszenierung ist seinen (Shakespeares) Absichten näher als historisierende, zelebrierende Inszenierungen.[73]

Die von Erich Fried eigens für "Held Henry" erstellte Textfassung[74] weist keine augenfälligen Aktualisierungen auf. Gegenüber dieser Vorlage wahrt Zadek große Texttreue.[75]

Brechts "Kleines Organon" scheint das ästhetische Fundament der Inszenierung zu bilden: Die weit in die Tiefe reichende Bühne (Wilfried Minks) ist

---

[71] Henning Harmssen. "Shakespeare als AgitpropRevue." *SalzgitterKurier.* 28.1.'64.
[72] Vgl. Aage A. Hannes Löve. *Der Russische Formalismus. Methodologische Rekonstruktion seiner Entwicklung aus dem Prinzip der Verfremdung.* Wien 1978. 392.
[73] Die Zitate stammen aus Zadeks kurzer Einführung zur Inszenierung, die vor der Ausstrahlung im ZDF (1.3.1965)gegeben wurde.
[74] Szenenangaben richten sich nach Erich Fried. "Das Leben von König Heinrich dem Fünften." *Shakespeaare-Übersetzungen.* Berlin 1969. 63132, Bildangaben nach dem Aufführungstext. Zitate aus dem Originaltext nach *King Henry V / König Heinrich V.* Englisch / Deutsch. Ed. D. Hamblock. Stuttgart 1978.
[75] Verknappt sind die sog. 'Franzosenszenen', von denen III.5 vollständig gestrichen wurde. Der Disput über Alexander (IV.7) findet nur noch rudimentär statt. Nur zwei Umstellungen werden vorgenommen: Die 'Rüpelszene' aus II.1 wird zwischen I.1 und I.2 eingefügt, IV.5 und IV.6 sind vertauscht.

zumeist hell ausgeleuchtet. Schriftprojektionen mit distanzierender Wirkung ("Alle Frauen träumen von Henry") oder Ortsangaben ("Henry vor Harfleur"), lassen Bezüge zur epischen Strategie des dialektischen Theaters erkennen. Als Prospekte dienen zwei gelbe Tafeln. Die erste Tafel zeigt die Köpfe mit den darunter stehenden Namen und Lebensdaten des britischen Herrscherhauses, eine Genealogie, die mit den in Shakespeares Historien erwähnten Königen beginnt und bis zu Edward IV. reicht. Sie bildet den Hintergrund für die Prologe, für die Bilder 1 (I.1), 8 (III.3), 12 (III.7).

Als Hintergrund für die Friedensverhandlung mit Karl (22 / V.2) dient ein aktualisiertes 'Heldentableau'. Wilfried Minks vereint die Köpfe von über 100 fiktiven und realen 'Helden' mit variierender Verantwortung für den Verlauf der Geschichte und mit ebenso differenten 'heroischen Verdiensten': Hitler in Gesellschaft von Dschingis Khan, Willy Brandt, Schinderhannes, Darwin, Friedrich dem Großen, Zatopek, Wernher von Braun, Ritter Roland, Nasser, dem Herzog von Edinburgh, Billy Graham, Fidel Castro, Hitlerjunge Quex, Cary Cooper, Uwe Seeler, Konrad Adenauer u.a.. Auswahl und Anordnung der Porträts reduzieren die Bedeutung der Personen auf die nackte Tatsache ihrer fiktionalen bzw. realen Existenz. Im Gegensatz zur informativen Herrschergenealogie der britischen Krone verweist dieses 'namedropping' auf eine mentalitätsgeschichtliche Situation. Es vollzieht die Reduktion geschichtlicher Erinnerung auf bruchstückhafte Assoziationen bzw. Fakten nach. Die Tafel assoziiert Minimalinformationen für ein reduziertes Geschichtsbewußtsein, das die Vorstufe für die "unité mentale" und für die massenpsychologische Heldenverehrung darstellt.[76] In diesem Sinne ist das Tableau als Kommentar darüber zu verstehen, welche Bedingungen Held Henry ermöglichten, der zugleich als ein Held unter vielen und nicht als exemplarischer Einzelner charakterisiert wird.

Die Requisiten und Kostüme spannen teilweise den Bogen von der im Drama situierten bis zur heutigen Zeit, muten wie die treue Ausführung der Verfremdungsästhetik des dialektischen Theaters an. Die englischen Soldaten tragen Kolonial-Uniformen der dreißiger Jahre (kurze Hosen, Tropenhelme und Schlagstöcke), Henry und seine Generale stecken in Wehrmachtsuniformen. Dagegen stechen die karikaturhaften Prachtuniformen der französischen Offiziere ab, womit Zadek die komikträchtige Darstellung der Franzosen in "Henry V" nachdrücklich verstärkt.

---

[76] Vgl. dazu Gustave Le Bon. *Psychologie der Massen.* Transl. R. Eisler. Stuttgart 15 1982. 17.

Die Zivilkleidung ist bis auf heute eher unübliche 'Arbeitermützen' zeitgenössisch. Diplomaten erscheinen in dezent gemusterten, dunklen Anzügen mit Krawatten, während die Ledermäntel und Hüte der 'Leibwachen' auf Gestapoangehörige verweisen.

Lokalisierungen konkretisieren sich durch minimalen Aufwand an Requisiten und Ausstattung, die Schauplätze werden teilweise durch Spotlights konstituiert. Die sparsame Ausstattung und Szenenwechsel durch die Lichtführung erlauben schnelle Kontrastmontagen, die im Orignaltext besonders in den Schlachtsequenzen auftreten:

Beispiel hierfür sind die Szenen IV.5 und IV.6. Ein Geschützwagen dient zunächst den Engländern als Feuerschutz auf ihrem Weg zur Bresche. Anschließend bietet er den Franzosen Deckung. Statt des von Bourbon geforderten Heldentods in der Schlacht greifen die Offiziere und der Dauphin nach den Worten "O ewige Schmach! Wir wollen uns erstechen!" (Fried. IV.5. 114) zu Suizidtabletten.

Die Inszenierung fügt das Stück nicht zu sukzessiven, sich dramatisch steigernden Szenen, sondern zergliedert die dramatische Linie durch eine parataktische Szenenanordnung. Kostüme verschiedener Epochen und musikalische Einschübe drängen das 'history play' in eine politische Revue. Von diesem Genre übernimmt die Inszenierung nicht nur den häufigen Wechsel der Handlungs-, Zeit-, Orts- und Situationsebenen, sondern auch die enge Verbindung zu Alltagsmythen und Entertainment-Elementen aus dem Bereich der 'U-Kunst'. Die Aktualisierung des 'Klassikers' manifestiert sich in Anspielungen auf alltagsgeschichtliche Kultur, wobei Sentimentalität und Kitsch zynisch diskrepanten Situationen gegenübergestellt sind – zur Folter eines Kriegsgefangenen unter geschmückter Weihnachtstanne erklingt Marlene Dietrichs Song "Sag mir, wo die Blumen sind" (10/III.7). Dieses Verfahren trennt "Held Henry" vom Grundgestus des dialektischen Theaters. Wie Piscator nutzt Zadek Film und Photoprojektionen, bringt populäre Erkennungssignale alltäglicher und kultureller Bereiche ein, reißt historische Epochen an: Henrys Sieg über Frankreich findet beispielsweise vor einer Großprojektion des Einmarschs der deutschen Truppen in Paris (1940) statt. Die Inszenierung spannt das Stück von der Feudalzeit bis heute, gibt es als 'history play' und Zeitstück zugleich.

Die Darstellungsweise beteiligt sich an dem Verwirr- und Vexierspiel mit Diskrepanzen. Nach dem balladenhaft vorgetragenen Prologs (Traugott Buhre) verhandeln Canterbury und Ely in Begleitung von zwei Offizieren beim Golfspiel über den Krieg mit Frankreich (2/I.1). Ein Offizier schlägt einen Golfball unter Canterburys Ornat, fischt ihn wieder hervor. In diesem ausgefallenen Rahmen fällt die Entscheidung für den Krieg, wodurch die Wertungshierarchie des Prätexts verändert wird.

Zwischen dem Plan der Bischöfe, den Krieg gegen die Franzosen mitzufinanzieren und der Erörterung der Salischen Gesetze (5 / I.2) schiebt Zadek eine Sequenz der sog. 'Rüpelszene' (34 / II.1) ein, in der Bardolph und Nym den Krieg als beschlossene Sache ansehen: "I will bestow a breakfeast to make you friends, and we' ll be all three sworn brothers to France." (V. II,2. 40.) Der Simulationscharakter der Rechtsdiskussion, die Zadek als medienpolitische Show inszeniert, wird so besonders deutlich. Im Bühnenhintergrund steht ein langer Tisch mit Namensschildern und Mikrophonen vor jedem Sitzplatz. An der Front des Tisches prangt ein in die Breite verzerrter Union Jack mit einem umkränzten 'H'. Henry (Friedhelm Ptok) residiert in der Mitte in dunklem Anzug und Krawatte. Den Kopf leicht nach vorne und schräg zu einer imaginären Zuschauermenge gerichtet, verkündet er in knapper, akzentuierter Sprache, die von der die Szene bisher beherrschenden, salbungsvollen Stimme Canterburys abweicht:

Nun sind wir fest entschlossen (2) Hilft uns Gott (ral, decr) und ihr, ihr edle *Muskeln* unsrer Macht, so wolln wir (f) *Frankreich*, da es uns gehört, entweder (ff) *biegen* oder *brechen* – (p, beiläufig) nicht verlieren. [Aufführungstext]

Henry bedient sich einstudierter Intonation und Tempi, die seine Integrität und Entschlossenheit hervorheben. Die Emphase der Willensstärke bestimmt auch die Gesten. Bei den Worten "biegen oder brechen" schnellt er auf, reißt den linken Arm hoch. Die drohende Geste wird sofort gebrochen. Beiläufig nimmt Henry von Canterbury einen Scheck entgegen, übergibt ihn charmant einer weiblichen Ordonnanz: "Nicht verlieren." Friedhelm Ptok vermeidet während dieser Sequenz jede Überzeichnung oder sonstige Distanzierung, wie man sie beispielsweise aus Rollenkonzeptionen für "Arturo Ui" kennt.

Das Publikum rezipiert dieses schaupolitische Ereignis wie vor einem Großbildschirm.

[...] aus dem vermeintlich politisch bewußten und verantwortungsvollen Bürger wird der Zuschauer des Show-Geschäfts Politik, ein degradierter und entmündigter Akklamateur. Aus der Distanz, vor allem auf dem Bildschirm, beobachtet er das Polit-Schauspiel, er wird zum passiven, manipulierbaren Zeugen.[77]

---

[77] Dirk Käsler. "Der Skandal als 'Politisches Theater'. Zur schaupolitischen Funktionalität politischer Skandale." *Anatomie des politischen Skandals.* Ed. R. Ebbighausen / S. Neckel. Frankfurt/M. 1989. 307-333. 323.

Die Inszenierung nutzt einen V-Effekt, der die Fabel zeitlich ansiedelt: Henrys Intonations- und Gestenrepertoire zitiert nationalsozialistische Strategien des 'Führer'-Kults.

Symbolische Formen des politischen Handelns tauchen in mehreren Varianten auf (Staatsbesuch Monjoys, Phototermine, Henrys Hochzeit als Live-Show etc.). Explizit auf die Schaupolitik des Dritten Reiches anspielend, sehen sich die vermeintlichen Verschwörer einem Schauprozeß ausgesetzt. Eine Schriftprojektion kündigt an: "Held Henry fährt nach Frankreich." Die Szene spielt am Hafen, gleitet ab der Bloßstellung der 'Schuldigen' in einen Prozeß über. Während den Offizieren die Epauletten von den Schultern gerissen werden, blendet sich im Hintergrund die Abbildung einer Massenansammlung ein. Gleichzeitig senken sich vom Schnürboden Säulen, die mit dem Insignium Henrys und darum drapierten Vorhängen geschmückt sind und die Projektion 'einrahmen'. Über Lautsprecher ertönen undeutliche Rufe, Gejohle und Pfiffe. Henry steht hinter den Verschwörern, die ein erzwungenes, öffentliches Schuldgeständnis ablegen. Als Henry zur imaginären Volksmenge zu sprechen beginnt (im Originaltext eine direkt an die Verschwörer gerichtete Klage), zwingen Angehörige des Geheimdiensts die Offiziere auf die Knie in Büßerhaltung. Im Moment, da Henry die drohende Verheerung des Reiches vor Augen führt, ertönen – wie auch zum Schluß seiner Rede – "Heil"-Rufe, die historischen Tondokumenten entstammen. Kurz vor dem Schluß seiner Ansprache verharrt er in 'Führerpose' mit hochgerecktem Arm.

Neben den Zitaten auf schaupolitische Kommunikation setzt die Inszenierung travestierende Diskrepanzen zwischen Figurenrede und Situation ein, die auf demselben intertextuellen Umwertungsverhältnis beruhen, das uns aus den "Coriolan"-Variationen bekannt ist. So finden das Schlachtgebet und die Rede zum Sankt-Crispians-Tag (IV.3) am Bett der Konkubine statt. Bei den Worten "Oh Herr, nicht heute suche meines Vaters Schuld heim an mir, als er die Kron an sich riß!" schält sich eine Frau im Herrenpyjama unter einer Hermelindecke hervor. Sie sieht Henry erstaunt an und unterbricht mit schläfriger Stimme: "Oooch, hätten wir hier zehntausend von den Männern nur, die heute in England müßig sind" (Figurenrede Westmorelands sowohl im Original als auch in Frieds Übersetzung). Henry nimmt eine heroische Pose ein: "Oh, wünsche nicht einen mehr her"[78] bezieht sich weniger auf die Schlacht als auf

---

[78] IV.3. Fried. 109ff. Übernommen ist die Passage von den Worten "Solln wir des Todes sein [...]" bis "Auf eure Posten! – Gott sei mit euch allen." [111]

die Gefahr eines möglichen Nebenbuhlers. Das Helden-Image wird in dieser Szene besonders karikiert.

Die Inszenierung bezieht parodistische Distanz zur Hagiographie in "Henry V", die geradezu ein Lehrbeispiel für die Strategie der Schaupolitik bieten könnte: Dramatisierung und Personalisierung von Ideologemen und politischen Sachverhalten, Herstellung von Kommunikation, die sich hauptsächlich über appellative Strategien realisiert. Ein Beispiel für dieses Konzept ist die Anfeuerung der Soldaten (III.1). Zadek wandelt die pathetische Passage mit stark rhetorischer Kumulation szenisch entsprechend um, indem er sie nicht als direkte Anrede inszeniert. Henry steht mit einem hocherhobenen Kreuz in der Hand abseits von den Soldaten und mystifiziert in der Haltung eines Visionärs die bevorstehende Schlacht zum Schicksalskampf. Die Soldaten reagieren gleichgültig, hören kaum zu: Die erste Aufforderung "Vor! Vor! ihr Besten Englands" (Fried. III.1. 86) verhallt ungerührt. Erst mit der letzten Phrase "Folgt eurem Mut und stürmt – und wo ihr geht, dort schreit: 'Gott für Harry, England und Sankt Georg'" (Fried. 86) stürmen sie überraschend unter Fanfarenklängen los. Zadek stellt den Anfangs- und Endpunkt der massenpsychologischen Infiltration dar – das psychologische Bindeglied zwischen der öffentlichen Selbstinszenierung einer charismatischen 'Führer'-Gestalt und ihrer Wirkung spart er aus. Die Inszenierung vermeidete die traditionelle Bedeutungsdramaturgie, nach der der Protagonist sich durch die Meisterung immer schwierigerer Konflikte bewährt. Dargestellt werden Anfangs- und Endpunkte des 'plots', nicht seine Entwicklung.

Nichtsdestotrotz widerfährt der Rollenfigur Henry eine geringere Dekonstruktion als in den bisher besprochenen Inszenierungen. Wehmeier und Palitzsch arbeiteten mit der kommentierenden Trennung zwischen Schauspieler und Rollenfigur, die vornehmlich durch das 'argumentum ad personam' auf Kosten der lächerlich dargestellten Figur ausfiel. Sie formulierten den Subtext der Dramen zum Ideotext aus, indem sie sozialkritisches Wissen und nomologische Gesellschaftstheorie (wie den 'großen Mechanismus' und die marxistische Geschichtsphilosophie) integrierten. "Held Henry" setzt dagegen auf insinuativere Mittel. Die Inszenierung nutzt die Analogie des Handlungsfelds Theater zu Formen des sozialsymbolischen Handelns, um die Strategie der Massenpsychologie 'fühlbar' vorzuführen, wobei sie durchaus charismatische Tendenzen des Protagonisten zuläßt.

Im Vergleich zu den Inszenierungen Hollmanns und Palitzschs arbeitet "Held Henry" mit mehreren ästhetischen Modellen und Verfahren: mit Piscators Dramaturgie des Zeitstücks, dem Revue-Zugriff auf ein "history play" und mit gezielten Störfaktoren, die vom indirekten Einbezug des Publikums in das

Medienereignis der Schaupolitik bis zu Theaterschocks reichen. Unvermittelte Gewaltdarstellungen alternieren mit grotesken Präsentationen, die auf bekannte Darstellungsmuster aus anderen Zeichensystemen zurückgreifen.

Dazu ein szenisches Beispiel: Der Konflikt zwischen Fluellen und Pistol (18 / IV.8) zitiert typische Prügeleien der Laurel/Hardy-Filme. Während Williams mit touristischer Begeisterung ein Graffiti "Thommy go home" photographiert (womöglich ein Zitat auf die photographierenden amerikanischen Soldaten in Rossellinis "Germania nell'anno zero", 1947), reißen Pistol und Fluellen einander die Kleidung in Fetzen. Das jeweilige Opfer sieht dem Täter in aller Seelenruhe zu und begutachtet den Schaden, während der Angreifer sein Werk mit zufriedenem Kopfnicken gutheißt. Diese komische Einlage wird plötzlich gebrochen: Fluellen boxt Pistol brutal in den Magen. Anschließend mästet er ihn mit Lauch: Pistol greint und gestikuliert abwehrend mit den Händen wie Stan Laurel, wenn er von Hardy attackiert wird. Die Offiziere lassen den Geprügelten zurück. Pistol bekommt plötzlich Schluckauf, den er mit 'schamvoll' vor dem Mund gehaltener Hand zu ersticken sucht. Das Groteske des kurzen Gedächtnisses – eben noch um sein Leben, nun um Anstandsregeln besorgt zu sein – erfordert auch vom Publikum flexible Erwartungshaltungen.

Die Fachsimpelei zwischen Gower und Fluellen über den Feldzug (III.2) entwickelt sich zu einer Wortkaskade, die die Hohlheit der Kriegskunst verdeutlicht. Die Darsteller sprechen übermäßig schnell, mit heller Stimme und sehr abgehackt. Die Dialoge vollziehen sich – der "screwball"-Technik der *music hall* angenähert – Schlag auf Schlag.

Gower: (in starrer Haltung, mit dem Offiziersstab ständig gegen die Schulter tippend, den Kopf geradeaus gerichtet) Der Herzog von Gloster...
Fluellen: (schreit, vor Gower auf und ab gehend) Ja, (ohne Pause, leise, höflich) sorry....
Gower: Der Herzog von Gloster, der den Befehl über diese Belagerung führt, wird in diesen Dingen von einem Irländer geführt ...
Fluellen: (schnell, hervorstoßend) Macmorris!
Gower: ...sehr richtig, (ohne Pause) einem sehr braven Kriegsmann, auf Ehre...
Fluellen: Hauptmann Macmorris, (Frageton überziehend) oder nicht?
Gower: Oh yes...
Fluellen: Das ist ein Esel...
Gower: Sorry....

Im Prätext begraben die Soldaten ihre Antipathien, die der unterschiedlichen regionalen Herkunft entspringen, symbolisieren die einige Schlagkraft der Nation. Die Inszenierung karikiert den Endpunkt dieses Prozesses, indem sie die Charaktere durch identische militärische Rituale, Tonlagen, Sprachrhythmen und durch chorisches und kanonhaftes Wiederholen der Phrasen "Bei

Christ! Es ist schlecht getan!", "Bei meiner Hand" etc. zu Marionetten degradiert.

Die Verfremdungseffekte sind weder in einem genau definierten Ideotext abgesichert, wie ihn das dialektische Theater vorschreibt, noch setzen sie stillschweigend ein Publikum voraus, das in Kenntnis des brechtschen V-Effekts die Distanz gegenüber den gezeigten Vorgängen aufbringt, um sie als stilisierte Verweise auf die extraästhetische Wirklichkeit zu erkennen. Für Brecht ist "das wesentliche am epischen Theater, (...) daß es nicht so sehr an das Gefühl, sondern mehr an die Ratio des Zuschauers appelliert."[79]

In stärkerem Maß, als das dialektische Verfremdungsprogramm vorsieht, kommen in "Held Henry" Gefühle, körperliche Aktionen und eine häufig desemantisierte Sprachchoreographie zum Einsatz, die emotionalen dynamischen Interpretanten[80] dominieren. Der Zugang zum 'Verhandlungsgegenstand' der dargestellten Vorgänge erfolgt über emotionale Schockstrategien.

Das dialektische Theater versteht sich explizit als Gegenentwurf zum Theater der geschlossenen Repräsentation, indem es das System der werkbezogenen Katharsis aufbricht und – gemessen an der "scène de la mimesis" ("scène classique") – als "antithèâtre" auftritt (Bernard Pautrat).[81] Auch wenn es gegen die anonyme Produktion, die Verschmelzung der Ausführenden mit der Fabel, und gegen die Autonomie des Schönen opponiert, setzt es auf das Primat des produzierten Zeichens.[82] Damit offeriert es durch die eindeutige Adaption des dramatischen Texts auf den klar definierten Ideotext der Inszenierung ein geschlossenes Sinngefüge, das sich lediglich in seiner Vermittlung von dem des Illusionstheaters unterscheidet. Theater der geschlossenen Repräsentation bleibt das dialektische Theater dennoch; die monosemiotische Wirkungsintention erhöht sich, je mehr die sozialideologische Grundlage Gewicht erhält.

Die semiotischen Strategien in "Held Henry" sind in dieser Hinsicht weitaus weniger verbindlich. Die Inszenierung etabliert ein starkes intertextuelles Verweisungsnetz alltäglicher und sozialsymbolischer Handlungsformen (Schaupolitik) mit Gestenrepertoires aus nichttheatralen Kontexten (Film,

---

[79] Bertolt Brecht. *Schriften zum Theater*. Frankfurt/M. 1967. I. 366.

[80] Zum Begriff vgl. Wilfried Passow. "Affekt und Wirkung. Peirces Interpretantenbegriff im Dienste empirischer Theatersemiotik am Beispiel des Mandragola von Niccolò Machiavelli." A.a.O. 262-266.

[81] "Politique en scène: Brecht." *Mimesis des articulations*. Ed. S. Agacinsky, J. Derrida, S. Kofman et al. Paris 1975. 339-359. 341.

[82] Bertolt Brecht. "Kleines Organon für das Theater." *Schriften zum Theater*. Frankfurt/M. 1974. § 70. 169.

Geschichte). Tendenziell führt das Verweisungsnetz zur Entgrenzung der geschlossenen Fabel, zumal einige V-Effekte mit dem dramatischen Kontext nicht im direkten Zusammenhang stehen und keine pädagogische Grundlage haben. Neu im Vergleich zum dialektischen Theater ist die angedeutete Respektlosigkeit vor dem Publikum, das Zadek als Demonstrationsobjekt für seine These verpflichtet, der Zuschauer werde im Zeitalter der Politik als Showbusiness entmündigt. Brecht setzt auf das beobachtende, kritische Publikum, dem ein Vorgang zur Begutachtung vorgeführt wird, Zadek führt das Publikum vor. Der Umgang mit dem Prätext markiert einen weiteren Unterschied zum dialektischen Theater. Gegenüber der Demaskierung des Helden, die das dialektische Theater unternommen hätte, bestätigt Zadek Held Henry. Henry erweist sich jedoch als ein Held unter vielen wie Uwe Seeler, Adenauer oder Hitler, die ihren Heldenstatus geschickter Werbung verdanken.

4.2 Theater und Leben: Diskussion eines umstrittenen Verhältnisses in "Maß für Maß" (Peter Zadek, 1967/68)

Erlebnisstilwechsel:

Sofern der Schauspieler nicht nur als Zeichenträger fungiert, sondern – wie es in "Maß für Maß" geschieht – auch als Privatperson auftritt, die sich mit der Fabel und ihrer Rollenfigur auseinandersetzt, gerät eine wichtige Bastion des Theaters in der Defensive: die fiktionale Figuration und Konstiution der Fabel. Zwei Welten, die des Schauspiels und die der Alltagswirklichkeit, oder - mit Schütz/Luckmann gesprochen - zwei *Erlebnisstile* prallen in dieser Inszenierung aufeinander.[82] Darunter verstehen die Verfasser eine isolierende Realitätsstrukturierung: Im Augenblick des Erlebens liegt der Realitätsakzent auf einem dem Erleben kohärenten Sinnbezirk, von dem aus Erfahrungen eines anderen Erlebnisstils fiktional erscheinen.[83]

Diese Sinnabgrenzung und Veränderung von Qualitäten der Wirklichkeit dient dazu, die "Dichotomie von 'Welt der Aufführung' und 'Alltagswelt'" zu beschreiben und – mit Caubère gesagt – die "schöpferische Verwandlung von der 'natürlichen zur theaterspezifischen Einstellung'" des Schauspielers als

---

[82] Andreas Schütz, Thomas Luckmann. *Strukturen der Lebenswelt.* Bd. 1. Frankfurt/M. 1979. 48ff.

[83] A.a.O. 50.

zwei getrennte Dimensionen auszuweisen.[84] "Erlebnisstilwechsel" bezeichnet die 'Verwandlung' des Schauspielers in die jeweilige Rollenfigur:

Die Konstitution eines 'imaginären Szenariums' innerhalb des Erlebnisstils 'Theater' (innen-stimuliert über Erinnerungsbilder oder 'außen'stimuliert über teils von den Schauspielern selbst, teils vom Regisseur eingebrachtes 'Assoziationsmaterial' [...]) ist spätestens mit Beginn der Proben von Rückwirkungen auf den Organismus begleitet, und zwar nicht nur im Sinne eines zusehends sich entwickelnden Gefühls für die Rolle/den adäquaten Ausdruck, sondern auch als spürbare Veränderung der Körperbefindlichkeit.[85]

Bahr setzt das historische Postulat der Rollenidentifikation als unverzichtbare Tatsache voraus (Gefühl für die Rolle, ihr adäquater Ausdruck). Die Selbsterfahrung des Schauspielers, Improvisationen und Körpererfahrungen und die daraus entstehenden Imaginationen werden als Weg zur Rolle beschrieben. Dabei ist die Kategorie "Erlebnisstilwechsel" fruchtbar für eine Auseinandersetzung mit einer Theaterpraxis, die die Tätigkeit der Fiktionalisierung und die Relationen Schauspieler – Rollenfigur und Schauspieler – Publikum problematisiert – wie beispielsweise Zadeks "Maß für Maß".[86]

Martin Sperrs Textfassung[87] komprimiert die Vorlage zur Montage in 25 Bildern. Der Text unterstützt die Verweigerung der Produzenten, den "Erlebnisstilwechsel" von der Alltagswelt zur Welt der Aufführung glatt über die Bühne gehen zu lassen, indem er die übliche Szenenorganisation durch Figurenauftritte und Abgänge liquidiert: "Alle Schauspieler im Kreis." [1, 1]. Die ursprüngliche Handlungsstruktur und das Spannungsgefüge sind vollständig aufgebrochen: Die Darsteller treten aus dem Kreis – der auch als 'Volksmenge' funktionalisiert wird – heraus, wenn sie einen speziellen Part übernehmen, und reihen sich danach wieder ein. Binnenfiktion und szenische Konkretisation

---

[84] Andreas Bahr. "Imagination und Körpererleben." Materialität und Kommunikation. Ed. Gumbrecht/K.L. Pfeiffer. 680-702. 681.

[85] A.a.O. 686.

[86] Rezensionen: Jürgen Althoff. "Der riesengroße Bluff." *Lübecker Nachrichten.* 20. 9. '67. Klaus Eder. "Im Eimer." *Stuttg. Nachr.* 21.9.1967. Jochen Ernst. "Die Bühne als pornographische Anstalt." *Deutsche Nachrichten.* 10.11.'67. Hensel, Georg. "Gefuchtelt und gefistelt, aber getroffen." Rpt. in *Das Theater der siebziger Jahre,* a.a.O. 9-11. Kaiser, Joachim. "Zadek spielt mit Shakespeare." *SZ.* 11. 6. 1968. Henning Rischbieter. "Eine Körpersprache wird entdeckt." *Thh* 10 (1967). 24-26. Günter Rühle. "Die verweigerte Harmonie." *FAZ.* 19. 9. 1967.

[87] "Maß für Maß von William Shakespeare in der Übersetzung und Bearbeitung von Martin Sperr unter Mitarbeit von Peter Zadek und Burkhard Mauer als Augangspunkt einer Inszenierung des aktuellen Stückgehaltes auf freier Bühne von Peter Zadek, Bühne Wilfried Minks." *Programm-Heft* Nr. 5. Ed. Theater am Goetheplatz Bremen. Spielzeit 1967/68. Teilweise paginiert. Premiere: 17.9.1967.

gelangen zur nicht immer durchschaubaren Überschneidung. Die scheinbare Integration der Probensituation, der Arbeit an der Rolle bricht die vermeintliche "Absolutheit"[88] auf. Analogien zur Kommunikation der "Measure for Measure"-Variation "Die Rundköpfe und die Spitzköpfe" sind unverkennbar, darüber hinaus spielt der Kreis auf den "Kaukasischen Kreidekreis" an. Sperr liefert jedoch keine verbalisierte Rahmenhandlung, die selbst Teil der dramatischen Fiktion wäre. Im Gegensatz zu Brechts Verfahren, den Materialwert der Rolle durch Einführung vermittelnder Kommunikationsebenen zu betonen, setzt die Bearbeitung als 'Rahmenhandlung' der Fabel nichts anderes als die Tätigkeit der theatralen Praxis selbst.

Bearbeitungsmerkmale sind: Einebnung der unterschiedlichen Sprachniveaus zwischen Aristokraten und dem 'Volk' auf eine drastische, teilweise von syntaktischen Eigenarten des bayerischen Dialekts eingefärbte Vulgärsprache, Reduktion der Dialoge und Monologe auf aktionsindizierende Momente, Ersetzung von Reflexionen über Recht, Natur und Tugend durch vitalistische Hervorhebungen elementarer Triebbedürfnisse, die vornehmlich in den Bordell-Szenen (Bilder 4,7) und in den Gesprächen Isabella-Angelo (6,11) und Isabella-Claudio (18) thematisiert werden.

Bild 1 – die Ansprache des Herzogs – montiert mehrere Szenen, in denen Macht und Recht eine wichtige Rolle spielen. Der Herzog legt dem 'Volk' die Motive für Angelos Einsetzung als Stellvertreter dar, während sie in der Vorlage nur dem Mönch offenbart werden: Die soziale Befriedung lege er in Angelos Hände, damit sein Ruf als toleranter Herrscher nicht in Mißkredit gerate. Das Motiv der moralischen Prüfung wird nicht erwähnt – ein klarer Verstoß gegen seine traditionelle Hervorhebung in der Bühnengeschichte des Stücks.[89]

Mit der Betonung sadistischer Motive und der Willkür im Umgang mit Recht und Macht, die den Herzog, Angelo und Escalus gleichermaßen prägen, stellen sich die Produzenten gegen die Interpretation des Stücks als Parabel über die göttliche Gnade. Sie machen sich Northrop Fryes im Programmheft zitierte Kritik an dieser Deutung zu eigen: Der Herzog als Verkörperung göttlicher Gnade bleibe den Betroffenen eine Menge Erklärungen schuldig, warum er Angelos Willkür so lange toleriere. Die Textfassung reduziert die

---

[88] Peter Szondi. *Theorie des modernen Dramas.* Frankfurt/M. 1956. 17.
[89] Zur Rezeption von "Maß für Maß" in Deutschland: Ulrike Dippelt. *Vom Mysterium der Gnade zur Korruption durch Macht. Shakespeares "Maß für Maß" in Westdeutschland: die Geschichte seiner Rezeption in Literaturwissenschaft und Theater 1946-1979.* Bonn 1980.

Motivation der Figuren auf Triebbedürfnisse (nach Macht und Sex). Dadurch wird das Problem der Moral und Gnade nicht zur Schuldfrage Angelos. Die Scheinheiligkeit aller, das öffentlich zu geißeln, was sie privatim ausüben oder gerne ausüben würden, stellt das eigentliche Problem dar.

Der anarchische Schluß opfert nicht nur das gattungsspezifisch unabdingbare 'happy ending'. Das 'Volk' bringt den Herzog um [21.10], Frau Meier (i.O. Mrs. Overdone) nimmt seine Stelle ein. Das Schlußbild endet im Gemetzel: Geköpft wird auch das Ensemblemitglied Georg Martin Bode, der in der Stückfassung schon einmal erwähnt wurde ("Georg Martin Bode ist ein Psychopath."). Die Morde ereignen sich im furiosen Tempo:

> Herzog. Wer ist Georg Martin Bode?
> Bode. Ich.
> Herzog. Weg mit ihm.
> Mariana. Aber Sie sind doch...
> Herzog. Weg mit ihr. Warum wurde Claudio zu so einer ungewöhnlichen Zeit enthauptet?
> Elllbogen. Es war mir so befohlen.
> Herzog. War ein besonderer schriftlicher Befehl da?
> Ellbogen. Nein.
> Herzog. Weg mit ihm. [21.10]

Daß die Heirat des 'Herzogs' mit Isabella an das Massaker angehängt wird, beweist, wie sehr Shakespeare eher Appendix als Anlaß der szenischen Handlung ist.

Die Problematisierung der Fiktion wirkt über den Text hinaus auf die szenische Präsentation ein. Die Bühne (Wilfried Minks) weist lediglich einen Rahmen aus grellbunten Glühbirnenleisten auf, die die Guckkastenform betonen. Den Hintergrund bildet eine grün beleuchtete Leinwand. Ein Tisch und ein paar Stühle dienen sowohl als Redner- und Richterpult wie auch als Richtplatz. Während der Aufführung sind alle Schauspieler anwesend. Die Aufkündigung der Absolutheit der dramatischen Fiktion – deren bühnentechnische Entsprechung der Guckkasten darstellt[90] – signalisiert sich durch die antithetische Relation zwischen dem Kahlschlag der Ausstattung und der grellen Betonung des Guckkastens.

In den vorhergehenden Bühnenbildern, die Wilfried Minks für das Bremer Theater kreierte, war neben der Raumökonomie der Einbruch von Versatzstücken aus der Alltagskultur festzustellen: In den "Räubern" kontrastierte die

---

[90] Vgl. Bertolt Brecht. "Über den Bühnenbau der nichtaristotelischen Dramatik." *Schriften zum Theater*. GW 15. Frankfurt/M. 1967. 439ff.

'popart'-Ausrüstung mit Kothurnen, ureigens theatralen Kostümattributen. In "Held Henry" stoßen Alltagsgegenstände und alltägliche Kommunikationsmuster (Demonstrationsschilder, Schaupolitik) auf Darstellungsweisen wie die "Stan and Laurel"-Parodie, die nur im Erlebnisstil des Ästhetischen möglich sind. In "Maß für Maß" schließlich reibt sich die Ironisierung des Guckkastens (Symbol des literarischen Theaters) an dem Privatverhalten der Schauspieler. Die Theatralisierung des Theaters mit seinen eigenen Mitteln überlappt sich mit Zitaten aus alltäglichen Lebensbereichen, die aus dem Kontext der Fabel nicht immer begründbar sind – sicherlich kein Zeichen für eine unproblematische "transformation du naturel au théâtral".[91]

Die Thematisierung der beiden Erlebnisstile, die die Autonomie von Drama und szenischer Präsentation bezweifelt, gehört ebenso zum 'Bremer Stil' wie die Delegation der Raumkonstitution an das Ensemble.[92] In dramaturgischer Hinsicht erzwingt Minks den Bruch mit der Tradition sowohl des literarischen bzw. symbolischen Theaters, wie er auch die Figuration als das ständige Reibungsobjekt des Bremer Stils hervorhebt: Das Loslassen eindeutiger Figurenperspektiven und logozentristischer Steuerungen des Rezipientenkreises verhängt über die Schauspieler(innen) das Verbot der Identifikation. Die Körpersprache vermeidet psychologische Rollenkonzeptionen: "Das Aufregendste an der Aufführung Peter Zadeks [...] ist die Erfindung, die Entwicklung, die Fixierung, die Realisierung einer Körpersprache für das Schauspieltheater."[93]

Der Abbildungs-, Verweis- und im Grunde auch Modellcharakter des psychologisch-realistischen Spiels bedeutet für Zadek gerade nicht die Bezeichnung konkreter Psychologie. Ihre Kompliziertheit werde nur durch den Bruch mit gewohnten, psychorealistischen Gesten verstehbar:

> Also eigentlich eine Prozedur, die genauso künstlich ist, als ob alle Leute auf dem Kopf stehen würden. Da nämlich der psychologische Vorgang in jeder Sekunde so kompliziert ist, daß man ihn mit solchen Mitteln, also mit äußerlichen Mitteln, nicht zeigen kann.[94]

Innovation und Probleme dieses Ansatzes sind soweit abgesteckt; Zadeks Inszenierung des Körpers ist eine Gratwanderung, bestimmt von zwei Aspekten der Theatralisierung: von gestischen und mimischen Verfahren, die "kon-

---

91 Caubert. Zit. nach Bahr. A.a.O. 684.
92 Vgl. Burkhard Mauer. "Überprüfung der Klassiker." *Spielräume – Arbeitsergebnisse.* A.a.O. 124f.
93 Rischbieter. "Eine Körpersprache wird entdeckt." A.a.O.
94 TV-Interview Zadek.

krete Momente von menschlichem Leben [...] sinnlich"[95] und zugleich Realität jenseits konventioneller Wahrnehmungsweisen darstellen möchten. Aber sie ist auch von assoziativen, aufgrund der Intuition und privaten Willkür der Darsteller subjektiv verschlüsselten Bildern bestimmt, die sich gegenüber ihrem Anlaß, der Aufführung eines Stückes, häufig verweigern, den theatralen Akt betonen und zugleich in Frage stellen.

Die Fiktion wird durch die subjektiven Kommentare des Ensembles gebrochen. Das erste Bild konstituiert diese Grenzverwischung des Theatralen. Die Darsteller sitzen im Kreis. Sie tragen normale Alltagskleidung: Miniröcke, Jeans, Rollis, Jacketts, T-Shirts und Oberhemden, Turnschuhe. Der Darsteller des Herzogs steht auf, erläutert seinen Plan, wird dabei von Privatäußerungen der zuhörenden Schauspieler ebenso unterbrochen, wie andere Schauspieler offenbar den Part von 'Volk'-Figuren übernehmen.

Ein Beispiel für die Vermischung der Erlebnisstile liefert die erste Unterhaltung zwischen Isabella und Angelo (6. Bild; II. 2), in der Isabella Angelo um Gnade für ihren Bruder anfleht. Das Bild besteht in der Inszenierung aus zwei Teilen: Der Gewissenskonflikt Isabellas ("There is a vice that most I do abhor [...]" II.2; 95, 2933.) wird dem Dialog vorangestellt und ad spectatores gesprochen.

Nachdem Edith Clever Isabellas Zwiespalt zwischen Gesetzestreue und Liebe zur ihrem Bruder in nach vorne gebeugter Haltung, mit hoher Stimme, expressiver Mimik und erhobenem Zeigefinger erläuterte, wird sie von Bruno Ganz abrupt unterbrochen, der sie mit der scharfen Aufforderung "Weiter!" zum direkten Gespräch mit ihm zwingt.

Bruno Ganz als Angelo steht auf einem Stuhl, Edith Clever – mit dem Rücken zum Publikum – vor ihm. Die Spielfläche wird von den im Kreis sitzenden Darstellern begrenzt – Clever und Ganz begeben sich in den 'Ring' und nehmen ihren Rollenpart auf – der Personenkreis fungiert als Zuhörerschaft innerhalb der Fiktion und als Begrenzung des Spielfeldes. Als Angelo mit gequetschter Kopfstimme, mit verschränkten Armen und stur geradeaus gehaltenen Kopf Isabellas Bitte um Gnade abschlägt, resigniert sie: "Streng und gerecht. Dann hatte ich einen Bruder." [PH 6, 2; II.2; 95]. Sie gibt Angelo sittsam die Hand und will gehen. Die Darsteller/Zuschauer/Beurteilenden protestieren lauthals, Edith Clever verläßt den Kreis, steigt aus der Fiktion aus. Einige springen auf und eilen zu ihr, um sie zur Wiederaufnahme der szenischen Präsentation wie der Figuration ihrer Rolle zu überreden. Lucios Auf-

---

[95] Volker Canaris. *Peter Zadek.* A.a.O. 162.

forderung "Los! Es geht um Claudio, nicht um irgendetwas" ist dagegen fiktionsimmanent.

Bruno Ganz eilt zu Clever, nimmt sie lächelnd bei der Hand und 'überredet' sie zur Wiederaufnahme des Spiels (im Spiel), was die Darsteller mit Applaus quittieren. Alle nehmen ihre vorherige Position wieder ein, die Szene beginnt von neuem. Das Zwischenspiel ist Teil der Fiktion, in der Isabellas Gnadengesuch zu scheitern droht, und zugleich scheinbar kritischer Moment der szenischen Repräsentation.

Wie Zadek entgegen der Stimmen, die diesen Ausstieg als V-Effekt im Sinne Brechts bewerten, betont, handelt es sich hierbei nicht um einen 'Ausstieg' aus der Rolle, sondern aus der Situation, denn allein die Bezeichnung 'in die Rollen schlüpfen' trifft schon nicht zu.[96] Ähnlich Godards Credo über "Liebe, Kino, Arbeit" arbeiten die Darsteller auch während des Theaterereignisses an ihren Rollen, versuchen untereinander, sich über die Möglichkeit des besseren Spiels zu verständigen. Darüber hinaus nehmen sie während des Spiels mehrere Rollen an: Wenn sie nicht ihre hauptsächliche Rolle spielen, fungieren sie als Statisten, kommentierende Zuhörer im Spiel, aber auch als Privatpersonen, die teilweise keine Lust zum Spielen haben und von den anderen dazu aufgefordert werden müssen.

Die Rollenkonstitution wird permanent auf die Mittel befragt, beurteilt und auch auf Kosten des Stücks selbst problematisiert. Die Inszenierung verleiht sich den Anstrich eines *work in progress*: "Alle Versuche, Szenen vorauszuplanen, schlugen fehl. Es ließ sich nur auf der Bühne an dem Stück arbeiten."[97]

Die Ambivalenz des selbstreflexiven Ereignisses 'Theater' beschreibt sowohl die Verführung, sich spielend einer anderen Identität zu versichern, als auch die Probleme, ihrer Herr zu werden. Sie betrifft auch und gerade durch ihr "Scheitern"[98] die Bedingungen und Probleme des Erlebnisstilwechsels. Dabei handelt es sich nicht um einen therapeutischen "Selbstfindungsprozeß"[99] der Schauspieler; denn ihre Kritik bezieht sich auf den Anlaß ihrer Arbeit, ein Stück zu spielen, mit dem sie offenbar nicht harmonieren. Sie problematisieren die theatrale Repräsentation. Das Ensemble ergänzt die Infragestellung auch um eine höchst eigenwillige Lösung: Diese kontextualisiert "Maß für Maß" mit gerade anhebenden Versuchen der Studentengeneration, den "Sieg der

---

[96] TV-Interview Zadek.
[97] Burkhardt Mauer. A.a.O.
[98] Rischbieter. A.a.O. 25.
[99] Michael Raab. *Des Widerspenstigen Zähmung.* A.a.O. 21.

Lebenskräfte über Aggressivität und Schuld" (Marcuse) zu proben. Die Erprobung gelingt ihm durch eine höchst ungewöhnliche Körpersprache.

Physische Sprache:

Die Inszenierung gebraucht den Schauspieler nicht allein als Deixis, durch die sich Raum und Zeit konstituieren,[100] sondern auch als konkret vor Augen geführtes Indiz für die Trennung von Körper und mentalem Akt, Kluft zwischen Identität des Subjekts und Macht.

Um die Auswirkung eines unmenschlichen Systems auf Täter wie Opfer zu veranschaulichen, verwandeln sich die Körper häufig in Gewalt- und Folterinstrumente. Claudio und seine Braut Julia hängen am 'Pranger':

> Sie stehen Kopf auf Stühlen, durch ihre gegrätschten [und von den Wärtern festgehaltenen] Beine sprechen die Pranger-Wächter in breitem wie zitiertem [...] Wienerisch.[101]

Die Instrumentalisierung zu Foltergeräten betont die Verwicklung der Täter in das Machtsystem und ihre reduzierte Menschlichkeit, was sich in der trägen Sprache und 'stumpfen' Mienen manifestiert.

Sozial tolerierte Gewalt nimmt im 15. Bild exorzistische, sadistisch-sexuelle Maße an. Der Herzog (in Mönchskutte) preßt Julia die Reue für ihren Beischlaf vor der Hochzeit ab. Vier Männer halten sie an Armen und Beinen, der Herzog drängt sich an Julias Schoß. Mit den Worten "Benedice Te" legt er eine Hand darauf und streichelt ihn.

Ebenso konkret wird die Ermordung von Claudio und Escalus dargestellt. Auf Claudios Nacken heruntersausende, ausgestreckte Arme, eine Bewegung, die von Zischlauten begleitet wird, symbolisieren die Guillotine. Frau Meier 'bläst' Escalus auf, bis er 'platzt': Im akustischen Betonen des Pustens, dem allmählichen Ausbreiten der Arme von Escalus hält die drastische Körperführung aus dem 'Grand Guignol' und dem Zirkus wieder Einzug in den Musentempel, den Zadek damit – wenn auch nur kurzfristig – "zum Einsturz bringt".[102] Die Deformationen der Körper zu Requisiten nimmt ihnen die im Theater angestammte Würde, auch als Material für die Imagination einer Person doch immer zugleich den Referenten des traditionellen Theaters, den

---

[100] Patrice Pavis. *Dictionnaire du théâtre. Termes et concepts de l'analyse théâtrale.* Paris 1980. 105f.
[101] Rischbieter. A.a.O.
[102] A.a.O.

140

Menschen schlechthin zu bezeichnen. Die traditionelle Verfügung der Körper an eine Logik der Person und Handlung ist damit teilweise aufgebrochen.

Die physische Sprache erreicht vielfältige Variationen: An Verhaltensbeispielen Angelos und Isabellas läßt sich darstellen, wie anstelle der Synchronität die Widersprüchlichkeit von mentalem Akt und unbewußten Wünschen in Körper und Stimmen zum Ausdruck gelangen. Isabellas Appell an Angelos Gnade und ihre religiös begründete Verweigerung des Tauschgeschäfts 'Claudios Leben gegen ihren Körper' steht im krassen Gegensatz zur Körpersprache. Sie springt auf seine Schultern, scheint sich in seinen Kopf verkriechen zu wollen, ebenso konkret körperlich, wie sie vorher den Weg in sein Gewissen mit dem Zeigefinger durch seine Nase zu suchen schien. Dieser Kampf auf Kopfebene verdeutlicht einerseits die Bigotterie Isabellas, andererseits ihre Spaltung zwischen religiösem Anspruch und sexuellem Bedürfnis. Die krasse Körpersprache ist schon vorbereitet durch Angelos, von spastischen Zuckungen begleiteten Monolog. Mit hoher gequetschter Stimme und zusammengebissenen Zähnen preßt er sich die Inneneinsicht ab: "[...] Keine Hure konnte mich aufregen. Und diesem Mädchen unterlieg ich völlig. Bis jetzt, wenn Männer verliebt waren, habe ich gelächelt und mich gewundert." [6.4] Die Körper stellen richtig, was die Worte zu verheimlichen suchen, haben gleichsam einen direkten Draht zum Unterbewußtsein, entlarven Isabella und Angelo als triebgestörte Hirnwesen, die die Wahrheit mit Worten zu übertünchen suchen, was ihre Gesten jedoch nicht dulden. Körperverhalten und Sprachhandlungen stehen häufig im Widerspruch, der die Sprache als Lüge darstellt. Ausgerechnet Lucio, der durch eine dogmatische Intonation als Asket gezeichnet ist und Freiheit im Namen des Begehrens fordert, entfernt sich von dem sexuellen Gemeinschaftstreiben im Bordell und wechselt lieber Glühbirnen aus.

Theater der Stimmen:

Der Zweifel an der Sprache als Dominante in der Hierarchie der theatralen Zeichensysteme manifestiert sich in den sensorischen Qualitäten der Inszenierung. Sie zerstören teilweise die pragmatische Zeichendimension der Sprache und setzen ihr die 'Wahrheit' der Emotion entgegen.

Zum einen reißt die Intonation die traditionelle Trennung von Verbalsprache und Musik/Geräuschen auf. Zum anderen verleiht sie den Figuren Stimmregister, die ihre sexuelle Identität hervorheben. Die für das traditionelle Theater charakteristische Unterteilung von männlich sonoren und weiblich hellen Stimmen wird teilweise ausgesetzt.

Angelo spricht schnarrend gequetscht und zugleich sehr hell. Die Stimm-
lagen entgrenzen – wie Artaud in den "Lettres sur le langage" fordert – die
soziale und psychische Identität. Traditionell verweisen hohe Männerstimmen
auf kopflastige Intellektuelle oder, wie im drastischen Ausdruckscode der
Oper, auf Eunuchen. Zugleich entmenschlichen die outrierten Tonlagen die
Figuren, verweisen auf 'humanes' Ungleichgewicht und Triebhaftigkeit (beispielsweise ausgedrückt in Pompis tiefem und röhrendem Baß).

Der maßgebliche Diskurs über Recht und Gnade (2.1) erstickt im unverständlichen Geschrei zwischen Angelo und Escalus, die auf Stühlen stehend
einander umklammern, sich mit kindlichem Lärm an ihre Macht klammern.
Der Wortlaut wird in der ersten Auseinandersetzung zwischen Isabella und
Angelo nachgeschoben. Frau Meier, ein grell geschminkter Transvestit, klagt
in keifendem Diskant über die Schließung des Bordells. Ihr Gezeter endet in
"Kikeriki"-Geschrei, in das die Schauspieler einstimmen und dabei die Arme
hochwerfen – witzige und zugleich vitale Bezeichnung der kopflosen Aufre-
gung.

Edith Clever verfügt über ein großes Stimmregister: vom übertriebenen Ton
der "höheren Tochter"[104] über die outriert intonierte Ekstase der religiösen
Schwärmerin ("There is a vice that most I do abhor..." II.2; 95, 2933.) bis hin
zur gepreßten, hohen Melodie, die die Wortsilben ausdehnt und die sexuelle
Verklemmtheit wie Sehnsucht Isabellas zum hörbaren Erlebnis macht. Während der folgenden Passage preßt Isabella sich von hinten an ihren Bruder, der
hoffnungslos verzweifelt auf dem Boden kauert. Sie umklammert ihn mit ihren
Beinen, drückt Claudius Beine auseinander - eine drastische Einladung, das
ihm unterstellte Gewerbe mit ihr fortzuführen:

[metallisch, gepreßt.. len. Alle Worte sind verbunden gesprochen] Du kotzt mich [/] an!
[\ ] Deine [/] *Sün*[rit. gedehnt.]*dä* [\] ist kein [/] Zu[rit. gedehnt.]fall, [\ ] sondern ein [/]
Ge[rit. gedehnt.]wer[/]be! [acc.] Gnade an [gedehnt.]dir [/] macht sich ja *selbst* zum
Zuhälta. [f. rit.] Am besten stirbst du [/] gleich. [18.10]

Die Stimmen oszillieren zwischen Sprache und Geschrei, brechen die behaup-
tete Identität der Figuren auf. Die Entmenschlichung der Stimmen in besonders
starken Affekten verweist auf die Krux zwischen moralischem Anspruch und
dem sexuellen Begehren, das in der Inszenierung (wie im Drama) stets mit
Machtspielen zu tun hat. Mit Hilfe emotional-dynamischer Signifikationspro-
zesse über Körper und Stimme spannt die Inszenierung einen sozialen Kom-

---

[104] Eder. A.a.O.

mentar, der ähnlich wie Artauds Zivilisationspessimismus die 'Bestie Mensch' entlarvt.

Zadek enthält viele Aspekte eines erweiterten Ausdrucksrepertoires, die aus der nachfolgenden Theaterästhetik nicht wegzudenken sind. Hervorstechendes Merkmal der Inszenierung ist die Erweiterung des physischen und onomatopoetischen Kanons, der der Sprache im literarischen Theater den ersten Platz streitig macht.

Zadek wendet einige Aspekte des "Théâtre de la cruauté" an (das über die vermeintlichen Artaud-Erben, u.a. das "Living Theater" und "La Mama", wieder internationale Aufmerksamkeit erlangte). Dabei handelt es sich jedoch nicht um eine Adaption der utopischen Thesen Artauds, da der Blick der Inszenierung diagnostisch auf eine Gesellschaft gerichtet ist, die den Diskurs der Macht bis in die Intimität treibt und ihn zugleich von dort fernzuhalten sucht. Ebensowenig macht sich die Inszenierung die Körpersprache des "Living Theater" einfach zu eigen. Von ihm trennt "Maß für Maß" die am ausgewiesenen Kunstort Theater angesiedelte Präsentation wie die Stilisierung der Körper, die auch bei sexuellen und sadistischen Darstellungen ein Übergleiten von der Fiktion in die Realität verhindert. Das *spectacle complet* bzw. *théâtre idéal*, in dem sowohl im "Théâtre de la cruauté" als auch im "Living Theater" die reale Grausamkeit dem Publikum eigene Lust und Schuldgefühle bewußt machen soll,[105] bleibt auf das Erleben der Rollenfiguren selbst beschränkt: etwa, wenn Angelo während der Erläuterung seiner Lustgefühle gegenüber Isabella die Arme um seinen Körper wirft, als würde er sich dafür geißeln, seine Gier jedoch gleichzeitig steigt.

Auf semantischer Ebene verfolgt die Inszenierung in ähnlicher Weise wie das "Théâtre Alfred Jarry" den Angriff auf ein 'Meisterwerk' des Welttheaters. Das "Théâtre Alfred Jarry" versuchte z.B. die Geschichte vom Blaubart "mit einer neuen Auffassung der Erotik und der Grausamkeit"[106] zu verbinden, um mit Hilfe der Deformation der traditionellen Zeichenträger und Zeichenkombinationen – Körper und Schauspieler, Sprache und dramatischer Dialog – Aspekte in Erinnerung zu bringen, die die Zivilisation aus ihrem Gedächtnis zu streichen sucht. Auf diese Weise wurden Triebstrukturen, Grausamkeiten sowie die Verbindung von Macht und sadistischer Lust in ihrer verführerischen Gewalt nicht aus der Geschichte der Zivilisation ausgeklammert. In der Theaterpraxis äußerte sich dies nicht nur in der Vorführung von Grausamkeiten,

---

[105] Vgl. Antonin Artaud. *Ouvres complètes.* 18 vol. Paris 21976. II. 16ff.
[106] Artaud. "Das Theater der Grausamkeit. 1. Manifest." *Das Theater und sein Double.* Transl. G. Henninger. Frankfurt/M. 21989. 107. Sigle: TD.

sondern in der Designifikation der Repräsentation, die sich im Handeln und Sprechen der Rollenfiguren des humanistischen Selbstbildnisses versichert: der "Abständigkeit des Menschen von sich selbst", wie Hellmuth Plessner die exzentrische Fähigkeit des Menschen zur Identitätsstiftung bezeichnet.[106]

Zu diesen Strategien des "théâtre de la cruauté" zählt zum einen die Körpersprache als Alternative zur Verbalsprache, deren Sinn-Horizont sich mit dem Verlust des transzendentalen Subjekts ohnehin auflöst[107] ("[...] das Wort stellt den Maßstab dar für unsre Ohnmacht [...]").[108] Zum anderen das Theater der Stimmen:

> [...] die Wörter brauchen nur, statt einzig und allein für das genommen zu werden, was sie, grammatisch gesehen, sagen wollen, unter ihrem klanglichen Gesichtspunkt verstanden und als Bewegungen aufgefaßt zu werden und diese Bewegungen wieder sich anderen direkteren und einfachen Bewegungen anzugleichen wie solchen, mit denen wir es in allen Lebenslagen zu tun haben, die Schauspieler [des abgelehnten Theaters] aber nicht.[109]

Beide Aspekte finden sich in Zadeks Inszenierung, wenngleich der Analogie zwischen dem Körperverhalten in "Maß für Maß" und dem *athlétisme affectif* Grenzen gesetzt sind. Wenn Artaud die Körpersprache vor allem im Verhältnis zum Schauspieler (und damit auch zum 'künftigen Menschen' seiner Utopie) beschreibt, so handelt es sich um die "Schaffung eines sonoren und visuellen Gestus, der mit körperlichen Hieroglyphen schafft, was noch nicht ist, also weder Interpretant im Peirce'schen Sinne noch Substitut von Bekanntem ist."[110] Das Körperverhalten des Ensembles diagnostiziert dagegen, was ist: die Trennung von Affekt und scheinbarer Rationalität, von Wahrheit des Fühlens und der Sprache, die keine Wirklichkeit denn die der Lüge konstituiert.

Die Inszenierung beschreibt einen Weg des erweiterten Ausdruckskanons, aber auch der veränderten Sicht auf die Bedingungen der Theaterpraxis. Auch wenn die Kompetenz des Rezipienten und sein Platz vor der Rampe im Vergleich zu vorhergehenden Inszenierungen und zeitgenössischen 'Happening'-Ansätzen nicht besonders angegriffen wird: Provozierend meldet sich der

---

[106] Hellmuth Plessner. *Die Frage nach der conditio humana.* Frankfurt/M. 1976. Vgl. auch Erika Fischer-Lichte. *Geschichte des Dramas 1: Von der Antike bis zur deutschen Klassik.* Tübingen 1990. 4.

[107] Vgl. Jacques Derrida. "Das Theater der Grausamkeit und die Geschlossenheit der Repräsentation." A.a.O.

[108] Artaud. "Die Wörter und die jetzige Zeit." TD. 165.

[109] Artaud. "Brief an J.P." (28. 5. 1933). TD. 126f.

[110] Helga Finter. *Der subjektive Raum 2: Antonin Artaud und die Utopie des Theaters.* Tübingen 1990. 106.

144

Wille der Produzenten an, sich hinter dem 'aufzuführenden Werk' nicht zu verstecken, sondern ihm die eigene Stimme zu geben. Diese Tendenz ist in keiner Shakespeare-Inszenierung so deutlich wie in dieser. Sie verweist auf bestimmte Veränderungen der Theaterästhetik, die zusammenfassend und als Überleitung zum nächsten Teil erörtert werden.

5 Ästhetischer Nominalismus im Theater der sechziger und siebziger Jahre

Die in diesem Teil dargelegten Inszenierungen finden zu einem Moment der Theaterarbeit statt, ab dem sich nahezu so viele ästhetische Möglichkeiten ankündigen wie es Theatermacher gibt. Die Ablösung von der Tradition ist zunehmend von der Willkür der jeweiligen Künstler diktiert, weniger von sozialästhetischen Programmen mit klaren Vorstellungen über ein anderes Theatermodell. Diesen Subjektivismus rechtfertigt Peter Zadek mit dem Hinweis:

> Ich habe angefangen, eine einigermaßen realistische Inszenierung von dem Stück ["Maß für Maß"] zu machen. Dabei habe ich nach vierzehn Tagen Arbeit festgestellt, daß die Vorgänge auf der Bühne meiner Fantasie nicht entsprachen. Daraufhin habe ich mich entschlossen, neu anzufangen und rücksichtslos das zu inszenieren, was von der Fantasie bestimmt wird.[112]

Um diesen Wandel und seine ästhetische Konsequenz für das nachfolgende Theater abzuschätzen, sei Adornos Erörterung der postavantgardistischen Kunst eingebracht; denn seine "Ästhetische Theorie" stellt – wenngleich mit Protest – den 'Subjektivismus' der Kunst als maßgebendes Reflexionsmoment in Rechnung.

Die besprochenen Inszenierungen setzen trotz einiger Gemeinsamkeiten in der Wahl ästhetischer Strategien nicht nur jeweils die Grenzen zur Rampe anders, sondern weisen unterschiedliche Formen der Fiktionalisierung auf. Zugleich sind sie mit einem stark historistischen Gedächtnis ästhetischer Formen ausgestattet, die sie teilweise parodieren und mit denen sie spielerisch umgehen: In parodistischer Ablehnung – ex negativo – normieren sie, was nicht mehr möglich ist. Hierzu zählt einerseits die szenische Konkretisierung der Texte nur unter der Bedingung, daß deren auratische Unantastbarkeit und

---

[112] "Maß für Maß [...]." *Programmheft.* Ed. Theater am Goetheplatz. Spielzeit 1967/68.

Autonomie suspendiert sind, andererseits eine Verlusterfahrung: Die transzendentalen Haltepunkte des Subjekts werden aus den vorgegebenen Formen verabschiedet; den Protagonisten aller Inszenierungen verschließt sich die tragische Versöhnung ebenso wie die Einsicht in den Sinn der Geschichte.

Die Taten der 'Helden' werden nun unter dem Siegel eines ironisch bis hämisch quittierten Scheiterns dargestellt. Dieser über Dekanonisierungsprozesse hinausgehende Bruch markiert eine vergleichsweise späte Reaktion des westdeutschen Theaters auf gesamtästhetische Entwicklungen, die Adorno als Epoche des *"ästhetischen Nominalismus"* bezeichnete.[113] Die "Ästhetische Theorie" umschreibt damit den *Verlust allgemein verbindlicher Normen* wie die zunehmende *Subjektivierung der Kunstwerke* bis zu dem Grad, an dem Kunstwerke zur Gattung inkommensurabel werden – es sei denn als Skandal.[114]

Das Regietheater der sechziger Jahre forciert den Anschluß der Theaterästhetik an die Entwicklung der übrigen Künste, in denen die Setzung und das "Einströmen von Erfahrungen, die nicht länger von apriorischen Gattungen zurechtgestutzt werden" selbstverständlich sind.[115] Anstatt der Einheitsstiftung der Texte/Inszenierungen stehen die Kategorien der Autonomie, der Figuration und Repräsentation von Welt zur Disposition.

Diesen Vorstoß des Regietheaters begleiten seit seinem Beginn Vorwürfe der billigen Willkür, aber auch berechtigte Einwände gegen die Textzerstückelung und die Preisgabe des kulturellen Erbes, in dem geschichtliches Bewußtsein angeblich aufgehoben ist. Nichtsdestoweniger bleibt die Veränderung der Theaterästhetik durch das Regietheater ein 'fait accompli'. Um dessen ästhetische Konsequenz abzuschätzen, wäre zunächst zu fragen, was mit der Hinwendung zum ästhetischen Nominalismus aufgegeben wurde: Zum einen – mit Adorno gesprochen – die ohnehin "unverläßliche Existenz und Teleologie objektiver Gattungen und Typen",[116] zum anderen die Einheitsstiftung, die ein Kunstwerk durch die Gattungsnormen erfährt, das Aufgehobensein des Besonderen im Allgemeinen: Die spezialisierte Kunst, die sich das ästhetisch Allgemeine nicht mehr vorgeben läßt, verliert "vorgegebene Ordnungskategorien",[117] trifft dabei jedoch auf die Angriffsfläche der kanonischen Formenwelt,

---

[113] Theodor W. Adorno. *Ästhetische Theorie.* Frankfurt/M. 31977. 334. Sigle: ÄT.

[114] Vgl. B. Croce, der die Einteilung der Werke in Gattungen völlig ablehnt. *Gesammelte philosophische Schriften. II. Reihe. 2. Bd. Tübingen 1929. II.43.*

[115] ÄT. 33.4.

[116] A.a.O. 299.

[117] A.a.O. 334.

den "schönen Schein".[118] Die Autonomie steht ebenso zur Disposition wie die Auffassungen über das "Organische" und "Illusionäre" des Werkes.[119] Dies schlägt sich praktisch nieder in der Öffnung der klassischen Texte für den aktuellen sozialen Kontext, in Präsentationsformen, die im Extremfall einen intertextuellen Überschuß an außertheatralischen Genres und Gattungszitaten aufweisen. Der Text – dezentriert und vernetzt mit abgelehnten theatralen Konventionen – droht wie beispielsweise in Zadeks "Maß für Maß" an Stimme zu verlieren. Die Kritik am Vorgegebenen führt zu drei Aspekten, die für die nachfolgende Theaterästhetik konstitutiv sind: Materialbeherrschung, Subjektivität des Werks, das ästhetisch erzeugte Subjekt.

Materialbeherrschung:

Adorno führt anhand der kubistischen Malerei, der seriellen Musik und des modernen Romans vor, wie die negative Normierung des nicht mehr Möglichen ein historisches Bewußtsein von der kontextlosen Verfügbarkeit der Materialien schafft. Adornos Schlußfolgerung, die den historischen Avantgarden gilt, läßt sich für die postavantgardistische Kunst weiterentwickeln: Wie die historischen Avantgarden verfügt sie über Material und Technik, kann sich jedoch nicht mehr auf Originalität der Negativität berufen. Da der ästhetische Kanon nicht mehr verbindlich ist, kann ästhetische Konstruktion sich nicht mehr in die Opposition zurückziehen. Die Tendenz der Werke zur "offenen Form"[120] (Adorno u.a. über Brechts Lehrstücke) resultiert aus der Absage an das Werk als geschlossene Sinneinheit und Träger ästhetischer Autonomie.

Kritisch verhalten sich nahezu alle Inszenierungen seit den Endsechzigern gegenüber der Autonomie des Theaters und damit auch gegenüber der Geschlossenheit seiner Fiktionalisierungen. Die Selbstreflexion der Produzenten in Inszenierungen wie Zadeks "Maß für Maß" und in Diskussionen unter den Theatermachern[121] markiert das strittig gewordene Privileg der künstlerischen Freiheit und Autonomie. Die Zweifel an der ästhetischen Autonomie resultieren aus der Vermutung, daß sie einerseits ideale, herrschaftsfreie Vermittlung des in ihr aufgehobenen Humanismus ist, andererseits dazu dienen kann, die Inhumanität der Realität zu verschleiern. Peter Stein:

---

[118] A.a.O. 333.
[119] A.a.O. 92.
[120] A.a.O. 327.
[121] "Was kann man machen? Ein Gespräch über Theater und Theatermachen in diesem Jahr 1968 mit den Regisseuren Peter Stein und Peter Zadek." *Thh-Jb.* 1968. 26-29.

Es ist nicht kunstfeindlich, über solche Einwände nachzudenken. Es muß doch Möglichkeiten geben, das was an Sprengkraft oder an Bewegung in gesellschaftlichen Entwicklungen drinsteckt, zu artikulieren, zu spiegeln, zu benutzen für das, was man macht auf dem ästhetisch determinierten Karree des Theaters.[122]

Während Adorno ästhetische Autonomie als Identität des Kunstwerks bezeichnet, der es die List seiner eigenen Vernunft verdanke, bringen zur gleichen Zeit Inszenierungen interessengesteuerte Aspekte dieser List zum Vorschein. Vermutet Adorno in der Autonomie gleichsam die freie Nische des Kunstwerks, in die Ideologien nicht gelangen, so sehen viele Theatermacher weniger den daraus entstehenden Freiheitsaspekt als den Hort, wo sich Ideologien unterhalb ihrer Textualisierungsebene unauffällig manifestieren könnten. Daß die Kränze, die die Gesellschaft ihren Künstlern 'flicht', diese blind gegenüber dem Kunstwerk als "fait social"[123] und der ideologischen Setzung der Autonomie machen dürfte, zeigt Tasso (Bruno Ganz) in Peter Steins Inszenierung (Bremen 1966/67) in einem berückenden Bild: Sein Lorbeerkranz sitzt so tief, daß ihm der Blick auf die Realität verstellt bleibt.

Subjektivität:

Die 'Subjektivität' des Werks verstärkt sich aufgrund des Verlusts werkpoetologischer Kategorien. Adorno sieht darin eine Öffnung und den zunehmend thematisierten Selbstverweis auf den 'techné'-Charakter von Kunst, worin die Ablehnung des 'Organischen' deutlich werde. Die Theatermetaphorik, die thematisch in den genannten Inszenierungen aufgegriffen wird, die Verwendung grotesker Elemente und der Bruch zwischen Emission des Texts und Gestus der Inszenierung, betonen das Kunstwerk als Mach-Werk, eine Tendenz, die sich in den Siebziger Jahren verstärkt – etwa in Zadeks Verzicht auf ein organisches Kunstwerk durch (mehr oder minder scheinbare) Improvisation ("Maß für Maß").

Subjekt im Werk:

Seine Stellung wird höchst problematisch, da die metaphysischen Haltepunkte der traditionellen Ästhetik sich gelöst haben:

Der Tradition der Ästhetik, weithin auch der traditionellen Kunst gemäß war die Bestimmung der Totalität des Kunstwerks als eines Sinnzusammenhangs. Wechselwirkung von

---

[122] A.a.O. 26.
[123] ÄT. 16.

Ganzem und Teilen soll es derart als Sinnvolles prägen, daß dadurch der Inbegriff solchen Sinns koinzidiere mit dem metaphysischen Gehalt.[124]

Wenn dies sich als richtig erweist – warum sollte das Theater von der voranschreitenden Unverbindlichkeit der Metaphysik in den anderen Künsten unberührt sein? – dürften die Inszenierungen über die metaphysischen und teleologischen Gehalte der dramatischen Texte auch weiterhin kritisch verhandeln. Die "Absage an die Idee" beinhaltet wiederum den Verlust der Begrifflichkeit,[125] wodurch die Kunstpraxis selbst hinterfragt wird:

> Kritische Selbstreflexion, wie sie jeglichem Kunstwerk inhäriert, schärft dessen Empfindlichkeit gegen alle die Momente in ihm, die herkömmlich Sinn bekräftigen; damit aber auch gegen den immanenten Sinn der Werke und ihre sinnstiftenden Kategorien.[126]

Damit sind interessante Aspekte gewonnen, die unmitttelbar in den noch zu besprechenden Inszenierungen selbst sichtbar werden können: Kunst arbeitet nicht mehr mit ihr vorgegebenen, metaphysischen Begriffen,[127] sondern versucht, sich in Fakten zu äußern, was auch bedeutet, den "Niedergang des Subjekts" zu diagnostizieren[128] und vor allem weiterhin wichtige Kriterien des 'Theaters der Repräsentation' auszuhöhlen. Das Subjekt, im dialektischen Theater verkleinert und als Resultat der Verdinglichung durch den Diskurs der Macht repräsentiert, steht zunehmend im Zentrum, das jedoch nicht unbedingt eine Sinnlegitimation zusichert. Am Repräsentations-Modell, das "die imago eines subjektlosen An sich bereitete",[129] war damit weitreichende Abbruchsarbeit geleistet, und im Theater des Absurden ist die Zerstörung dieser anthropologischen Konfiguration des Theaters deutlich fortgeschrittener: "Die kindischblutigen Clownsfratzen, zu denen bei Beckett das Subjekt sich desintegriert, sind die historische Wahrheit über es."[130] Die Hinwendung zum Subjekt erweist sich im Theater der Siebziger Jahre als Vielfalt von Identitätsentwürfen, die den Verlust der Metaphysik, der Wahrheit und des ihr

---

[124] A.a.O. 228.
[125] A.a.O. 229.
[126] A.a.O.
[127] Vgl. dazu auch Michel Foucaults Diagnose zum Bruch der Begriffe mit ihrer divinatorischen Qualität. *Die Ordnung der Dinge.* Transl. U. Köppen. Frankfurt/M. 91990. 93.
[128] Theodor W. Adorno. "Offener Brief an Rolf Hochhuth." *Noten zur Literatur.* Frankfurt/M. 1981. 591-598. 594.
[129] ÄT. A.a.O. 261. Diese Abbruchsarbeit wird gewürdigt im "Offenen Brief an Hochhuth" und in der *Ästhetischen Theorie*
[130] A.a.O. 370. Vgl. auch "Versuch, das Endspiel zu verstehen." *Noten zur Literatur.* A.a.O. 281-321.

verpflichteten und unterworfenen Subjekts unterschiedlich zu kompensieren suchen oder in seinen Folgen konstatieren.

Die Kritik an den vorgegebenen Konventionen des Theaters äußert sich auch in einer Verschiebung vom poetischen zum poïetischen Zugriff auf die Dramen. Der poetische Zugang zielt auf die Darstellung einer universalen Gültigkeit ab. Beispiel dafür war Wirths "Hamlet"-Inszenierung (1960), in der christliche Werte symbolisiert und thematisiert sind und den Text als dominante Sinnebene illustriert. Diese Universalität und die Akzeptanz des dramatischen Texts als Zentrum einer Wahrheit, die in der ästhetischen Gestaltung aufgehoben ist, sichert die Möglichkeit, vom Einzelschicksal auf die exemplarische conditio humana zu verweisen.

Der poïetische Zugang hinterfragt dagegen die Verbindung von verbalen und nonverbalen Ausdrucksmitteln ebenso wie er die metaphysische Erhöhung der Fiktion nicht mehr gelten läßt. Die Szene, so interpretiert Derrida die Ziellinien der historischen Avantgarden mit Artaud an der Spitze, "repräsentiert nicht mehr eine Präsenz, die anderswo und vor ihr bestünde, deren Fülle älter als sie, die auf der Szene abwesend wäre, und die de jure auf sie verzichten könnte: Selbstgegenwart des absoluten Logos, lebendige Präsenz Gottes."[131]

Was über das Theater des Absurden Eingang in den Horizont theatraler Praxis fand, hat wesentlichen Anteil an der Theaterästhetik seit den Siebzigern: "The linguistic reality as well as the mechanisms of communication are turned into theatrical stuff."[132]

Unter philosophieästhetischen Aspekt stellt der "ästhetische Nominalismus" eine große Herausforderung an das Theater dieser Zeit dar. Sein Verständigungsparamter gerät bei konsequenter Weiterentwicklung der Subjektproblematik von Werk und dramatischer Figur ins Wanken. Auf der einen Seite droht die 'Privatsprache' durch die Subjektivität des Werks zu dominieren, auf der anderen Seite verlangt der Versuch, den 'Niedergang des Subjekts' zu thematisieren, eine Auseinandersetzung des Theaters mit den verursachenden Faktoren dieser Zerstörung. Dieses Stadium einer theatralisierten 'Bewußtseinsgeschichte' deckt im Verhältnis von Subjekt und Macht die schlechten Karten auf, die das Subjekt in diesem Spiel zieht.

---

[131] Vgl. Jaques Derrida. "Das Theater der Grausamkeit und die Geschlossenheit der Repräsentation." A.a.O. 359.
[132] Daniela Roventa-Frumusani. "The Articulation of the Semiotic Codes in the Theatre of the Absurd." *Multimedial Communication.* Ed. E.W.B Hess-Lüttich. A.a.O. 313-326. 314.

III. "Hamlet"-Inszenierungen in den siebziger Jahren: Aktive Utopie und Innerlichkeit

Als meistinszenierte Shakespeare-Tragödie stürzt "Hamlet" in das Zentrum der theatralen Auseinandersetzung mit dem Aspekt 'Subjekt und Macht'. Im Blick auf die "Hamlet"-Rezeption der siebziger Jahre drängt sich der Eindruck auf, daß das Stück wesentlich zu einer *theatralisierten Bewußtseinsgeschichte* beiträgt. Das politische Theater greift auf "Hamlet" ebenso zurück wie Inszenierungen, die sich im ästhetischen Topos der 'Innerlichkeit' bewegen. Hamlets Zögern, Handlungsausbrüche und Scheitern dienen häufig zur Konstitution des 'paradigmatischen' Intellektuellen und zur Auseinandersetzung mit Fragen des Bewußtseins- und Sprachhorizonts. Die "Hamlet"-Interpretation geben Aufschluß über die Einschätzung intellektueller Praxis und ihres Einflusses auf die Politik. Diese gewinnt im Theater der siebziger Jahre besondere Relevanz. Die Gedankenfreiheit, von der die Studentenbewegung reichlich Gebrauch machte, steht nach dem Schock des Terrorismus unter Verdacht. "Nachdenken [...] über das, was die Terroristen bei ihrem Tun bewegt", wird "als kriminell und verfolgungswürdig hingestellt."[1] Mitscherlich bewertet die Situation der Intellektuellen als Gegenwehr an zwei Fronten: Von konservativen Gegnern als Sympathisanten des Terrors denunziert,[2] droht ihnen aus den Reihen außerparlamentarischer Opposition der Vorwurf, die Kluft zwischen sozialer Theorie und politischem Handeln zu vergrößern.

"Hamlet" eignet sich offenbar aufgrund der permanent reflektierten Handlungsproblematik zur selbstkritischen Infragestellung intellektueller Wirksamkeit derart, daß der Protagonist zur Symbolfigur des Konflikts zwischen Staatsmacht und Einzelnem gerät. Dabei lassen sich für die siebziger Jahre zwei Richtungen unterscheiden.

---

[1] Alexander und Margarete Mitscherlich.*Die Unfähigkeit zu trauern*. München [20]1988 . 366.
[2] Vgl. K.H. Frommes Leitartikel in der *FAZ* vom 2.8.1977, zit. nach Mitscherlich. A.a.O. 366: "Diese Sympathisanten, die nie einem Terroristen Nachtlager und Reisegeld gegeben haben, sind die wirklich Gefährlichen. Sie haben zwar nichts getan, sie haben nur nachgedacht."

Die Kluft zwischen Wissen und Verändern steht in Inszenierungen im Vordergrund, die "Hamlet" als 'Drama des Intellektuellen' verstehen. Peter Palitzschs Inszenierung (Stuttgart 1971/72) nimmt das Stück zum Anlaß, über die anekdotische Auseinandersetzung mit der Ohnmacht des Besser-Wissenden hinauszugehen und seine Wirkungslosigkeit selbstkritisch mit der Infragestellung der eigenen Theaterarbeit zu verbinden. Werner Düggelin (Basel 1975/76) versucht, den Generationskonflikt auszuarbeiten und das Stück in die aktuelle Terroristen-Diskussion einzugliedern. Von dieser Wut ist die Inszenierung Willy Schmidts (München 1975/76) weit entfernt. Um den Preis der Aktualität hält sie an der Legitimation der freischwebenden Intelligenz fest: der souveräne Intellektuelle als süffisanter Chronist seines Scheiterns (Kap. III.1).

Die zweite Phase leitet vom Reflexions- und Handlungsproblem zur Frage über, welche Konsequenzen, Schuldverstrickungen und psychische Deformationen politische Macht bewirkt. Ein Schwerpunkt dabei ist, diese Aspekte nicht allein zu illustrieren, sondern auch für den Rezipienten erlebbar zu gestalten. Diese Phase steht unter dem Leitbegriff der "Neuen Subjektivität". Von der Theater- und Literaturwissenschaft wird das Schlagwort zur Unterscheidung von der politischen Ausrichtung der Kunst der Sechziger verwendet, die unter dem Motto des Autodafés – der Selbstaufhebung der Kunst zugunsten des direkten Zugriffs auf die Gesellschaft – steht. Die Betonung des Erlebens gegenüber Reflexion, sozialer Analyse und Rationalität steht im Ruf des Unpolitischen und Privaten.

Sinn und Grenzen der 'Neuen Erlebnisweise' seien an den "Hamlet"-Inszenierungen von Hans Neuenfels, George Tabori und Peter Zadek dargestellt. Ihre Gemeinsamkeit besteht im privaten Zugang (der Regisseure und/oder der Ensembles) zum "Hamlet"-Stoff und in der Verweigerung, die Intrigen auf Helsingör im Licht politischer Analyse zu erhellen. Die dabei merkbare Wiederkunft des Körpers – angeblich auf Kosten der Semantik des Textes – ist weder ästhetisch schön noch unbeschädigt: Gegenüber einer Repression, die sich in die Gehirne der Opfer windet, scheint es keine rettende Grenze mehr für das handelnde Subjekt zu geben. (III.2)

Heymes "Elektronischer Hamlet" setzt einen kritischen Schlußpunkt zum Theater der siebziger Jahre, zu seinen Hoffnungen auf die Aktivität des Subjekts und auf die Übersichtlichkeit der Strukturen (III.3).

1 Narr, 'angry young man' und freischwebende Intelligenz

Der scheidende Schauspieldirektor Peter Palitzsch hinterläßt den bis zuletzt skeptischen Schwaben ein ironisches Abschiedsgeschenk: mit "Hamlet" befriedigt er liebgewordene Erwartungen an das Repertoire, unterläuft sie durch die Wahl der Wieland-Übertragung, die er in voller, viereinhalb Stunden währender Länge inszeniert. Die "harte Sprache" der Übersetzung schlägt zum Vorteil des Zuschauers das Recht des Zuschauers auf 'seinen' Hamlet aus:

> Wir wollten, um die Verstehbarkeit und Widersprüchlichkeit der Geschichte Hamlets willen, diese Geschichte, wie Wieland es genannt hat, "hart und ungeschmeidig" vorstellen. Abwertend vermerkte ein Literaturhistoriker um die Jahrhundertwende. "Wielands Übersetzung geht vom Publikum aus, die Schlegels vom Dichter." Was hier negativ interpretiert wurde, stellt sich heute als Qualität heraus: daß einer an die denkt, vor deren Augen und Ohren dieses Stück vorgeht und weniger an die abstrakte Ästhetik einer formalen Nachschöpfung, die vor allem Literaten und Kenner befriedigt.[3]

Mit der Ausgrabung einer vergessenen Fassung entscheiden die Produzenten gegen den 'deutschen Hamlet', der seine Langlebigkeit der kongenialen Schlegel-Übersetzung verdankt. Nun von diesem ästhetischen und kulturellen Korsett befreit, verliert der Text die Gefahr, nur noch das Zitatengedächtnis zu aktivieren. Brüchig, neu und bis dahin im Nachkriegsdeutschland unerhört, bietet sich "Hamlet" als dramatisiertes und inszeniertes Erfahrungsangebot dar. Die Prosaübersetzung steht in scharfem Kontrast zur poetischen Qualität der vertrauten deutschen Übersetzung. Wieland unterläßt die ästhetisch kongeniale Vermittlung der Stil- und Sprachebenen, was für heutige Zugangsweisen einen interessanten Nebeneffekt anbietet: Entsprechend inszeniert, erscheint der Ausdrucksverlust gegenüber dem Originaltext als Unfähigkeit der Figuren, miteinander zu kommunizieren und die Bedingungen ihres Daseins adäquat zu erfassen: Horatios Bericht über "the like precurse of fierce events" (I.1)[4] liest sich im Vergleich zur entsprechenden, poetisch 'schöneren' Passage in Schlegels Fassung als Erwartung einer Katastrophe von unsagbaren Ausmaßen. Ähnlich disponiert erweist sich eine weitere Kapitulation Wielands vor der komplexen sprachlichen und stilistischen Dimension des Originaltexts. Wieland kürzte Hamlets skurriles Wortspiel (V.1. Z. 93-115) über "the fine of

---

3   Helmut Postel. "Warum ausgehend von Wieland?" *Hamlet*. Programmheft. Ed. Württembergische Staatstheater Stuttgart. Spielzeit 1971/72.
4   Christof Martin Wieland. "Hamlet". *Wielands Übersetzungen III*. Ed. E. Stadler. Berlin 1911. 391-492. I. 1. 398. Im folgenden wird die Übersetzung unter der Sigle Wieland mit Angabe der Akt- und Seitenzahl zitiert.

his fines" (V.1. Z. 106) da er es für unübersetzbar hielt (Wieland. 480). Ummünzen läßt sich der Nachteil in die dramaturgische Absicht, den Endpunkt subjektiver Existenz ohne versöhnenden galligen Humor auszustellen und Hamlet in eine ähnliche Spracharmut wie Horatio zu zwängen.

Eine ähnliche Gegenbewegung zur Tradition unternimmt Düggelins "Hamlet"-Inszenierung Anstelle der Gespenster-Sonate (I.1) beginnt sie mit der Staatsszene (I.2), wobei sie sich auf Erich Frieds[5] Übersetzung stützt: Der Text schreibt gegen die Verinnerlichung der Konflikte, ihre sprachlichen Glättungen, wie sie in der Schlegel-Übersetzung zutage treten, ohne in forcierte Opposition zu geraten. Seismograph für die Verlagerung von der Autoreflexion zur reflektierenden Reaktion auf die Umwelt ist – wie stets in "Hamlet"-Bearbeitungen – der Monolog "Sein oder Nichtsein". Hamlets Frage bezieht sich bei Schlegel auf den Adel des Gemüts ("ob's edler im Gemüt"), während Fried "in the mind" nicht übersetzt.

> Sein oder Nichtsein dann, das ist die Frage:
> Schleuder und Pfeil des rasenden Geschick.
> Oder sich waffnen, einem Meer von Plagen
> Trotzen und so sie enden [...] (Fried. III.1. 39)

Schlegel charakterisiert den Konflikt als Frage der Geisteshaltung (des Duldens oder Gegenarbeitens). Fried polarisiert dagegen Idee und Problematik ihrer Ausführung.

Die starke Raffung des Texts betrifft vornehmlich reflektierende Passagen und die Totengräberszene, wodurch der Aufführungstext die Aktion hervorhebt. Laertes und Horatio reduziert Düggelin auf Stichwortgeber, der Geist fungiert als innere Stimme Hamlets. "Staccato gesprochen",[6] erlangt der Text eine ungewohnte Schärfe: Diktion statt Gefühl, in Helsingör handelt und stirbt sich's schnell. Das Grauen dauert knapp drei Stunden.

---

5 Erich Fried. *Shakespeare-Übersetzungen: Hamlet – Othello.* Berlin 1972. Zitatangabe mit Akt-, Szenen- und Seitenzahl im laufenden Text.
6 Aurel Schmidt. "Ein Spiel von Wahrheit und Politik." *National-Zeitung.* 25.5.1976. Weitere Rezensionen: Werner Düggelin, Reinhardt Stumm. "Eine einzige Mordmaschine." ten. 25.5.'76. haj. "Machtkampf auf Helsingör." *NZZ.* 25.5.'76. Gerhard Jörder. "Die Liebe zur Geometrie." *Badische Zeitung.* 2.6.'76. Peter Meier. "Das Drama spielt auf, unter, zwischen und neben den Treppen." *Tages-Anzeiger.* 29.5.'76. H.W. Moser-Ehinger. "Shakespeares Hamlet." *Basler Woche.* 4.6.'76. Peter Rüedi. "Skizzen zu einem Hamlet." *Weltwoche.* 2.6.'76. Paul Schorno. "Hamlet will bessere Beweise." *Vaterland.* 3.6.'76. Reinhard Stumm. "Düggelin gibt dem neuen Basler Theater einen Renner." *Luzerner Neueste Nachrichten.* 9.6.'76.

Willi Schmidts Münchener Inszenierung (1975/76) beruft sich auf Schlegel als Garant für die hohe poetische Qualität und psychischen Konflikte des Stücks. Der kaum eingestrichene Text erfordert eine Aufführungsdauer von rund vier Stunden. Nur einmal folgt Schmidt der Schücking-Übersetzung: Statt "Gewissen" macht das "Bewußtsein" "Feige aus uns allen".

1.1 Entropie, Symbolik der Macht

So sehr in Palitzschs Inszenierung der Sprache jeglicher Kunstcharakter ausgetrieben wurde, so deutlich macht sich die Kunstgeschichte in der Bühnenausstattung und den Renaissance-Kostümen (Klaus Gelhaar) bemerkbar.

Das Bühnenbild zitiert Michelangelos "Erschaffung Adams" (1508-1512), Boschs Monstre-Apokalypsen und Courbets "La Vague". Trotz verschiedener mimetischer Grundlagen (auratischer Verweis auf das Evangelium bei Michelangelo und Bosch, Naturbeherrschung bei Courbet) weisen die zitierten Werke eine bemerkenswerte Gemeinsamkeit auf, mämlich die Harmonie von Zeichengebung und Sinnproduktion; was die Bilder bedeuten, ist zugleich sinnhaft für den Menschen. Gleichsam als Lemma für die Fabel fungiert Michelangelos 'Meisterwerk Mensch', das auf den Vorhang überdimensional verfremdet wurde. Michelangelos Werk manifestiert eine unproblematische conditio humana: Der Mensch definiert sich als Ebenbild Gottes und bezieht seine Souveränität durch ihn. Im Hintergrund zitiert Courbets "La vague" einen weiteren Topos der Krone der Schöpfung: die Naturbeherrschung. Der Maler/Betrachter des Meeres steht über der Wasserfläche, ignoriert die physikalischen Gesetze des Versinkens. Die religiös legitimierte Souveränität des Menschen weicht der profanen Definition seines Verhältnisses zur Natur.

Beide Entwürfe zitieren epochal unterschiedliche Bewußtseinsgeschichten, in denen der Mensch unbestrittene 'Krone der Schöpfung' ist. Diese Anmaßung bricht sich schließlich mit Boschs apokalyptischen, teuflichen Gestalten, die auf verschiebbaren Wandsegmenten zu sehen sind.

Die Überdimensionalisierung von Michelangelos Werk, die Herauslösung der apokalyptischen Fratzen von Bosch aus den Kontexten und die in diesem stilbrüchigen Pasticcio angesiedelte Variation des bürgerlichen Realismus markieren im verfremdenden Zitat den unhintergehbaren Verlust der universalen Sicherheit. Palitzsch bringt damit ästhetisch und deutlich das Krisenbewußtsein in "Hamlet" zum Ausdruck, das Ernst Bloch als "Riß" zweier Epochen und als Verlust der Utopien (allerdings nur in Hamlets Bewußtsein) bezeichnet hat.[7]

Das Bühnenbild der Basler Inszenierung betont – in Anlehnung an Jessners legendären "Richard III." – den Machtmechanismus wie die Fallhöhe der Mächtigen: ein sehr hoher Balkon mit zwei Treppen, dazwischen zwei knapp mit bürgerlichem Mobiliar ausgestattete Spielinseln. Grausamkeit und Verschuldung der Mächtigen verdeutlicht die auf das blutige Ende verweisende Lichtführung, die die Bühne blutrot koloriert.[8]

Der Münchner Hamlet agiert in einem klinisch hellen Raum mit Gazeschleiern, geometrischen Versatzstücken und wenigen Renaissance-Requisiten (Tisch, Stühle). Auf dem Prospekt kündet ein Schiff mit gerafften Segeln von der Peripetie, die mit Hamlets Abreise nach England einsetzt. Die dramatische Entwicklung zur Vernichtung mit diesem romantischen (Reise-) Symbol darzustellen, kann als glatte Ironie gewertet werden. Der tödliche Reigen endet in einer Abschiedssymphonie: Gertrud trinkt aus dem Kelch, zieht sich daraufhin in eine bereits gerichtete Versenkung zurück. Laertes und Hamlet werden ihr kurze Zeit später nachfolgen. Ebenso diskret zieht sich der sterbende Claudius hinter die Kulissen zurück.

1.2 Krise der Repräsentation

Traditionell gilt der Körper des Schauspielers als Zeichenträger eines (dramatisch erzeugten) Subjekts. Gegen diese identitätsstiftende Maßnahme wendet sich Palitzschs Inszenierung. Hamlets Gewand, das von dem Renaissance-Stil der übrigen Kostüme absticht, stellt diesen thematischen Ansatz heraus: ein "Zwischending von Rüstungshemd und Narrenkostüm. Mit jedem Schritt klirren die metallischen Schuppen wie Schellen einer Narrenkappe."[9] In diesem Verweiszusammenhang zwischen Reflexion, Aktion, Schutzmaßnahme und Wirkungslosigkeit ist Peter Roggischs Spielweise angelegt.

Während der Passage "O daß dieses allzu, allzu feste Fleisch schmelzen und in Thränen aufgelößt zerrinnen möchte [...]" (Wieland. I.3. 403), wechselt Hamlet ständig den Sitzplatz zwischen den nah gegenüberstehenden Thronsesseln. Er versucht, die Distanz zu sich selbst im körperlichen Bravourstück herbeizuzwingen, indem er immer wieder Gelegenheiten sucht, sich selbst zuzuschauen, mit sich zu sprechen, "sich selber auf die Schulter [zu] klop-

---

7 Ernst Bloch. *Das Prinzip Hoffnung*. 3 Bde. Frankfurt/M. 1985. III. 1208.

8 Einer ähnlichen Konstruktion mit bewußter Zitierung der Jeßner-Treppe bedient sich auch Tebbe Harms Kleen für seine Würzburger Inszenierung (1989/90), wobei er dieselben lichtdramaturgischen Mittel nutzt.

9 Volker Canaris. "Peter Roggisch oder: Spielfiguren unter Laborbedingungen." *Thh-Jb.* 1972. 104-106.

fen."[10] Hamlets Zögern ist die Folge obsessiver Selbstbeschäftigung, die sich in mehreren Identitätsansätzen durchspielt:

> Ein Clown, der Masken auf- und abzieht, der seine Hand vor das Gesicht hält, sie wieder wegnimmt, nur um die Fratze dahinter bloßzustellen.[11]

Hamlets Interaktionen versanden in Isolation. Den Monolog "Sein oder Nichtsein" beginnt er als gestischen Dialog mit Ophelia: Er hält ihn zunächst als Vortrag, zieht sich jedoch nach mehreren Kußhänden zunehmend in sich selbst zurück – die Gesten weisen auf den Körper hin, die Stimme wird verhalten, leise.

Hamlet setzt sich durch Kostüm und schlurfenden Gang von der repräsentationsbedachten höfischen Welt ab und sucht räumliche Distanz. Aus der Isolation und Selbstanalyse heraus trachtet er danach, den Diskurs der Macht zu steuern. Wie in Zadeks "Maß für Maß" ist das Körperverhalten Seismograph dieses Prozesses. Hamlet dreht sich verzweifelt schnell um die eigene Achse, was das permanente Kreisen ums eigene Ich verrät. Die Selbstanalyse schlägt in Selbstparalyse um. Wiederum drängt sich eine Parallele zu Ernst Blochs "Hamlet"-Kritik auf. Bloch zufolge ist Hamlets Welt ein einziger "Kirchhof". Doch der "Todeshintergrund" manifestiert sich nur im Bewußtsein eines passiven, melancholischen Hamlets,[12] verdunkelt Hamlets Horizont, dem die Umwelt entgleitet.

Hamlets Passivität erstaunt umso mehr, als die Gegenspieler Claudius (Traugott Buhre) und Polonius (Werner Schuchow) kein gefährliches Format aufweisen. Dem fettwanstigen Polonius steht ein durchschnittlicher Manager der Macht gegenüber, der selbst im Reuegebet buchhalterisch seine Strafe an den Fingern ausrechnet. Dieser 'harmlos' figurierte Diskurs der Macht endet vorläufig mit Fortinbras, der Hamlets Sterben als Bühnentod verfolgt. Die Indifferenz zwischen Machtwechsel und individuellem Schicksal wird betont. Zwischen dem künftigen Machthaber, der in Zuschauerhaltung den Exitus Hamlets und der Dynastie beobachtet, und dem sterbenden Kronprätendenten herrscht gähnend leerer Raum, der die Abkapselung zweier Geschichten betont: die Geschichte der Macht und die des Individuums. Diese Theatermetapher veranschaulicht die Grenzen der Handlungsmöglichkeiten von Hamlet: Sein Eingriff in den Machtdiskurs bleibt für das Machtgefüge ein unerheblicher Störfaktor. Der nächste Machtträger steht bereit.

---

[10] A.a.O. 105.
[11] A.a.O.
[12] Ernst Bloch. *Das Prinzip Hoffnung.* A.a.O. 1208.

Roggisch spielt Facetten möglicher Hamlets durch: vom kindlichen Jähzorn bis hin zum kühlen Experimentator, der seine Umgebung zu Versuchspersonen degradiert. Diese multiplen Rollenansätze erlauben keine eindeutige Charakterzuweisung. Wie er Ophelia Kußhände im "Sein oder Nichtsein"-Monolog zuwirft und damit eine gewollte Interaktion vortäuscht, so spielt er Gertrud in III. 4 eine "Ödipus-Szene" vor: Er stürzt sich auf sie, reißt sie an sich und küßt sie wild, geht jedoch im nächsten Augenblick wieder auf Distanz, beobachtet. In III.4, wo der Text die 'versehentliche' Ermordung von Polonius vorsieht, handelt Hamlet sadistisch, genüßlich. Hamlet versperrt Polonius, der sich unter das Bett verkrochen hat und sich "quiekend, zappelnd"[13] zu befreien sucht, den Weg mit der Degenspitze. Schließlich spießt er ihn durch die Matratze stoßend auf und zwingt Gertrud, die Leiche unter dem Bett hervorzuzerren. Gleichsam in einer Kreisstruktur angelegt, übernimmt Roggisch im Finale wieder das kindische Verhalten, das er in I. 3 gegen Claudius an den Tag legte. Noch einmal versucht er, die mörderische Intrige des Duells durchschauend, sich dem Diskurs der Macht durch aufgesetzte Verhaltensmuster zu widersetzen, die seine Souveränität scheinhaft übersteigernd betonen sollen:

[...] seine "Selbstsicherheit" mit groteskem Nachdruck ausstellend ("bereit sein, ist alles") hüpft und zappelt er in das blutige Ende. Ein armer Hund, herausgeprügelt aus der Wirklichkeit, ein Narr, der es besser wußte, aber nicht besser konnte.[14]

Indem Roggisch seiner Rolle keine 'Logik des Charakters' zubilligt, überträgt er die Identitätsverstörung der Figur auf die Rezipienten, die sich von ihr kein umrissenes Bild machen können.[15]

Gegenüber dieser Öffnung des Werkes und die Übertragung des dramatischen Konflikts der Identitätsverstörung auf die Rezeptionssituation streben Düggelins und Schmidts Inszenierungen auf eine mehr oder minder starke Geschlossenheit der theatralischen Repräsentation. Dies liegt einerseits daran, daß beide eine Figur im traditionellen Sinn vorführen. In Basel (Stadttheater, 1957/76) begegnet uns der Student, den Düggelin in die '68-er-Konflikte' der FU Berlin verstrickt wissen will, in München (Residenztheater, 1975/76) der schon altersbedingt resignierende Intellektuelle, der über seinen Tod stoisch räsoniert.

---

[13] Volker Canaris. "Peter Roggisch [...] " a.a.O. 105.
[14] A.a.O. 106.
[15] Davon zeugen alle Kritiken zur Inszenierung, besonders die Rezensionen von Karasek, a.a.O., und Canaris, a.a.O

Hinweis auf den Tatmenschen des Basler "Hamlet" ist die Jugend Hamlets (Matthias Habich, damals etwas über zwanzig Jahre alt). Der schwarze Mantel, den er nach dem Mord an Polonius über dem weißen Hemd und heller Hose trägt, zollt gerade nicht Tribut an den traditionellen Melancholiker, sondern – die Farbsymbolik spricht Bände – auf seine Verstrickung in den Mechanismus der Macht. Bewußt hält die Inszenierung Assoziationen zu dem oppositionellen 'Studenten' wach, indem sie Hamlet durch die zeitgenössische Kleidung, die widerspenstige Scheitelfrisur und die herrische, schnelle Sprechweise Ähnlichkeiten zu Rudi Dutschke verleiht.

> Hamlet ist an der Freien Universität in Berlin gewesen. Und kam aus dem Kanton Obwalden. Da haben die einen großen Familienbesitz mit Leibeigenen und allem. Und dann ist der an der FU. Und sagt: Was? Was erzählen die mir da?[16]

Die Choreographie hält die Opposition der Generationen wach. Hamlet und Ophelia suchen Abstand zu Gertrud, Claudius und Polonius, deren enge Gruppierung auf die geschlossene Front der sozialen Trägerschicht verweist.

Die Darstellung der Ophelia widerspricht dem traditionell sanften Rollenprofil. Während Laertes die Ermahnungen von Polonius 'genervt' über sich ergehen läßt, piekst sie ihm mit dem Degen in die Kehrseite, ahmt Polonius nach und lacht über den Ärger des Bruders, vom Vater ins Gebet genommen zu werden. Als es jedoch an ihr ist, Polonius ihr Innerstes – die Gefühle für Hamlet – preiszugeben, willigt sie widerstrebend ein. Auch hier versucht die Inszenierung, in der Gestaltung der Rollenkonzeption den Konflikt der 'Achtundsechziger' mit den Vätern zu integrieren:

> Wenn er [Hamlet] ihr schreibt, Zweifle, [...] daß wir Lüg und Wahrheit trennen, [...], dann setzt er sie auf Revolte. Für die Elterngeneration ist das die Katastrophe, das ist 1968![17]

Eine eminente Änderung der bisherigen Inszenierungtradition markiert die Einbindung von Gertrud (Rosel Schäfer) in den Machtmechanismus. Ophelias Drohungen im scheinbaren Wahnsinn setzen das Königspaar unter Druck: "[...] ich will ein Ende machen [...] Mein Bruder soll das zu hören bekommen." (Fried. IV, 5. 63) Das Aufeinandertreffen der Geschwister (IV, 5) wird als 'suspense' einer verpaßten Gelegenheit inszeniert, in der Ophelia Laertes die Intrige vergeblich zu enthüllen sucht. Ihr Todesurteil ist abgemachte Sache:

---

[16] Werner Düggelin, Reinhardt Stumm. "Eine einzige Mordmaschine." (Interview, Rezension). *Thh* 7 (1976). 30-33. 31.
[17] A.a.O. 32.

"Folgt ihr und laßt sie gut bewachen, bitt Euch!" (IV, 5. 63) wird zur verbrämten Mordanweisung, die Gertrud schließlich ausführt.

Gertruds politische Dominanz bestimmt auch die Konfrontation mit Hamlet (III.4). Zunächst versucht sie kraft ihrer Autorität Hamlet ruhigzustellen. Auf seine Frage, ob sie von seiner Verschickung nach England wisse, setzt sie die Mutter-Rolle strategisch ein. Hamlet reagiert darauf jedoch nicht. Auf seine Antwort "Und – wär's doch nicht so – Ihr seid meine Mutter" ohrfeigt sie ihn und ruft – nun bar jedes mütterlichen Gefühls – um Hilfe.[18]

Es entspricht der Aufwertung Gertruds zur Komplizin, daß sie Claudius tötet. Dabei greift die Inszenierung zum spektakulären Effekt, um die Fallhöhe krass herauszustellen: Das Duell findet auf der unteren Spielfläche statt, während Gertrud und Claudius von der Balustrade aus zusehen. Nachdem sie sich der Vergiftung bewußt wird, schlägt sie mit dem Kelch auf Claudius ein und stößt den Versager im Machtkarussell von der Plattform.

Gegenüber dieser 'crime-story' verfolgt die Münchner Inszenierung eine sehr gemäßigte Haupt- und Staatsaktion. Degens Hamlet betont die intellektuelle Verve und nie versiegende Sprachgewalt – so spielt er Hamlets Freude an besonders gelungenen Sentenzen aus. Souverän in jedem Moment, wird selbst die überlebensnotwendige Verstellung zum Spiel der intellektuellen Einbildungskraft: Während der "Mouse-trap"-Szene setzt sich Hamlet eine Clownsnase auf, mit "Wauwau"-Rufen, Bissen in Ophelias Nacken signalisiert er Wahnsinn als Verstellung, stellt die Überlegenheit heraus. Denken und Handeln gelangen zur Übereinstimmung derart, daß das Körperspiel aktionsindizierende Passagen beim Wort nimmt (wie den Krebsgang) und einen illustrierten Sprachraum kreiert. Degen verkörpert den idealen Prototyp des gedankenvollen Täters: "Sein oder Nichtsein" liest er von einem Buch ab, zunächst ungläubig den Kopf schüttelnd. Dann stutzt er, vertieft sich zunächst stumm in die Zeilen, um sie schließllich mitsprechend, gewissermaßen als mögliches Handlungsmodell zu reflektieren.[19]

Seine Souveränität äußert sich auch in der Intonation, die selbst im Schmerz und bitteren Sarkasmus Fülle des Wohllauts erzeugt. Hamlet hat sich durchweg in der Gewalt. In Basel sind Hamlet und Ophelia Personifikationen der zeitgenössischen jungen Generation, in München jedoch lediglich Operatoren

---

[18] Der Mord an Polonius und die Geistererscheinung sind an das Ende von III.4 verlegt.

[19] Rezensionen: Armin Eichholz. "Das Lächeln von Hamlet 76." *MM.* 17.4.'76. Beate Kayer. "Mördersache mit Hamlet." *tz* 15./16.4.'76. Markus Pacher. "Willi Schmidt inszenierte Hamlet." *tz* 17./18./19.4.'76. Dietmar N. Schmidt. "Heile Welt, ein Schwindel." *FR.* 19.5.'76.

des Texts, die im zeitlosen Ambiente agieren. So wird Ophelia romantisch verklärt, ihr Wahnsinn und Selbstmord als Verzweiflung aus Liebe dargestellt. Und Degens Hamlet steht zwar in der Tradition des vitalen Protagonisten, jedoch ohne aktuellen Bezug, der sich aufgrund des damals virulenten Generationskonflikts und Gewaltproblems aufdrängt. Daß der Aktualisierungs-Entzug dieser Interpretation dem Protagonisten zur Widerspruchsfreiheit verhilft, resultiert aus der von vornherein bestehenden Opposition zwischen dem Republikaner Hamlet und dem höfischen Regime. Der Protagonist erleidet keine Krise, ist er doch nur zu gern von der Schuld des Regimes überzeugt, für die ihm die Enthüllung des Vaters den sicheren Beweis liefert. Obwohl Gustav Landauers "Hamlet"-Interpretation Pate steht, bleibt Hamlets Zwiespalt außen vor, wieviel Terror dem Terrorstaat entgegengesetzt werden darf und muß. Dieser Konflikt, in dem die politische Dimension der Intellektuellen-Problematik erst greifen würde, wird nicht thematisiert.

Das Drama des Intellektuellen findet in München nicht statt. Degen verkörpert eine freischwebende Intelligenz, die an ihrer moralischen Kompetenz genug hat. Das Unbegreifliche, daß Einer seine Vernichtung besieht und kommentiert, wird nicht verhandelt. Dagegen erscheint Düggelins Inszenierung provokativ: Der Basler Hamlet wandelt sich zum gewaltbereiten Republikaner, wenn nicht Terroristen, dessen Aktivität aus dem schmerzlichen Kraftakt der Reflexion erfolgt.

> Das ist kein Zögerer, Träumer, Traumtänzer, sondern ein Tatmensch, [...] durchaus in der Lage, auf List, Tücke und Intrige dieses Hofs mit den gleichen Mitteln zu reagieren. Daß er am Schluß dem vergifteten Rapier des Laertes dennoch zum Opfer fällt, erscheint wie ein Verkehrsunfall.[20]

Düggelins Inszenierung nutzt "Hamlet" zur radikalen Darstellung des Umschlags von der Reflexion in den Terror: Dazu dient eine nahezu groteske Detailsequenz: Wenn Hamlet kurz vor "Sein oder Nichtsein" Ophelia wie eine Puppe mit sich schleift, zeigt er sich von der Unmenschlichkeit des Machtsystems angesteckt. Zugleich versucht die Inszenierung, mit Hilfe der Biographie Ophelias und Hamlets zwei verschiedene Formen der Opposition darzustellen. Beide entstammen demselben sozialen Milieu, gehen jedoch auseinanderdriftende Wege: Hamlet den der kritischen Auflehnung, Ophelia den des stummen Widerstands, der nicht mächtig genug ist, um die patriarchalischen Strukturen zu brechen. Werbungsversuche Hamlets sind politischer Natur: "Sein oder

---

[20] Dieter Bachmann. "Der skelettierte Prinz von Dänemark." *FAZ.* 16.6.'76.

Nichtsein" gerät zur Verständigungssuche mit Ophelia, zeigt zugleich Hamlets Trauer über Ophelias Resignation gegenüber der Vätergeneration an. Hamlets Terror wird nicht als 'Krankheit' eines Einzelnen dargestellt, sondern als logische Konsequenz einer Gesellschaft, die ihre diktatorischen Ursprünge vergessen machen will. Parallelen zur zeitgenössischen Diskussion über den Terrorismus in der damaligen BRD sind unverkennbar – "Hamlet" dient hierbei vor allem dazu, Grundstrukturen von Aggressionen darzustellen, die sozial verursacht sind – eben von den Repräsentanten einer Gesellschaft, die den Terrorismus zwar hervorbringt, aber über ihn als 'Fremdkörper' richtet.

Diese starke Aktualisierung gelingt unter größter Konzentration des Dramas auf wesentliche Interessenpunkte – eine dramaturgische Strategie der Streichung, die Jessners Vorgaben für den Republikaner Hamlet sehr nahe kommen. Die Übersetzung des Texts in den zeitgenössischen Horizont des "Aggressionsüberschusses"[21] kassiert bewußt die poetischen 'Unbestimmtheitsstellen', die die ästhetische Erfahrung über das hic et nunc politischen und sozialen Wissens hinausführen würden. "Hamlet" gerät so zum tagespolititischen Kommentar, dessen Gültigkeit damit auch limitiert ist.

Reflexionsanreize über fundamentale Probleme politischen Handelns kommen natürlich zu kurz. Insofern kommt Palitzschs Inszenierung der spannenden Möglichkeit näher, den 'Klassiker' in die Aktualität zu entlassen, ohne sein darüber hinausweisendes Sinnpotential aufzusaugen.

Palitzschs Inszenierung beteiligt den Rezipienten durch mehrere, in sich widersprüchliche Hamlet-Facetten am Verstörungsprozeß des Intellektuellen Hamlet. Unter Zuhilfenahme von Deleuzes Unterscheidung zwischen Botschaft und Variation von Bedeutungskonstitutionen läßt sich über die Inszenierung feststellen: Die Summe ihrer Aussagen ist nicht allein und in stark vermindertem Maß die Botschaft, sondern die Summe ihrer Variationen.[22] Peter Roggisch präsentiert Ansätze mehrerer Hamlet-Interpretationen, bietet den jugendlich-auftrumpfenden Prinzen, legitimiert sich jedoch in der Schauspiel-Szene als gerissener Macchiavellist. In der Konfrontation mit Gertrud zitiert er einen Schüler Freuds, in der Totengräberszene verfällt er traditioneller Melancholie. Obwohl diese Variationen die Studie eines wider besseren Wissens passiven Charakters nicht verhindern, erschweren sie jedoch dessen Kohärenz.

---

[21] Alexander Mitscherlich. "Aggression und Anpassung." *Aggression und Anpassung in der Industriegesellschaft.* Ed. H. Marcuse, A. Rapoport, K. Horn et al. 51970. 80-127. 82.
[22] Gilles Deleuze. "Ein Manifest weniger." *Aisthesis.* A.a.O. 379-405.

Damit bezwecken die Produzenten mehrere Intentionen. Zum einen entlassen sie Hamlet aus kanonischen Interpretationsmustern, zum anderen nehmen sie den in der Fabel behandelten Machtdiskurs kritisch auch für die eigene Kommunikationssituation auf. Statt einer 'Botschaft', die den Hamlet-Stoff mit der aktuellen Zeitgeschichte verwebt, betonen sie die begrenzte Macht des Intellektuellen. Diese erschöpft sich in der Kreation sekundärer Bedeutungssysteme, was die Inszenierung theatralisch, durch die Betonung des Ästhetischen verdeutlichen will. Dies manifestiert sich zum einen in der Betonung Hamlets als Kunstfigur, zum anderen in der Schauspielszene. Hamlet gewinnt nur hier für kurze Zeit gefährliche Statur, erzielt die bisher größte Irritation über sein Verhalten, was Claudius erst dann veranlaßt, den vermeinten Hofnarren zu beseitigen. Das Ästhetische im Bühnenbild, in der Schauspielszene und nicht zuletzt manifest im Verhalten des Protagonisten, verweist auf diese begrenzte Macht des Intellektuellen ebenso, wie es die begrenzte Wirkungsmöglichkeit des Theaters als Kritik an der Gesellschaft anzeigt. Die Wieland-Fassung demonstrierte das didaktische Interesse der Produzenten an einer demokratisierten Kunst, die Inszenierung verweist in ihrer Bedeutsamkeit für das Publikum auf die engen Grenzen ihrer Kritikmöglichkeiten. Diese Verunsicherung manifestiert sich besonders stark in der Absage der Produzenten an die kohärente Rollenkonzeption. Sie wird dadurch für das Publikum erlebbar.

Palitzsch nimmt "Hamlet" also nicht nur zum Anlaß einer szenischen Anekdote, sondern problematisiert die Innenkonflikte des Titelhelden in einer Weise, die auf die Rezeptionssituation und die Wirkungsmöglichkeiten von Theater selbst verweist. Dieses Erlebbar-Machen eines Texts verweist schon auf die Erlebnis-Ästhetik im Zeichen der Innerlichkeit, gegenüber der Düggelins und Schmidts Arbeiten als unproblematische Repräsentationen des dramatischen Subjekts das Nachsehen haben.

2 Theater der Innerlichkeit, Neue Subjektivität und Erlebnisweise: "Hamlet" von Tabori, Neuenfels, Zadek

Ab Mitte der siebziger Jahre zeichnet sich die Skepsis gegenüber dem analytischen Theater besonders stark ab. Das Theater stellt statt des Sprach- und Handlungsraums der Reflexion *Assoziationsräume* her, in denen der Basistext häufig unkenntlich wird. Höhepunkte dieses scheinbaren Rückzugs in die *Innerlichkeit* sind "Hamlet"-Inszenierungen der Regisseure Hans Neuenfels, Peter Zadek und George Tabori:

Nicht in einem einzigen Fall ist die Moral, die den hier behandelten [...] Hamlets zugrunde liegt, eine dezidiert gesellschaftliche; nicht in einem einzigen Fall sprengt sie den Rahmen dessen, was Robert Havemann einmal als "falsches Bewußtsein" bezeichnet hat, die offenbar ein Regisseur braucht, wenn er seinen "Kritikern widerstehen will" – und Kritiker hätten hier eine Menge zu untersuchen. Denn letztlich tut kein einziger der vier "Hamlet"-Inszenatoren mehr, als das eigene Ich und das Theater auszuprobieren.[23]

Doch ebenso wie dieser Interpretation zu mißtrauen ist, weil sie Ideologiekritik nur dort vermutet, wo sie direkt verbalisiert wird, greift die Parallelisierung von ästhetischer 'Innerlichkeit' und politischem Utopieverlust nur bedingt : "Aus einem Kraftausbruch ist ein Kraftverzicht, aus dem Willen zur Macht die Neigung zur Askese geworden. Der Enttäuschung durch die Politik ist die Entdeckung des eigenen Ich gefolgt: Die Enttäuschung durch das eigene Ich steht bevor."[24] Doch die Enttäuschung ist vielmehr mitten im Gang, ohne in kaleidoskopischer Inneneinsicht zu verharren. Es sei denn, der Verzicht auf das analytische Vokabular des dialektischen Theaters, das ja schon mit Zadeks "Maß für Maß" überwunden wurde, bedeute zugleich Entpolitisierung.

Die deutsche Literatur bietet schon während der Studentenbewegung eine Alternative zum politisch-ästhetischen Engagement, die mit der Kategorie der 'Innerlichkeit' Rückzugsmöglichkeiten des Subjekts auf sich selbst durch-spielt: Die Außenwelt fungiert – mit den Worten Handkes – nur als "Zeichen für [die] Innenwelt."[25] Diese *subjektbezogene Realitätsinszenierung* steht zu Beginn unter Verdacht, eine "Tendenzwende"[26] zu forcieren: vom theoretisch abgesicherten Widerstand gegen eine schuldhafte Gesellschaft zur unpoliti-schen Erlebnisweise, die mit Susan Sontags Plädoyer für die "New Sensibility" populär wird.

Traditionell steht die Ablehnung diskursiv-ästhetischer Vermittlung unter dem Verdacht der Evasion, da die Aufwertung der Sinnlichkeit und der Aktivität der Wahrnehmung die klassische Erkenntnispyramide abbaut, wenn nicht sogar umdreht.[27] Sontag weist diesen Vorwurf jedoch zurück, indem sie

---

[23] Georg Hensel. *Das Theater der siebziger Jahre*. München 1983. 321f.

[24] Georg Hensel. *Das Theater der siebziger Jahre*. München 1983. 321f. Georg Hensel. *Das Theater der siebziger Jahre*. München 1983. 321f.J. Schmidt. "Shakespeare's Memory III: Vater & Sohn. Viermal Hamlet." *Deutsches Allgemeines Sonntagsblatt*. 1. 10. 1978.

[25] Peter Handke. "Als ich 'Verstörung' von Thomas Bernhard las." *Ich bin ein Bewohner des Elfenbeinturms*. Frankfurt/M. 1979. 213.

[26] David Roberts, ed. *Tendenzwenden. Aspekte des Kulturwandels der Siebziger Jahre*. Frankfurt/M. 1984. 8.

[27] Vgl. Jürgen Peper. "Postmodernismus: Unitary Sensibility. Von der geschichtlichen Ord-nung zum synchron-environmentalen System." *Die unvollendete Vernunft. Moderne ver-sus Postmoderne*. Ed. D. Kamper, W.v. Reijen. Frankfurt/M. 1987. 185-221.

der Verlust-Seite (Verminderung der Rationalität) die Haben-Seite gegenüberstellt:

There is no denial of the role of moral evaluation here. Only the scale has changed; it has become less gross, and what it sacrifices in discursive explicitness it gains in accuracy and subliminal power. For we are what we are able to see (hear, taste, smell, feel) even more powerfully and profoundly than we are what furniture of ideas we have stocked in our heads.[28]

Das Konzept der "New Sensibility" und ihre deutsche Version der Innerlichkeit bereden also nicht eine Sinnlichkeit, die frei von sozialen Bezügen wäre. Aber der ästhetische Ansatz zur Beschreibung versucht, diese Bedingungen in ihrer sinnlichen Konkretheit zu verdeutlichen und dabei den Dualismus von Körper und Geist aufzubrechen.

Verlust und Gewinn der "New Sensibility" für das Regietheater und den 'Klassiker' Shakespeare manifestieren sich in den "Hamlet"-Inszenierungen von George Tabori, Hans Neuenfels und Peter Zadek.

2.1 Text als Assoziationsmaterial

Die Textbearbeitungen möchte ich in Bezug zu den kulturellen Intentionen der "Neuen Erlebnisweise" setzen. Deren wichtiger Programmpunkt ist die Vermischung von U- und E-Kunst, eine *egalitäre Gegenkultur*, die sich um eine "nicht-literarische" Kunst bemüht, indem sie versucht, den Dualismus von Reflexion und Sinnlichkeit aufzulösen und ein intertextuelless Verweisungsnetz zwischen Kunst und Alltag zu spannen.[29]

Tabori erreicht den ersten Aspekt durch die Fragmentarisierung und Konfrontation des Texts mit komplexen szenischen Vorgängen (was zu zeigen ist), den zweiten durch die Integration der Gewalt des 'Alltags' in die Fiktion.

Neuenfels dagegen versucht, den Text durch Zufügungen aus der Fäkalund Umgangssprache auf ein niedriges Verständlichkeitsniveau zu drücken und "Hamlet" als Fallstudie der Adoleszenz-Probleme zu präsentieren.

Gemäßigter folgen Zadek und Greiffenhagen demselben Prinzip, rücken jedoch die theatralische Dimension des Texts, den Spiel- und Verführungscharakter in den Vordergrund.

---

[28] Susan Sontag. "One Culture and the New Sensibility." *Against Interpretation and other Essays*. New York 31967. 300.
[29] Vgl. Sontag. A.a.O. 300ff.

Tabori greift zu Heiner Müllers "Hamlet",[30] dessen schärfere krassere Wechsel zwischen Umgangssprache und Poesie den Text neu aufreißen, seine von Schlegel harmonisierend erkämpfte 'organische' Geschlossenheit destruieren. Daß das Konzept, Shakespeare in eine zeitgenössischer Kultur einzupassen, in Müllers Fassung eine Rolle spielt, verdeutlicht der Dramatiker in seiner Kritik an der ästhetischen Dimension des Schlegel-Texts und seiner Rezeptionsgeschichte, die den 'deutschen Hamlet' zum "antiquarischen Theatererlebnis" reduziere. Die 'Opposition' gegen Schlegel resultiere aus der Treue zum Prätext, dessen "Umgangssprachliches, auch die plattesten Situationen [...], die platteste Konversation, die banalsten Dinge" wieder übersetzt werden sollten.[31]

Symptomatisch für die Verminderung der historischen Dimension des Texts, die im Konzept der "unitary sensibility" keinen Platz hat, ist die angenommene Verschmelzung zwischen dem Sinnpotential des Texts und dem Katastrophenarsenal der Realität. Müller sieht Shakespeare aufgrund seiner Komplexität einerseits als "Luxus" für die heutige Zeit an, andererseits als angemessene Antwort auf die ebenso vielschichtige Realität:

> Die antike Tragödie hat mit dem nackten Menschen zu tun, wenn Sie wollen, und bei Shakespeare sieht man den nackten Menschen durchs Kostüm nur, durch den Faltenwurf. Die gesellschaftlichen Bewegungsgesetze werden sehr viel vermittelter, indirekter auf die Bühne gebracht bei Shakespeare. Die Konstruktion, die er darstellt, ist komplexer.[32]

Aussagen über die Umwelt sind radikaler auf ihre Gleichgültigkeit gegenüber subjektivem Handeln interpretiert: Horatios Bericht über die Omina gewinnt eine noch fatalistischere Schärfe, indem Erde und Himmel die "Zeichen grauser Dinge" "An unsern Himmelsstrich und Landgenossen" nicht nur "gesandt", sondern "Vorschau von schlimmem Ereignis" "Auf unsere Breiten und auf unser Volk" "verhängt" haben. Konkreter wird Müller auch in emotionalen Zeugnissen und von Schlegel sanft umschriebenen tabuisierten Aspekten. Im Monolog "Oh, schmölze dieses allzu feste Fleisch [...]!" setzt er anstelle von "verworfnes Unkraut" "geil und rohes Zeug".

---

[30] Heiner Müller. *Hamlet*. Mitarbeit Matthias Langhoff. Berlin 1986. Zitiert wird im fortlaufenden Text mit dem Kürzel Müller.

[31] Heiner Müller, Christoph Müller. "Shakespeares Stücke sind komplexer als jede Aneignung – man braucht zu verschiedenen Zeiten verschiedene Übersetzungen." *Thh* 7 (1975). 32-37. 35.

[32] Vgl. dagegen Shakespeare: "Wether 'tis nobler in the mind to suffer | The slings and arrows of outrageous fortune, | Or to take arms against a sea of troubles, | And, by opposing, end them." (III.1 Z. 57-60)

Fatalistischer ist auch der Monolog "Sein oder Nichtsein", der im Vergleich zu Schlegel noch stärker auf die subjektive Vernichtung bezogen ist.

In Schlegels Fassung fährt Hamlet nach "Sein oder Nichtsein" fort: "Ob's edler im Gemüt, die Pfeil' und Schleudern | Des wütenden Geschicks erdulden, oder, | Sich waffnend gegen eine See von Plagen, | Durch Widerstand sie enden." (III.1. 55)

Aufstand und Tod fallen in Müllers Fassung dagegen zusammen: "Ob es von edlerm Geist ist, auszuhalten | Schleuder und Pfeil des wütenden Geschicks | Oder, in Waffen gegen eine See | Von Plagen, enden in Aufstand."[33] (Müller. III.1. 44)

Müller betont die Gleichgültigkeit und nur mehr in ihren negativen Folgen beschreibbare, jedoch nicht mehr überwindbare Geschichte. Insofern wandelt sich das Hamlet-Bild erheblich, dem der Begriff "Handlung" zum Fremdkörper wird.

Tabori entzerrt den Text zugunsten punktueller Darstellungen von psychologischen und auf machtstrategische Destruktion rückbeziehbaren Bedingungen. Lee Strasbergs Credo, das Zentrum eines Stücks sei nicht das Wort, sondern die *Situation*, gewinnt in der Inszenierung große Relevanz, die "realistisch und nicht rhetorisch" an den Text "herangehen" wollte.[34]

Angesichts dieser weitreichenden Veränderungen ist der dramaturgische Eingriff in die Personalstruktur relativ geringfügig: Rosencranz, Güldenstern und Horatio verschmelzen zu einer Person. Vehementer sind dagegen zwei Aspekte: Häufig wird der Text in onomatopoetische Unverständlichkeit überführt; wie beispielsweise in (V.1): Minutenlang unterhalten sich die Totengräber in einem geschlossenen Sarg, lediglich Lachen und unverständliche Laute sind hörbar.

Die größere aleatorische und die Logik der dramatischen Handlung verändernde Wirkung erreichen die Produzenten durch die Emanzipation des szenischen Geschehens vom Basistext. Während beispielsweise der Hof über Hamlets Brief an Ophelia verhandelt, findet simultan eine Begegnung zwischen Hamlet und Gertrud statt, die ihre Kleider tauschen.

Im Gegensatz zu Tabori, der mit Heiner Müllers Text Assoziationsmontagen vornimmt, optieren Neuenfels für Schlegel, Zadek/Greiffenhagen für Schlegel und Eschenburg.

---

[33] Vgl. dagegen Shakespeare: "Wether 'tis nobler in the mind to suffer | The slings and arrows of outrageous fortune, | Or to take arms against a sea of troubles, | And, by opposing, end them." (III.1 Z. 57-60) Vgl. dagegen Shakespeare: "Wether 'tis nobler in the mind to suffer | The slings and arrows of outrageous fortune, | Or to take arms against a sea of troubles, | And, by opposing, end them." (III.1 Z. 57-60)A.a.O.

[34] Peter v. Becker. "Theaterarbeit mit George Tabori." [Int.] *Thh* 1 (1979). 47-51.

In der Textfassung der Hamburger Neuenfels-Inszenierung herrschen nivellierende Konkretisierungen der sexuellen Anspielungen in Schlegels Fassung durch zeitgenössisch-derben Jargon vor. Neben üblichen Kürzungen, die die Monologe und die Schauspielszene betreffen, fällt die Totengräberszene heraus. Monologe werden vorsichtig dialogisiert: Beispielsweise wandelt sich "Sein oder Nichtsein" zur leisen Zwiesprache Horatios und Hamlets. Dicht an dessen Ohr flüsternd, darf Horatio am Bewußtseinsstrom teilnehmen: "Vielleicht auch träumen?"

Wie bei Tabori und Zadek erhöht sich die Auftrittshäufigkeit des Geistes. Er ist auch in der Schauspielszene (III.3) präsent.

Die Verzerrung des Texts im subjektiven Kaleidoskop Hamlets manifestiert sich auch in kindischen Gesangseinlagen: Mit Fortinbras' Soldaten – einer Armee langhaariger Schulmädchen – singt Hamlet "Hänschen klein [...]" Die 'Entzerrung' der 'klassischen' Textgestalt geschieht vor allem am Schluß. Nachdem Hamlet gestorben ist, beugt sich der Prinzipal über ihn und setzt zum Nachruf mit den Hamlet entwendeten Worten an: "Armer Yorick. Ich habe ihn gekannt. Er war ein Bursche von unendlichem Humor."

Die Entromantisierung gipfelt in der Wahnsinnsszene Ophelias, die von einer älteren Schauspielerin gespielt wird. Durch diese Symbolisierung eines von Macht zerstörten Lebens, dem nur ein präadoleszenter Anfang und ein Alter ohne Utopie zugestanden wird, erreicht die Neuenfels-Fassung eine stark subjektive Einfärbung des Texts.

Im Zentrum der 'Neuen Erlebnisweise' steht die autothematische Reflexion künstlerischer Praxis. Diese wird besonders von Zadek/Greiffenhagen hervorgehoben, indem sie die theatralische Dimension des Texts verstärken und zugleich Modernisierungen vornehmen. Wie später Grüber im "Hamlet" der Schaubühne (1982/83) ersetzen sie die Prosa-Stellen der Schlegel-Fassung durch Eschenburgs Verdeutschung.[35] Diesem Konglomerat fügen sie vorsichtige Eigenübersetzungen hinzu, die den Text im Gegensatz zu Neuenfels Vereinseitigung 'neutral'-umgangssprachlichen Duktus verleihen. Zadeks Inszenierung spielt den ganzen Text bis auf eine Veränderung in I.1. Erst nach dem Auftritt des Geistes folgt die Wachablösung Francescos durch Bernardo, mit der das Stück ursprünglich beginnt (Zadek. I.1. 226).

Hamlets und des Prinzipals Austausch über die soziale Lage und ästhetische Kompetenz der Wandertruppen fällt gewöhnlich dem Rotstift zum Opfer – ihre

---

[35] Zitiert wird mit der Sigle Zadek nach Gisela Scheidler. *Zadeks Hamlet in Hamme.* Ed. Kunstverein Bochum e.V., Schauspielhaus Bochum. Frankfurt/M. 1977.

Beibelassung gewinnt ironischen Bezug zur theatralen Strategie der Produzenten, die "Hamlet" außerhalb des institutionellen Theaterorts in einer für das Theater annektierten Fabrikhalle aufführten. Durch die Fallhöhe zwischen dem vorsichtig beschnittenen poetischen Duktus Schlegels und der modernisierten Prosa Eschenburgs erlangt die theatrale Dimension des Texts nochmals verstärkte Aufmerksamkeit.

2.2 Offene Inszenierung

Hauptforderung des Konzepts der 'Neuen Erlebnisweise' ist, neben der Opposition gegen 'elitäre' Kultur, die *Vorherrschaft der Interpretation* über die Sinnlichkeit des Kunstwerks zu beenden. Dessen Wirkung solle sich nicht mehr auf einen "moralischen Journalismus" beschränken, sondern den Rezipienten durch die Enthüllung der sensualistischen Strategien des Werkes als Mitschöpfer der ästhetischen Bedeutung sensibilisieren.[36] Der Hermeneutik der Kunst gesellt sich im Idealfall eine Erotik der Kunst hinzu: "In place of a hermeneutics we need an erotics of art."[37] Die Versinnlichung der Kunstproduktion und -rezeption zielt auf Verständnis durch das Mit-Erleben und nicht durch die Reflexion ab, die nach dem künstlerischen Ereignis einsetzt. Die 'erotics of arts' beinhaltet weitgreifende semiotische Veränderungen für die Theaterpraxis. Die Zurückdrängung von Interpretation und Reflexion etabliert den Körper als eigentliches Medium der Emotionen. Wie gezeigt werden konnte, kommt dies einer großen Aufwertung der sinnlichen Wahrnehmung und Erfahrung gleich, womit die klassische Erkenntnispyramide – ehemals mit der Reflexion an der Spitze – umgedreht wird.

McLuhan, der Sontags Kunstverständnis als sensualistische Programmierung auch auf technische Medien überträgt, hievt dabei die unterste Hierarchie der klassischen Erkenntnispyramide, die sinnliche Wahrnehmung, ganz nach oben: Als den körpernächsten Sinn bezeichnet er den Tastsinn. Eine Körperästhetik der 'Neuen Erlebnisweise' setzt demnach auf verstärkt proxemische Abläufe mit taktilen Strategien.[38]

---

[36] Susan Sontag. "One Culture and the New Sensibility." *Against Interpretation and Other Essays.* A.a.O. 302.

[37] Susan Sontag. "Against Interpretation." *Against Interpretation and Other Essays.* A.a.O. 14.

[38] Marshall McLuhan. *Understanding Media. The Extension of Man.* New York 171964. 272f.

Damit sind zwei Aspekte der szenischen Praxis gewonnen, über die "Hamlet"-Inszenierungen befragt werden können:

– Aufbruch der szenischen Geschlossenheit ('offene Inszenierung') durch die Veränderung der Relation Darsteller - Publikum.

– Körpersprache und ihre Vermittlungsfunktion für Information und Einsichten.

Unter dem Stichwort *offene Inszenierung* faßt Peter Zadek das Prinzip, ein Stück aus seinem Rhythmus heraus zu inszenieren und diesen den Zuschauer fühlen zu lassen.[39] Offenheit der 'Werk'-Strukturen also, die bei Zadek und Tabori in der Raumgestaltung, der Beziehung Darsteller-Zuschauer und Darsteller-Rollenfigur weitaus deutlicher vorhanden sind als bei Neuenfels, dessen "Hamlet" nicht nur abgegrenzt auf der Guckkastenbühne des Thaliatheaters spielt, sondern darüber hinaus einen psychologisch geschlossenen Raum kreiert.

Tabori postiert das Publikum um die kleine Spielfläche, Zadek schafft Spielinseln im Zuschauerraum, so daß die Zuschauer nicht nur auf die Darsteller, sondern auch auf das gegenübersitzende Publikum blicken, sich der Kommunikationssituation ständig als *communio* bewußt sind.

Als zentrales Requisit in Taboris "Hamlet" dient ein von einem Kronleuchter angestrahltes Bett, in dem Hamlets Vater liegt. Sprichwörtlich auf ihm spielt sich ein Großteil der Handlung ab.

In Zadeks "Hamlet" befinden sich Sitz- und Spielplätze auf einer Höhe, die Darsteller treten von allen Seiten auf. Das Zentrum der Spielfläche bilden graue Turnmatten, ein Podest markiert die Wohnung von Polonius: Armsessel, Kleiderpuppe für den Frack des Ministers sind die kargen Ausstattungselemente. Das Podest dient im Finale als Tribüne für Claudius und Gertrud. Ein grünes Sofa lädt zu allen 'privaten' Zwiegesprächen ein. An der gegenüberliegenden Schmalseite dient ein Thespiskarren u.a. für Auftritte der Schauspieltruppe. In einiger Entfernung vor dem Thespiskarren ist eine Windmaschine installiert, hinter ihr ein Bilderrahmen aus vergoldeten Holzleisten, in dem der Geist die Handlung sitzend beobachtet und sich von dort aus in sie einmischt. Links davon befinden sich zwei Thronsessel und ein Klavier. Im Raum verteilt sind ein Kleiderständer, ein Skelett, ein großer Schreibtisch für Claudius. Wolken- und Wüstenprospekte, goldschimmernde Vorhänge und Photos, die schon während des Probenprozesses als Assoziationsmaterial eingesetzt wurden, 'zieren' die Wände.

---

[39] "Für die offene Inszenierung." *Das wilde Ufer*. A.a.O. 211.

Verglichen mit der Alltagskleidung in Taboris Inszenierung strotzen die Kostüme in Zadeks "Hamlet" vor ausgestellter Theatralität. Sie reichen von Alltagskleidung über nackte, bemalte Haut (Gertruds rot eingefärbte Brüste in I.2, Clownsmaske für Hamlet und Höflinge) bis hin zu Zitaten auf Epochen seit der Renaissance. Im Gegensatz zu Peter Steins Vorwurf, Zadek erschlage die historische Distanz zu den Shakespeare-Dramen durch allzu zeitgenössische Kostüme (oder auch Nacktheit), hält die Kleidung den theatralen Vorgang ständig bewußt. Gerade das Oszillieren zwischen theatraler Herkunft und Alltagskleidung verleiht ihnen genügend Artifizialität, um Assoziationskräfte zur zeitgenössischen Realität ebenso zuzulassen wie die Handlung in die betonte Kunstrealität zurückzuführen.

An einigen Kostümen sei dies belegt: Claudius trägt in I.2 eine Flachsperücke und einen Hermelin mit rotem Umhang – ein Theaterkönig, der sich im Verlauf der Intrige in einen Machtpolitiker mit Stirnglatze, blauem Nadelstreifenanzug und Fliege verwandelt. Im Finale erscheint er mit Zylinder. Gertrud trägt in I.2 einen überdimensionalen Reifrock, stellt ihre rotbemalten Brüste zur Schau, was den Staatsakt (I.2), in dem Claudius den Hof vor die Tatsache der neuen Machtverteilung stellt, in eine "obszöne Begrüßungszeremonie"[40], in eine Erotisierung der Macht übergleiten läßt. Gertrud wechselt häufiger als die anderen Figuren Kostüme, die teilweise subjektive Perspektiven Hamlets verdeutlichen: beispielsweise, wenn sie mit einer Fuchsboa ein Requisit der gewerblichen demi monde trägt. Ihr Identitätsverlust zeichnet sich im Verlauf der Intrige, der sie ein leichtes Werkzeug wird, durch Zitate auf kulturerotische Ausprägungen weiblicher Typen ab: von der 'femme fatale' über die Bordsteinschwalbe bis zur Mode-Ikone durchlebt Gertrud Stadien der Fremdbestimmung - in einem solchen endet sie auch: mit verrenkten Gliedern, eingezwängt im schwarzen Abendkleid, liegt sie wie eine abgelegte Schaufensterpuppe auf dem Sofa.

Wie Gertrud erscheint auch Polonius extrem theatralisiert. Rosel Zech mimt mit Stock, Brille, Stummelpfeife und gekrümmten, schleppenden Gang den 'komischen Alten' und weiß geschminkten Clown, dem die Politik wie sein Anzug sichtlich eine Nummer zu groß sind.

Rosenkranz und Güldenstern, Karrieristen der Macht, tragen Stutzeranzüge, entpuppen sich später als Transvestiten: Rosenkranz zieht Strapse und Strümpfe an und Güldenstern entpuppt sich als Frau, als er/sie die Männerkleidung abstreift. Ihre enge Tuchfühlung mit dem in Lüsternheit eben nicht gerade

---

40 Canaris. *Peter Zadek. Der Theatermann und Filmemacher.* München – Wien 1979. 195.

zurückhaltenden Herrscherpaar deutet auf ein Zadek-Thema, das schon im "Lear" und "Othello" zum Tragen kam: die Verführbarkeit durch Macht und machtvolle Verführung in individueller wie politischer Hinsicht.

Neuenfels folgt nicht dem Konzept der offenen Inszenierung. Im Hamburger "Hamlet" bildet die Identifikation der Darsteller mit ihren Rollenfiguren den zu keinem Moment aufgebrochenen Maßstab. Die psychologische Interpretation von "Hamlet" kündigt sich durch ein überdimensionales, anusförmiges Loch an, aus dem sich eine herausquellende, braune Masse in den schwarz eingekleideten Raum schiebt. Schmutzige Styroporfladen dienen als Sitz- und Liegeflächen. Zentrales Requisit ist ein Kinderstall, durch dessen Gitter Hamlet mit Ophelia redet. Die Kostüme entstammen bürgerlichen Boudoirs: Claudius wie Gertrud tragen nebst mickriger Krone Hausmäntel. Der Ledermantel von Polonius verweist im ikonographischen Bezug auf das Genre des Gangsterfilms auf die Macht- und Spitzelstellung. Hamlet trägt einen Sakko. Im Verlauf verlieren die dramatis personae ihre Kleidung bis auf Hemden und Nachthemden, verirren sich im mehr und mehr von dem breiigen Haufen überschwemmten Raum. Die innere Situation der Schutzlosigkeit und das Gleiten des sozialen in den intim-anarchischen Raum kehrt sich nach außen, spuckt psychischen Morast aus.

In Abgrenzung zur eindeutigen Geschlossenheit der Raum- und Figurenkonfiguration in der Neuenfels-Inszenierung lassen sich in der Tabori- und Zadek-Inszenierung Tendenzen zur Sensualisierung feststellen, die mit dem Programm der 'Neuen Erlebnisweise' konvergieren. Beide Inszenierungen vermeiden die Geschlossenheit der Fiktion, sowohl in psychologischer als auch personenlogischer Hinsicht. Diese Strategie verstärkt sich noch in den jeweiligen Hervorhebungen des Erlebnisstilwechsels. Der Übergang vom 'Auftritt' der Schauspieler zur szenischen Fiktion bleibt als Thema präsent.

Beide Inszenierungen führen die Zuschauer nicht sofort in die szenische Fiktion ein. In Zadeks "Hamlet" konstituiert das Ensemble erst nach einigen Minuten seines Auftritts den Spielraum. Es führt in die Fabel ein, indem es Kostüme ausprobiert und Textpartikel flüstert.

In Taboris "Hamlet" wird der Zuschauer weitaus deutlicher zum Zeugen der Experiment- und Arbeitsbedingungen theatraler Praxis. Während des Einlasses befinden sich die Darsteller auf der Spielfläche im "warming up": Hamlet und Laertes trainieren für das Duell, was wie ein Insider-Zitat auf die *frantic actions* des "Group Theatre"-Ensembles wirkt, die während der Probenphasen zur Körperbeherrschung eingesetzt wurden.[41] Eine Darstellerin tunkt ihren Kopf in einen Wassereimer – Verweis auf Ophelias Tod. Ein Darsteller wälzt sich auf dem Bett und stöhnt "Meine Tat ist faul", andere machen Stimmübungen, Schüsse fallen. Diese 'Übungen' haben mehrere Funktionen: Zum einen betonen sie die Handlung als Grundlage des szenischen Geschehens, zum anderen nehmen sie punktuell die Peripetien der Fabel vorweg. So stellt sich der Darsteller des Claudius vor, benennt seine Rollenfigur und wünscht "viel Spaß mit den Leichen", der Darsteller des Horatio wünscht guten Abend und teilt mit, etwas sei faul im Staate Dänemark, wodurch sich die Inszenierung die Szene I.1 erspart.

Drittens teilen die Darsteller für sie wesentliche Aspekte ihrer Rollenfiguren mit und vermitteln darüber hinaus emotionale Grundbedingungen, aus denen heraus sie ihre Rollenkonzeption schöpfen. Sie stellen sich und ihre Rollen vor; darüber hinaus erzählen sie von "Hamlet" als "Mords-Stück" über den Tod der Väter, nennen dabei nützliche Aspekte über die Länge der Aufführung und Pausen, suchen Kontakt zum Publikum.

> [...] beispielsweise: Warum sind Sie eben immerfort durch Genickschüsse getötet worden? "Das Stück hat viel mit Tod zu tun", antwortet die Schauspielerin, "deshalb habe ich mir dies gewünscht."[42]

Das Ensemble präsentiert und erklärt Hilfsstellungen des affektiven Gedächtnisses, mit dem es die Rollenfiguren emotional konstituiert. Zugleich vermitteln die autistisch und archaisch anmutenden Szenen im Vorfeld der szenischen Präsentation der Fabel eine Grundstimmung zwischenmenschlicher Gewalt. Der Wechsel von diesem Einblick in Motivationen für das Spiel zur szenischen Fiktion wird nochmals verzögert, als ein Mann im Frack sich stöhnend im Bett wälzt. Fiktion und Realität geraten in unkenntliche Verwischung:

> [...] ein Mädchen holt Wasser, sagt, dem Hauptdarsteller sei's schlecht geworden, eine Zuschauerin neben mir fragt sich, ob das dazu gehöre.[43]

Der Mann würgt, die Darsteller zerren, schälen ihn aus dem Frack, wickeln ihn in ein Laken. Dabei sieht man, daß der nackte Körper mit Wundpflastern bedeckt ist. Das eigentliche Schauspiel beginnt.

In einer Zwischenbilanz läßt sich von Taboris und Zadeks "Hamlet" sagen: Sie vermeiden die geschlossene Illusion und legen darüber hinaus die semio-

---

41   Zur Probensituation im "Group Theatre": Mel Gordon, Laurie Lassiter. "Acting Experiments in The Group." The Drama Review. Vol. 28. No. 4 (T 104): "The Group Theatre". Winter 1984. 9.

42   Zit. nach Hensel. "Die Last der toten Väter." A.a.O.

43   Peter v. Becker. "Das Nachtspiel bis zum Morgengrauen." A.a.O.

tischen und sensualistischen Optionen ihrer Inszenierungen offen, beteiligen das Publikum mehr oder minder daran.

Neuenfels' Inszenierung drängt dagegen "Hamlet" vor in eine geschlossene Repräsentation psychischer Vorgänge. Eine Öffnung der Inszenierung zum 'work in progress' findet nicht statt.

Zadek und Tabori parallelisieren gleichsam Fiktion und Fiktionalisierung und halten diesen Vorgang ständig präsent. Beide suchen nicht die 'Rhetorik' des Texts, sondern seine 'Realität' sowohl für die Schauspieler als auch für das Publikum auszustellen. Neuenfels dagegen nimmt unfreiwillig eine Trivialisierung der Rhetorik vor, ohne die konventionellen Strukturen der Fiktionalisierung zu brechen.

Symptomatisch für eine Ästhetik der 'Neuen Erlebnisweise' ist die Verwandlung vom traditionell zweigeteilten Theaterraum zum Environment, in dem sich die Zuschauer auf enger Tuchfühlung mit den Akteuren befinden. Die Dezentrierung des Rezipientenblicks auf verschiedene Orte der Fiktion und zugleich auf andere Zuschauer hält Fiktion und Fiktionalisierung ständig präsent. Darüber hinaus suggeriert die Anordnung der Spielhandlung im Environment eine freie Auswahl dessen, was der Zuschauer sehen möchte. Dadurch wird er stärker als gewohnt zum Mit-Schöpfer der Inszenierung.

Rollenkonzeption – Inneneinsichten in das machtverstörte Subjekt:

Tabori und Neuenfels thematisieren die Übermächtigkeit des Vater-Bildes und den ödipalen Haß des Sohnes: Der Geist (Maurray Levi) der Tabori-Aufführung umklammert Hamlet (Günter Einbrodt), setzt sich schließlich auf seine Schultern, schlägt ihn und läßt auch dann nicht los, als Hamlet ihn seinerseits mit Schlägen abzuschütteln sucht.

Die Konfrontation mit Gertrud (Brigitte Kahn) findet als existentieller Kampf auf der Leiche von Polonius statt. Hier wird die Kausalität des Inszest-Musters und Ödipus-Komplexes in eine Schreckensassoziation überführt, die Shakespeares Figuren weit über die rein private Ebene der Aggressionen hinausdrängt.

Die Neuenfels-Inszenierung dagegen reduziert den psychischen Konflikt auf eine infantile Ebene. Die Dominanz und Herrscherideologie des Vaters soll betont werden, indem der Geist (Klaus Mikoleit) nicht allein auftritt, sondern mit zwei Adjuvants, die wie er nur mit Lendenschürzen aus Plastikfolie bekleidet sind. Sie tragen ihm eine Kerze und einen Totenkopf nach, bieten ihm ihre Rücken als Sitzmöbel dar. Gegenüber dem 'Kind' Hamlet (Friedrich-Karl Praetorius) wirkt die Machtposition des Vaters umso stärker: Mit schulterlangen, wirren Haaren, aufgerissenen Augen, verschreckt verzogenem Mund, in den er häufig die Faust preßt, imitiert Praetorius kindliche Verhaltensmuster. Ein um den dünnen Leib schlotterndes Hemd und die gequetschte, hohe Kinderstimme runden den Eindruck ab. Das ingeniös einfache Bild der Knechtschaft schlägt im weiteren Verlauf in die 'Semiotisierung' des Privaten über, in der die Assoziationen zur Herrschaftsideologie und ihrer Kritik nicht mehr ganz so stringend hervorscheinen: Hamlet kriecht seiner Mutter (Maria Emo) unter das Nachthemd und singt mit ihr "Schlaf Kindchen, schlaf [...]" Als der Geist auftritt, entreißt er ihm jaulend den Blindenstock und verdrischt den Nebenbuhler, um die Mutter endlich allein zu besitzen.

Die Metapher der Krankheit und die Nacktheit heben in Taboris und Neuenfels' Inszenierungen den Geist als Opfer hervor, in Verbindung mit seiner Brutalität verweisen sie insbesondere in der Hamburger Inszenierung auch auf die egoistische Verblendung der Väter, die ihre im Racheauftrag symbolisierten Werte der jungen Generation aufzwingen. Das Vater-Kind-Schema verdeutlicht dies stärker als die entsprechenden Sequenzen in Taboris Inszenierung.

Der Bochumer "Hamlet" von Zadek kostet die theatrale Dimension voll aus und hält sie allein durch die Rollenbesetzung ständig präsent: Der Geist, Fortinbras (Magdalena Montezuma), Polonius und Osrick (Rosel Zech), ein Pirat, Bernardo, Gonzago und ein Totengräber (Elisabeth Stepanek) verkörpern Schauspielerinnen, die Player-Queen verkörpert dagegen ein Mann, als beachte Zadek plötzlich die historischen Bedingungen des elisabethanischen Theaters, in dem Frauenrollen zeitweise von Männern verkörpert wurden. 14 Ensemble-Mitglieder teilen sich 32 Rollen. Das Ensemble simuliert Nöte einer Wandertruppe des 18. Jahrhunderts, die aus personellen Gründen disparate Rollenbesetzungen eingeht und sich mit behelfsmäßigen Masken und Kostümen bescheidet, die der Fundus erzwingt. Prinzipal Zadek konfrontiert seine Truppe mit einem Theater der "ekelhaften Verstümmelung", dem sich Zadeks Urahn Serlo ausgeliefert wähnt, als er "Hamlet" inszeniert: "Wieviel Stücke haben wir denn, die nicht über das Maß des Personals, der Dekoration und Theatermechanik, der Zeit, des Dialogs und der physischen Kräfte des Akteurs hinausschritten?"[44] Die willkürliche Übertheatralisierung gestattet höchst sinnlich-konkrete Vorgänge. Deren wichtige Bedeutung entwickelt sich häufig aus bewußtem Schmierentheater, eröffnen nonverbale Subtexte mit hoher theatralischer Wirkung. Ein Beispiel: Als der Geist sich Hamlet erstmals zu

---

[44] Johann Wolfgang Goethe. *Wilhelm Meisters Lehrjahre.* Stuttgart 1982. 306.

zu erkennen gibt, parodiert Wildgruber eine 'unheimliche Begegnung mit der dritten Art': rollendes Augenspiel, übertriebene Darstellung des ins Mark Erschreckten, schließlich eine heftige, nahezu clowneske Umarmung des "armen Geists" (I.5), um dessen schmächtigen Körper ein zerschlissenes Merlingewand schlottert. Die behelfsmäßige, bewußt theatralische Atmosphäre wird auch in III.4 aufgerufen. Dort gleitet sie in einen symbolischen Vorgang über, als Hamlet seine Mutter bedrängt, mit dem Mörder ihres Mannes nicht mehr das Bett zu "teilen". Währenddessen windet sich der Geist an Hamlet hoch, als wolle er mit ihm zu einem Leib verschmelzen. Hamlet berührt Gertrud mit zärtlicheren Gesten, der Geist umschlängelt beide mit fließenden Umarmungen, setzt Hamlet schließlich eine Krone auf. Dieser sinnliche Vorgang projiziert Hamlets Wunsch, in die Rolle des Vaters zu schlüpfen und zugleich das autoritäre, schreckliche Vater-Bild positiv umzuwandeln. Die Loslösung von einer bedrohlichen Vater-Imago ereignet sich bemerkenswert gewaltlos, worin sich die Inszenierung von den destruktiven Vater-Bildern der Neuenfels- und Tabori-Inszenierungen unterscheidet. Die friedliche Entmachtung väterlicher Autorität, in der das 'Gesetz des Vaters' mit dessen Zustimmung suspendiert wird, weist auf die zu dieser Zeit aktuelle Diskussion über die Ablösung des patriarchalischen Gesetzes.[45] Allzu auffällig verbleibt Gertrud in einer sexuell verfügbaren Haltung, als ob sie die Disponibilität des väterlichen Gesetzes nicht berühre. Grund dafür ist die Darstellung des Vorgangs aus Hamlets subjektivem Blickwinkel, der Gertrud von der mütterlichen in die sexuelle Rolle zwingt. Auf subversiver, erotischer Ebene thematisiert die Inszenierung Macht und Repression in enger Verknüpfung von Politik und Intimität.

Gradmesser für diese Vernetzung sind die Szenen I.2, III.1, III.3 und V.2. In ihnen überschneidet sich die psychische Problematik (Trauerarbeit, Beziehung der Opfer Hamlet und Ophelia, Vater-Komplex bzw. Gesetz des Vaters, Beziehung zur Mutter) mit der politischen Dimension (Machtlegitimation, Instrumentalisierung Ophelias, Entlarvung und Ende der Dynastie).

Neuenfels erfindet ein einfaches Bild für das Unrechtsregime. Claudius (Dieter Kirchlechner) instauriert seine Macht auf dem Sarg des Ermordeten. Während der Thronrede umschlingt er Gertrud, derweil üben Hamlet und Ophelia mit der Kordel von Laertes' Mönchskutte Seilspringen. Die Opposition äußert Hamlet in Form kindlichen Trotzes. Aus unbeobachteter Position schießt er giftige Blicke auf Claudius.

---

[45] Vgl. dazu Judith Butler. *Das Unbehagen der Geschlechter*. Frankfurt/M. 1991.

Aggressionen in einfachen, infantilen Vorgängen definieren die Beziehung zwischen Vätern und Kindern. Polonius (Werner Schwuchow) prügelt dem Mönch(!) Laertes (Konrad Krauss) die Tugendregeln ein. Mit dem "green girl" Ophelia spielt er Ball, den er aufspießt, als er ihr den weiteren Kontakt mit Hamlet verbietet. Derselben plakativen Einebnung komplexer psychischer Vorgänge unterliegt die Konfrontation Hamlet – Ophelia. Schon vorher durfte Ophelia-Gretel dem im Kinderlaufstall kauernden Hamlet-Hänsel in den Zeigefinger beißen, nun balgen sie sich während der Passage "Geh' in ein Kloster" wie zwei Hunde, die von ihren Besitzern Claudius und Polonius auseinandergerissen werden.

Das Schauspiel steht völlig unter dem Zeichen des kindlichen Begehrens nach der Mutter, die Hamlets Sehnsucht mit sexueller Verzückung quittiert. Hamlet umfaßt sie von hinten, Sie bewegt ihren Schoß, öffnet begehrlich den Mund, wird dabei von Claudius beobachtet. Dessen Flucht von der "Mausefalle" ist mehr aus der Erkenntnis über den sexuellen Machtverlust motiviert als aufgrund der politischen Enthüllung.

Die politische Dimension schiebt Neuenfels zu spät nach: Da "Hamlet" in einer Art Fallstudie über Pubertät und Reife symbolisiert wird, muß der Wechsel vom 'Kind zum Manne' dargestellt werden. Dies geschieht in Szene V.1, die die Totengräberszene ausspart. Hamlet trägt nun kurzgeschorene Haare. Die Ablegung der Kleidung bis auf die Unterhose verdeutlicht die Identifikation mit dem ebenfalls fast nackten Geist. Da Neuenfels die politischen Aspekte wie den Auftritt der Armee, die Intrigen von Claudius bisher in der verkleinernden Perspektive des Kindes Hamlet gezeigt hatte, gelingt der Wechsel von der plakativ psychischen Einfühlung in Hamlet zur politischen Dimension, die im 1. Auftritt des Geistes spürbar war, nicht. Die seit der Totengräberszene auf der Bühne herumliegenden Totenköpfe enden daran ebensowenig wie die Akzentverschiebung am Ende: Gertrud ersticht Claudius unter dem schwachen Applaus des sterbenden Hamlets.

Die Inszenierung scheitert an ihrem eigenen Ansatz: Der politische Konflikt und die Machtstrukturen sollen mittels der plakativ ausgestellten Psychologisierung des Generationenkonflikts erklärt werden, in dem die junge Generation schon die ganze Schuld und den Morast der älteren erbt. Als Verfremdungsstrategie wählt Neuenfels plakative und klischeehafte Assoziationen aus Fallstudien über Adoleszenz und Sexualität, die jedoch weder die Beziehung noch die politische Verstrickung der Opfer Hamlet und Ophelia verdeutlichen können.

Taboris und Zadeks "Hamlet"-Inszenierungen zeichnen sich im Gegensatz zu Neuenfels durch den Wechsel von Präsentationen aus der Sicht der Figuren und objektivierten Sichtweisen aus, wodurch politische und soziale Ursachen mit Innenperspektiven in einen kohärenten Zusammenhang gebracht werden. In Taboris "Hamlet" präsentieren sich die Machtgier und Repression von Claudius, die Speichelleckerei von Polonius und Laertes wie auch die Zuneigung Gertruds und Ophelias zu Hamlet aus dessen subjektiver Sicht. Hierzu zieht die Inszenierung I.2, II.3 und III.1 zusammen. Einige Textpartikel des Primärtexts (Gertruds Bitte an Hamlet, in Helsingör zu bleiben, Diskussion über Hamlets Brief an Ophelia) überleben den visuellen Subtext: Hamlet sitzt mit Gertrud auf einem Bett: Unter Liebkosungen vertauschen sie ihre Kleider. Claudius umkreist sie 'lauernd'. Dabei hält er ein Stück rohes Fleisch zwischen den Zähnen, züchtigt Laertes und Poloniuse mit der Peitsche, die ihn wie Hunde umkläffen. Ophelia tanzt währenddessen in einer tranceartig angedeuteten Tierpantomime als verwunschener "Pfau",[46] die Hände am Rücken zusammengebunden. In diesem Arrangement findet auch die Auseinandersetzung Hamlets mit Ophelia statt.

Diese Sequenz sagt mehr über den Schnittpunkt und den Funktionsmechanismus von Macht, Politik und Subjekt aus, als die Neuenfels-Inszenierung in vier Stunden zu erzählen vermochte. Die Frauen sind den Männerphantasien lediglich Opfer, die Diener der Macht vertierte Bestien. Hamlets Zuneigung zu Gertrud wird dabei zweifach charakterisiert: als inzestuöses Begehren, das durch beider Nacktheit verdeutlicht wird, und als vertrauensvoller Versuch einer gemeinsamen Trauerarbeit, die jedoch auch Protest erhält. Während sie ihre Kleider tauschen, hält Claudius Laertes und Polonius an der Leine, ködert sie mit dem rohen Fleisch. Eine Männer-Gesellschaft zelebriert das Unterdrückungsverhältnis, dessen Aggression gerade durch die bereitwillige Unterwerfung akzeptiert ist. Gegen dieses Hunde-Leben protestieren Gertrud und Hamlet, indem sie ihre Kleider ablegen und sich der sozialen, kulturellen Inskription der Geschlechtsidentität und symbolischen Bedeutung der Kleidung in der Nacktheit zu entziehen. Sie verhüllen sich mit den vertauschten Kleidern, verdrehen also die Inskription des Körpers. Der kurze Moment inniger Vertrautheit enthält auch die List der Travestie als Widerpart zum tierischen Herr-Knecht-Verhältnis, die auf den Körper im Zustand vor seiner soziokulturellen Inskription verweist. In dem winzigen Moment der Solidarität vermögen Gertrud und Hamlet die Ahnung vom 'unbeschriebenen' oder beschriebenen, aber institutionell falsch identifizierten Körper zu vermitteln, der

---

[46] Vgl. Ursula Höpfners Bericht in: Peter v. Becker. "Theaterarbeit mit George Tabori. Der Weg vom Bremer 'Hamlet' zum Münchner 'Shylock'." *Thh* 1 (1979). 47-51. 50.

sich seiner Institutionalisierung und Einzwängung in regelhafte Diskurse entzieht. Daß diese aufblitzende Utopie offenbar nur als imaginäre Revolution denkbar ist, bestätigen die terroristischen Körperakte im Inszenierungsverlauf, an denen sich alle Figuren beteiligen.

Hamlets berüchtigtes Zögern erklärt Tabori einerseits mit dem Hinweis auf den ödipalen Konflikt, andererseits zeigt er auch den lähmenden Einbruch von Irrationalität und Sadomasochismus (insbesondere Hamlets) als Folgen der Repression auf.[47] Zwangsneurotische Verhaltensweisen widerlegen die Illusion, den Körper von seiner sozialen Matrix und ihren repressiven Regularien zu befreien. So kauert Claudius betend auf der Leiche des Geistes ("Oh, meine Tat ist faul") - und schändet sie ein zweites Mal. Der Wiederholungszwang führt schließlich zur Überführung des Täters.

In der Schauspielszene (III.3) gelangen die neurotischen Züge des politischen und in die Psyche der Betroffenen eingreifenden Handelns zum Ausbruch: Die Schauspieltruppe imitiert die Gesten von Claudius, was diesen zunächst amüsiert, dann aber zum Zwang führt, die Gesten der Schauspieler nachzuahmen. In dem Moment, wo sich Claudius deckungsgleich zu ihnen verhält, die Realität also das Theater nachahmt, rezitieren die Schauspieler die Regieanweisung der Pantomime, die den Mord beschreibt.

Verstärkt gewinnt die Inszenierung ritualhafte Abläufe, die in V.2 schließlich die Zuschauer einbeziehen. Nachdem Ophelia von zwei clownesken Totengräbern in den Sarg gepfercht wurde, unterbrechen die Darsteller das Spiel. Sie berichten von dem tödlichen und blutigen Duell, schenken Rotwein in Gläser und geben sie dem Publikum. Hamlet und Laertes beginnen unter Textfetzen aus V.2 zu fechten, andere Darsteller zerplatzen Blutblasen über ihren Köpfen, winden sich "wie Roboter und Marionetten"[48] und schreien. Der überlebende Chronist Horatio geht sonderbar unbeeindruckt durch die allmählich zum Knäuel verschlungenen Leiber. Das Publikum – Rotwein trinkend – wird zum mehr oder minder freiwilligen Teilhaber an dem Vernichtungsakt, dem es durch die im Trinken symbolisierte communio die Berechtigung eines Rituals verleiht. Die Darsteller umringen Hamlet, und wie zu Beginn sind wieder private Äußerungen zu vernehmen (Rufe nach mehr Zärtlichkeit etc.).

---

[47] Vgl. Taboris Essay "Hamlet in Blue", der jedoch nicht unbedingt als Grundlage der Inszenierung gewertet werden sollte. Die Schauspieler kannten den Text nicht, überdies bestimmten sie im Gegensatz zu einer 'Regisseursvision' einen Großteil der szenischen Realisierung. Vgl. Becker. "Theaterarbeit mit George Tabori." A.a.O.

[48] Simon Neubauer. "Hamlet als Fleckerlteppich." *Weser-Kurier*. 21.3.1978. Vgl. auch Hensel. "Die Last der toten Väter." A.a.O.

Die teilweise autistischen Handlungen gehen in euphorisches Gelächter über, das bei den Worten "Ich sterbe, Horatio. Der Rest ist Schweigen" verstummt.

Unbestritten reduziert Tabori wie nach ihm Neuenfels "Hamlet", indem er auf die Darstellung des Machtverlusts von Claudius und seiner Beerbung durch Fortinbras keinen Wert legt. Nichtsdestoweniger gelangen die Verstrickung des Subjekts in die destruktive Macht, die Schwierigkeit des Trauerns, der Todestrieb und die Grausamkeit selbst des Opfers Hamlet zum sinnlichen Eindruck. Taboris Inszenierung folgt nicht der Logik der dramatischen Entwicklung, wohl aber der Logik der Charaktere, indem er sie in existentiellen Grundsituationen darstellt.

Identitätsthematik und Subjektperspektivismus:

In Zadeks Inszenierung genügt es, die Verflechtung von Macht und Subjekt anhand von I.2, III.1 und IV.2 darzustellen. Der Bochumer "Hamlet" scheint angesichts der nahezu tiefenpsychologischen Behandlung, der Tabori den Protagonisten unterzieht, nur noch karnevaleskes Theater zu sein. Doch gerade die überhöhte Theatralität und die Besetzung der Rollen mit Darstellerinnen und Darstellern, die dem Rollentyp und Figurengeschlecht widersprechen, schafft eine mehrfach vernetzte Spannung:

> Zadek never allowed a character to assume fixed contours: he orchestrated a constant changing of register from shrill, deliberate ham-acting to the most subtle nuances. He took his company on a journey of discovery which in turn became the audience's journey of discovery. The linearity of story was discarded in favour of a network of correlated situations, a multilayered 'scenic text' constantly opening up references to other possible texts.[49]

Das Thema der Verführung durchzieht auch die Charaktere selbst: Baudrillards ironische Antwort auf den Ödipus-Komplex als "Überdeterminierung aller Liebesformen [...] durch die Mutterliebe und der damit verbundenen Sentimentalität"[50] findet eine Entsprechung in I.2. Gertrud (in überdimensional orangener Krinoline, die nackten Brüste rot bemalt) steht dem auf einem Betschemel knienden Hamlet gegenüber. Die erotische Signalfunktion ist ebenso übertheatralisiert wie Hamlets Eifersucht auf Claudius. Claudius küßt Gertrud auf den Hals, während Hamlet sie angewidert und zugleich fasziniert beobachtet und der hinter ihnen im Bilderrahmen sitzende Geist sein Haupt im

---

[49] Andreas Höfele. "The Erotic in the Theatre of Peter Zadek." A.a.O.
[50] Jean Baudrillard. "Der Teufel der Leidenschaft." *Laßt euch nicht verführen!* Leiby. Berlin 1983. 7-34. 27.

Mantel verbirgt. Diese Szene, in der Claudius mit theatralischen Posen höfischer Repräsentation operiert, Gertrud dagegen als eine zugleich lüsterne wie Hamlets Begehren provozierende Mutter dargestellt wird, präsentiert sich gleichsam aus dem subjektiven Blickwinkel Hamlets.

Die Verführung umspannt nicht allein den theatralen Vorgang selbst und die erotische Thematik der Fabel, sondern auch die Machtstrategien, die die Verführungskraft instrumentell einsetzen und damit in allen Sequenzen präsent sind: Verführungsversuche der Begehrenden schlagen permanent in Destruktionsversuche um. Um dies darzustellen, alterniert die szenische Präsentation zwischen Sequenzen, die eine generelle Sicht auf die Figuren vermitteln, und Sequenzen, die im subjektiven Blickwinkel gezeigt werden.

Dieser Wechsel läßt sich an Ophelia und Hamlet feststellen. In III. 1 reißt Polonius die Pelzstola ihres Brokatkleids ab, so daß ihre Brust sichtbar wird, drückt ihr das Gebetsbuch in die Hand und liefert sie Hamlet aus. Hamlet spricht "Sein oder Nichtsein" auf weite Distanz zu ihr, dabei die Illusionierung immer wieder durch sehr schnelle Wendungen ad spectatores unterbrechend. Die Erinnerung an ihre Liebe ("Ich liebte euch einst [...]") vollzieht sich ohne Kontakt in einer lyrischen Atmosphäre, die die räumliche Distanz Lügen straft. Plötzlich quietscht eine Stahltür, Polonius und Claudius erscheinen mit Schweins- und Pferdekopfmasken auf, den Vorgang des Versteckens anzeigend wie die Vertierung der politischen Macht verratend. Erst jetzt fällt Hamlet "physisch über Ophelia her, läßt sie als zusammengesunkenes Häuflein Elend und Jammer am Ende seines berserkerhaften Ausbruchs zurück."[51]

Ophelias Wahnsinn spiegelt sich in ihrem subjektiven Blick. Claudius und Gertrud erscheinen hinter gesichtslosen Ovalen, Laertes mit Schweinsmaske und Hamlet in der Schweinsmaske von Polonius.

Die Horrorszene wird für einen kurzen Moment unterbrochen. Hamlet nimmt die Schweinsmaske ab, zeigt sein mitleidendes Gesicht. Er tauscht mit Ophelia seinen Dandystock gegen den Stock von Polonius, mit dem sie den Toten beschwörend zurückholen wollte: "[...] und in der Trauer, die in beiden Gesichtern arbeitet, ist für einen utopischen Moment die lügnerische Wahrheit überwunden, sind Schuld und Sühne aufgehoben."[52] Verinnerlichungen mörderischer Machtstrukturen selbst in den Handlungen der Opfer manifestieren sich in emotional-assoziativen und zugleich sehr theatralen Bildern.

Im Wechsel von subjektivem und vermeintlich allen Figuren (und Zuschauern) gemeinsamen Blickwinkeln kommentiert die Inszenierung auch die Iden-

---

[51] Volker Canaris. *Peter Zadek. Der Theatermann.* A.a.O. 201.
[52] A.a.O. 202.

titätsthematik, die "Hamlet" durchzieht, und die zugleich die 'Identifikationsthematik' im Verhältnis Zuschauer – Rollenfigur betrifft. Die Kohärenz der Charaktere erschloß sich für diejenigen im Publikum, die die ästhetischen Strategien der Inszenierung 'verstehen' konnten. Deutlich wurde, daß im Verführ- und Vexierspiel der Macht und ihrer Auswirkung auf das Subjekt Identität nur als Verschleierung, in manchen subjektiven Blickwinkeln sich aber auch als authentischer Moment der Rollenfigur – allerdings nur in Situationen des Erleidens, der Repression – zu äußern vermochte. Die Erotisierung der Macht erbrachte jedoch auf der Ebene der Rollenfiguren einen ständigen Identitätswechsel bis hin zum Übergang vom einem sexuellen Geschlecht ins andere. Was vor der Folie des sexuell begehrenden Identitätsspiels ausgespielt wird – Vertauschung, Verstellung von Identität – kann im Umkehrschluß auch als Unmöglichkeit gewertet werden, im System der Macht authentische Identität zu erhalten. Der Bruch zwischen darstellendem Zeichenträger und dem Bedeuteten liegt durch den Geschlechtertausch virulent zutage, demontiert die charakterliche Identität.

Ob die Inszenierung damit ein "kollektives Identitätsthema",[53] einen gemeinsamen Erfahrungs- und Erleidenshorizont von Produzierenden und Rezipierenden, aufgeworfen hat, kann nur vermutet werden. Die allen drei "Hamlet"-Inszenierungen gemeinsame Strategie der Identitätsverstörung läßt zumindest die Wahrscheinlichkeit zu, daß die Subjektproblematik und die Variationen einer strittig gewordenen Identitätsthematik eine wesentliche Rolle auch im Erfahrungsbereich der Zuschauenden spielen.

Interessant ist dabei der *communio*-Aspekt in Taboris Inszenierung, in der sich eine gemeinsame Identitätserfahrung im Ritual zwischen Aufführenden und zu Teilnehmern gewordenen Zuschauern realisierte. Allerdings lediglich in einem schuldhaften Vorgang der Gewalt, in dem zwischen Tätern des vorsätzlichen Identitätsbruchs und Opfern kein Unterschied auszumachen ist!

Die vorgestellten Inszenierungen haben sicherlich 'Neue Erlebnisweisen' des 'Klassikers' "Hamlet" vermittelt. Die theatergeschichtliche Bedeutung und die Frage, was der Umgang mit dem 'klassischen' Werk gewinnt, sei abschließend erörtert.

---

[53] Erika Fischer-Lichte. *Kurze Geschichte des deutschen Theaters.* A.a.O. 408.

2.3 Die 'Neue Erlebnisweise' und Shakespeare

Pro Shakespeare:

Die Affinitäten der Inszenierungen zu Verankerungen des subjektiven Bewußtseins im Werk, die die 'Neue Erlebnisweise' einfordert, machen ihr Konzept mehr als deutlich: Der 'Klassiker' Shakespeare wird Anlaß zum Material, zur Montage, Zerstückelung bis zur Unkenntlichkeit seiner Stücke. Allerdings unterscheidet sich ihr Zugang beträchtlich von dem des dialektischen und materialistischen Theaters. Brecht, Palitzsch und Hollmann versuchten, Shakespeare auf dem politischen Forum 'Theater' aktualisierend einzurichten. Ihren Neufassungen, die jede Szene des Prätexts bearbeiteten, gaben ein eigenständiges, 'neues' Stück vor, demgegenüber Shakespeare keine Autorrechte mehr hat. Er schrumpft in den Credits der Programm- und Texthefte auf eine schlimmer als gönnerhafte Erwähnung: 'frei nach S.' Die Arbeit an den Stücken bedeutete Umfunktionierung des Feudalisten Shakespeare, der auf Anfänge frühbürgerlicher Freiheitsphilosophie zum Teil spöttisch (die Jack Cade-Figur in "2 Henry VI"), zum Teil mit einer Reihe von dramatisierten Repräsentations-Krisen reagierte.[54]

So unwahrscheinlich es angesichts der Textmontage in Taboris "Hamlet", der Nivellierung im pubertären "Hamlet" von Neuenfels und Zadeks Theatralisierung klingen mag: Die Arbeit dieser Regisseure ist 'pro Shakespeare' im besten Sinn. Der Protagonist wird wie in der Phase des dialektisch-materialistischen Zugriffs verkleinert, auf alltägliche Maße gestutzt. Aber er wird weder lächerlich noch negiert. "Hamlet" erscheint zwar reduziert auf punktuelle Kernaussagen, doch diese werden auf aktuelle psychosoziale Aspekte bezogen und seriös durchgespielt.

Körperästhetik:

Die drei "Hamlet"-Inszenierungen markieren eine Tendenz zur Problematisierung des Körpers als Inskription der Macht. Der politische Körper im Stadium der Repression, der sexuelle Körper, der sich durch Travestien der Gechlechtsidentität der soziokulturellen Einschreibung versuchsweise entzieht, beschreiben einen Zustand, in dem der Körper als Konstitutionszentrum von Welt verletzt ist. Im Vergleich zu vorhergehenden Inszenierungen drängt sich der Körper als unmittelbar bezeichnetes Objekt in den Vordergrund (beispielswei-

---

[54] Vgl. Robert Weimann. *Shakespeare und die Macht der Mimesis.* A.a.O.

se die Pflaster auf dem geschundenen nackten Leib des Geistes in Taboris "Hamlet", die rotbemalten Brüste Gertruds in Zadeks Inszenierung). Das Theater der Innerlichkeit kommt auch wohl deshalb mit nur wenigen zentralen Requisiten aus (wie dem Bett in Taboris Inszenierung, dem Kinderstall im "Hamlet" von Neuenfels), weil der Körper den unmittelbaren Schauplatz darstellt. Das Körpertheater erhält also nicht nur Bedeutung im Wettkampf hierarchischer Zeichenebenen, es konstituiert ein Verständnis von Subjekthaftigkeit, das die Entsubjektivierung im Gegensatz zum Idealismus nicht als Wirkung des Wissens (das Subjekt als Objekt der Wissenschaft), sondern als Wirkung der Macht versteht.

Augenfällig ist das Spiel mit Travestien, das die Geschlechtsidentität verschleiert, als ob sich die Figuren dadurch der Inskription entziehen könnten. Drei Aspekte in Zadeks Inszenierungen veranschaulichen die Qualität dieses Körpertheaters. Wenn sich die Gesandten in Zadeks Inszenierung als Transvestiten herausstellen, Gertrud ihre sexuelle Identität mit der ikonischen Signalwirkung eines Verkehrszeichens demonstriert oder das Verhältnis Rollenfigur - Darsteller (Polonius, Geist in Zadeks "Hamlet") geschlechtlich disparat besetzt wird, provoziert Zadek konventionelle Wahrnehmungsmuster. Er spielt das Thema Verführung durch, problematisiert die soziale Rolle:

> Das Schauspiel im Schauspiel ist nicht umsonst Mittel- und Höhepunkt des Stücks. Hamlet sagt von sich selber wie großartig er spielt. Polonius war mal Schauspieler an der Uni, König Claudius ("lächelt, lächelt und ist ein Schurke") hört nie auf, sich zu verstellen. Wie im Leben, alle spielen Rollen wie verrückt, um zu verhindern, daß andere sie erkennen und in der Hoffnung, dadurch herauszufinden, wer sie selbst sind.[55]

Der Körper als Schnittpunkt oder als Schauplatz von Machtspielen politischer, sexueller Provenienz ist eines der vielen Themen des Dramas (I.2; IV.1). Im szenischen Kontext des Bochumer "Hamlet" schiebt diese Dramatisierung sich als eminente Fragestellung in den Vordergrund. I.2 rankt sich um Gertrud als Begehrensobjekt für Claudius, Hamlet und den Geist, gleichzeitig instauriert Claudius seine politische Herrschaft, deren Voraussetzung die gelungene und zu verteidigende sexuelle Eroberung Gertruds darstellt.

Im Spielverlauf wird deutlich, wie sehr diese Signale männlicher Projektionen und Zeichen einer Körper-Politik den weiblichen Körper machtvoll regulieren, der bis zuletzt ausschließlich in kulturellen erotischen Klischees wahrgenommen werden kann.

---

[55] Peter Zadek. "Um Nichts." *Das wilde Ufer.* A.a.O.

Gegen dieses regressive Bild läßt sich die Travestie der Geschlechtsidentität als Widerspruch und keimende Auflehnung verstehen, die in Taboris Inszenierung stattfindet. Als imaginierter Individuationsversuch hält der Kleidertausch einer Rückfrage an den Prätext durchaus stand.

Vielleicht liegt das Originäre des Theaters der Innerlichkeit darin, daß es die Politisierung des Körpers dargestellt und die Auswirkung der Unterdrückung bis ins Intime offenlegte.

Verlust der traditionellen Rollenimplikate – Indifferenz zur Rezeptionsgeschichte:

Die Neigung zu assoziativen Montagen ist in besonderer Weise bei Tabori ausgeprägt, wodurch die traditionellen Rollenimplikate verschwinden. Nicht die Rollenfigur und ihre bildungsbürgerliche Vorgeschichte steht auf der Bühne, sondern ein Mensch, der aus der heutigen Zeit stammt. Um ihn zentriert sich die Inszenierung, indem sie die die Fabel, dramatischen Konflikte, Figuren reduziert, aushöhlt und nicht zuletzt der subjektiven Perspektive der Figuren anpaßt.

Was verändert sich in Bezug auf die Shakespeare-Rezeption? Der relevante Vorstoß des Theaters der 'Innerlichkeit' besteht darin, das über Shakespeare verhängte bürgerliche Sinnmonopol zu brechen. Besonders Taboris Produktion verzögert die Wiedererkennung des Stücks, reißt es wie Neuenfels und Zadek aus seinen Strukturen heraus, die ehemals Fundament und Gewährleistung seiner Aura waren.

Im Gegensatz zur dialektisch-materialistischen Aneignung verzichten die Regisseure auf die Auseinandersetzung mit der Rezeptionsgeschichte des Shakespeare-Werkes, die in den "Coriolan"-Inszenierungen von Koch, Wekwerth und Hollmann auf der Bühne ausgetragen wurde und sich dort besonders gegen den 'Heldenbegriff' richtete.

Eher als Nebeneffekt ergibt sich, daß der 'deutsche Hamlet' abtritt. Doch als Affront gegen die Rezeptions-Tradition sind die Inszenierungen nur ungenügend erklärt. Wenn Tabori und Neuenfels Hamlet der Tortur psychischer Assoziationen aussetzen und Zadek den Clown und Grand Guignol im Zwielicht von lügnerischer Verführung und Destruktion darstellt, geschieht dies unprätentiös. Der Verlust der traditionellen Verbindlichkeiten gegenüber dem 'Geist' von Autor und Werk ist schon Selbstverständlichkeit geworden. Die Inszenierungen suchen nicht die Differenz zur Rezeptionsgeschichte, sondern ein zeitgenössisches und persönliches Verhältnis zum Stück. Dieser Zugang ist für das Publikum nachvollziehbar, weshalb es irreführend ist, von Privatobsessionen der Regisseure zu sprechen.[56] Denn dies hätte die Konsequenz, daß sich die Inszenierungen der fragenden Neugierde des Publikums hermetisch verschließen würden. Noch immer gilt dieses Theater des subjektiven Blicks als Nährboden und Ausstellungsort für Privatmythologien willkürlich den Text sezierender Regisseure und Schauspieler. Welche Konsequenzen hat es denn nun wirklich für den Text und für das Publikum?

Regietheater – Theater der Schauspieler-Kollektive:

Der von historischer Distanz weitgehend befreite Zugang zum Text verleiht ihm ein vom Signum des Klassikers befreites zeitgenössisches Engagement, das im Autor nicht die Kultur vergöttert, sondern das Sinnpotential für heute ergreift.

Diese radikale 'Entkulturisierung' Shakespeares führt zur engen Verknüpfung von Drama, Theater und aktueller Lebenspraxis; ein Wandel, der nicht nur den Bezug des Texts zur Inszenierung, sondern auch das Arbeitsverhältnis und den Bezug der Theaterästhetik zum Publikum einbezieht. Zunächst läßt sich feststellen, daß diese Phase des Theaters der siebziger Jahre keineswegs die Hochblüte des Regietheaters darstellt. Die Inszenierungen und ihre Konzepte sind in kollektiver Zusammenarbeit der Schauspieler mit den Bühnenbildnern und Regisseuren entwickelt worden. Wenn dieser Theaterphase unter dem Signum der "Neuen Erlebnisweise" eine Signalmarke aufgedrückt werden soll, wäre es unter dem Begriff 'Theater der Schauspieler' besser aufgehoben.

Warum werden die Theaterentwicklungen dieses Jahrzehnts als mehr oder minder obsolete Leistungen einzelner Regisseure dargestellt? Offenbar handelt es sich dabei um den kulturkonservativen Schachzug, die Bedeutung einer Theaterästhetik, die sich an den hergebrachten Vorstellungen der hierarchischen Ästhetik und Institution reibt und überdies zur Aufweichung der Grenzen zwischen Theater, Lebenspraxis und Paratheatralität neigt, zu minimieren. Die Leistungen von Neuenfels' und Zadeks "Hamlet" wie auch von Peymanns "Iphigenie" als marktbewußte Originalitätssucht zu diskreditieren,[57] resultiert wohl auch aus Opposition dagegen, daß das Experimentierfeld Shakespeare das westdeutsche Theater selbst einem Wandel unterzieht. Dieser beruht auf der veränderten Relation von Theater und Lebenspraxis, die pointiert auf Theatralisierung des Lebens (anschaulich im Straßentheater) und sozialorien-

---

[56] Wie Peter Iden. "Flucht vor der Größe? Banalisierung, Privatisierung, Verengung – über trivialisierende Tendenzen bei Klassiker-Aufführungen." *Thh-Jb.* 1978. 41-45.
[57] A.a.O. 45.

tierte Verlebendigung des Theaters (teilweise mit demokratischeren Arbeits- und Entscheidungsabläufen) abzielt.

Verhältnis Theater – Lebenspraxis:

Die Grenzen zwischen dem Stück und anderen Texten der Lebenspraxis werden durchlässiger, ohne das Theater als Bedeutungsystem aufzuheben. Über Taboris Hamlet beratschlagen Rudi Dutschke, Sigmund Freud und Alexander Mitscherlich ("Die Unfähigkeit zu trauern"). Blut, Gewalt, sich windende, ächzende Körper und Leukoplast treiben das Stück in die Gegenwart hinein.

Die einstmals sprachlich vermittelte Autorität interessiert dagegen kaum. Der Verzicht, "Hamlet" auf die eine oder andere traditionelle Lesart zu stutzen, ist sowohl bei Tabori als auch in besonders radikaler Weise bei Zadek ersichtlich. Tabori spielt den Generationskonflikt einer schuldhaften Gesellschaft mit "Hamlet" ins gegenwärtige Bewußtsein, und Zadek treibt "Hamlet" durch die Mühlen zeitgenössischer theatraler Arsenale, die Hamlet selbst wie ein Zirkusdirektor manövriert und beherrscht, in die Gegenwart hinein.

Durch die Vermittlung von subjektivem Leiden ohne historische Distanz nähert sich das Theater der 'Innerlichkeit' sehr stark dem Erlebnisverständnis der "New Sensibility". Die Aussöhnung findet nicht mehr als tragische statt, die auf das Figurenpersonal beschränkt ist, sondern Publikum und Schauspieler beteiligen sich daran. Im Gegensatz zum dialektischen Theater wird es uninteressant, die im Text aufgehobenen historischen Erfahrungshorizonte und heutige Umwertungen kenntlich zu machen. Was im Text als gegenwärtiger Erfahrungsdruck direkt und unmittelbar spielbar wird, wird akzeptiert, alles andere mehr oder minder 'verwurstet'. Der ritualhafte Schluß in Taboris "Hamlet" charakterisiert dabei Publikum wie Vorführende als Täter und Opfer. Die unvermittelte Erfahrung in Aktion, die das Programm der "New Sensibility" einfordert, dürfte in Taboris "Hamlet" am stärksten erfüllt sein.

Daß das Konzept der "New Sensibility" in Irrationalität umschlagen könnte, ist ein nicht nur unberechtigter Einwand seiner Gegner. Die Dichotomie von Körper und Geist ist sicher nicht zur Einheit geführt, indem das Programm der Sensualisierung zuliebe die Erkenntnispyramide einfach umdreht. Tabori und Zadek umgingen die Gefahr reiner Assoziationen durch den Wechsel von objektiveren und dezidiert subjektiven Perspektiven. Neuenfels scheitert an der ausschließlich plakativen Ausstellung der endogenen Konsequenzen, deren Ursache, gesellschaftliche Inhumanität, aus dem kritischen Blickfeld gerät.

Dieses Scheitern der ersehnten Einheit ist durch das widersprüchliche Programm der "New Sensibility" vorentschieden. In den knappen Worten Neuenfels' zu seiner Sicht auf "Hamlet" manifestiert sich die Sehnsucht nach dem 'ganzen' Menschen, frei von sozialem Druck:

[...] ein junger Mann, der Schwierigkeiten hat, älter und endlich erwachsen zu werden. Erst durch den Geist erfährt er eine Motivation seiner Existenz. Er nimmt diese Motivation an, verarbeitet sie aber dann für sich und versucht sich von alten Erziehungs- und Verhaltensweisen zu befreien, um ganz neue Formen zu entdecken.[58]

Diese Sehnsucht prägt auch Zadeks Sicht, einen ganzen Menschen selbst im Stadium der Zerrissenheit zu zeigen:

Das Schauspiel-Theater... Das Gewissen, die Seele, der innere Mensch. Das Theaterspiel, das der Mensch braucht, um auf tausend Umwegen, sein echtes Wesen, das Innen seiner Seele zu finden, darum geht's im Hamlet.[59]

Mit dem ersehnten Blick in die 'innere Seele' soll sich der Dualismus von Körper und Geist auflösen. Ästhetisch äußert dies sich darin, aus Zuschauern und Darstellern eine Gemeinschaft zu gestalten, die in gemeinsamer Erfahrung und im Mit-Erleben an diesem Öffnungsprozeß teilnehmen. Dazu wählen Tabori und Zadek Environments, die mehrere Blickwinkel auf die Spielinseln ermöglichen. Im Unterschied zu Steins 'walking performance' "Shakespeare's Memory" bleibt der einzelne Zuschauer auf seinem Stuhl gebannt, wird sich jedoch im ständigen Blickkontakt mit anderen Zuschauern der Gemeinsamkeit bewußt.

Anklänge an die Verlagerung des theatralen Raums zum mystischen Raum des Mit-Erlebens sind insbesondere im ritualhaften Schluß von Taboris "Hamlet" spürbar. Ebenso ist die Gestaltung der Räume – signifikanter Weiser von zentralen Requisiten beherrscht, die gleichsam als emotional dynamische Interpretanten fungieren – zum Teil als Widerspiegelung von Hamlets Bewußtsein zu verstehen, wie sich ja Teile der szenischen Handlung nur aus seiner subjektiven Sicht verstehen lassen. In diesem Punkt berührt sich das Theater der 'Innerlichkeit' besonders stark mit dem Programm der surfiction, das die "New Sensibility" im Kampf gegen den Dualismus von Körper und Geist gebraucht. In diesem Programm regrediert das von Ich, Es und Über-Es belastete Subjekt zum Es, total frei und zugleich ohne fixierte Identität. Das

---

[58] *Welt* (Ausgabe Essen). 1.3.1978.
[59] Peter Zadek. *Das wilde Ufer.* A.a.O. 117.

so konzipierte Subjekt – Wildgrubers Hamlet nicht unähnlich – ist nur mehr Regisseur einer Realität, die Schein und Sein nicht mehr auseinanderhält.

> [...] this new fictitious creature will be irrational, irresponsible, irrepressive, amoral, and unconcerned with the real world, but entirely committed to the fiction in which he finds himself, aware, in fact, only of his role as ficititious being.[60]

Im unterschiedlichen Maße äußert sich in den besprochenen Inszenierungen das Verlangen, das bewußt sprechende und handelnde, jedoch verstörte Subjekt dadurch zur Entität zu führen, daß das Unterbewußtsein aufgewertet und teilweise visualisiert wird. Darin liegt auch die Problematik dieser Theaterphase wie der "New Sensibility", die die Entdeckung des Ich um die Aufwertung des Es und Über-Ich ergänzt und das handelnde, rationale Subjekt mitunter entmündigt. Die Preisgabe des handelnden Ich an Räume, die seine Innenperspektiven widerspiegeln, und an eine Körpersprache, die die Autorität der Reflexion untergräbt, läuft Gefahr, das so dezentrierte Ich in den Terror des Gesprochenwerdens zu entlassen. Diese Problematik greift Hansgünther Heyme im "Elektronischen Hamlet" auf.

3 Abgesang auf ein Jahrzehnt der Klassiker-Arbeit: Heymes/Vostells "Medien-Hamlet" (1979)

Heyme versteht seine Inszenierung als "Endspiel Hamlet – als grausam-fatale Summe aller sog. Klassikerarbeit".[61] Die Inszenierung ist in der Geschichte des westdeutschen Theaters einmalig, bezieht sie doch ihre Spannkraft aus dem Verhältnis von Theaterpraxis und ihrem Widerstand gegen elektronische Medien. Die Andeutung eines Endspiels impliziert nicht nur die Frage, ob die Arbeit am 'Klassiker' angesichts des zeitgenössischen Erfahrungshorizonts noch sinnvoll ist. Sie problematisiert auch die Theaterpraxis selbst.

---

[60] Raymond Federman. "Surfiction – Four Propositions in Form of an Introduction." *Surfiction: Fiction Now ... and Tomorrow*. Ed. R. Federman. Chicago 1975. 12f.

[61] "Heyme. 1.1.'79." Eine Erklärung zum Medienkonzept, die Heyme während der Probenarbeit dem Ensemble schriftlich übergab. Zit. in Heyme/Vostell. *Hamlet. Phönizierinnen*. Stuttgart 1982. N.p.R

3.1 Desemantisierung der Figurenreden, Verbergen der Zeichenträger

Der Strichfassung (17 Bilder)[62] liegt die Schlegel-Fassung zugrunde, die bis zum fünften Akt ungewöhnlich stark respektiert wird. Bis zum 'show-down' (V.2) bleibt die Handlungsstruktur unverändert. Von den Merkmalen der Bearbeitung lassen sich die Liquidation von Textpassagen, Verschiebungen einzelner Monologe, Verlagerungen von Figurenreden auf eine andere Rollenfigur und einschneidende Veränderungen der Rollenkonzeption durch die Multiplikation Hamlets in zwei Rollenträger unterscheiden. Die Reduktion der Fassung auf etwa zweieinhalb Stunden Spieldauer enthält nur wenig bearbeitungstypische Merkmale. Konventionell sind die Raffung der "Mouse-trap" und die (allerdings starke) Kürzung des Dialogs Osrick – Hamlet (V.2). Untypische Bearbeitungsmerkmale sind die Streichung von Äußerungen, die entweder Sinnzuweisungen unterstellen, Intentionen verbalisieren, auf Lebensweisheiten oder metaphysische Wahrheiten (Hinweise auf die göttliche Gerechtigkeit, II.3.46-51, auf das jüngste Gericht, III.4. 45-49) und soziale Normen (I.3. 79f.) rekurrieren. Durch ihre Liquidation verstärkt sich die Unfähigkeit der Figuren zur abstrahierenden Erkenntnis ihrer Lebenswelt.

Sentenzen über die Natur als bestimmenden Faktor von Stirb und Werde, als Deuterin menschlichen Verhaltens und Charakters kommt nicht mehr zur Sprache. (u.a. Strich: I. 4. 14-38) Gestrichen sind die Freundschaftsmotive in beiden Gesprächen zwischen Hamlet, Rosenkranz und Güldenstern, was eine veränderte Wertigkeit dieser Figuren provoziert (II.2. 283-287, III.2. 329-335). Starke Kürzungen betreffen die um 63 Zeilen reduzierte Totengräberszene (17;V.1), insbesondere den Redeanteil Hamlets.

Neben der üblichen Ausdünnung der Fabel fällt ihre Zerstörung in V.2 auf, die – verbunden mit der Enteignung der Figurenreden – eine bis dahin wohl kaum gekannte Infragestellung des Texts erreicht: Verbal sind von der Szene lediglich die Anfangsworte von Claudius enthalten. Der Rest geht in medialem Lärm und dem Kreischen des Eisernen Vorhangs unter. Die veränderte Textgestalt legt zwei zentrale Aspekte der Inszenierung besonders offen: die schlechte ominanz der Väter und die Sprachenteignung vor allem Hamlets. Beide thematischen Schwerpunkte sind jedoch stark mit szenischen Verfahren ver-

---

[62] Eingesehen wurde die unveröffentlichte Textfassung des Regieassistenz- und Technik-Buches. Zitate aus dieser Fassung werden angegeben mit Bild- und Seitenzahl. Den Angaben zur Strichfassung werden die entsprechenden Stellen im Originaltext als Orientierungshilfe hinzugefügt. Diese Zitate richten sich nach Akt-, Szenen- und Zeilenzählung der "Reclam-Ausgabe" *Hamlet*. Band 1: Text. Englisch/Deutsch. Ed. H.M. Klein. Stuttgart 1984.

knüpft, die wesentlich zur Desemantisierung des Texts, Zerstörung seiner Organisation, Verstörung und Liquidation der Sprechakte beiträgt.

Die Bühne besteht aus zwei durch den Eisernen Vorhang getrennten Räumen. Der bis zur Schlußszene bespielte Raum beschränkt sich auf die Proszeniumsbühne, die um einige Reihen in den Zuschauerraum hineingezogen ist. Er wird durch den auf etwa einen halben Meter hochgezogenen Eisernen Vorhang begrenzt, an dessen Fuß ein Fries von 18 Monitoren befestigt ist. Auf der linken Bühnenseite hängt vor dem Eisernen Vorhang ein Pferdekadaver, aus dessen aufgerissenem Maul 'Blut' in eine silberne Schale tropft. Die Schale steht auf einer Teerplatte. Weitere Teerlachen befinden sich in der Mitte und in der rechten Hälfte der Proszeniumsbühne.

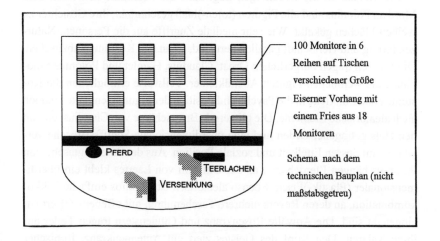

Die Teerplatten und das Pferd als Symbol kreatürlichen Leidens (Picassos "Guernica" nachempfunden) weisen auf die abgenutzte, ausblutende Natur.[63] Scheinbar nebensächlich für das Stück – so empfinden dies die meisten Kritiken – wird "Hamlet" in einen Rahmen der totalen Naturüberwältigung plaziert, in die Atmosphäre einer ökologischen Katastrophe, vor deren Hintergrund der 'showdown' sich als das Ende der Menschheit und der Geschichte

---

[63] Vgl. auch das Pferd in "Iphigenie/ Titus Andronicus" (Joseph Beuys. Claus Peymann. Wolfgang Wiens. "experimenta 3"; Theater am Turm, Mai 1968). Die über Band abgespielten oder von Beuys live gesprochenen Textfragmente skandierte der Schimmel durch elektronisch verstärkte Kaubewegungen und Aufplatschen von Pferdeäpfeln. Ein Arrangement, das die verschiedenen Wellen von Kultur- und Naturgeschichte überdeutlich thematisierte.

schlechthin abzeichnet. Dabei läßt die Inszenierung keinen Zweifel an der 'hausgemachten' Schuld dieser Katastrophe. Die im Teer versenkten Requisiten – Teller, elektronische Geräte und ein Schaltplanbuch – verweisen auf die aktive Zerstörung im Namen der Zivilisation, die in der ausgebrannten Natur selbst Zeugnisse hinterließ. Der zweite Raum wird erst in der letzten Szene durch Hochziehen des Eisernen vollständig sichtbar (Bild 17 / V.2). Auf Tischen unterschiedlicher Größe stehen 100 verschieden große Monitore.

In dieser technischen Landschaft besitzt die Sprache kein Zentrum mehr. Die Figurenreden – häufig durch elektronische Verstärkung oder über Bandeinspielung entlokalisiert und nicht auf die jeweiligen Sprecher beziehbar – sind teilweise kaum verständlich.

Zur Reduktion des Lebendigen trägt auch die Schminke bei. Nach dem Mord an Polonius sind alle Figuren (toten-)blaß geschminkt, ihre Gesichter zu weißen Flächen gekalkt. Wie sehr mediale Zugriffe auf die Personen, Naturzerstörung und Herrschaft parallelisiert sind, ist an den Kostümen abzusehen. Die Figuren tragen bürgerlichen Ornat: Claudius, Hamlet und Polonius Smokings, die weiblichen Figuren Abendkleider. Teilweise ermöglichen die Kostüme erste Einblicke in die Psyche und Position der Figuren, enthalten jedoch auch aleatorische Elemente. Die glitzernde Brustschärpe von Claudius, ein um den Hals getragener Orden und eine überdimensionale Schiffs-Brosche verweisen auf dessen Eitelkeit und soziale Position. Aus der Smokingtasche von Polonius hängen Pferdehaare, an der Uniform von Laertes klebt ein überdimensionaler (Plastik-)Fisch. Ebenso aleatorisch ist Horatios einfache Sakkokombination, an deren Revers mehrere Taschenuhren mit offenem Zifferblatt eingenäht sind. Die Anwälte Rosenkranz und Güldenstern tragen Teller auf ihren Talaren. Den Kopf des Geistes ziert ein Antennenkranz, ironischer Hinweis auf die metaphysische 'Existenz'. Hamlet trägt einen ungepflegten Smoking mit Fliege, später eine Melone und einen weiten Mantel. Um seinen Hals baumelt eine Spiegelreflexkamera. Die Totengräber tragen Pollunder und Schirmmützen, an den Ärmeln sind Messer und Löffel befestigt. Gertruds weißes Chiffonkleid betont im Gegensatz zur konventionell erotischen Einkleidung eine repressive Situation. Das Kleid umschließt ihren Körper wie eine Zwangsjacke, die kaum die Hände und den Kopf freigibt. Ein weiterer Beleg für diese Konnotation ist der ihren Unterleib eng umfassende, röhrenförmige Rock. Die Durchdringung männlichen Begehrens manifestiert sich in Ophelias schwarzem und durchsichtigen, eng anliegendem Kleid. Gertrud trägt ein Diktaphon, während Ophelia ebenfalls als 'Halskette' einen Minifernseher mit Radio-Kombination trägt.

Der *traditionelle Kostümcode*, der die Möglichkeit des Charakterbefundes über die Kostüme vorschreibt, wird gesprengt.[64]

Die nicht-mimetischen Attribute weisen den Kostümen einen so hohen Kunst-Status zu, daß die Repräsentation des Subjekts selbst in Zweifel steht. Die Darsteller sind nicht nur Zeichenträger, womit die stillschweigende Übereinkunft, der Schauspieler repräsentiere ein entitätisches Subjekt, emblematisch angegriffen ist. Um die Dichotomie im etwas veränderten Sinn zu gebrauchen, die Max Reinhardt über den Schauspieler trifft: Die Darsteller sind nicht nur *Bildner*, Schöpfer der Rollenfigur, sondern auch *Bildwerke*, funktionalisierte Zeichenträger eines ästhetischen Vorgangs. Besonders als Bildwerke werden sie in dieser Inszenierung eingesetzt. Die Kostümattribute erscheinen mit den Bekleidungen nahezu verwachsen, die alltäglichen Gebrauchsgegenstände und natürlichen Objekte (Fisch, Pferdeschwanz) sind also nicht nur Ornament, sondern könnten als 'zweite Haut' aufgefaßt werden. Die Schauspieler erhalten tendenziell den Status von *ready mades*. Sie sind also einerseits Material und "Bildwerk", sofern sie als Elemente eines kinetischen Kunstwerks fungieren, andererseits ermöglichen sie als "Bildner" im begrenzten Maß die 'Lesbarkeit' der Rollenfiguren. Die Verweigerung der totalen Matrizierbarkeit hat jedoch eine fatale Kehrseite: Als Subjekte im traditionellen Sinn können die Rollenfiguren nicht vollständig erfaßt werden. Dies geht zu Lasten des traditionelle Rollenverständnisses, wonach "das vom Schauspieler Bezeichnete [...] ebenfalls ein Mensch ist, nämlich die theatralische Figur".[65]

Diese Verstörung treiben die elektronischen, audiovisuellen Medien auf die Spitze. Sie werfen die Frage nach der Möglichkeit einer Ästhetik auf, die noch an die Repräsentation des Individuums knüpft. Die Schauspieler mutieren durch die geringe Raumtiefe, die Dominanz des Eisernen Vorhangs und durch die fahle Hintergrundbeleuchtung der flimmernden Monitore zum lebendigen Relief und zu Statisten einer 'mixed-media-performance'. In Verbindung mit der häufigen Enteignung ihrer Sprache durch die verzerrende Mikrophon-Übertragung, der Loslösung der Worte von den Körpern durch abgespielte Ton-Konservern läßt sich auch kaum mehr der Begriff der Statisterie anwenden. Das Ensemble wird stellenweise zum Element des Medienkonzeptes, das die traditionellen Zeichenträger des Theaterereignisses überwältigt: "[...] Die

---

[64] Wilhelm Hortmann. "Theaterschocks bei avantgardistischen Shakespeare-Inszenierungen." *Shakespeare. Didaktisches Handbuch 1*. Ed. R. Ahrens. München 1982. 313-342. 325.

[65] Maik Hamburger. "Das Subjekt auf der Bühne." *ShJ (Ost)* 1990. 140.

Auseinandersetzung mit dieser Art von Wirklichkeit macht den Verzicht auf die Herrlichkeit der alten Auftritte unumgänglich."[66]

Die Medien bestimmen die Inszenierung besonders in der letzten Szene deutlich (17 / V.2), in der sich über ein Bild der klinischen Zerstörung – die Figuren liegen verrenkt auf Bahren inmitten des Arrangements der hundert Monitore – jeweils Live-Bilder von TV-Nachrichten lagern. Präziser gesagt: lagern sollten! Durch diese Ziellinie, das Schlußbild jeweils zum Zeitpunkt der Nachrichtensendung zu terminieren, problematisiert die Inszenierung das Ausgreifen einer alltäglichen Medienwelt auf den inszenierten Vorgang, das Ensemble und das Publikum. Diese Thematisierung fremdbestimmter Theaterarbeit wandelt das sensualistische Medienkonzept zur Reflexion über die Problematik, der Wirkungsmacht der Medien zu entgehen – eine Überlegung, die sich als sinnliches Erlebnis in Inszenierung aufdrängt. Nur in selten Momenten wird die environmentale Macht der Medien bemüht, um psychische Konflikte und Situationen der Figuren zu veranschaulichen. Beispielsweise zeigen Videoaufnahmen einen blutenden Finger, eine Glasscherbe fängt das Blut auf. Diese Sequenz wird während Ophelias Bericht über Hamlets Verhalten übertragen (II.1) und vermittelt so, in deutlicher Anlehnung an die surrealistische Filmpoetik Buñuels – Ophelias Verletztheit.

Die häufige 'zweidimensionale' Ansicht auf die Darsteller entspricht der Reduktion räumlicher Wahrnehmung, die die audiovisuelle Übertragung über das Fernsehen oder Kino vornimmt. Das Publikum wird mit der Zweidimensionalisierung der Figuren und mit ihrer zunehmenden Unkenntlichkeit im Medien-Environment konfrontiert. Dieses erweist sich nicht mehr als Erweiterung, sondern als Regression der Wahrnehmungsfähigkeit. Im äußeren Kommunikationssystem vollzieht sich ein sinnlicher Prozeß, der den theatralen Vorgang empfindlich stört. Die Inszenierung nutzt die sensualistische Programmierung der "New Sensibility", wendet sie jedoch gegen deren Hagiographie der Medien. Während McLuhan die Medien als Erweiterung von Wahrnehmungshorizonten und als Eintritt des Menschen im environmentalen Sinnsystem versteht, zeigen die Produzenten die Kehrseite des Programms auf. In völlig anderer Weise als Tabori und Zadek erreicht die Inszenierung die Partizipation des Zuschauers am Schicksal der Rollenfiguren: Er ist wie sie selbst demselben Terror der Medien ausgesetzt.

Der Sinn des traditionellen Theaters der Repräsentation manifestierte sich darin, dem Publikum ein Enthüllungsprotokoll der Rollenfiguren zu ermögli-

---

[66] Heyme/Kleinschmidt. "Hamlet – das ist Deutschland." *Hamlet.* A.a.O. 15.

chen. Im Beobachten seines Substituts, des dargestellten Subjekts, sollte das zuschauende Subjekt den notwendigen Abstand erhalten, um sich und seine Umwelt zu verstehen. Die "Gleichheit" von Beobachter und handelnden Beobachteten, nach Lessing die Voraussetzung von Katharsis,[67] ist durch die Verweigerung des Nachvollzugs und der Enthüllung von Mimesis nicht möglich. Das Publikum mag zwar "schweigend, mit zurückgebundenen Händen, gelähmt vom Eindruck einer zweiten Welt"[68] (Szondi) teilhaben, das dabei vorausgesetzte Verständnis von Mimesis als Erzeugung, Regulation der dramatischen Charaktere und der Handlung findet sprichwörtlich keine Anschauung.

3.2 Öffentlichkeit als totalitäre Struktur

Im Rahmen der Relation Zuschauer-Rollenfigur sind die Authentizität der fiktiven Wirklichkeit, die Form ihrer Erzählung und Organisation des Plots nicht garantiert, die Rollenfiguren suchen vergeblich eine authentische Wahrnehmung und Entdeckung ihrer Lebenswelt. Unter autothematischem Bezug auf die Kommunikationssituation Theater werden Publikum und Rollenfiguren zur Öffentlichkeit zwangsverpflichtet – die Figuren richten die Videokamera auf sich und die Zuschauer. Öffentlichkeit als bestimmende Struktur der bürgerlichen Gesellschaft gewinnt eine Totalität, gegen die der Privat-Raum nur mehr als Illusion existiert. Daraus entstehen kafkaeske Situationen: Hamlet versucht, sich über die Intrigen von Claudius und Polonius klar zu werden. Ophelia nimmt aus Hamlets Sicht die Rolle der stellvertretenden Delinquentin für Claudius ein. Der wiederum belauscht, verhört Hamlet. Die Struktur des Verhörs wird zur umfassenden Wirklichkeit. Detektion, die das Wechselspiel von Enthüllung und Verbergen subjektiven Wissens voraussetzt, ist in der Atmosphäre des totalen Intimitätsverlusts sinnlos. Die Medien gewinnen die Oberhand über die Figuren.

Hamlet hofft, mit ihrer Hilfe die latente Wirklichkeit aufzubrechen. Doch wie die anderen Figuren handelt er zwanghaft, unterliegt einer Pawlow'schen Versuchsanordnung. Der Zwang, mittels der Medien die polyvalente Phänomenalität in monosemiotische Wirklichkeit zu überführen, verdeutlicht sinnbildlich die Dialektik der Aufklärung: ihren Umschlag von Erkenntnisleistung und -gewinn in die Irrationalität, womit sich Heyme in entschieden kritischer

---

[67] Lessing. *Hamburgische Dramaturgie*. Werke. Bd. 4. München 1973. 579-581.
[68] Peter Szondi. *Theorie des modernen Dramas 1880-1950*. Frankfurt/M. 1978. 17.

Weise mit dem sensualistischen Gewinn irrationalen Fühlens beschäftigt. Seine Inszenierung treibt dieses Programm radikal zum Ende, zeigt die Kehrseite der Exteriorisation der Gefühle und der Wahrnehmung mittels der Medien. Die Apparate sind plötzlich nicht für die Personen da, sondern die Personen unterliegen der Macht des alles registrierenden 'Auges'. Überwachen und Strafen sind die hauptsächlichen Effekte, die sich aus dem Medienkonzept ergeben.

Die Repression zeichnet sich in diesem Environment sehr deutlich ab. Sie wird in der Rollenkonzeption selbst zum maßgebenden Faktor der Figurenbeziehungen.

Rollenkonzeptionen: Repression und Ohnmacht

Wie Tabori den Geist ständig in die Handlung integriert, bezieht ihn Heymes Inszenierung in die "mise en scène" zerstörter Individuen ein. Der Geist, als Frau erkennbar, löst Blitzlichter aus, um sich Glaubwürdigkeit zu verschaffen. Die Macht des Vaters erscheint nicht ganz selbstverständlich. Statt der Astralfigur des Geistes inszeniert Heyme die Verbildlichung väterlicher Autorität. In Diskrepanz dazu steht Hamlets erschütternde Akzeptanz der väterlichen Autorität: Nicht die Auflehnung gegen den Vater – vermittelt im Zögern – steht im Vordergrund, sondern die Problematik, daß Hamlet auf ein institutionelles Vater-Bild nicht verzichten kann. Die Dominanz des Vaters ist durch eine ungewöhnliche Rollenverschränkung präsent. Der Geist 'verwandelt' sich in den 1. Schauspieler, den Player-King und in den Priester, die von Hamlet jeweils mit Schrecken als Emanationen des Vaters wahrgenommen werden. Die Anerkennung des Vaters löst die Persönlichkeitsspaltung Hamlets aus. Nach der Begegnung mit dem Geist malt Hamlet ein Kreuz an den Eisernen Vorhang. Über dieses Kreuz zeichnet er, während Heyme den Text spricht, die Umrisse seines Körpers mit Napoleonhut. Die Identitätsspaltung manifestiert sich in dieser Zeichnung. Nicht nur, weil sie das Kreuz überlagert, sondern weil sie die ikonographischen Umrisse des 'Tatmenschen' Napoleons aufweist. Die Persönlichkeitsspaltung verdeutlicht die Inszenierung durch die Rollenverdoppelung. Heyme sekundiert Hamlet ab dieser Konfrontation. Er begleitet ihn entweder als Sprecher aus dem Zuschauerraum oder als sichtbarer Adjuvant auf der Bühne, bis beide in der Totengräber-Szene (V.1) in komaartiger Passivität erstarren, die von Ophelias Tod ausgelöst wurde. Diese Rollenverdoppelung ist jedoch selbst stark problematisiert; von Beginn an steht sie unter dem Zeichen des Endes. Dafür möchte ich zwei Beispiele anführen: einen bezeichnenden Kostümwechsel und die Passage "Sein oder Nichtsein".

3.3 Woyzeck, Vladimir, Hamlet: Endspiel mit Vorbildern

Als Zeichen der Auflösung seiner Identität zeichnet sich die Puderschicht auf Hamlets Kleidung früher als bei den anderen Darstellern ab, eine zunehmende Demontage der sozialen Rolle suggerieren zwei Kostümverwandlungen: Zunächst streift Hamlet seinen Smoking (damit seine soziale Rolle) ab, danach trägt er einen weißen Drillichanzug, bis er schließlich nur noch in Hemd und Unterhose agiert. Die veräußerte Zerstörung des Subjekts in Verbindung mit seiner Sprachlosigkeit zitiert bewußt Woyzecks Verlust der sozialen Bindung, der Kommunikations- und Wahrnehmungsfähigkeit. Der Anschluß an eine der ersten dramatischen Schilderungen des unterdrückten, sprachlosen Subjekts ruft eine theatrale Tradition wach, die sich gegen die Harmonisierung realgeschichtlicher Widersprüche stellt. Hamlets Weg der Verstörung bis zur Zerstörung wird von einem weiteren Zitat theatraler Vorbilder umklammert: Der Bowler, den Hamlet während des Verhörs der Gesandten mit der Videokamera aufnimmt, und der Hut-Tausch während der Schauspiel-Szene sind eindeutige Anleihen von "Waiting for Godot." Der 'Klassiker' "Hamlet" reiht sich damit in die *Tradition der Endspiele des Subjekts* ein. Der Erkennungswert dieser Zitate ist für Heyme ein wichtiger Aspekt. In einer an Wolfgang Robert gerichteten Probennotiz fordert er die erkennbare Beibehaltung der Woyzeck-Folie ein:

> Das Wozzeckhafte, getriebene, gehetzte der Figur ist schwächer geworden – zugun-sten eines sog. "Hamlet – Edel – Spielens" – das ist ein Jammer – wir müssen wieder in die größere Qualität des "Jammerbildes" – Mensch–Wozzeck-getretene Kreatur zu-rück. Das sind doch nicht nur die Stiefel, die Hose, das [...] Drillichzeug usw. das ist die innere getriebene arme Haltung – Hamlet steht als Einziger gegen diese ganze Wahnsinnswelt.[69]

Das Zitat-Spiel betont die Einbindung des Stücks in eine dramengeschichtliche Thematisierung des dezentrierten Subjekts, der das Stück historisch vorausliegt. So moduliert, steht "Hamlet" nun an der Spitze dieser Entwicklung, eine dialektische Leistung, die den Anspruch Heymes rechtfertigt, "Hamlet" als "Endspiel" zu präsentieren.[70]

Das Rollen-'doubling' überführt die Persönlichkeitsspaltung zum sinnlichen Eindruck. Der Monolog "Sein oder Nichtsein" und das Gespräch mit

---

[69] "Heyme. "Kritik von der Probe am Dienstag." (o. Datum). Bl. 4. Auf DIN A 4 maschinengeschriebene Regieanweisungen Heymes zu den Proben und Aufführungen der Kölner und Stuttgarter Inszenierung. Sigle: "Probennotizen".

[70] "Heyme. "Probennotizen". 1.1.'79". A.a.O.

Ophelia erlauben darüber hinaus einen Nachvollzug der Veränderung der Sprache von ihrer subjektzentrierenden zur -dezentrierenden Funktion. "Sein oder Nichtsein" sprechen Robert und Heyme phasenverschoben, wobei Robert gequält schreit, während Heyme trotz des Vortrags 'in staccato' geradezu schön (ein)spricht. Die Worte "Sterben", "Schlafen", "träumen", "Mißhandlungen", "Schmach", "Tod", bilden deutliche Zäsuren der Redepartitur. Die Worte reiben einander auf, scheinen mitunter im Rauschen zu ersticken, um sich dann immer wieder gegen das jeweils andere Sprachzentrum zu behaupten. Und obwohl die Passage in den voneinander abgesetzten phonetischen Melodien dupliziert erscheint, verweigert sich dieser allzubekannte Monolog der Reduktion auf seine reine Expressivität. Die verschiedenen Sprachmelodien – ästhetische Phonetik gegen ausgestoßene, Konsonanten verschleifende Worte – erzeugen eine Reibung, legen die Signifikanz des Monologs von neuem und bis dahin in unerhörtem Maße frei, indem sie die Resemantisierung des Textes nur für einige Sekunden zulassen, um sie wieder zu brechen.

Zur Beschreibung dieses Verfahrens ist Roland Barthes Unterscheidung zwischen Phäno- und Genogesang nützlich: Die Partitur steht nicht im Dienst der Kommunikation und Repräsentation, sie ist also kein Phänogesang. Wichtiger sind – wie im Genogesang – das Volumen der sprechenden Stimmen und der Raum, "in dem die Bedeutungen 'aus dem Inneren der Sprache und in ihrer Materialität selbst' hervorkeimen."[71] Die betonte Materialität der Sprache zuungunsten ihrer fixierten 'Botschaft' erhebt die Persönlichkeitsspaltung Hamlets wie seine verstörte Identität zum hörbaren, sichtbaren und ästhetischen Erlebnis.

Dieses Verfahren trifft nicht unvorbereitet: Die Bearbeitungsrichtlinien, denen der ganze Text unterzogen wurde, sind hier im kleinen Syntagma seiner gesprochenen Organisation ersichtlich. Die stabilen Elemente der Rhetorik des Textes – seine Sentenzen über das Allgemeinmenschliche, die Natur und die Religion – wurden liquidiert. Und wo sie – besonders in der Figurenrede Hamlets – auftauchen, wird ihre Phonetik, Semantik, Syntax variiert und mit anderen Textelementen konfrontiert, überlagert. Das Problem der Wirklichkeitserfassung, der Isolation wie der Repression wird sinnlich erfahrbar – womit Heyme stellenweise der Prämisse der 'Neuen Erlebnisweise' Tribut zollt, Erkenntnis in sinnlicher Aktion und Wahrnehmung zu vermitteln.

---

[71] Roland Barthes. "Die Rauheit der Stimme." *Aisthesis. Wahrnehmung heute.* Berlin 1990. 299-309. 302

Nach diesem Monolog findet eine ungewöhnliche Auseinandersetzung mit Ophelia statt: Hamlet straft Ophelia dadurch, daß er sie nicht in seine Nähe gelangen und sie in scharfem Ton von seinem alter ego ansprechen läßt, wobei er jede ihrer Regungen mit der Kamera registriert und 'öffentlich' macht. Hamlet internalisiert also das Verfahren des Überwachens, das Claudius und Polonius anwenden. Am Ende jedoch, als er Ophelia die Flucht vom Hofe nahelegt, wirft er sich auf sie, als wolle er sie mit aller Kraft festhalten. Wenn Horatio hinzukommt und sich auf Hamlet legt, ihn und Ophelia umarmt, ist ein Gruppenbild der Solidarität unter der jüngeren Generation geschaffen, über die die ältere Generation (die aus ihrem Versteck, aus der Versenkung steigenden Claudius und Polonius) gerade weiterverhandelt.

Die *Macht der Väter* ist auch in Polonius (Wolfgang Hinze) repräsentiert. Die Rollenkonzeption arbeitet die Besessenheit heraus, umso autoritärer im Privaten zu agieren, je mehr das öffentliche Machtprofil schwindet. Polonius ist nicht die traditionelle tragikomische Figur, die häufig nahe an die bemitleidenswerte Rolle eines schlechten Hofnarren getrieben wird. Wolfgang Hinze verkörpert einen utopielosen Pragmatiker, der kühl das Schicksal seiner Kinder dem Machtzuwachs opfert. Im Gegensatz zu Hamlets pathologischer Verinnerlichung des Vater-Bildes identifiziert sich Laertes mit der paternalistischen Gesellschaft: Schnauzer und Uniformjacke betonen seine Anhänglichkeit zu den Werten, die mit der Uniformjacke von Claudius ebenfalls repräsentiert werden. So ist es nur folgerichtig, wenn die Anweisungen an Laertes (I.3) nicht dem Sohn, sondern der Tochter gelten, die offenbar allein aufgrund ihres Geschlechts 'schuldig' und 'minderwertig' ist. In einer Regieanweisung betont Heyme:

Diese Tugendregeln müssen sich männlich brutal, kasinohaft letztlich gegen Ophelia wenden – er [Polonius] negiert sie, tötet sie – später dann 6. [im 6. Bild] den Sohn durch sein Spitzeltum tötend.[72]

Ophelias unterdrückte Situation wird in einem grotesken Bild dargestellt. Polonius stolpert über die von Hamlets Auftreten völlig verstört am Boden Kauernde, "wie über ein Teppichtier",[73] entreißt ihr den Bericht über das Vorgefallene in knappem Verhörston. Ein 'Versprecher' verdeutlicht Ophelias Zuneigung zu Hamlet, was ihre schuldhafte Verstrickung in die Intrige gegen ihn ausschließt: "zuletzt ein wenig schüttelnd meine Hand, und dreimal hin und her den Kopf so wägend, holt er solch einen bangen tiefen Seufzer, als

---

[72] "Probennotizen." 8.2.'79. Bl. 2.
[73] A.a.O. Bl. 5

sollt er seinen ganzen Bau zertrümmern zu endigen mein und endigen sein Dasein." (6.17)

Während Ophelia von Hamlets Verhalten berichtet, betastet sie ihre Haare, Brüste, den Schoß, als müsse sie sich ihres Daseins vergewissern. Symptomatisch für Polonius' beobachtenden und Intimität zerstörenden Blick ist das Imitieren ihres Abtastens, während er Ophelias Brief vorliest. Zeigte sich Polonius bisher als unbestrittener Herr des Hauses, so offenbart sich in dieser Szene die Grenze seiner Macht am Hof. Er ist gezwungen, selbst während des Berichts sowohl das Königspaar als auch die Gesandten zu bedienen, die sich zum Picknick auf dem Boden niedergelassen haben – als Tisch dient ihnen ein auf dem Rücken eines Liliputaners plaziertes Tablett: Ein Video-Ausschnitt hält das Leiden des Ausgebeuteten fest. Durch Servieren unterbrochen, erläutert Polonius seine Theorie, und er streicht während des Vorlesens von Hamlets Brief an Ophelia die sexuellen Passagen heraus. Polonius treibt Ophelias Erniedrigung voran, betont "Silbenmaße", "Seufzer". Bei den Worten "solange diese Maschine ihm gehört" ahmt er – vor Gertrud stehend – die Bewegungen eines Hampelmanns nach. Als er versichert, daß sein Verdacht stimme, springt Gertrud mit einem Schrei auf, wirft dabei das Tablett vom Rücken des Liliputaners, rennt blindlings davon, verfolgt von Claudius. Dieser kurze Ausbruch von Solidarität für Ophelia und Hamlet erweist einmal mehr die Ohnmacht der weiblichen Figuren.

Deutlich wird ebenfalls, wie gering der Lohn für den Verrat an der Tochter ausfällt. Polonius entwickelt den Plan zum Lauschangriff in hastigen Worten nur mehr vor der niederen Charge in der politischen Hierarchie, den Gesandten, wobei er auf dem Boden kriecht und Scherben aufsammelt.

Aus dem Riß zwischen den Generationen ragt die Beziehung Hamlet – Gertrud hervor. Auch in der Auseinandersetzung mit ihr dominiert zunächst die Macht 'väterlicher' Repression, die nach dem Mord an Polonius in Vertrauen umschlägt. Gertruds Versuch, sich dem Repressionsmechanismus zu entziehen, den sie bis zur Schauspiel-Szene zum Teil ohnmächtig, zum Teil lustvoll akzeptiert hatte, wird in einem merkwürdigen Bild verdeutlicht. Während Polonius ihr einschärft, wie sie sich zu verhalten habe, schlägt sie trotzig auf eine Kindertrommel. Doch noch während der Worte von Polonius stellt sich der Takt auf den Rhythmus seiner Worte ein, erzwungener Sog in den Diskurs der Macht.

Kurz nach der Ermordung von Polonius gesellt sich Heyme zu Hamlet, im gleichen Kostüm. Er legt seine Arme um ihn, führt ihn zu Gertrud. Unvermittelt geht die Szene in ein kurzes, unbeschwertes "Blindekuh"-Spiel über ("Habt ihr Augen?"), und während der folgenden Worte nehmen beide Gertrud in ihre

Mitte, umringen sie spielerisch. Gertrud sucht Hamlet mit verbundenen Augen. Der Wunsch nach Annäherung artikuliert sich im prä-adoleszenten Spiel. Durch das bewußt Kindliche weist die Inszenierung von der traditionellen ödipalen Interpretation weg und problematisiert vielmehr das geschwundene Urvertrauen zwischen Sohn und Mutter. Indem die Persönlichkeitsspaltung Hamlets nun jedoch auch figürlich vollzogen ist (wobei Heyme Hamlets Text spricht), ist die Unhintergehbarkeit des Bruchs verdeutlicht.

Nach dem Mord an Polonius versuchen außer Gertrud und Claudius Täter und Opfer, den Diskurs der Macht durch eine symbolische Handlung zu brechen. Sie pudern den Pferdekörper ein. In einer Probennotiz erörtert Heyme die Symbolik dieses Vorgangs, der live im 12. Bild (IV.1) präsentiert wird und schon zu Beginn über Video ausgestrahlt wurde:

> [...] eine Hektik, ein Einsatz – ein Bemühen – mit Hilfe dieses Puderns das Unheil aus der Welt zu schaffen. Alle, wenn David [Gertrud] mit Schulze [Claudius] sich lösen. Hinsehen auf die beiden, langsam mit dem Pudern enden und starre Blicke zu David. Wenn diese in Textausbruch kommt, Puderquasten langsam fallen lassen, damit bekunden – Das Pudern hat nichts genützt, das Übel bleibt in der Welt – und verstohlen abgehen.[74]

3.4 Infragestellung der Theaterpraxis

Die Medien beherrschen den Ablauf, organisieren die szenische Konkretisation des Texts in einer destruierenden Weise, die die Fabel nahezu zum Erliegen bringt. Im Gegensatz zur Verwendung der Medien in anderen Inszenierungen[75] bilden sie in Heymes/Vostells "Hamlet" den Autotext der Inszenierung: d.h. sie sind selbstreflexive Elemente der Produktionsarbeit, greifen in den theatralen Prozeß und die Auslegung der Fabel dermaßen ein, daß sie beides nahezu aufheben. Wie weit die Inszenierung von der Desynchronisierung von Zeit, Raum und Perzeption mitgerissen wird, demonstriert V.2 (17a). Statt der üblichen zwanzig dauert die Szene nur noch fünf Minuten. Der 'show-down' findet nicht statt, ebensowenig Versöhnungsansätze und Selbst-Rechtfertigung der Charaktere. Die Szene beginnt mit Claudius' Worten: "Kommt, Hamlet, kommt. Nehmt diese Hand von mir." (17a.74 / V.2) Der Rest geht

---

[74] Heyme. "Probennotizen". "Restpunkte zum 1. Teil."
[75] In "Held Henry" handelt es sich um Strategien der Schaupolitik, in Bogdanovs "Hamlet" (Schauspielhaus Hamburg 1989/90) um eine medial überwachte Welt (ähnlich Orwells "1984"). Die Medien dienen der gesellschaftskritischen Aktualisierung des Stücks oder auch der Verdeutlichung von Kontinuitäten der Unterdrückung und Bewachung, die im Drama entdeckt werden. Sie problematisieren jedoch keineswegs die Möglichkeiten der theatralen Praxis.

unter im Gewirr sich überlappender Stimmen, wobei sich der Eiserne Vorhang unter lautem Alarmklingeln öffnet. Währenddessen richtet Osrick für die personae dramatis Krankenbahren, auf die sich alle bis auf Horatio legen. Ein weit aus der Bühnentiefe strahlender Flakscheinwerfer taucht die technische Landschaft in grelles Licht. Auf Über 100 Monitoren flimmern Live-Bilder der täglichen Nachrichten, anderer Programme und Testbilder. Die Figurenreden dieser Szene werden teilweise von den Schauspieler(innen) herausgeschrien, bevor sie auf die Bahren steigen, teilweise über Lautsprecher simultan und nur in wenigen Silben verständlich eingespielt – ein Schauspiel, dem Horatio auf der Proszeniumsbühne völlig teilnahmslos zusieht, während Fortinbras – von einer Frau gespielt – hinter dem Eisernen Vorhang steht, das Gewirr des Mediensalats mit der Erkennungsmelodie der "Tagesschau" an der Spitze abklingt und Schuberts Vertonung von Eichendorffs "Mondnacht" sich langsam durch dieses Rauschen wunderschön Bahn bricht. Dieser Schluß verbildlicht die Zerstörung in einer diskursiven Formation: die militärische (Flakscheinwerfer), die klinische (Bahren) und mediale Destruktion (Monitore, "Mediensalat" etc.).

Im Vergleich zu vorangegangenen "Hamlet"-Inszenierungen fällt das atemberaubende Tempo auf, mit der sich dieser Exitus der Subjekte und ihrer aus den Fugen geratenen (Wahrnehmungs-)Welt vollzieht:

> Die Gewalt der Geschwindigkeit ist nichts als Auslöschung [...] Je schleuniger die Bewegung, umso schneller vergeht die Zeit und umso mehr verliert die Umgebung an Bedeutung.[76] (Virilio)

Der zunehmende Bewußtseinsschwund Hamlets ist gleichgesetzt mit der globalen Metapher des selbst schon administrativ gehandhabten Wahnsinns. Bevor die Figuren überhaupt selbst entscheiden können, wie sie sterben und wen sie in den Hades mitreißen, stehen die Kranken- und Totenbahren bereit. Der Bewußtseinsverlust des dramatischen Subjekts geht einher mit Fragmentarisierungen der Geschichte und des sozialen Kontexts auf schockierende Momente der Vernichtung.

In Heymes/Vostells "Hamlet" geht das Theater nicht mehr in spielerischer Weise mit seinen verfügbaren Mitteln und den Traditionen seiner Stücke um, sondern hinterfragt und attackiert sich selbst als Bedeutungsprozeß. Obwohl die Inszenierung vornehmlich in den ersten 15 Bildern dem Medien-Zugriff und den aleatorischen Kostümen mit einer nahezu traditionellen Charakteri-

---

[76] Paul Virilio. "Metempsychose des Passagiers." *Aisthesis. Wahrnehmung heute oder Perspektive einer anderen Ästhetik.* A.a.O. 89

sierung zu begegnen sucht, überlagert sie die Figurenreden und -perspektiven zunehmend mit dem lehmverstaubten Bild der Verwesung, ohne auf weitere Emblemata des Todes zurückzugreifen. Das Postmortem stellt sich als globaler Endpunkt in dem Moment ein, wo die Emission des Texts versiegt. Die sprechende Instanz, und damit die Artikulationsfähigkeit über die Geschichte verstummt. An ihre Stelle tritt ein höchst ästhetisches und in seiner Schönheit zerbrechliches Bild: Fortinbras (Gabriele Isakian) erscheint in einem von unzähligen Taschenspiegeln behängtem Kostüm inmitten der aufgebahrten Toten. Die Parallele zwischen der unterdrückten und von der Gesellschaft zerstörten Ophelia und dem neuen Herrscher Fortinbras könnte als Gewinn der Utopie verzeichnet werden, insofern – im Sinne von Mitscherlichs 'Geschwistergesellschaft' – die nicht-paternalistische, junge Generation an die Macht tritt. Die aktivistische Komposition dieser Rollenverschränkung zerstiebt jedoch unter diesem katastrophalen Bild der Zerstörung. Wenn Fortinbras am Schluß als androgyne Gestalt mit spiegelverhängtem Rennfahreranzug auftritt, demonstriert die Inszenierung ihren *Ideotext* sehr deutlich: Alexander Mitscherlichs "Weg zur vaterlosen Gesellschaft", in der die Macht keinen greifbaren Angriffspunkt aufbietet, steht Pate. Die Unübersichtlichkeit manifestiert sich einmal mehr. An Stelle der alten Machthaber tritt der Star, im Zentrum hohl, aber reich an Projektionen, die er reproduziert. Mit diesem Bild einer strahlenden, jedoch sinnlosen 'Kommunikation' endet die Inszenierung. Verräterisch sind die Taschenspiegel. In ihnen multipliziert sich die Übermacht der Medien, deren kaltblaues TV-Licht sie in unzähligen Punktspiegelungen zurückwerfen.

Heymes Inszenierung zeichnet sich durch die klassische Probenarbeit aus - das Ensemble steht unter der Verantwortung und Leitung eines Einzelnen. In anderer Hinsicht verweist die Inszenierung auf die ab Mitte der Siebziger spürbare Tendenz, die ästhetische Gestaltung vom Bühnenbild aus zu bestimmen und so die klassische Fabel in einen zeitgenössischen Assoziationsraum zu überführen. Dabei befindet er die Konflikte der Figuren als so gültig, daß er sie durch die Streichung reflektierender Passagen verschärfend ausstellt. Die Verdeutlichung von Überwachen, Verhören und Intimitätsverlust, die das Stück bis in die Dialoge und Selbstbeobachtungen prägen, gerät durch ihre szenische Umsetzung mit heutigen Formen der allumfassenden Kontrolle zur intensiven, sinnlichen Erfahrung.

Darin manifestiert sich der historisch-kritischere Zugang Heymes, den die vorhergehenden "Hamlet"-Inszenierungen eher vermissen lassen. Es stimmt zwar nicht, daß diesen eine politische und soziale 'Botschaft' fehle. Die Präsentation von Bewußtseins-Traumata, die in Taboris "Hamlet" das ganze dramatische Personal umfassen und somit als kollektives Trauma verstanden sind, enthält durchaus zeitkritisches Potential. Heymes "Hamlet" verstärkt jedoch die gesellschaftskritische Verbindung von Theater und Lebenspraxis, indem er die exogenen Ursachen der endogenen Zerstörung deutlicher benennt. Die Verdinglichung des Menschen, in Zadeks "Hamlet" beispielsweise im Maskenspiel und sexuellen Rollenspiel (Gertrud) auf assoziativ-subjektive Weise dargestellt, in Neuenfels' "Hamlet" lediglich auf das Freud'sche Muster von Kindheitstraumata reduziert, gewinnt hier eine stärkere 'Außenperspektive'.

Der Versuch, das Subjekt selbst sprechen zu lassen und damit eine authentische, emotional betreffende Darstellung seiner Repression anzuzeigen, wird von Heyme nur begrenzt akzeptiert. Und wenn, dann auch nur in vermittelter Weise. Videoeinspielungen, wie etwa der blutende Finger als Symbol für Ophelias Zerstörung, filtern die spontane Emotion. Das Medienkonzept der Inszenierung ist nicht allein die ideologiekritische Antwort auf die Medienflut,[77] es richtet sich auch gegen die Logik der Subjektexzentrierung – und damit gegen das Theater der Schauspieler –, die das Konzept der "New Sensibility" verfolgt. Die bewußtseinserweiternde Aufhebung der entfremdenden Entzweiungen (Körper-Geist, Kunst-Leben etc.) wird in dieser Inszenierung in ihrer ironischen Verkehrung gezeigt. Sie zeigt auf, daß die scheinbare Freiheit des Subjekts, die durch den Ausschluß benennbarer Entfremdung gewonnen werden sollte, nicht zur freien Einsichtnahme in sein Denken führt, sondern seine Verdinglichung verstärkt.

Die Inszenierung zieht zur Phase des Regietheaters und des Theaters der Schauspieler dreifache Bilanz. Zum einen bestätigt sie den Wandel vom revolutionären, politischen *Subjekts* zum passiven, dezentrierten "Jammerbild".[78] Zum anderen setzt sie sich in ihren Theatermitteln kritisch mit der Phase des Theaters unter dem Signum der "Neuen Erlebnisweise" auseinander, indem sie dessen Opposition gegen die sprachliche Vermittelbarkeit von Sinn in ihren zwingenden Konsequenzen als *Sprachenteignung* aufzeigt. Drittens weist sie die Utopie einer von Rationalität emanzipierten Sinnlichkeit zurück, indem sie den *surfiction-* und *environment*-Gedanken der "New Sensibility" bis zur letzten Konsequenz in eine globale Atmosphäre des Wahnsinns gleiten läßt. Im Gegensatz zu Zadek, Tabori und Neuenfels denkt Heyme das Weiter-

---

[77] Vgl. Wilhelm Hortmann. "Theaterschocks bei avantgardistischen Shakespeare-Inszenierungen." *Shakespeare. Didaktisches Handbuch 1.* Ed. R. Ahrens. München 1982. 313-342. 325.

[78] Heyme über Hamlet. "Probennotizen", o.D.

leben des Ich mit einer umgedrehten Erkenntnispyramide bis zum bitteren Ende, an dem das Subjekt nur noch besprochen wird. Dazu wählt er ein eindringlich zeitgenössisches Bild: den Terror der Medien, die von der "New Sensibility" dagegen als Erweiterung des Erlebnishorizonts emphatisch gefeiert wurden. Diesem Terror sind die Schauspieler insofern ausgesetzt, als sie selbst nur noch sichtbar sind unter Bedingungen technisch kanalisierter Wahrnehmung – angefangen von der elektronischen Verfremdung der Stimmen und der Körper-Fragmentierung in TV-Monitoren bis hin zu ihrer Dispersion im Medien-Arrangement.

Obwohl die schmerzliche und hintersinnige Auslieferung der theatralen Zeichenträger an die Medien auf die historische Avantagarde des epischen Piscator-Theaters zurückzugreifen scheint, ist ein wesentlicher Unterschied vorhanden: Piscator legte den in die Inszenierungen integrierten dokumentarischen Großprojektionen und Filmen die Beweislast für die Richtigkeit der politischen Absicht und Erkenntnisreize seiner Inszenierungen auf. Heyme stellt dagegen den Terror der Medien dar, thematisiert und kritisiert ihn; die Bild- und Toneinspielungen sind nur selten dokumentarisch, sondern zeigen entweder Live-Bilder oder Handlungssegmente, die das Publikum früher oder später rezipiert. Eine gewisse Nähe zu Piscator läßt sich jedoch feststellen: Für Piscator war die Inszenierung/das Drama nicht der Anlaß, sondern Material, das komplexe lebenspraktische Zusammenhänge in einer Art "infotainment" bewußt machen sollte. Der Zeichenträger des Theaters, der Schauspieler, blieb von der Medienintegration dagegen weitgehend unberührt.[79] Analog dazu konstatiert Heyme die Technifizierung der Wahrnehmung als inhumanes Programm mit Hilfe des 'Klassikers' "Hamlet". Ingeniös und im besten Sinne 'werktreu' ist die Perspektivenvermittlung auf ein aktuelles Problem insofern, als "Hamlet" ja neben der Repräsentationskrise des Subjekts gerade in den Detektions- und Spionage-Sequenzen Strukturen der totalen Überwachung und Ohnmacht aufzeigt, die Heyme und Vostell im Medien-Environment auf zeitgenösische Weise ausdrücken. Der Text jedoch verliert seine vorgegebene Struktur und wird zum Puzzle für bildungsbürgerlich orientierte Rezipienten.

Das Medien-Environment saugt die Schauspieler nahezu auf. Damit radikalisiert die Inszenierung die Erfahrung alltäglicher Medienflut und opponiert gegen den multimedialen Euphemismus der "New Sensibility", dessen Einfluß auch in Deutschland sehr deutlich auf der sogenannten "Mediendocumenta"

---

[79] Zur Einordnung der Piscator-Ästhetik in die zwanziger Jahre vgl. Erika Fischer-Lichte. *Kurze Geschichte des deutschen Theaters.* Tübingen–Basel 1993. 333ff.

(documenta 6. Kassel 1977) zu bemerken ist.[80] Insbesondere die technophilen Vertreter der "New Sensibility" vernachlässigten die Gefahr, daß das 'synchron-environmentale' Sinnsystem zwar eine Externalisierung von Verräumlichung und Botschaften und nicht zuletzt von Theatralität selbst erbrachte, aber ebenso auch das Verschwinden des Subjekts (als dramatisches und als Material/Schauspieler) in ihnen. Marshall McLuhans Vision vom "total elektrischen Drama", der medial vernetzten und zur vermeintlich ästhetischen und befreienden Fiktion gelangten Realität, ist dafür ein Beispiel.[81] Was in der Beherrschung der Technologie ursprünglich als Erweiterung der Wahrnehmungshorizonte geplant war, schlägt um in die Beherrschung des Menschen durch die Medientechnologie.

McLuhans Ansicht, alle Medien seien "Erweiterungen irgendeiner menschlichen Fähigkeit – ob physisch oder psychisch",[82] weist die Inszenierung zurück. Sie verdeutlicht dagegen die inhumanen Implikationen dieses Konzepts, das der Medientheoretiker B.F. Skinner zynisch bejaht: In seinem Buch "Beyond Freedom and Dignity" befürwortet er die Kontrollmöglichkeiten des Einzelnen durch das gesellschaftliche Environment; das Überleben ist Skinners oberstes Wertegebot, Freiheit und 'Würde' sind diesem untergeordnet.[83]

Es spricht für Heymes dialektischen, stücknahen Ansatz, daß er diese Diskussion über Tendenzen des Regietheaters mit der Atmosphäre der Detektion und Fremdbestimmung in "Hamlet" in Einklang bringt. Indem er diese Thematik mit heutigen Kontrollmöglichkeiten verbindet, wird er nicht nur dem Stück gerecht, sondern zeigt die Illusion einer Theaterästhetik auf, Entfremdung und Verdinglichung nur in der Innenperspektive verdeutlichen zu können.

Sinnlichkeit begehbar, ertastbar, riechbar, schmeckend zu gestalten, war einer der Hauptakzente, die das Theater der sechziger und siebziger Jahre setzte. Deren populärsten Veranstaltungen wie "In Ulm, um Ulm und um Ulm herum" (Wolf Vostell, Ulm 1964) und "Inszenierte Räume" (Karl-Ernst Herrmann/Erich Wonder, Hamburg 1979) oder auch "Shakespeares Memory I + II" (Peter Stein, Berlin, CCC-Filmstudio, 1976) versuchen auf jeweils eigene Weise, das literarische Theater wie auch die Institution Theater zu

---

[80] Vgl. Wulf Herzogenrath. "Die ungleichen Brüder. Videokunst im Schatten des Fernsehens." *Zeitzeichen. Stationen Bildender Kunst in Nordrhein-Westfalen.* Ed. K. Ruhrberg. Köln 1989. 362-380.

[81] Hier folge ich der Interpretation von Jürgen Peper. "Postmodernismus: Unitary Sensibility." A.a.O. 195.

[82] McLuhan. *Das Medium ist die Massage.* A.a.O. 26.

[83] B.F.Skinner. *Beyond Freedom and Dignity.* New York 1972.Bes.96f.182.

überschreiten. Ihre Gemeinsamkeit besteht darin, das Spezifische des Theaters zu betonen: das hic et nunc theatraler Produktion und Rezeption, die Fokussierung theatraler Vorgänge durch den auswählenden Blick des Publikums, die mögliche Verwandlung von Zusehenden zu Partizipierenden. Die Kommunikation der audiovisuellen, elektronischen Medien verläuft in einer Einbahnstraße, während die genannten Theateraufführungen und Happenings im Bewußtsein der Popularität der 'neuen' Medien die wechselseitige Abhängigkeit zwischen Produzierenden und Rezipierenden geradezu auf die extreme Spitze ihrer Interaktion treiben: In Steins "Shakespeares Memory I + II" mußte das die Halle der CCC-Filmstudios abschreitende Publikum entscheiden, welche der synchron ablaufenden Performances es sehen und welche ihm entgehen würden. In Vostells Ulmer Happening konnte ebenso wie in den "Inszenierten Räumen" Theater begangen, und mehr als dort die Grenze zwischen Theater und Leben in einem Zwischenstadium erfahren werden. Die 'Einbahnstraße' der elektronischen Medien schwingt besonders in ihrer Nicht-Thematisierung mit – als bedrohliche und populärere Provokation von Reizen, denen das Theater zu begegnen sucht, bleibt sie jedoch gerade in ihrer Abwesenheit präsent. Heymes Inszenierung ist bis heute die einzige Inszenierung des literarischen Theaters, die beide Kommunikationsformen in direkter Konfrontation aufeinanderprallen ließ. Die anderen genannten Inszenierungen siedelten ihre Medien-Kritik gleichsam unter Laborbedingungen begehbarer Sinnlichkeit an, unterschlugen dabei die Verführungskraft der elektronischen Medien. Indem Heyme beide Kommunikationsformen gewissermaßen im 'Kampf der Giganten' vorführte, zeigte er einerseits die Bedrohung des Theaters durch die Medien. Aber andererseits konnte die sinnliche leibliche Präsentation dieser Bedrohung wieder einen 'Erfolg' für das Theater verzeichnen: im Hinblick auf die pessimistische Botschaft vom "Endspiel aller Klassiker-Arbeit" zumindest ein Pyrrhus-Sieg.

207

IV. "Gute Nacht, süßer Prinz": Theater der Posthistoire

1 Rettungsversuche und Enteignung des Subjekts: Zu "Hamlet"-Inszenierungen der Achtziger Jahre

Heymes "Elektronischer Hamlet" ist Höhe- und Schlußpunkt der Befreiung des Theaters von tradierten Rezeptions-Vorurteilen, der Autorität des Texts und der Fabel. Im 'Mischmasch' von Textzerstückelung, Mediensalat, akustischem und personalem Duplikat manifestierte sich die kritische Rückbesinnung darauf, was die scheinbaren "iconoclasts"[1] des vorausgegangenen Jahrzehnts geleistet hatten. Allein, daß dieser "Hamlet" möglich wurde, bestätigt nachdrücklich den Sinn dieser Traditionsbrüche, die einen aktuellen Bezug zum Text vermittelten: manchmal auf seine Kosten, häufig jedoch mit Hilfe der von Shakespeare angebotenen Optionen.

Heyme bricht darüber hinaus die Sprache als Sinnzentrum der theatralischen Repräsentation auf, mit nachhaltiger Auswirkung auf "Hamlet"-Inszenierungen der achtziger Jahre: Das Theater ist von dem *linguistic turn* zunehmend betroffen, dem sich die Sprachphilosophie schon in den ersten Jahrzehnten des 20. Jahrhunderts ausgesetzt sah. Die Sprache verliert ihre Autorität, Zeichen und Zeichenmaterial sinnhaft zusammenzuführen.[2] Doch davon scheinen die markanten "Hamlet"-Inszenierungen der beginnenden Achtziger auf den ersten Blick kaum berührt: Angesichts des Grüberschen "Hamlet" (Berlin, Neue Schaubühne 1981/82) begrüßt Hensel den Wandel von der "kritischen Klassiker-Inszenierung" zur "Rekonstruktion": "Triumphe der Rückkehr zum Text, zur Sprache, zum Theater der Dichter."[3] Die im vorhergehenden Jahrzehnt durchgesetzte Offenheit der Werke weicht der Autorität

---

[1] Wilhelm Hortmann. "Changing Modes in Hamlet-Productions." A.a.O.

[2] Zum *linguistic turn* in der Sprachphilosophie vgl. Jaques Bouveresse. *Rationalité et cynisme*. Paris 1984. Bes. die Auseinandersetzung mit Wittgenstein und Lyotard. 145ff. 155ff.

[3] Georg Hensel. *Spiel's noch einmal. Das Theater der achtziger Jahre.* A.a.O. 252f.

des Texts, einer Restauration, die sich quantitativ in wenig Zudichtungen und Einstreichungen niederschlägt.

Das respektlose, manchmal anarchische Theater gegen den Text tritt in das Jahrzehnt der Philologen ein. Es weicht dem Sprach-Raum, oft wortgetreuer Hörigkeit gegenüber dem 'deutschen Hamlet' (Schlegels Übersetzung) zuneigend. Ernst Wendts "Hamlet" (Münchener Kammerspiele 1981/82) und Grübers Berliner "Hamlet" stutzen Schlegel um einige Osrick-Passagen. Michael Gruner (Düsseldorf 1985/86) spielt sogar den ganzen Text in schwarz verhängter Bühne. Dauerten die meisten "Hamlet"-Inszenierungen in den siebziger Jahren knapp drei Stunden, so sind Aufführungszeiten von über vier Stunden keine Seltenheit mehr. Hamlet stirbt in Wendts, Bergs Frankfurter (1985/86) und Gruners Inszenierung nach viereinhalb, in Grübers "Hamlet" erst nach sechs Stunden. Inszenierungen, die auf anderen Übersetzungen fußen, von denen Heiner Müllers "Hamlet" und in weitem Abstand davon Frank Günthers Fassung die meistbespielten Textgrundlagen bilden, folgen diesem Trend. Guido Huonders Dortmunder "Hamlet" (1986/87) benötigt viereinhalb und Heiner Müllers monumentale Komposition "Hamlet / Maschine" (Berlin, Deutsches Theater 1990/91) sogar acht Stunden (davon ein knappe Stunde "Hamletmaschine"). Bis auf die üppige Bilderwelt Erich Wonders für Müllers Inszenierung – dem vorerst letzten bedeutenden Epilog zur deutschen "Hamlet"-Rezeption – nistet sich die kaum veränderte Fabel in Einheitsräume, die den theatralischen Raum und die Figuren häufig zum Tableau erstarren lassen. Die Kristallisierung der Aktion läßt der Sprache umso breiteren Raum, dessen häufige Opulenz die Figurenreden zum Oratorium einschließt. Hensel erklärt diesen Wandel von der Um- zur Ausdeutung mit der Stabilisierung der Industriegesellschaften und dem "Bankrott" des Sozialismus:

> Damit war dem kritischen, dem mit dem Sozialismus flirtenden Theater der Feind genommen und mit ihm die Hoffnung. Die politische Theater-Avantgarde in der Bundesrepublik hatte ihr Thema verloren; in der DDR verlor sie es in der gewaltlosen Revolution von 1989. Wozu noch politische Umdeutungen klassischer Stücke? Der kritischen Untersuchung der Klassiker, des väterlichen Erbes, folgte die neugierige Entdeckung des Erbes. Man spielte die Klassiker wieder klassisch und rekonstruierte sogar historische Stile.[4]

"Hamlet" beschreitet jedoch auch hier Sonderwege. Unbestritten wirkt Grübers "Hamlet" initiatorisch vor allem für Produktionen der "Neuen Schaubühne", indem die Inszenierung einen veränderten Maßstab im Umgang mit 'klassischen' Texten setzt und ihre historistische Tendenz nachfolgende Pro-

---

[4] A.a.O. 252.

duktionen zum überhöhten Verismus und zum poetischen Symbolismus der Räume reizt. Grübers "Lear" (1984/85), Steins "Phädra" (1987/88) sowie seine Tschechow-Inszenierungen "Drei Schwestern" (1984/85) und "Kirschgarten" (1988/89) bestätigen die Tendenz zur sprachlichen Rekonstruktion der Texte, die jede Silbe von den Lippen des Autors abliest, verweigern sich dem aktualisierenden Aufbruch der fiktiven Universa.

Während Grübers "Hamlet" ein aktualisierendes Spannungsverhältnis zwischen Subjekt und Macht unterläßt, arbeiten nachfolgende "Hamlet"-Inszenierungen gegen diesen Historismus, wenngleich auch ihnen eine größere Treue zum Text und ein völlig zurückgenommener Darstellungsstil immanent sind.

Der "Hamlet" der achtziger Jahre hat durchaus Wut im Bauch, doch sie schafft sich Luft in reflektierender Sprache und nicht im Ausagieren des Körpers. Sie reflektiert das Scheitern der revolutionären Namensvettern, die im vorausgegangenen Jahrzehnt zu schwach waren, das Unrechtsregime zu stürzen. Den Inszenierungen der Achtziger unterliegt ein 'Zu spät': Das bedeutet jedoch, daß die Rückkehr zur Sprache kein neugewonnenes Vertrauen in ihre Wirksamkeit meint. Trostlos mitunter auch für den gelähmten Zuschauer, den in diesem Jahrzehnt sicherlich oft das Verlangen Verlangen nach einem aktionsreicheren 'Shakespeare' ergriff, wie er im "Hamlet" ebenfalls zu entdecken ist.

'Zu spät' vermeint auch das Ende der Geschichte. Konzepte der *Posthistoire* kaprizieren sich auf die Geschichte als Versteinerung, die den Fremdkörper "Zukunft" für die Ewigkeit einschließt. Arnold Gehlens Diagnose der "kulturellen Kristallisation"[5] gilt der postindustriellen Gesellschaft, die ihr Telos überschritten hat und nun in das Stadium der Hypertelie eintritt, in dem Utopien, Fortschritt und Veränderung nur erinnert werden können.[6]

Hamlets Frage, wie der Schieflastigkeit des politischen Systems zu widerstehen sei, wäre in diesem Stadium der Nachgeschichte annihiliert:

Es lohnt sich nicht, zu träumen oder irgendeine Utopie der Umwälzung oder der Revolution zu nähren. Es ist schon alles umgewälzt. [...] Alles hat Sinn und Ordnung verloren. Es ist keine Übertreibung, wenn wir sagen, alles sei schon eingetreten.[7]

Arnold Gehlen greift auf das triadische Modell der Weltgeschichte von Antonin Augustin Cournot zurück, in dem das Ende der Geschichte mit der

---

5   Arnold Gehlen. "Über kulturelle Kristallisation." *Studien zur Anthropologie und Soziologie.* Berlin – Neuwied. 1963. 311-328.
6   Jean Baudrillard. *Die fatalen Strategien.* München 1985.
7   Jean Baudrillard. In: *Tod der Moderne. Eine Diskussion.* Tübingen 1983. 103.

Perfektion des Staats zusammenfällt und in die "*phase posthistorique*" mündet.[8] Gehlen wertet dieses Jubilate auf eine erfüllte Geschichtsteleologie in eine skeptische Antwort auf die erlahmende Aufklärung um: Die "Verve verrückter Utopien" – heißt es in dem programmatischen Text "Ende der Geschichte?" – ist in ein "Damals" entrückt:

> Es wird wohl niemand bestreiten, daß dieser morgenrötliche Rationalismus inzwischen selbst historisch geworden ist, unsere Reformer haben nervöse Gesichter.[9]

Geschichtsschreibung hat es demzufolge mit Beweglichkeit auf stationärer Basis, einem unveränderlichen Prozeßschema zu tun, in dem die Aufgabenbereiche ausformuliert, die Namen der wechselnden Mächte nur noch eingesetzt werden müßten.[10] Der Horizont der Posthistoire konstituiert sich einerseits aus dem Verlust einer sinnvollen Aufklärung, andererseits aus der vergangenheitsbezogenen Verabschiedung von der Zukunft, die sich als Wiederholung der Vergangenheit, als ihre Parodie ereignet.

Wie die Postmoderne hält die Posthistoire den Sinnlosigkeitsverdacht gegen alle Metaphysik für bestätigt. Der Zweifel an der Letztbegründbarkeit der Erkenntnis nagt auch am Sinn der Sprache, deren Aussagefähigkeit über die Welt beschädigt ist. Für posthistorische Ansätze mündet daher jede erkenntnisorientierte Sprachhandlung in die Entropie.

Postmoderne Ansätze gehen ebenfalls von einem Scheitern des Sprachspiels aus. Den Versuch, den eindeutigen Bezug zwischen Sprache und Welt dadurch herzustellen, daß in die Äußerung die Bedingung ihres Zustandekommens mitgedacht wird, ergänzt besonders postmoderne Kunst um den spielerischen Umgang mit dem Sprachspiel, der sich in autothematischen Reflexionen und in einem über die Kunst- und Literaturgeschichte ausgeworfenen Netz der intertextuellen Allusionen niederschlägt.[11] Der Verlust der Letztbegründung von Erkenntnis regt philosophische Positionen der Postmoderne zu pluralen und miteinander kommunizierenden Ethik- und Handlungsentwürfen an. Posthistorische Positionen enden dagegen in resignativem Festhalten an der "historischen und gesellschaftlichen Tradition", an dem "was über Wasser

---

[8] Antoine Augustin Cournot. *Traité de l'enchaînement des idées fondamentales dans les sciences et dans l'histoire.* Ed. N. Bruyere. Paris 1982. 5 ff.

[9] Arnold Gehlen. "Ende der Geschichte?" *Einblicke.* Frankfurt/M. 1975. 115-134. 119.

[10] A.a.O. 128.

[11] Vgl. Wolfgang Welsch. "Tradition und Innovation in der Kunst.: Philosophische Perspektiven der Postmoderne." *Zeitschrift für Ästhetik und Allgemeine Kunstwissenschaft* 30/1 (1985). 79-100. Ders. *Unsere postmoderne Moderne.* Weinheim 1991. Jean-François Lyotard. *Philosophie und Malerei im Zeitalter ihres Experimentierens.* Berlin 1986. 18.

gehalten werden muß." [12] Die neuen Geschichtshelden sind Verwaltungskrämer: Was läuft und weiterläuft, ist der sozioökonomische Apparat der Versorgung. Alles andere – von der großen Zukunftsvision bis zum Parzellenprotest – ist ephemere und höchstens epigonale Illusion. Kein Wunder, wenn posthistorische Konzepte die Zukunft in Grautönen malen. Die Postmoderne verkündet dagegen "eine Zukunft, die nicht, wie die der Posthistoire, die Stillstellung der Unterschiede und eine Phase unüberschreitbarer Indifferenz bedeutet, sondern gerade eine Epoche gesteigerter Vielfalt und neuer Konstellationen und Interferenzen anzeigt."[13] Die Posthistoire weist wie die Postmoderne einen direkten Bezug zwischen philosophischen Positionen und ihrer Auswirkung auf die ästhetische Gestaltung auf. John Barth hält diese Verbindung erstmals für den Bereich der Prosaliteratur fest. Er bezeichnet den Abgesang auf die metaphysische Einheit,auf die uneinholbare Tradition der Aufklärung als "Literature of Exhaustion".[14] Die Literatur der Negation zeichnet sowohl bei Barth wie auch bei Hassan unter der Autorität der Postmoderne, was jedoch eine Inkonsequenz gegenüber deren fröhlichen 'Kynismus' darstellt.[15] Hassan sieht sich deshalb gezwungen, mindestens zwei Formen postmoderner Ästhetik zu unterscheiden, "two accents of silence":

> a) the negative echo of language, autodestructive, demonic, nihilist;
> b) its positive stillness, selftranscendent, sacramental, plenary [...][16]

Die Posthistoire entbindet sich von dem postmodernen Versuch, die aufgegebene Sinnproduktion unter dem Diktat der Einheit überzuführen in einen Pluralismus der Werte und der Gegensätze.

Aus der Alternative, die Heiner Müller in einer Diskussion über Postmoderne stellt, wählt die Posthistoire die Entropie:

> Die Bewegung der Sprache ist alternativ: das Schweigen der Entropie oder der universale Diskurs, der nichts ausläßt und niemanden ausschließt.[17]

---

[12] Arnold Gehlen. "Ende der Geschichte?" A.a.O. 135
[13] Wolfgang Welsch. *Unsere postmoderne Moderne.* A.a.O. 18.
[14] John Barth. "The Literature of Exhaustion." *Atlantis Monthly* 220 (August 1967). 29-34.
[15] Ihab Habib Hassan. *The Literature of Silence.* New York 1967. Daß Barth und Hassan die "Literature of Exhaustion" der Postmoderne und nicht der Posthistoire zuordnen, begründet sich in der Reservierung des Begriffs "Posthistoire" für soziologische Aspekte, die Roderick Seidenberg (*Posthistoric Man, An Inquiry.* Chapell Hill 1950) festlegte.
[16] Hassan. A.a.O. 248.
[17] Heiner Müller. "Der Schrecken, die erste Erscheinung des Neuen. Zu einer Diskussion über Postmodernismus in New York." *Materialien.* Ed.f. Hörnigk. Leipzig 1989. 24.

Den Sinnverlust nicht weiteres Sprachmaterial zu liefern, ist Heiner Müllers Wunsch, was ihn zum Bewunderer des sprachlosen und sprachlos machenden Theaters Pina Bauschs werden läßt – einem Theater, in dem "Geschichte" nur als "Störung" vorkomme:

> Der Raum ist bedroht von der Besetzung durch die eine oder andere Grammatik, des Balletts oder des Dramas, aber die Fluchtlinie des Tanzes behauptet ihn gegen beide Besetzungen. Das Territorium ist Neuland.[18]

Was postmoderne Vertreter als Kunstgriff in interferentielle Ausdrucksformen ausweisen,[19] rezipiert Müller als Ergebnis der Vergangenheit, die er als totale Katastrophe und Apokalypse ansieht. Das territoriale Neuland ist ihm "Produkt einer unbekannten (vergessenen oder kommenden) Katastrophe", die die Spieler simulierend überleben: "(Der Zuschauer wird vielleicht eine andere Erfahrung machen)."[20] Die metaphorisch artikulierte Einebnung der Geschichte im Gleichlauf der Gezeiten verbindet sich in der "Hamletmaschine" mit dem viel zitierten Verzicht des Menschen auf das geschichtliche Subjekt: "Ich war Hamlet. Ich stand an der Küste und redete mit der Brandung Blabla, im Rücken die Ruinen Europas."[21]

Die Verabschiedung von einer teleologischen, sinnvollen Geschichte reduziert den Geschichtsprozeß auf die Abfolge von Kontiguitäten, Geschehnissen, die sich indifferent zur geschichtlichen Praxis des Menschen vollziehen. Geschichte ohne Zukunft mündet in die Wiederholung ihrer selbst:

> [...] wir sind das erste studirte Zeitalter in puncto der "Kostüme", ich meine der Moralen, Glaubensartikel, Kunstgeschmäcker und Religionen, vorbereitet wie noch keine Zeit es war, zum Karneval grossen Stils [...]. Vielleicht, dass wir hier gerade das Reich unserer Erfindung noch entdecken, jenes Reich, wo auch wir noch original sein können, etwa als Parodisten der Weltgeschichte und Hanswürste Gottes [...][22]

Nietzsches Anwendung einer ästhetischen Kategorie der Wiederholung bzw. Variation auf Geschichtsprozesse gibt eine Möglichkeit an, auf welche Weise sich die posthistorische Auffassung über die Bewegung im Stillstand ästhetisch vermitteln könnte. Mehrere Shakespeare-Inszenierungen der achtziger Jahre konkretisieren dieses 'Auf der Stelle-Treten' in parodistischer Umkehr aktions-

---

[18] Heiner Müller. "Blut ist im Schuh oder Das Rätsel der Freiheit." *Materialien.* 56.
[19] Wolfgang Welsch. "Identität im Übergang." *Ästhetisches Denken.* Stuttgart 1990. 168-200. 181.
[20] Müller. "Blut ist im Schuh oder Das Rätsel der Freiheit." A.a.O. 56.
[21] Die Hamletmaschine. In *Materialien.* A.a.O. 41.
[22] Friedrich Nietzsche. *Jenseits von Gut und Böse.* A.a.O. 157. Vgl. Höfele. A.a.O. 81.

reicher Shakespeare-Dramen durch die Zerdehnung der Handlung bei gleichzeitiger Aushöhlung der dramatischen Konflikte, Depersonalisierung der Handlung, Reduktion des Eigenlebens der Rollenfiguren, nicht zuletzt auch durch szenische "Endzeit"-Metaphern:

> The potentially liveliest art has been invaded by images of stagnation, deadness, and decay. Shakespeare of all dramatists has proved a favourite subject of such scenic fossilisation. Paradoxically, his action-packed dramas have been converted into statements of the futility of all human endeavour.[23]

Posthistorische Szenarien stülpen sich im westdeutschen Theater neben "Hamlet" auch "Macbeth" (Ginka Tscholakowa, Heiner Müller, Berlin 1982/83; Jürgen Gosch, Berlin 1988/89), "König Lear" (Robert Wilson, Frankfurt 1990/91) und sogar dem "Sommernachtstraum" (Gosch, Bremen 1986/87) über.[24] Die Inszenierungen löschen die dramatische Dynamik aus, einige setzen sogar den dramatischen Schluß an den Beginn der szenischen Präsentation, womit sie die Sinnlosigkeit des Handelns von vornherein betonen. So beginnt Heiner Müllers Berliner "Macbeth"-Inszenierung mit Macbeths Klage aus dem vorletzten Bild: "All unsre Gestern, von Blinden am Seil geführt. | In staubiges Nichts. [...] Leben, ein Schatten, der umgeht | Ein armer Spieler, der sich spreizt und sperrt."[25]

Der dritte Macbeth-Darsteller ist im Zuschauerraum an den elektrischen Stuhl gefesselt. Er, den das Ende des Protagonisten einige Augenblicke später ereilt, prophezeit dieses Schicksal Macbeth I, der es gerade erst heraufbeschwört. Wo der Krieg Dauerzustand ist, wird jede Suche nach Alternativen, Auswegen zwecklos, das Verhalten des Protagonisten beliebig. Die (aus Sicht der dramaturgischen Perspektive des Prätexts unsinnige) Verfielfältigung des Protagonisten verbildlicht die Farce, in einer posthistorischen Phase an der geschichtlichen Praxis des Subjekts festzuhalten. Müllers Welt – ein Friedhof, auf dem sich Henkersorgien abspielen – läßt Shakespeares vitale Charaktere nur noch als Marionetten zu, die mit den folgerichtigen, tragischen Abstürzen, die nur Menschen heraufbeschwören und erleiden können, nichts mehr gemein haben. Als nahezu einziges Ordnungsprinzip im gewalttätigen Chaos fungiert der identische Formenkanon Gesten Macbeths und Macduffs, der den Wechsel der

---

[23] Andreas Höfele. "A Theater of Exhaustion? 'Posthistoire' in Recent German Shakespeare Productions." *Shakespeare Quarterly.* Vol. 43. 1 (spring 1992). 80-86. 81.

[24] Vgl. Höfele. A.a.O.

[25] Heiner Müller. "Zu Macbeth." *Thh* 12 (1982). 21.

Machthaber andeutet und zugleich die Bewegung im Stillstand treffend veranschaulicht. [26]

Ein Unterscheidungsmerkmal des posthistorischen Theaters von vorhergehenden Inszenierungen, die den Machtmechanismus aufgreifen ("Der dritte Richard" von Palitzsch, "Coriolan"-Variationen von Brecht, Wekwerth, Hollmann), ist die Beziehungslosigkeit zwischen Motivation und Tat der Figuren. Richard III. hängt psychopathisch an der Macht. Mit ihr verliert er sein Handlungs- und Sprachzentrum ("Ein Königreich für ein Einpferd"). Müllers dramatis personae agieren als Marionetten und Sprachrohre der suprapersonalen Idee posthistorischer Geschichts-Losigkeit. Macbeth hat als Figur kein Leben, kein Gesicht, läßt sich deshalb beliebig klonen. Den Rollenfiguren entzieht sich das Eigenleben ebenso wie der Geschichte jeglicher sinnimmanente Fortschritt. Subjekt und Geschichte, in der der Mensch Matsch unter den Trümmern der Vergangenheit und ihrer Variation in der Zukunft ist, dümpeln vor sich hin.

Diesen umstrittenen Ansatz[27] des posthistorischen Theaters möchte ich zunächst bezüglich der Architektonik geschlossener Endzeiträume darstellen (Kap. IV.2) und in einem zweiten Schritt an vier "Hamlet"-Inszenierungen erörtern. Jürgen Flimms Inszenierung konzentriert sich auf die Entropie der Sprache (Kap.3). Ernst Wendts Münchner "Hamlet" (Kammerspiele 1979/80) betont vermittels der Parodie die Erinnerung an eine Subjektkonstitution, der er zugleich mehrere Facetten ihrer Rezeptionsgeschichte mitliefert. Grübers "Hamlet" besticht vor allem durch die Ornamentalität und Heraldik des Schauspielstils, die den Gedanken, Geschichte nicht erleben, sondern nur in gefrorenen Bildern inszenieren zu können, geradezu aufzwingt. Heiner Müllers Komposition aus "Hamlet" und "Hamletmaschine" läßt die Bewegung im Stillstand, die Wucht der Vergangenheit auf die Gegenwart in zwei miteinander verschachtelten Pulverisierungen des Subjekts kulminieren (Kap. 4). Diesen Inszenierungen ist ein Geschichtsentwurf gemeinsam, der ohne das aktive Subjekt auskommt und den repräsentierten Handlungsbegriff des offenbar sich im Abgesang befindlichen geschichtlichen Subjekts analog zur theatralen Handlung auf ein 'als ob' reduziert.

---

[26] Vgl. Jan Berg. "Mehrdeutig, doch nicht beliebig. Ausgerechnet, doch nicht einlinig. Die Theatersprache der Macbeth-Inszenierung." *Thh* 12 (1982). 25.

[27] Vgl. Gerhard Stadelmeier. Leitartikel in der *FAZ*.28.6.1993.

2 Totale Macht-Räume – angelus novus mit gestutzten Flügeln

Selten hat sich in "Hamlet"-Inszenierungen ein dermaßen einheitlicher Bühnenstil ausgeprägt wie in den achtziger Jahren. Horatios Diagnose "Etwas ist faul im Staate Dänemark" wird zur Globalperspektive auf hermetisch abgeschlossene Räume, in denen sich die Sprache der Figuren wie ihr intensiver Handlungsdrang gegen den Macht-Raum zu behaupten suchen. Ursachen und Methoden der Macht beziehen sich auf ein entweder totalitäres 'Orwell'-Regime oder – im Hinblick auf deutsche Verhältnisse – auf eine saturierte soziale Führungsschicht, die vor jeder Opposition gefeit ist.

Die Versteinerung des Etablierten äußert sich in bunkerartigen Räumen oder Trümmerlandschaften, vielleicht die passende Metapher für die Tendenz, "Hamlet" als ausweglose, unerbittliches und unvermeidbares Endzeitszenario zu interpretieren.

Günther Fleckenstein siedelt den aktionsreichen "Hamlet 1603" (Göttingen, Deutsches Theater 1984/85) in einem riesigen betongrauen Raum an: "Der Eindruck ist der einer sowohl archaischen wie endzeitlichen Situation. [...] In diesem Ambiente findet keiner einen sicheren Platz."[28] Anstelle einer Aktualisierung (Requisiten und Kostüme sind historisch), zeigt die Inszenierung am Verhalten eines höchst aktiven Hamlet (Daniel Lüönd), der ungewollt in den Kreislauf der Macht gerät, den Rückfall von der Aufklärung in archaisch anmutende Barbarei. Betont wird dies durch die Verstärkung der Intellektualität Hamlets und Horatios, die als Befürworter humanistischer Sehnsucht scheitern.

Das Gefängnis beherrscht den Raum in Guido Huonders Düsseldorfer Inszenierung (1986/87). Bühnenbildner Gerd Herr schält die Morphologie des Theaterbaus frei. Die Ziegel-Bunker-Ästhetik verbindet sich mit Kabelverstrebungen, Gerüsten und Leitern der Bühnentechnik zum ausweglosen Raum der Sanktion und Bewachung. Im Gegensatz zu den bisherigen Raumgestaltungen verweisen zeitgenössische Möbel und Gobelinvorhänge, die Bühnenarbeiter nach dem Hochgehen des Eisernen Vorhangs im Hintergrund anbringen, auf den denkbar armseligen 'Handlungsraum' der bürgerlichen Gesellschaft.

Grauer, dreckiger vegetiert das 'Meisterwerk Mensch' in einem rostzerfressenen Blechhaufen in Klaus Engeroffs Inszenierung (Bamberg, E.T.A.-Hoffmann-Theater 1986/87, Bühne: Hans Fabig). Als Ruinen als hybrider, indu-

---

28 L. Orzechowski. "In zerstörter Zeit." *Hannoversche Allgemeine.* 6. 10. 1984.

strieller Naturbeherrschung dargestellt, diagnostizieren schleichende Formen menschlicher Selbstvernichtung.

Oft drängt sich die geschichtliche Signifikanz der Räume dadurch auf, daß Fortinbras ungerührt über ihre Zerstörung Besitz von ihnen ergreift. So in Fleckensteins Katastrophenszenario: "Fortinbras vertritt lediglich ein Prinzip, das der modernen bewaffneten Macht. Diese Macht wird Ordnung schaffen. Sie wird die tragischen Individuen beerben, die nicht wissen, wohin."[29] Fortinbras wird das Symbol für eine neue Qualität der Macht, die die Grausamkeit des Krieges einer Dynastie noch übertrumpft durch die Fähigkeit zur totalen Vernichtung: im gerade präsentierten Ende der Individuen zeichnet sich das Ende der Humangeschichte ab. Während Fortinbras in Göttingen eher moderat bewaffnet die Macht übernimmt, spielt Dieter Reibles Braunschweiger Inszenierung (Staatstheater 1985/86) explizit auf die "Pershing"-Nachrüstungsdebatte der Mitt-Achtziger an: Die Armee des Norwegers verfügt über mobile Raketenstationen auf LKW's. Gegenüber dieser technokratischen Fülle der Vernichtung gehört Hamlets individueller Widerstand und die Selbstanklage, handlungsarm gegen den "delicate and tender prince" (IV.4. Z. 48), ins Reich einer abgestorbenen Geschichtsauffassung .

Nirgends gelangt die Allegorie des glücklosen Engels der Geschichte so deutlich zum Ausdruck wie in der "Hamlet"-Inszenierung von Carsten Bodinus (Karlsruhe 1988/89). Den rostbraunen Eisernen Vorhang überwölbt eine Projektion von Klees "Angelus Novus". Nebelschwaden schwappen über die Rampe. Mühsam übertünchen grauschmutzige Bretter eine Schicht aus lehmverkrusteten, verrottenden Kleidungsfetzen. Bildlich findet auf der Geschichte der Unterdrückten die Geschichte des Unterdrückers Claudius und seines Widersachers Hamlet statt. Die Inszenierung hebt diesen Moment als gespenstischen Prolog hervor. Die blaßgeschminkten und in Renaissance-Kostümen gekleideten Figuren tanzen zum elegischen Oboenspiel eines Engels, der mit der auf dem Rücken aufgemalten Klee-Figur von der Rampe durch die Gruppe der Tanzenden unendlich langsam schreitet. In diesem Erinnerungsraum der Schuld führt das letzte Bild zum ersten insofern zurück, als die Toten mit dem Lehmhaufen, dem Zeugnis einer tödlichen Vergangenheit zu verschmelzen scheinen.

"Hamlet"-Inszenierungen der achtziger Jahre, die das dramatische Personal in vernichtende, inhumane Räume verlegen, rollen das Stück vom Ende auf. Der Tod der Identität legt sich der Handlung vor, die sich in Vergangenheits-

---

[29] A.a.O.

form, Erinnerung, Rekapitulation und Wiederholung vollzieht: 'Es war einmal'. "Hamlet" wird in dieser Phase politisches Zeitstück und Geschichtsdrama
zugleich, dessen Fabel mit dem Verlauf der Menschheitsgeschichte zusam-
mengedacht ist. Die Protagonisten dieser Inszenierungen sind aktiv Handelnde, scheitern jedoch wie ihre Widersacher an einer geschichtlichen Praxis, die
sie vorentscheidend überrollt. Diese Trennung von Geschichte und Subjekt,
die seine Identität durch Vernichtung einkassiert, läßt Identität nur noch als
Erinnerung an einen historisch überholten Gedanken zu. Das Theater konstruiert ein Geschichtsbild, in dem der Mensch – ob schuldig oder nicht – von den
Ereignissen überschwemmt wird. Gezeigt wird an häufig aktiven Hamlets, wie
sich das Subjekt eine Geschichte anzueignen versucht, obwohl es – wie
Foucault die Subjektkonstitution der Neuzeit diagnostiziert – "ihren reinen
Ereignissen unterworfen" ist.[30] Angesichts dieser prospektiven Räume auf das
globale Ende gestaltet sich jedes Handeln der Figuren als 'vergebne Liebesmüh'
ihrer Einflußmöglichkeiten auf die Geschichte.

4 Mit drängenden Fragen ins Endspiel: Jürgen Flimms "Hamlet" (Hamburg 1986/87)

Hinter dem gähnend schwarzen Loch vermutet man einen weit in die Tiefe
reichende Bühnenraum, doch als sich die Augen an die Dunkelheit gewöhnen,
stößt der Blick auf eine graue Ziegelmauer, die den ganzen Bühnenausschnitt
einnimmt und den Darstellern einen wenige Meter breiten Streifen überläßt
(Bühne: Rolf Glittenberg). Ein enge Öffnung in der Mitte mit einer nach hinten
steil aufsteigenden Treppe und zwei von der Bühnenmitte ausgehende Abgänge, die nahe an der Rampe angebracht sind, werden erst nach und nach sichtbar.

Die Zurückweisung des fragenden Blicks durch die Mauer gleicht einem
visuellen Prolog der getäuschten, scheiternden Erkenntnis, der die Thematik
dieser Inszenierung vorwegnimmt. Eine dumpfe Cellomusik untermalt diesen
Prolog, sie ist das Leitmotiv für die Auftritte des Geistes und für wesentliche
Momente intrinsischer Reflexionen. Ebenso wie der Blick des Publikums von
der Mauer wider Erwarten 'gestoppt' wird, so stoßen die Fragen eines bemerkenswert aktiven Hamlets permanent auf eine Mauer des Schweigens, auf
Abwehrmaßnahmen im Schutz von Verhaltenskonventionen, die jedes Vertrauen zurückweisen und auf zementierte Machtstrukturen, bis ihn das große

---

[30] Michel Foucault. *Die Ordnung der Dinge.* A.a.O. 442.

Schweigen einhüllt. Zentraler Ansatzpunkt der Inszenierung ist die Sprache als Schnittmenge, in der die Intentionen des Subjekts und seine Aneignungsversuche des Macht-Diskurses mit diesem selbst zusammenprallen.

Strichfassung

Heiner Müllers "Hamlet"-Übersetzung unterstützt dieses Konzept. Die Prospektion auf das Ende und die Gleichgültigkeit des Machtapparats selbst gegenüber seinen Trägern sind Merkmale der Textfassung, die auch die Raumkonzeption hervorhebt.[31] Um die Handlung auf den Mechanismus der Macht und den Kampf des Subjekts zu konzentrieren, verknappt Müller Reflexionen und Berichte, die nicht zum unmittelbaren Verständnis der Handlung notwendig sind, reduziert Informationen, so daß die Sprache als Kampf-Feld im Wissens- und Machtkonflikt sehr starke Aufmerksamkeit verlangt. Feige macht bei Schlegel das "Gewissen", bei Müller das "Bewußtsein" und bei Flimm – in Anlehnung an Frieds "Bedenken" – "Denken" (Flimm. 8. 44), was die intellektuelle Aktivität Hamlets hervorhebt. Die Strichfassung der Inszenierung hebt die politische Dimension der Fabel hervor. Beispielsweise betont Flimm die Verhör-Situation in der Auseinandersetzung zwischen Rosencrantz, Güldenstern und Hamlet, indem er die Begrüßungspassagen und die freundschaftlichen Scherze kappt. Verstärkt analytisch wirkt auch Hamlets Monolog über seine Tatenlosigkeit, da die emotionalen und eher pathetischen Passagen (IV.5, Z.36-53, 56-59) gestrichen sind.

Kostüme, Raumkonzeption, Darstellungsweise

Die hohen Haaransätze der männlichen Figuren betonen den Widerspruch zwischen Reflexion und entgleitender Handlungsfähigkeit, was besonders Hamlet betrifft. Alle Figuren sind 'zombihaft' geschminkt. Die Kostüme zitieren bewußt die Epoche des Rokoko, eine nicht gänzlich vollzogene Epochenschwelle vorrevolutionärer Krisenzeit, in der sich die Emanzipation

---

[31] Die Seitenzahlen des unveröffentlichtes Regiebuchs und der benutzten Ausgabe von Müllers "Hamlet" sind identisch. Zitiert wird mit der Sigle Flimm im fortlaufenden Text. Rezensionen: Werner Burkhardt. "Hamlet im Herbst." *SZ.* 7.10.1986. Erich Emigholz. "Flimm stellte sich dem Wort." *Bremer Nachrichten.* 234.9.'86. Uwe Freese. "Hamlet ohne Requisiten als Kammerspiel." *Holsteinischer Courier.* 2.10.'86. Peter Iden. "Schlafe, mein Prinzchen, schlaf ein." *FR.* 25.9.'86. Rolf Michaelis. "Ohrfeigen für Hamlet." *Zeit.* 26.9.1986. Henning Rischbieter. "Deutsche Trauerspiele." *Thh* 1 (1987). 2-6. Werner Schulze-Reimpell. "Deutschland ist Hamlet" *Rheinischer* Merkur. 15.10.'86. Klaus Wagner. "Untergänge an der großen Mauer." *FAZ.* 23.9.'86.

des Menschen zum politischen Subjekt ankündigt.[32] In ähnlicher Weise, wie Palitzsch ("Hamlet", Stuttgart 1971/72) vornehmlich in der Raumgestaltung kulturelle Zeugnisse dieses epistemologischen Wandels zitiert, konterkariert Flimm den Beginn der neuzeitlichen Legitimation des Subjekts mit der Vorausschau auf das Ende seiner Geschichte.

Im Einheitsraum mit sparsamer Ausstattung (Klappstühle, ein paar Bretter für Ophelias Grab) erfüllt die Lichtdramaturgie eine wichtige Funktion. Die steilen Einfallswinkel, die häufig lediglich Streifen in den Raum schneiden und Figuren nur teilweise beleuchten, gemahnen an die Lichtdramaturgie des expressionistischen Theaters und Films. Die Lichtführung verrätselt nicht nur die Umwelt der Figuren durch Kontraste und lange Schattenrisse, sondern fragmentiert auch den Leib durch Hervorhebung von Körpersegmenten[33] – die klassische Subjektkonstitution des 'ganzen' Menschen scheint von vornherein visuell negiert. Ein Beispiel dafür ist der Auftritt von Claudius und Polonius nach der Konfrontation Hamlet-Ophelia (III.1). Sie schauen der flüchtenden Ophelia nach, wobei das Licht ihre Körper zu Silhouetten reduziert.

Darüber hinaus visualisiert die Inszenierung die Symbolik des verlorenen Schattens, die auf den Ich-Verlust und nahen Tod seines Trägers verweist.[34]

Polonius und Claudius mißbrauchen Ophelia als Lockvogel für Hamlet. Seiner selbstquälerischen und quälenden Tortur entzieht sich Ophelia durch die Flucht. Claudius und Polonius sehen ihr ungerührt hinterher und bewerten den Vorfall. Das Licht fällt lotrecht von oben, ihre Schatten sind kaum wahrnehmbar.

Expressionistische Schattenspiele dominieren auch das 15. Bild (IV.1). Während Hamlet in der Selbstbefragung über seine Bereitschaft zur politischen Tat versinkt, mimen Rosencrantz und Güldenstern Desinteresse, lehnen sich betont unbeteiligt an der Mauer an. Ihre Schatten erstrecken sich durch zwei seitliche Streiflichter nahezu über die gesamte Mauer. Deren Untiefen deformieren die Schatten zu rissigen, zerfaserten Bändern. Die 'Entmenschlichung' des Schattens verletzt das Schattentabu. Dieses besagt nach antiker und abendländischer Mythologie, daß alles, was dem Schatten zustoße, Vorbote des künftigen Geschicks seines Trägers sei. Die ihre Schatten vorauswerfenden

---

[32] Vgl. Michel Foucault. *Die Ordnung der Dinge.* A.a.O. 269ff.

[33] Vgl. zur Lichtführung im expressionistischen, deutschen Film Siegfried. *Von Caligari bis Hitler. Eine psychologische Geschichte des deutschen Films.* Frankfurt/M. 1984.

[34] Zur symbolischen Bedeutung des Schattenverlusts Otto Rank. "Der Doppelgänger." *Psychoanalytische Literaturinterpretation: Aufsätze aus "Imago, Zeitschrift für Anwendung der Psychoanalyse auf die Geisteswissenschaft" (1912-1937).* Ed. J.M. Fischer. Tübingen 1980. 104-188.

Ereignisse erlauben dem Publikum einen unheimlichen Informationsvorsprung gegenüber den Figuren und negieren vorweg Hamlets Versuche, die aus den Fugen geratene Welt wieder einzurenken. Die symbolische Lichtdramaturgie gewinnt im Zusammenspiel mit Machtfragen und Subjektzerfall vor allem dadurch Brisanz, daß lediglich Fortinbras permanent über einen Schatten verfügt, die anderen Figuren ihn dagegen häufig 'verlieren'.

Die Raumkonzeption verbindet den für "Hamlet"-Inszenierungen der Achtziger charakteristischen, hermetisch veriegelten Bunker mit dem auf 'Wunden im Gehirn' verweisenden Assoziations-Raum der siebziger Jahre. Der 'Macht'-Raum ist dadurch gekennzeichnet, daß die Ziegelmauer deutlich beleuchtet als solche zu erkennen ist. Er verfremdet die Mauer durch seitlich einfallendes Licht zu einer Fläche bloßgelegten Gewebes mit aderdurchzogenen Wülsten. Der subjektive Raum überlagert Hamlets erste Konfrontation mit dem Geist (4/I.4), den Monolog "Sein oder Nichtsein" und die daran anschließende Auseinandersetzung mit Ophelia (III.1) wie auch die Konfrontation mit Gertrud (11/III.4) und die Grabszene (19/V.1). In der letzten Szene (20/V.2), die mit der Auslöschung der Dynastie und dem Machtantritt von Fortinbras endet, gleitet der 'subjektive' Raum im Verlauf des Duells in den 'politischen' Raum über. Die häufige Überblendung des subjektiven durch den politischen Raum negiert visuell Hamlets Illusion, sich einen unberührten Freiraum des Nachdenkens, der Selbstvergewisserung ohne Fremdbestimmung zu bewahren.

Die Mauer prägt sich als Symbol einer eingeschlossenen, 'vermauerten', erstarrten Gesellschaft und zugleich als ein Gegenstand ein, den die Figuren kramphaft zu verdrängen suchen. So weichen Claudius, Polonius und Gertrud - die Repräsentanten der sozialen Trägerschicht - mitunter vor der Mauer zurück, als ob sie sie zum ersten Mal wahrnehmen würden und entfernen sich von ihr soweit wie möglich.

Als weitere Visualisierung für die selbstverschuldete Verselbständigung der Macht sogar gegenüber den Mächtigen dient die Aufteilung des Bühnenraums in helle und dunkle Bezirke. Permanent halten sich Claudius, Gertrud und Polonius in den beleuchteten Raumsegmenten auf, schrecken vor den dunklen Parzellen zurück. Die Urangst vor der Finsternis nutzt Flimm auch für die Darstellung von Machtspielen und -konkurrenzen. Ein Beispiel bietet Ophelias versteckter Vorwurf an Claudius und Gertrud, die Ermordung ihres Vaters mitverschuldet zu haben. Die Erörterung der Rollenkonzeption muß vorgeschoben werden, um die Verbindung von Lichtdramaturgie und Darstellung genauer zu verdeutlichen.

Ophelia ist nicht bereit, die sexuellen Projektionen ihres Bruders in den scheinbaren Tugendleviten zu dulden und versetzt ihm eine schallende Ohrfeige – Claudia Kaske kreiert das Gegenbild zu einer Bühnenfigur, die häufig präraffaelitisch anmutig ihrem Tod entgegengeht. Selten genug prägt sich ein intellektualisierendes Rollenverständnis heraus, denn Ophelia (6. Bild/II.1) erkennt die Gefahr sehr genau, in einen Machtkampf hineingezogen zu werden und steuert dem mit alarmierter Beteuerung ihres Gehorsams entgegen: "*Nein* [...] nur wie ihr befohlen habt, *abwies* ich seine Briefe und *verweigerte* ihm den Zutritt.*"* Soweit es der Text ermöglicht, verdeutlicht Kaske Ophelias Sensibilität für den Machtkampf und den Willen, ihre Beziehung zu Hamlet dagegen zu verteidigen.

Vor der Erfahrung ihres Scheiterns im Kampf gegen die Macht flüchtet sie in gespielten und schließlich tatsächlichen Wahnsinn, der seine Urheber akribisch verfolgt (8/III.1). Als Ophelia von Horatio zur Königin geführt wird, steht Gertrud nahe an der Rampe, sucht Schutz in dem vom Souffleurkasten ausstrahlenden Licht-Dreieck. Ophelia geht jedoch nicht direkt auf sie zu, sondern bleibt im dunklen Raumbezirk, dabei die Lichtgrenze abschreitend, um dann – in den Lichtbezirk eintretend – Hamlets Briefe wie auf einem imaginären Altar auf dem Boden auszubreiten und aggressive Anklage zu betreiben. Auch hier engt der Basistext die Möglichkeiten des Widerstands ein, doch Claudia Kaske stellt den ordinären "Touch" von Ophelias Liedern heraus, den Verehrer der häufig romantisierten Tugendfigur geflissentlich übersehen, und steuert zielbewußt auf die Anklage zu, wahrt dabei die Balance zwischen vorgetäuschtem, schützenden Wahnsinn und aggressiver Drohung (u.a. "Mein Bruder soll davon wissen". Flimm 16. 72.). Als Claudius versucht, sich das möglicherweise belastende Material anzueignen, drängt Ophelia ihn drohend in Richtung Mauer und aus dem erhellten Raumbezirk. Sie stößt die entscheidenden Worte "Mein Bruder soll davon wissen" (Flimm 16. 72) aggressiv aus und flieht durch den Einlaß. Claudius stürzt panisch in den Lichtbezirk zurück.

4.1 Psychologischer Realismus

Trotz der Tendenz zur Symbolisierung figurräumlicher Beziehungen setzt die Darstellung auf eine psychologisierende Rollenkonzeption. Der realistische Stil, im Theater der achtziger Jahre vor allem durch Peter Steins Tschechow-Inszenierungen wieder entdeckt, steht in umso stärkerem Kontrast zur vorherrschenden Dämmerung und visuellen Fragmentierung der Körper. Die Inszenierung arbeitet mit großteils alltäglichem Gesten-Repertoire, verzichtet nicht auf individualpsychologische Verhaltensweisen und die Betonung zwischenmenschlicher Konflikte, wodurch die Vorausschau auf das tödliche Finale umso krasser wirkt. Auf besonders erschütternde Emotionen folgen Übersprungshandlungen, bis die Figuren ihre Erfahrungen in Worte zu fassen vermögen. Wie sehr die Inszenierung die Sprache in psychologisierender, Mitte der Achtziger fast museal anmutender Weise verwendet, zeigt ein Szenenausschnitt aus Bild 8/III.1, der Konfrontation Hamlet-Ophelia. Als Hamlet vorgibt, "Ich liebe euch nicht", verdeutlicht Claudia Kaske Ophelias Schock in Übersprungsgesten. Wie in Trance sammelt sie die von Hamlet verstreuten Blumen auf und wendet sich ihm erst wieder zu, als er – 'verhalten ruhig' – die Passage beginnt: "Geh' in ein Kloster." In gebanntem Entsetzen hört sie seiner "masochistischen" (Flimms Szenenkommentar. 8. 45) Anklage und Selbstanklage zu.

Der psychologische Realismus vermeidet alle eventuellen Unklarheiten und strebt danach, alltägliche Sprachmelodie, Verhaltensweisen und Körpersprache erkenntnisstiftend in die theatralische Präsentation zu überführen. Beispiel für diesen Verismus ist die Selbstentlarvung von Claudius, als er während des Schauspiels im Wiederholungszwang den "Player-King" würgt, um dann mit absterbendem Seufzer "Gebt mir etwas Licht" lallend zusammenzubrechen. Der bis dahin loyale Polonius meldet seinen Befehl "Brecht das Schauspiel ab!" nur leise, mit größter Vorsicht und im Bewußtsein an, daß diese Selbstentlarvung das Ende von Claudius und der Anfang von Hamlets Macht sein könnte.

Die Inszenierung legt Wert darauf, den Kampf um die Macht und ihre Erhaltung analytisch darzustellen. Wie sehr die politische Dimension alles Private verdrängt, verdeutlicht sie an Rosencrantz und Guildenstern. Den einstigen Jugendfreund zu beschatten und zu verhören, bereitet ihnen ebensowenig Skrupel wie die Erkenntnis, daß der Befehl, Hamlet nach England zu begleiten, die euphemistische Anweisung zum politischen Mord bedeutet. Rosencrantz beherrscht die Spielregeln der Macht um einiges besser als Güldenstern. Aggressiv äußert er seinen Verdacht, daß sie als Mitwisser der Intrige nicht weniger gefährdet sind als Hamlet: "Die Majestät stirbt ihren Tod nicht allein, sondern zieht wie einen Strudel das Nahe mit." Da er sich jedoch in der Höhle des Löwen befindet, läßt er sich von Güldenstern besänftigen – widerwillig schickt er sich in die heikle Intrige, bis zuletzt der größere Skeptiker als sein Kompagnon.

Entsprechend der Konzentration auf die Machtmechanismen nimmt Horatio eine bedeutsame Position als Hamlets Adjuvant ein. Den traditionell angestammten Platz des Chronisten vertauscht er mit der Rolle des politisch Oppositionellen.

So versucht er, den halbherzigen Aufstand von Laertes voranzutreiben, indem er zum einen im Bericht über den Aufstand die Passage "Laertes soll

König sein!" zweimal als anfeuernden Ruf hervorhebt, zum anderen Ophelia in dem Moment in den Raum hineinzieht, als Laertes der rhetorischen Kunst von Claudius unterliegt.

Ein etwa vierzigjähriger Hamlet mit Nickelbrille und häufig gezücktem Notizbuch versucht, den bis zuletzt von Analysen begleiteten Machtkampf aufzunehmen. Sprachstörungen kennt Christoph Bantzers Hamlet nicht, wenngleich er Reflexionen durch eingeschobene "Äh's" und stockende Redeflüsse als Momenteinfälle vorgibt. Die allmähliche Verfertigung der Gedanken beim Reden bildet den wesentlichen Ansatz der Rollenkonzeption. Während der folgenden Passage beklopft Hamlet auf allen Vieren rutschend den Boden – psychologisch 'durchgestylt':

> Hey, alter Junge, Huhu! Jetzt ist die wahre Hexenzeit der Nacht, Kirchhöfe [gedehnt,/] gähnen, [im erstickenden Lachen nahezu unverständlich] alter Junge, und die Hölle [/, f] selbst, [1] haucht Pest [/, ral.] in die Welt. Alte Haut! [klopft]. [mit überschlagender Stimme] Jetzt könnte ich Blut saufen, [/] heiß, und solche Dinge tun, die [zitternd] ohne Zittern nicht der bittre Tag ansähe. (Flimm. 9. 56)

Das Grauen ist aussprechbar, auch wenn Hamlet verspätet zu Wort kommt. Die Verwandlung von "Hamlet" in ein psychologisierendes Konversationsstück bestimmt auch die Auseinandersetzung mit Gertrud (III.4/Flimm 10. 59ff.), die im 'subjektiven' Raum stattfindet. In dem Moment, als Hamlet seine Teilnahme am Diskurs der Macht durch die Ermordung von Polonius deutlich anzeigt, wird der subjektive Raum von dem 'politischen' Raum überblendet. Als Hamlet seinen tödlichen Irrtum entdeckt, lacht Gertrud infolge des Schocks hysterisch auf und zeigt in ihr unbewußt schadenfroher Geste auf den irrtümlich Ermordeten, als reagiere sie auf einen besonders gelungenen Witz.

Die komische und zugleich psychologische 'Einlage' wird von Hamlet gebrochen. Gertrud auf den Boden werfend, hält er ihren Kopf nahe an den Leichnam und wirft ihr die politische Mitschuld vor, klagt sie an, sich "in diesem Sumpf" zu mästen.

"Hamlet weiß alles", so Flimms Randnotiz (11. 61). Doch was nützt Hamlet dieses Wissen, wenn ihm zur Veränderung keine Zeit bleibt.

Mit dem Auftritt des Geistes, angekündigt durch die leise, dumpfe Cello-Melodie, häufen sich Allusionen auf den Tod, als dessen Vorbote der Geist erscheint.

> Breit, in seiner immer noch intakten Macht sich räkelnd, sitzt er da, und ganz Voyeur, mit schiefmäuliger Schadenfreude, beobachtet er, was er angerichtet, dem Sohn aufgehalst hat

Daß auch er sehr jung wirkt, meint hier Konkretes. Die Väter überleben die Söhne. Sehr schwer, nur ungern geht er ab und kriecht zurück ins Dunkel.[35]

Die Todesmelodie setzt bei Hamlets Worten "die Zwischenzeit ist mein" ein (Flimm 19/90), womit der Aufstand im Reich der Illusionen stattfindet. Nach dem furiosen Duell, das einem Mantel-und-Degen-Film Ehre machen würde, begutachtet der neue Machthaber Fortinbras ausführlich die Toten. Während Horatio die Enthüllung der Ereignisse in der Art einer Schauergeschichte ankündigt ("Ich will sagen der noch unwissenden Welt [...] von Toten, fleischlich, blutig, unnatürlich / Zufälligen Gerichten, blindem Mord / Von Toden durch Gewalt und List bewirkt. Flimm 20/97), lehnen die Soldaten des neuen Regimes die Toten an die Mauer: Die Geschichte schafft ihre eigenen Monumente.

4.2 Agonale Sprachspiele und Agonistik des Realen

Der Macht-Raum konfrontiert die individuellen Möglichkeiten hart mit ihrem Scheitern. Die Personen agieren in einer Geschichte, die die Negation des Humanen verdeutlicht. Wie Müllers "Glücklosem Engel" – das nachgeschichtliche Pendant zu Benjamins angelus novus – staut sich den Handelnden eine ruinöse Zukunft entgegen, die sie zu erschlagen droht, obwohl sie ihr mit aller Aktivität zu entkommen suchen:

Der Glücklose Engel. Hinter ihm schwemmt Vergangenheit an, schüttet Geröll auf Flügel und Schultern, mit Lärm wie von begrabenen Trommeln, während vor ihm sich die Zukunft staut [...] Eine Zeit lang sieht man noch sein Flügelschlagen, hört in das Rauchen die Steinschläge vor über hinter ihm niedergehn, lauter je heftiger die vergebliche Bewegung, vereinzelt, wenn sie langsamer wird. Dann schließt sich über ihm der Augenblick: auf dem schnell verschütteten Stehplatz kommt der glücklose Engel zur Ruhe, wartend auf Geschichte in der Versteinerung von Flug, Blick, Atem. [...][36]

Das Sinnbild einer Geschichte, deren Ende die Vergangenheit vorbereitet und von der Zukunft ratifiziert wird, gewinnt außergewöhnliche Bedeutung angesichts der Diskrepanz zwischen unverhohlen aufgewerteter Sprache und der düsteren, prospektiven Raum- und Lichtdramaturgie.
Hamlet betreibt exzessive Sprachspiele, sucht nach Worten, wenn er sich befragt, mit anderen Figuren spricht, als sehe er in der Analyse der Worte die einzige Möglichkeit, sich an die Bedeutung der Realität heranzutasten und sich

---

[35] Iden. A.a.O.
[36] Heiner Müller. "Der glücklose Engel." *Rotwelsch.* Berlin 1982. 87.

mit Hilfe des Sprachspiels Handlungsspielraum zu verschaffen. Er unterzieht seine Umgebung offenen und verdeckten Verhören, versucht auch Schockerlebnisse zu analysieren, gerät dabei bezeichnenderweise häufig in einen didaktischen Tonfall, was besonders am Ende von "Sein oder Nichtsein" deutlich wird.

Lyotards Definition des Sprechakts als "agonales Sprachspiel" ("agonistique langagière") bietet sich als treffendes Reflexionsmodell für die Situation der Figuren, besonders des Protagonisten in diesem "Hamlet" an: "Sprechen ist Kämpfen im Sinn des Spielens, und die Sprechakte unterliegen einer allgemeinen Agonistik."[37]

Der Begriff "Agonistik" enthält zwei Bedeutungen: Er verweist auf das Vorentschiedene des Realen, dem gegenüber der Logos sich in einem Verhältnis des 'Zu spät' befindet. Verdeutlichung erfährt dies beispielsweise in Hamlets Reflexion über die Rache für die Ermordung seines Vaters. Doch sein tatsächlicher Entschluß zur 'Tat' ("[...]heißt es nicht verdammt sein sein, wenn man diesem Krebs erlaubt / Weiter zu fressen?" Flimm 19.90) fällt in dem Augenblick, als er keine Wahl mehr hat, dem Duell mit Laertes auszuweichen, obwohl er darin eine Finte vermutet. Die Inszenierung betont den Aspekt der Verspätung, indem sie auf Osricks Ankündigung des Duells und Hamlets Frage "Wie, wenn ich antworte: Nein" (Flimm. 19. 92) den Hof sogleich auftreten läßt. Der Logos als kontrollierende Steuerung des Ereignisses versagt.

"Agonistik" meint jedoch auch die unvermeidliche Ungerechtigkeit im 'Wettbewerb' des Argumentierens, in dem der einmal gewählte Diskurs andere, heterogene Diskurse ausgrenzt. Von diesem Problem ist Hamlet besonders dann betroffen, wenn er unter dem Druck der Spionage Verstellungen eingehen muß – und Ophelia den taktischen Strategien zum Opfer fällt, die Hamlet von Polonius und Claudius aufgezwungen werden. Hamlet eignet sich den Diskurs der Macht an, um das Recht an die Stelle des vorausliegenden Unrechts zu setzen. Dies zwingt ihn zugleich, die Strategie der Zerstörung anzuwenden, die er bekämpft. Die Zerrüttung Ophelias ist Ergebnis seiner Sprechhandlungen, die gegen die Mächtigen Claudius und Polonius gerichtet sind und nichtsdestoweniger den Diskurs der Macht auf Kosten von Opfern widerwillig bestätigen, die dem System nicht oder gegen ihren Willen angehören.

Im Hinblick auf das Scheitern des Sprachspiels mutet die Einzwängung des Dramas in den psychologischen Stil des Konversationsstücks äußerst diskre-

---

[37] Jean-François Lyotard. *Das postmoderne Wissen. Ein Bericht.* Graz – Wien 1986. 40.

pant an (dieser Stilisierung fallen sämtliche 'niederen Niveaus' des Textes wie beispielsweise der Schlagabtausch Hamlet - Osrick zum Opfer); denn das *well-made play* wäre ohne das Vertrauen in die sinnvolle Konventionalität der Sprache als Verständigungsmittel nicht denkbar.[38] Die Diskrepanz betont nochmals das Scheitern der Vernunft in einem Handlungsraum, der die geschichtliche Praxis des Subjekts unterdrückt - und dieses am Ende ebenfalls kassiert. Dies wird besonders augenfällig im Bild der stehenden Toten, die von dem Mimen - zugleich der Totengräber - betrauert werden. Diese leise Selbstreferenz der Flimm-Inszenierung fällt noch pessimistischer aus als die Selbstthematisierung des Theaters in Palitzschs "Hamlet". Das Theater begräbt, betrauert das gescheiterte Projekt des Subjekts.

4 "Hamlet" am Ende: Inszenierungen von Ernst Wendt, Michael Grüber und Heiner Müller

Bearbeitungstext

In "Hamlet"-Inszenierungen vornehmlich der siebziger Jahre konnte man eine Entfremdung von Bühnenpraxis und Text feststellen, die sich in radikalen Kürzungen, Hinzudichtungen und bewußt szenischer Ironie gegenüber dem Prätext manifestierte. Wendts und Grübers Inszenierung dagegen ignorieren den Verbindlichkeitsverlust des Basistext während der vorhergehenden "Hamlet"-Rezeption, inthronisieren Schlegel (und Eschenburg in Grübers Aufführungstext) in nahezu ungekürzter Fassung, nehmen keine Szenenumstellungen vor.

Bei Inszenierungen, die den 'ganzen' "Hamlet" auf die Bühne bringen, stellt sich natürlich nicht die Frage, was gestrichen, sondern welche Stellen aufgerissen wurden, deren Fehlen man gewöhnlich nicht einmal bemerkt. Zu solchen Passagen zählt vor allem das Gespräch über die Anbiederung der Schauspieler an ein verwöhntes und dumpfes Publikum. Ihre untypische Belassung in Grübers Strichfassung[39] ist symptomatisch für die stärkere metatheatrale Disposition, der die Fabel in der Schaubühnen-Inszenierung unterliegt.

---

[38] Vgl. zum Begriff John Russel Taylor: *The Raise and Fall of the Well-Made Play*. London 1969. 23.

[39] Eingesehen wurde die Fassung der Dramaturgie, die aus Kopien der Reclam-Ausgabe von Schlegels "Hamlet" und hinzugetipptem Wortlaut der Eschenburg-Fassung besteht. DIN A 4, 165 S. Archiv: Neue Schaubühne am Halleschen Ufer. Zitate im fortlaufenden Text werden mit der Nennung des Regisseurs, der Akt-, Szenen- und Seitenzahl gekennzeichnet.

Die Ablehnung einer auf die zeitgenössisches Lebenspraxis verweisenden Aktualisierung manifestiert sich in einer bewußt 'heraldischen' Theatralik.[40] Sie nimmt den Schauspielstil des Regietheaters völlig zurück, der sein Gestenrepertoire aus der Alltagswelt bezogen hatte. Wohl nicht zufällig stellt die Begegnung zwischen Hamlet und dem Prinzipal eine unvergeßliche Reminiszenz an über siebzig Jahre personifizierte Theatergeschichte dar: Bernhard Minetti verkörpert den Prinzipal, rezitiert die Klage des Pyrrhus mit höchster Kunst.

Im Zentrum steht nicht allein die Theatralität des Theaterspielens selbst, sondern auch die Rezeptionsgeschichte des 'deutschen Hamlet'.[41] Schlegel kommt kaum gekürzt zu Wort, die Prosa-Passagen ersetzen die Produzenten durch Eschenburgs Fassung, die zweite traditionsreichste deutsche "Hamlet"-Übersetzung. Grübers Entscheidung, den ganzen Text um lediglich 225 Zeilen (weniger als 10%) zu kürzen, ist auch eine Entscheidung, "Hamlet" dem vermeintlich einseitigen Zugriff zu entziehen. Indem Grüber versucht, durch die nahezu vollständige Fassung des Texts nicht zu interpretieren und damit Goethes Diktum über die Unerschöpflichkeit des Stücks bejaht, verweigert er sich der Tradition der Rezeptionsgeschichte, im Protagonisten eine positive oder negative Identifikationsfigur für die deutsche Misere zu suchen – als solle, nach Jahrhunderten des Zugriffs, die den Figuren Text und damit Bedeutung strichen, der 'ganze Hamlet' wieder zu Wort kommen.

Ernst Wendt nimmt kaum mehr Einstreichungen des Schlegel-Texts vor (rund 300 Zeilen), die besonders das von Grüber revitalisierte Gespräch über die Schauspieler betreffen.[42] Der Verdacht, Wendt unterlaufe trotz des Anstrichs der 'Werktreue' die Intention eines Gralshüters des Texts, liegt besonders nahe, wenn man sich seinen Hamlet besieht: ein dicker, ungeschlachter und älterer Mann, der traditionellen Vorstellung eines melancholischen oder

Beide Inszenierungen nehmen ihre wichtigste Änderung am legendären Monolog vor. Die Passage "Or to take arms against a sea of troubles, | And, by opposing, end them" (Shakespeare. "Hamlet". III.1. Z. 59f.) übersetzt Grüber zu "im Widerstand zu enden" (Grüber. III.1. 71). Grüber kündet vom Ausblick auf das individuelle Ende, was Müller allein durch die Raumkonzep-

---

[40] Vgl. Andreas Höfele. "A Theater of Exhaustion? 'Posthistoire' in Recent German Shakespeare Productions." A.a.O. 80-86. 83.

[41] Vgl. die Schilderung von Bernhard Minetti. *Erinnerungen eines Schauspielers.* Stuttgart 1985. 295.

[42] Eingesehen wurde die Fassung des Soufflier-Buchs, das in der Ausgabe des Insel-Verlags eingerichtet ist. Archiv: Münchener Kammerspiele

tion noch verstärken wird. Wendt dagegen folgt Schlegel, wenngleich er
wörtlich übersetzt "Sein oder nicht zu sein."

Müllers Bearbeitung folgt der eigenen Übersetzung, die besonders die
Rollen von Rosencrantz, Güldenstern, Horatio und Osrick einstreicht und
somit die Aufmerksamkeit auf den Protagonisten lenkt. Vor Akt V schiebt
Müller sein Shakespeare-Derivat "Hamletmaschine" ein. Ihr Thema ist auch
der Verlust von geschichtlicher Praxis und die Unterdrückung des geschichtlichen Subjekts.[43] Da auch "Hamlet" szenisch auf die Infragestellung des
Subjekts und der Geschichte hingetrieben wird, vollführt die Inzsenierung
einen doppelten Salto der Subjektproblematik. Darüber hinaus brechen Passagen aus "Hamletmaschine" immer wieder in die Figurenreden ein.

Zugefügte Texte sind: ein über Lautsprecher eingespielter, russischer Ori-
ginal-Kommentar zu Stalins Begräbnis, die Passage von Jaques über das
weltumspannende Spiel aus "Wie es euch gefällt" und (am Ende) die "Klage
des Fortinbras" von Zbigniew Herbert, die Hamlets Scheitern ("So oder so, du
mußtest fallen, Hamlet.") als unausweichlich darstellt.

Raumgestaltung:

Bevor die Fabel ihren Terror entfaltet, bedröhnt Müller das Publikum mit Text-
und Videofetzen (beispielsweise vom Auftritt des Geistes; Inserts wie "Das
Sein bestimmt das Bewußtsein" etc.), Suchscheinwerfer kreisen über den
Zuschauern, um ihnen klar zu machen, daß die Handlung auf der Bühne auch
mit ihnen zu tun hat, daß der Überwachungsstaat keine Fiktion Shakespeares,
vielmehr krasse Realität ist.

"Hamlet" spielt in dem Riß zwischen den Epochen. In dem Riß steht ein Intellektueller
Spagat, der nicht genau weiß, wie er sich richtig verhält: Das Alte geht nicht mehr, das
Neue schmeckt ihm auch nicht. [Müller][44]

Diesen Riß symbolisiert offensichtlich ein blauschimmernder Eisblock (Gaze-
Kubus), der die Figuren einschließt und voneinander isoliert. Rinnsaale und
die Geräusche tropfenden Wassers symbolisieren das Auftauen dieses 'Eisblocks'. Von rechts vorne nach links hinten überspannt eine Gangway die
Wonder'schen Wasserlachen. Schwere, goldene Ketten pendeln über dem
fahlgelben bunkerartigen Verließ, eine große Baustelle, an der der Terrorstaat

---

[43] Vgl. Frank-Michael Raddatz. *Dämonen unterm roten Stern. Zur Geschichtsphilosophie
und Ästhetik Heiner Müllers.* Stuttgart 1991. 166-173.
[44] Heiner Müller. "Volk ist immer was Dumpfes." *Badische Zeitung.* 24./25.3.1990.

weiter arbeitet. Diese dreckige, schlammige Wonder-Welt reiht sich durchaus in die hermetischen Szenarien der "Hamlet"-Inszenierungen des vorausgegangenen Jahrzehnts ein. Wohin sie führt, wird besonders klar, wenn in der komischen Begräbnisszene Ophalias der Blick von unten auf die Grabsteine erfolgt, das Publikum gleich mit in den Sarg gepfercht wird: theatrum mundi - theatrum mortalitatis.

In Akt IV und V gelangt das Symbol des Klimaschocks und der globalen Zerstörung noch stärker zu Bewußtsein. Ein Rundhorizont mit Ausblick auf eine Skyline unter sengender Sonne umspannt verbrannte Erde. Aus ihr ragen goldene Grabsteine bzw. überdimensionale Goldbarren (auf ihnen ritzen Hamlet und Claudius kurz vor ihrem Tod ihre Namen ein), die den Pyrrhussieg des Kapitalismus über die zerstörte Schöpfung demonstrieren.

Für die Szenen III.2 bis III.4 bannt Wonder auf den Prospekt ein Tonnengewölbe. Die Stahlträger des Gewölbes überblenden sich mit der Fassade eines Palazzo und einem Kuppelgewölbe: ein Pastiche, das Tintorettos "Auffindung des Leichnams des Hl. Markus" (1562. Mailand. Brera) und das Tonnengewölbe aus "Die Wegschaffung des Leichnams des Hl. Markus" (1562/66. Accademia Venedig) zitiert. Der historistische Blick läßt die Epochen in einem Zeittunnel ineinander übergleiten. Innerhalb dieses Ambientes, das Geschichte im Panorama der Zeitindifferenz präsentiert, dienen auf einem Steg hintereinander stehende, schreiend rote Tuchrechtecke "mit vaginalen Schlitzöffnungen"[45] für den Auftritt der Schauspieler, davor steht ein überdimensionales Bett, auf dem Hamlet später mit seiner Mutter richtet, und das später als Bahre für den in zwei Hälften gespaltenen Polonius dienen wird.

Wonders Raum symbolisiert nicht nur die Zeitverlangsamung bis zum Stillstand, dem die Figuren und das Publikum bei acht Stunden Aufführungsdauer ausgeliefert sind, sondern auch einen Macht-Raum. Er verbindet die Metapher der Endzeit (Klima-Metapher) mit dem Symbol des Krieges, einem überdimensionalen Flugzeugbomber aus dem 2. Weltkrieg.

Wonder versucht, alle möglichen Bedeutungsangebote des Texts und Müllers Zutaten zu visualisieren, vom Eros der Macht (Schlitzöffnungen) bis zum Terrorstaat. Wonder und Müller zielen auf die überbordende Variation einmal gefundener Bilder, ein Reichtum opulenter Raumerfindungen, der wie die Videoeinspielungen (zum Beispiel der Blickwinkel vom Schnürboden aus auf die Bühne) weniger auf Dechiffrierung, eher auf die Verstörung, Dezentrierung der Beobachtung abzielt.

---

[45] Franz Wille. "Mühe hat's gemacht." *Thh* 5 (1990). 25-28. 28.

Die Raumaufteilung in Wendts Inszenierung leisten überkreuz geführte schwarze Vorhänge und weiße Gazewände. Den Hintergrund bilden eine gestreckte spanische Wand und verschiebbare Plexiglasscheiben. Hinter dieser Abgrenzung konkurriert ein kleiner Farnbüschel mit Totenköpfen, die über die ganze Breite des Bühnenraums aufgeschichtet sind: Der minimale 'Naturraum' kontrastiert mit dem 'Beinhaus', das genügend Platz für Nachschub bietet. Diese Parzelle wird zumeist vom Geist, Fortinbras und seiner Armee genutzt, womit deren 'todesverheißende' Funktion ausgedrückt ist. Im Hintergrund ist die Brandmauer der "Kammerspiele" zu erkennen. Der Raum weist also wie die 'Gefängnisse' der "Hamlet"-Inszenierungen dieser Zeit eine Unentrinnbarkeit mit Todes-Symbolik auf.

Wendt zitiert typische Bühnenbilder der vorhergehenden "Hamlet"-Rezeption, den 'Wirtschaftsraum' und den 'existentialistischen Raum': Für die Szenen I.2 und II.1, in denen familiäre Krisen thematisiert sind, dienen zwei Tischgruppen mit Korbsesseln und einem bürgerlichen Sofa. Diese Raumgestaltung erinnert an Inszenierungen, die "Hamlet" als Familiensaga, als Niedergang der zeitgenössischen bürgerlichen Wohlstandsgesellschaft interpretierten. Beispiele dafür bieten Daniel Karaseks Nürnberger "Hamlet" (1988/89), die den 'Yuppie' Hamlet im Chrom-Ambiente der Achtziger ansiedelte, und Peter Stoltzenbergs Heidelberger Inszenierung (1988/89), die "Hamlet" auf die 'Dynasty'-Parabel einer Industriellenfamilie reduzierte. Kern der Inszenierungen war, die Unmenschlichkeit der kapitalistischen Familienstruktur aufzuzeigen – kein Welttheater, umso deutlichere Anspielung auf soziale Strukturen der BRD.

Der Monolog "Sein oder nicht zu sein" und die Auseinandersetzung Hamlets mit Ophelia finden im schwarz ausgekleideten 'existentialistischen Raum' statt. Wendt zitiert die Tradition, "Hamlet" als Seelendrama im existentialistischen 'Bewußtseins'-Raum zu inszenieren. Die Kette beginnt mit den existentialistisch eingefärbten Inszenierungen der fünfziger Jahre und endet vorläufig bei Michael Gruners Düsseldorfer 'Hamlet-in-black' (1985/86), der im schwarz verhängten Raum stattfindet.

Auch Wendts Raumgestaltung kommt ohne die Kältesymbolik nicht aus. Weiße Gaze-Vorhänge schaffen (wie in Müllers Inszenierung) u.a. für II.1 einen Kubus, der Polonius und Ophelia einschließt.

Während Wendt paradigmatische Räume der Bühnen-Rezeption von "Hamlet" zitiert und dabei den Theaterraum erkennbar ausweist, kreiert Giles Aillaud für Grübers Inszenierung eine historische Raumkonzeption, die den theatralen Raum in einen Repräsentations- und symbolischen Natur-Raum verwandelt.

Die graue, halbrunde Betonwand des Mendelssohns-Baus begrenzt eine unglaublich große Spielfläche. Sie weist seitlich je drei, in der Mitte vier übereinander gelagerte und bespielbare quadratische Ausschnitte auf. Über dem kostbaren Mosaikfußboden wölbt sich ein Sternenhimmel. Die Anlehnung an die imitätsfeindlichen und personenindifferenten Repräsentationsräume des Historismus geht über das pure Ornament hinaus:

"The human figures and their problems were reduced to insignificance by the sheer expanse of this stage, which like Shakespeare's Globe, had a 'heavens', a canopy of countless little lamps: stars, illuminating man's loneliness in an empty universe. Life itself had fled before the play even started." [46]

Hubpodeste schaffen in der kostbaren Einöde kleine Spielinseln, die das Vakuum der Einsamkeit nicht mindern. In dieses tauchen Figuren wie Zuschauer ein, denen die Bühnenwelt extrem weit entzogen ist. Die ästhetische Konvention der historistischen Architektur, in Repräsentationsräumen Privatnischen zu vermeiden, wird hier zum Sinnbild einer detektionistischen Atmosphäre. Für vertraulichere Gespräche huschen die Figuren in dunklere Raumbezirke oder meiden den zentralen Mittelbereich, den das Publikum in der Regel fokussiert.

Kostüm und Maske

In Grübers "Hamlet" kleidet Aillaud die Figuren in prächtige Renaissance-Kostüme, Claudius trägt sogar die Insignien der Königswürde, Zepter und Stab. Abgesehen von dieser historistischen Kostümierung, die das Stück in die hermetische Ferne einer zur Kunstform kristallisierten Vergangenheit rückt, bestimmt die Kostümierung eminent den Darstellungsstil. Gewicht und Schleppen der Kostüme erlauben nur eine verlangsamte, tableauartige Proxemik. In der vorwiegenden Dämmerung sind die Mienen der Figuren nicht zu erkennen, so daß eine Identifikation mit ihnen sich erübrigt. Die dramatis personae geraten zu Kunstfiguren des ästhetischen Historismus. Die häufigen malerischen Figurenarrangements – von denen in der Darstellungsanalyse ausführlicher zu sprechen ist – erinnern an szenische Gruppenbilder der Hofmaler Piloty und Abildgaard, prächtige Demonstrationen höfischer Macht, die die Proträtierten zugunsten des repräsentativen Funktion entpersönlichen. Der Geist mit gold-schimmernder Rüstung und Helm weist auf Rembrandts

---

[46] Andreas Höfele. "A Theater of Exhaustion? 'Posthistoire' in Recent German Shakespeare Productions." A.a.O. 83.

"Mann mit goldenem Helm". Aus diesen Kunst-Tableaus, die das Eigenleben der dramatis personae von vornherein unterschlagen, sticht Hamlet zwar heraus, doch auch er engeht nicht dem Wandel zur Kunstfigur. Das enganliegende, schwarze Kostüm stempelt ihn zum traditionellen Melancholiker. In Wendts Inszenierung deuten die breit gefalteten und ornamentierten Ärmel von Gertruds Kostüm, der Hermelinmantel von Claudius und einige Brokatstickereien die Epoche der Renaissance an. Dagegen kontrastieren wehrmachtsähnlichen Uniformen der Wachen an Claudius' Hof und die archaisch anmutende Bewaffnung der Armee von Fortinbras mit hohen Lanzen und Schilden. Das Pastiche mehrerer historischer Kostümkodes bereichert vor allem Hamlet, der mal im traditionellen Schwarz, mal im Ringel-T-Shirt auftritt. Damit erreicht Wendt einen ähnlichen Zeittunnel, den Müllers Inszenierung durch den Raum und Kostüme kreiert.

Auch in "Hamlet/Maschine" fallen neben der höfischen Renaissance-Kleidung die archaischen Überwürfe der Soldaten auf. Besonders die goldstrotzende Rüstung von Fortinbras, die an Kopf, Schultern und Gelenken die grotesken Wucherungen von nach außen gekehrten Gedärmen und Geschwüren eines metallenen "Alien" aufweist. Wenn am Ende Fortinbras im dunkelblauen Sakko und mit einer vergoldeten Gesichtsmaske auftritt, symbolisiert die Inszenierung überdeutlich die Verbindung von Krieg und seiner Fortführung mit den anderen Mitteln des Kapitalismus. Daß es Hamlet schwer fallen wird, die Welt wieder einzurenken, bezeugt der übergroße Anzug, in dem Ulrich Mühe noch schmächtiger erscheint.

4.1 "Des Königs Rüstung klappert rhythmisch:" Wendts "Hamlet" als Parodie auf die Rezeptionsgeschichte

Wendt erzählt zwei Geschichten: die Geschichte eines häufig brutalen und bösen Hamlets und die parodisierte Geschichte der "Hamlet"-Rezeption. Hervorstechendes Merkmal der Parodie ist die überzeichnete Theatralität, die Lambert Hamel im Spiel mit Emotionen und darin vor allem mit nahezu ikonographische Gesten ausführt, die Hamlet im Verlauf seiner Rezeptionsgeschichte charakterisierten.[47]

---

[47] Wie sehr bestimmte Stellungen, Verbindungen zwischen Figur und Requisiten mittlerweile ikonographischen Rang besitzen, konnte man in dem Film "The Last Action Hero" sehen: Arnold Schwarzenegger hält einen Totenschädel in der Hand, rezitiert melancholisch "To be or not to be", um sich anschließend, mit der MP wütend, für das Nichtsein seiner Feinde zu entscheiden.

Die Inszenierung verfremdet beispielsweise das Gestenrepertoire des melancholischen Prinzen. Zu dessen traditioneller Geste zählt das Verhüllen des Kopfes mit Gertruds Witwenschleier. Lambert Hamlet zieht dagegen ein Kleid von Gertrud an. Die Trauerarbeit des Stellverträters schlägt in eine Travestie-Nummer um.

Den Monolog "Oh schmölze doch dies allzufeste Fleisch [...]" spricht Hamel in schmerzlichem Gram über den Thron gebeugt, "Sein oder nicht zu sein [...]" erfolgt dicht an der Rampe und vor schwarzen Vorhängen. Das traditionelle "Hamlet"-Bild wird insofern in Erinnerung gerufen, als Hamel für diese Szenen schwarz gekleidet ist. Zugleich ist es als parodistisches Zitat aufzufassen, da kein Melancholiker, sondern ein dicklicher, älterer Hamlet von schwerfälligen Gesten agiert, der im Gespräch mit den vermeintlichen Jugendfreunden Rosencrantz und Güldenstern apathisch am Tisch sitzt und wiederholt zur Schnapsflasche greift (II.2). Auf diese Weise hält die Inszenierung die Ablehnung der Rezeptionsgeschichte ebenso wach, wie sie immer wieder zitierend auf sie zurückgreift.

Der Bruch zwischen betont theatralischem Verweis auf die traditionelle Überlieferung der Rezeptionsgeschichte und 'respektlosen' Attacken gegen sie versucht, zwei Aspekte zu erreichen: zum einen einen häßlichen Hamlet zu kreieren, der sich zu den traditionellen Hamlet-Problemen in Opposition begibt, zum anderen seine Geschichte und die Rezeptionsgeschichte von der Position des nicht mehr Möglichen aus zu erzählen: Die Inszenierung bestätigt die düstere Einschätzung von Müllers Hamlet: "Mein Drama hat nicht stattgefunden." Anstelle einer konsistenten Charakterstudie vermitteln Augenblicksmomente das Scheitern der Charakterkonstitution gerade in den herkömmlich wichtigsten und auch schönsten Passagen. Nach dem Erscheinen des Geistes zeichnet Hamel die in werktreuen Inszenierungen genährten und konservierten Hamlet-Bilder mit parodistischer Tünche und höfischer Kolorierung nach: Er verwickelt sich theatralisch in einen schwarzen Vorhang, der sich in der Nähe einer Proszeniumsloge befindet. Bei den Worten "O Herr des Himmels! Erde!" bis "Nenn' ich die Hölle mit" (I.5) variiert er aus Werktreue-Fabriken stammende Ausdrucksmöglichkeiten der Betroffenheit. Dieses 'hypertheatralische' augenrollende Rampenspiel, von der Kritik als "Rampenspiel", "Augenrollen", als Rückfall in den Schauspielstil des 19. Jahrhunderts beklagt, wird noch überboten. Bei den Worten "Halt, halt mein Herz! Ihr meine Sehnen altert nicht sogleich" hält sich Hamlet am Vorhang fest, sinkt zu Boden. Eine Fortsetzung des unverblümt Theatralen bietet die Schwur-Szene, zu der es unter dem Bühnenboden mit langgezogenen "Schwört" und "Schwört auf sein Schwert" dröhnend klopft, ebenso gespenstisch-theaterhaft und überpointiert texttreu wie der Hahnenschrei vor dem ersten Auftritt des Geistes.

Diese parodistische Sequenz ereignet sich in nächster Nähe zu einer Proszeniumsloge der Münchner Kammerspiele. Ohne mehr als die Parodie entgegenzusetzen, reflektieren die Theatermacher dieses "Hamlet" die Ungleichzeitigkeit des Theater-Spielens, das aktuelle Erfahrungshorizonte im Theatermodell des 19. Jahrhunderts vermittelt. Wendt stellt damit die bürgerliche Theaterästhetik zumindest zur Disposition, indem er ihr entstammende Hamlet-Topoi zitiert. Ebenfalls verdächtig erscheinen ihm der Unterhaltungswert und die Konfliktdramaturgie des bürgerlichen Theaters (dem ja auch "Hamlet" durch die Angleichung der stilistischen Niveau-Unterschiede unterworfen wurde), die ihre Lösung oder wenigstens die Versöhnung in der Regel mitliefert. Dem widersteht Wendt, indem er die Figuration zum Teil verbietet, zum Teil wesentliche Konflikte des Dramas, besonders seinen Schluß verspielen läßt. Gleichzeitig zieht er ex negativo Bilanz zu den Leistungen der Bilderstürmer des Regietheaters, deren Gegen-Bilder zum 'bürgerlichen' Shakespeare teilweise in der Parodie mitverwurstet werden (Hamlet im T-Shirt, mit Schnapsflasche, antikonventionelle Rollenbesetzung).

Über den autothematischen Dialog hinaus ermittelt die Inszenierung einen pyknischen Hamlet, dessen Brutalität besonders im Verhalten gegenüber Ophelia und der Königin zum Ausdruck kommt. Gertrud (Doris Schade) ist (für den Zuschauer überhaupt nicht schlüssig) tatsächlich in Claudius (Rudolf Wessely), den phantasielosen "Manager der Macht"[48] verliebt. Baudrillards These von der Unsinnlichkeit der Macht im Zeitalter der geheimnislosen Posthistoire wird besonders augenscheinlich, wenn Claudius während der Ansprache an den Hof eine Kladde öffnet und die Tagungspunkte buchhalterisch durchgeht. Auffällig ist nach Berichten aller Kritiken die Konturlosigkeit sowohl von Gertrud als auch Ophelia – wichtige Figuren, die wie das übrige Personal zu kaum greifbaren, noch weniger verstehbaren Randgängern der Geschichte von Hamlet und gegen "Hamlet" gedrängt sind.

Wie Hamlet eine eindeutige Charakterkonstitution verweigert wird, so verabschiedet sich die Inszenierung auch in den anderen Rollenkonzeption von der konventionellen Bedeutungsdramaturgie, aus dem dramatischen Subjekt eine inszenierte Identität mit Lösungsangeboten für den Zuschauer zu gestalten. Entsprechend dient Ophelia in III.1 als Puppe, die Hamlet umherschleudert, wegstößt und wieder an sich drückt, "Sein oder nicht zu sein" mißlaunig,

---

[48] Hensel. "Ist Hamlet kurz und fett von Atem?" A.a.O.

mit den Händen in den Hosentaschen – teilweise ans Publikum, teils an Ophelia gerichtet – hinter sich gebracht hat. Damit widersetzt sich Hamel sprachlich und gestisch der traditionellen Vorstellung von Hamlets Todesbewußtsein, um sie zumindest bildlich, im Spiel an der Rampe und vor dem schwarzen Vorhang, zu zitieren. Dieses Bewußthalten von Rezeptionsgeschichte und Sehgewohnheiten, die fragmentarisch eingelöst und ansonsten häufig gebrochen werden, entscheidet zuungunsten eines liebgewordenen "Hamlet"-Bildes:

Sein Zynismus gegenüber dem Tod hat keine finstere Größe, es handelt sich nur um eine ordinäre Flegelei gegenüber dem Leben. "[...] Ist dies noch der Hamlet, dem wir verzeihen, und sei es aus fadenscheinigen Gründen alles verzeihen wollen, damit wir ihn lieben können?"[49]

Dieser "Anti-Hamlet" zeigt sich brutal und zugleich völlig interesselos auch in der Auseinandersetzung mit Gertrud. Wohl schmiegt er sich über ihren Busen, streichelt sie, legt sich über sie, schwitzend und plump, um dann in die Rolle des verschreckten Kindes zurückzufallen, wenn der Geist auftaucht, seinem kitschig-realistischen Leinwand-Porträt, das neben dem Bett steht, eine Karikatur im Nachthemd hinzufügend.

Das Changieren zwischen Brutalität und ironisierter Erinnerung an Interpretations-Muster der Rezeptionsgeschichte wandelt "Hamlet" in eine Geschichte auf dem Prüfstand, die mit dem geltenden Theaterverständnis und seinen Mitteln offenbar nicht mehr engagiert erzählt werden kann, destruiert Shakespeare auf einer "Spielwiese, die nahe der Rampe oft an die Oper, öfter an alte schöne Theaterbilder erinnert", für die Fabel jedoch kein "anhaltendes Interesse" erreicht.[50]

Im Gegensatz zu Wildgrubers vitalistischer "Hamlet"-Darstellung in Zadeks Inszenierung, die aus der verstärkten Theatralität heraus sich das Stück erschloß, richtet sich das Theatrale in Wendts Inszenierung auf Augenblickstopoi der "Hamlet"-Rezeption aus, um sie im Zitat sofort wieder zu konterkarieren. Die erstaunlich häufigen Kostümwechsel von Hamlet verweisen darauf, vermitteln weniger einen im Theaterspiel hic et nunc erzeugten Charakter, sondern die Summe abgegriffener Hamlet-Interpretationen. Der schwarze Umhang, in seiner Länge eindeutig ironisiert, wird abgelöst vom schwarzen Mantel mit Bowler, der den Beckett'schen Clochard als Metapher für die Entropie von Identität und Handeln zitiert. Der Theater-Diskurs setzt

---

[49] A.a.O.
[50] Dietmar N. Schmidt. "Der einsame Aufstieg." *Recklinghauser Zeitung.* 29.4.'80.

sich fort mit Hilfe eines Napoleonshut, der auf Heymes, in die Katastrophe des schweigenden Wahnsinns getriebenen Hamlet verweist.

Der posthistorische Anschlag der Inszenierung auf Shakespeare manifestiert sich nicht allein darin, daß die Fabel ins Beinhaus verlegt ist und der Protagonist mit Veränderung nichts am "Hut" hat. Die politische Dimension des Stücks wirkt nachgerade ephemer, als lohne es nicht, sie noch einmal zu vermitteln. Es sei denn als Anlaß dafür, die Zementierung von Machtstrukturen zu verdeutlichen. Dazu treibt die Inszenierung eine aufwendige Ästhetisierung, die den Schluß des Dramas im schönen, einfrierenden Bild präsentiert: Fortinbras, von Irene Clarin gespielt, erscheint als grazile Kunstfigur im malerisch-orangenem Licht, nimmt die Krone vom Boden, krönt sich selbst, erstarrt schließlich mit angewinkelten Armen und nach vorne ausgebreiteten Handflächen zur Ikone der Macht. Archaisch eingerüstete Soldaten (Zeichen der ewigen Wiederholung des Gleichen) säumen das Fries der Totenköpfe.

Das politische Drama findet nicht statt. Zwischen Ausgangs- und Endpunkt ruft die Inszenierung Sterotypen einer mortalen Theaterästhetik ab, durch die sämtliche Figuren proportional zum Desinteresse des Publikums Kontur verlieren. Im Gegensatz zu Heymes Hamlet-Variationen, die wirksam aus dem theatralen Reservoir beschädigter Subjekte schöpften, präsentiert die Münchener Inszenierung Totgeburten des Theater-Gedächtnisses. Die posthistorische Weise des Erinnerns gibt "Hamlet" als Zeugnis einer Kultur und Auffassung über die geschichtliche Praxis des Subjekts, die offenbar nur noch als Parodie rezipiert werden kann.

4.2 Ästhetisches Zeremoniell und Parodie. Grübers "Ham- let" und Müllers "Hamlet/Maschine"

Stagnation

Im Gegensatz zum Wechsel zwischen aufdrehender Vitalität und Lethargie in Wendts Inszenierung zeichnen sich Grübers und Müllers Inszenierung durch eine Verlangsamung der Aktion bis zum Stillstand in Tableaus aus. Die Dramaturgie der Zeit beginnt mit einem quälenden Ritardando und endet in beiden Inszenierungen in der Monotonie, die nahezu jede Szene bestimmt.

Das erste Bild in Grübers "Hamlet" zwingt das Publikum in eine völlig veränderte Zeit-Dimension. Zehn Minuten lang vor Beginn des eigentlichen Spiels ist im drittoberen Fenster der mittleren Öffnungsreihe eine starre Körpersilhouette mit Schild und Sperr zu sehen. Dieser Umriß wiederholt sich zur Andeutung des Dauezustands des Krieges, wenn die Armee von Fortinbras vorbeizieht.

Gespensterhaft und fern von räumlichem oder psychologischem Realismus gestaltet sich der Auftritt des Geistes in I.3. Horatio, Bernardo und Marcellus stehen wie später in I.5 mit Hamlet in der dritten Öffnung der mittleren Fensterreihe. Der Geist, in voller Rüstung geharnischt, erscheint in der einzig ihm vorbehaltenen kleinen Luke über ihnen, während sie, wie auch später Hamlet, in Richtung Zuschauerraum blicken. Bei den Worten "Ich rede doch mit dir; ich nenn' dich Hamlet" (I.4) bricht Hamlet in die Knie, breitet den linken Arm nach oben aus und streckt den rechten Arm nach hinten. Die zutiefst theatralische Pose führt in das proxemische und gestische Vokabular der Inszenierung ein. Der eiserne Rollvorhang schließt sich, schafft einen symbolischen, von Claudius' Machtzentrum abgegrenzten und in blauem Licht kalt wirkenden Raum. Die Senkgeräusche konkurrieren mit dem Streicher-Tremolo aus Purcells "King Arthur". Der Geist schleppt sich langsam zu Hamlet, tonlos flüsternd enthüllt er den Anschlag. Die glitzernde Lemure erscheint während der Erzählung lebendiger als der Sohn selbst.

Diese Sequenz gehört mit dem Monolog "Sein oder nicht sein" und Gertruds Bericht über Ophelias Tod zu den wenigen Momenten, in denen die Darsteller in vergleichsweise großer Nähe zum Publikum agieren. Der phantastische Moment der Geistererscheinung, in anderen Inszenierungen schamvoll in den Hintergrund gedrängt oder als innere Stimme Hamlets jeder Lächerlichkeit entzogen, wird besonders nahe am Publikum ausgestellt. Diese Konkretisierung des 'coup de théâtre' ist wesentlich für die Revitalisierung des Theatralen, das die Figurenposen und -positionen bestimmt.

Müllers "Hamlet/Maschine" verschärft die todesschwangere Stagnation, indem sie zunächst Horatios "Prolog des Unheils" über Lautsprecher einspielt. Wenn der Geist, eine nackte Lemure mit Residuen ihrer Rüstung (Arm- und Beinschienen) und vergoldetem kahlen Schädel, sehr langsam von rechts nach links, gebückten Gangs und mit eckigen Gesten über die Bühne geht, übertragen die Lautsprecher eine Reportage über Stalins Begräbnis – die angedeutete Identifikation des Geistes mit Stalin wird jedoch nicht weiter konkretisiert. Es genügt, daß der Geist Vertreter eines offenbar totalitären Regimes ist, was Hamlets Angst vor dem Vater auch politische Akzente verleiht.

Der erste Satz Hamlets nimmt seinen letzten vorweg: "Der Rest ist Schweigen." Hamlet klappt das Buch "Hamlet" zu. Die Zukunft ist bereits vollzogen, das Spiel als eine besondere Form der Erinnerung kann beginnen. Und es beginnt als Todesreigen. Im Gegensatz zu Grüber bezieht Müller das gesamte dramatische Personal außer Fortinbras in die Todes-Symbolik der Geistererscheinung ein. Zeitgleich zum Auftritt des Geistes tanzen Claudius, "that adulterate beast", und "the most seeming-virtuous queen" Gertrud ganz langsam miteinander. Daß ihr Verhältnis von Macht und der Furcht, sie zu verlieren, geprägt ist, verdeutlicht Claudius, wenn er Gertrud während des Totentanzes wie eine Puppe biegt und an ihr zerrt, bevor sie sie überhaupt Anstalten macht, sich loszureißen.

Nach dem Auftritt des Geistes hält sich Hamlet häufig innerhalb des Gaze-Kubus auf, wodurch seine Isolation verstärkt zum Ausdruck gelangt. Nach der Unterredung mit dem Geist führt die Einspielung eines Bombeneinschlags der irrealen Situation einen zeitgenössischeren 'Prolog des Unheils' zu, der sich bereits mit der Reportage über Stalins Beerdigung ankündigte.

Daß die Inszenierung ein Stück deutsch/deutscher Geschichte hervorhebt und die nur kurz vor der Premiere juridisch vollzogene Wiedervereinigung im Licht des Kolonialismus sieht, verdeutlicht Müller in einem Statement.

> Das Ganze reduziert sich letztlich auf die Frage: Wer ist der Geist: Das ist einerseits Stalin, andererseits die Deutsche Bank, also das Gespenst des Kommunismus, das Phantom der asozialen Marktwirtschaft: Wie man will. Also das ist der Weg ungefähr. [...] Hamlet wird zu Fortinbras.[51]

Der Versuch, die von Müller vordem sehr als verschieden betonten "Wellenlängen" von Theater und Realgeschichte ästhetisch zusammenzuführen, geht einher mit der Reduktion all jener theatralischen Mittel, die Aktion und Reflexion zur Lebendigkeit verbinden könnten. Die Ansiedlung der Fabel auf der Schwundstufe der Zeit reduziert ihre vielfältigen Dimensionen – die Kriminalstory, die Rächer-, Liebes- und Familientragödie – auf das schon zu Anfang vorweggenommene Ende.

Grüber und Müller kommen E.G. Craigs Forderung nahe, aus dem Rhythmus der Geist-Szene den Rhythmus der Handlung zu bestimmen. Craig beschreibt in "Über Geistererscheinungen bei Shakespeare" (1910) die intendierte Wirkung dieser rhythmischen Verschmelzung. Ein Regisseur, der die Erscheinung des Geistes ernst nimmt, läßt "'das feierliche und unablässige flüstern vom menschen und seinem schicksal' hörbar werden; zeigt [...] die unsicheren und leidvollen schritte der kreatur, wie sie der wahrheit, der schönheit oder ihrem gott sich nähert oder entzieht".[52] Der vom Geist bestimmte Zeit-Rhythmus bestimmt zu weiten Teilen die Handlung.

Vor allem Müllers "Hamlet/Maschine" läßt das Publikum die Zeit physisch fühlbar werden. Im Verlauf der acht Stunden langen Aufführung stellt sich

---

[51] Jürgen Rüther. *"Hamlet/Maschine" von Heiner Müller. Fernseh-Porträt.* Berlin. SFB 1990.
[52] In: *Über die Kunst des Theaters.* Berlin 1969.173.

nach und nach der Verlust des persönlichen Zeitgefühls ein. Die häufigen 'slow-motion'-Einlagen bewirken das quälende Gefühl, ins Zeit-Vakuum zu stürzen. Auf diese emotionale Wirkung zielt die Inszenierung bewußt ab. Der Verlust des persönlichen Zeitgefühls und die Konfrontation verstärkt eine beunruhigende Desorientierung, die der zunehmenden Instabilität der fiktionalen Realität entspricht. Zugleich vermitteln die ersten Bilder der Inszenierung, über die sich die erwähnten Prologe lagern, wie sehr die Welt schon aus den Fugen geraten ist, bevor "Hamlet" beginnt. Wohl nicht zuletzt zur Rechtfertigung ihres posthistorischen Ansatzes, der die Möglichkeit von sinnvollem Handeln im Augenblick der Aktion negiert, lassen die Produzenten im Programmheft Stephen W. Hawking über "Zeitpfeile"[53] zu Wort kommen.

> Die Menschen in der Kontraktionsphase würden rückwärts leben: Sie würden sterben, bevor sie geboren wären, und sie würden mit der Kontraktion des Universums jünger werden.[54]

Das sinnliche Rezeptionserlebnis, einem quälend zeitlosen oder verlangsamten Vorgang bis zum Stillstand ausgesetzt zu sein, läßt von dieser komplexen Zeit-Lehre zumindest erfahren, daß sich das Chaos der aus den Fugen geratenden 'Welt' Hamlets nicht mehr linear vermittelt: also im gewohnten Vorgang von Intrige, Gegenreaktion und gesteigerter Intrige auf schärferem Niveau. Über diese Linearität der Entwicklung lagert sich vielmehr der Eindruck konträrer Zeitverläufe, in denen die Kausalität der Handlung aufgehoben ist (als deutliches Beispiel dient Hamlets vorgezogener Satz "Der Rest ist Schweigen"). Insofern kommt Müllers Inszenierung dem geschichtlichen Verlusterlebnis der Posthistoire sehr nahe: Vergangenheit, Gegenwart und Zukunft heben sich in dem konkreten Erlebnis des Zuschauers auf, der einer dezidiert vorentschiedenen Geschichte beizuwohnen.

4.3 Zerfall der Identität

Bezeichnend für die philosophische Richtung der Posthistoire ist die Preisgabe sowohl der subjektiven als auch kollektiven Form von Identität. Die Foucault'sche Wette, der Mensch werde verschwinden "wie ein Gesicht am Meeresufer im Sand"[55] geht in Grübers und Müllers Inszenierungen auf.

---

[53] Stephen W. Hawking. *Eine kurze Geschichte der Zeit. Die Suche nach der Urkraft des Universums.* . Reinbek 1988. 184ff.
[54] Programmheft. 25. Hawking. A.a.O. 189.
[55] Michel Foucault. Die Ordnung der Dinge. Frankfurt/M. 91990. 462.

Allerdings verwenden sie unterschiedliche ästhetische Mittel. Während Grüber in Anlehnung an die Fragmentarisierungs-Ästhetik der Romantik zur visuellen Verrätselung der Figuren bis zu ihrer Unkenntlichkeit greift und die theatralen Ausdrucksebenen reduziert, stülpt Müller der dramatis personae roboterhafte, maschinelle Bewegung über.

Grübers "Hamlet" setzt den mimischen Kode außer Kraft: Die Darsteller sind von den Zuschauern weit entfernt und lediglich durch Stimme, Kleidung und – was Hamlet, Rosenkranz und Güldenstern betrifft – durch proxemische Abläufe unterscheidbar. Ihre Mimik entzieht sich nicht nur durch die Distanz, sondern auch durch die vorwiegende Dämmerung. Punktscheinwerfer heben die Figuren nur unwesentlich aus dem Dämmerlicht hervor. Ein Merkmal für das ausgeschaltete Eigenleben der Figuren stellen quer verlaufende Lichtbahnen dar, die den suprapersonal geführten Figuren – beispielsweise Rosenkranz und Güldenstern (II.2), Hamlet und Ophelia (III.1) – die Wege vorgeben. Die Konflikte dürfen sich nicht aus der Logik der Personen und der Handlung entwickeln, sie werden simuliert.

Hamlets Aktivität ist aufgrund der Aushöhlung der dramatischen Figuren ebenfalls nur als Simulation verstehbar: Sein Versuch, die Inhumanität des Herrschaftssystems zu brechen, bleibt vergeblich, wie das Symbol der allmählich untergehenden Sonne bestätigt. Anfangs erscheint in der mittleren Fensterreihe ein leuchtend gelber Sonnenball, vor dem sich die Silhouette Hamlets abzeichnet, als er in Heldenpose mit hocherhobener Hand schwört, die Rache des Geistes zu erfüllen. Dieses kitschige und abgegriffene Bild, das mit Pathos die Aktivität des widerständigen Subjekts ankündigt, ist mit bewußter Ironie gewählt. Es hat keinen Wirklichkeits-, sondern Zitatcharakter, da die Sonne sich am Ende in ein "schwarzes Loch"[56] verwandelt – ein treffendes Symbol für die Kontraktion von Sinn, Handeln und Geschichte im implodierenden Nichts.

Heiner Müller nimmt dagegen die Marionetten-Metapher auf. Maschinenhafte, ruckartige Bewegungen kennzeichnen insbesondere Claudius und Gertrud. Emotionale Betroffenheit vermitteln sie in verkürzten Reaktionen, beispielsweise in schnellen Kopfbewegungen. Polonius verhört Ophelia (I.3) im abgehackten Kasernenton, bewegt sich roboterhaft.

Hamlet dagegen ironisiert die 'Marionetten' des Herrschaftssystems – unter anderem während des 'Krebsgangs' (II.2) und nach der Auseinandersetzung mit Ophelia, die er mit Bewegungen eines Hampelmanns verläßt (III.1).

---

[56] Jennny. A.a.O.

In der "Hamletmaschine" (zwischen IV und V von "Hamlet" eingeschoben) benutzt Müller im Vergleich zu Robert Wilsons Inszenierung (Thalia-Theater Hamburg 1986/87), die einen radikalen proxemischen und gestischen Duktus aufwies, geringere Formalisierungen; diese weisen jedoch stark auf die Bewegungspartituren der späten Beckett-Stücke. Der Hut-Tausch zwischen Hamlet, Rosencranz und Güldenstern während der Schauspielszene, die Sakkos und Bowlers in der "Hamletmaschine" in den Kostümen rufen "Waiting for Godot" in Erinnerung. Die Parallele zum Theater des Absurden greift noch stärker in der Organisation der Figurenrede. In "Play" reguliert Beckett die Repliken, indem die Sprecher nur dann reden, wenn Licht auf sie fällt, und verstummen, wenn das Licht von ihnen abdreht. Analoges geschieht in der "Hamletmaschine": Wer den Hauptpart übernimmt, wird in den Rollstuhl gehievt. Eine andere, nahezu Pawlow'sche Organisation von Bewegung und Sprache vollzieht sich im Abschnitt "Familienalbum". Ulrich Mühe (Hamlet) und Jörg Gudzuhn (Claudius) wechseln sich in der Figurenrede von Hamlet ab, gehen dabei im Kreis. Wenn Gudzuhn spricht, bleibt Mühe stehen, spricht Mühe, verharrt Gudzuhn. Die Anleihe an die Beckett'sche Reduktion der Figuren zu anonymen Sprechinstanzen treibt die Auflösung der Figuren allerdings nicht so weit wie Wilson, der die dramatis personae zu unpersönlichen gestischen und sprachlichen Präzisionsmaschinen zwang.

Der Schock, den die "Hamletmaschine" und die Wilson-Inszenierung auslösen, liegt darin, Sprache als Sinnexplosion und Identität als Zerfall zu automatisierten Reproduzenten von Bedeutungen zu erfahren. Dies gelingt in der Berliner "Hamletmaschine" jedoch nicht. Zu 'konventionell' inszeniert und mit Ikonen-Anleihen an das Theater des Absurden schon zu sehr an die Angstbereitschaft des Publikums appellierend, verliert sie den möglichen Sinn ihrer Eingliederung in das Werk "Hamlet": Die plausible Idee, daß Müller dem Werk "Hamlet", der geschlossenen Fabel die dispersive Kritik "Hamletmaschine" entgegensetzt, verdichtet sich zu keiner sinnlichen Erfahrung. Sie erscheint im Grunde auch überflüssig, bietet doch Shakespeares Drama genügend Ansätze für eine solche Interpretation.

Als weiterer Aspekt der Identitätsauflösung ist die Zeitlupe zu nennen. Diese Strategie hat "Hamlet/Maschine" mit Grübers Inszenierung gemeinsam. Sie tritt besonders während des Duells in Erscheinung, das in ritualhafter Langsamkeit und ohne Berührung unter den Kämpfenden stattfindet.

Die Identitätsverweigerung wird in beiden Inszenierungen durch die stark aleatorische Intonation deutlich. In Grübers "Hamlet" wird nicht nur der mimische, sondern auch der sprachliche Kode teilweise reduziert. Die Sprache 'trennt' sich von den Figuren durch die betont lyrische, rezitative Intonation:

"Das Sprechen, mit leisen, wie schwebenden Stimmen wird manchmal zur unbegreiflichen Verbindung von Sinn und Klang."[57] Zugleich sprechen die Figuren sehr leise, nur wenige Ausbrüche überschreiten die Grenze zur Verständlichkeit (Claudius "Ich mag ihn nicht [...]" und Hamlets Rufe "Mutter!" wie Ophelias zweites, "ordinär" gesungenes Lied in IV.5).

Die Sprache vollzieht auf der akustischen Ebene nach, was die verrätselte Sicht auf die Figuren leistet: Die Theatralität ist zwar potenziert, gibt sich nur teilweise preis, zieht sich ins undurchdringliche Dunkel, ins Raunen und Flüstern zurück. Sie siedelt sich im Grenzfall des Rauschens an, wo die sich gerade erzeugte Ästhetik mit ihrem Verschwinden und Versiegen konfrontiert. Die Transitorik des Theaterereignisses, die es mit dem Leben teilt, dürfte noch nie so deutlich angezeigt worden sein – sie wird umso intensiver bewußt, als sich dieser Prozeß auf sechseinviertel Stunden dehnt.

Die gehobene, artifizielle und ganz selten psychologisch begründbare Tonlage der Figuren betont einmal mehr deren 'Unwirklichkeit'. Sie weist ihnen ein Existenzrecht nur im Reich des Ästhetischen zu, aus dem sie die 'ikonoklastischen' "Hamlet"-Inszenierungen der Siebziger hatten befreien wollen.

"Hamlet/Maschine" schafft eine ähnliche Kohärenz zwischen maschinenhafter Bewegung und der Sprache. Sätze werden häufig fragmentarisiert, die Fragmente wiederholt, eine syntaktische Aufreibung, die ein Signal für die anti-psychologische Rollenkonzeption, für den Riß zwischen Emotion und Reflexion darstellt.

4.3.1 Handlung und Charakter: Auflösung einer traditionellen Beziehung

Das betont 'Theatralische' in Grübers "Hamlet" dient nicht nur der Verdeutlichung des Handelns als Simulation, sondern wird selbst als Maske der Hofgesellschaft dargelegt. Kennzeichnend für das Herrscherpaar ist die permanente Bewahrung repräsentativer Posen. Claudius und Gertrud schauen häufig hochaufgerichtet frontal in den Zuschauerraum, vermitteln statuarische Leblosigkeit und Kälte (I.2). Den am Rand des Hubpodests unter einem Tuch verhüllten Hamlet würdigen sie keines Blicks. Erst mit den Worten "Geh nicht nach Wittenberg" richtet sich Gertruds Blick auf ihn.

Da die Figuren sich kaum über das Ausagieren des Körpers mitteilen dürfen, gebraucht Müller Figurenarrangements, um die Spannungsverhältnisse und

---

[57] Henrichs. A.a.O.

Konfliktherde zu verdeutlichen: So gruppiert er Claudius, Hamlet und Gertrud häufig in Dreiecksformation.

Horatios Position als Chronist der Geschichte wurde nicht nur allein dadurch hervorgehoben, daß sein 'Prolog des Unheils' über Lautsprecher, also im überlegenen Kommunikationsverhältnis zur Fiktion, eingespielt wurde. Seine Autorität als Geschichtenerzähler manifestiert sich besonders während der "Hamletmaschine", in der er die Szenenüberschriften aus einem Buch vorliest und teilweise souffliert, und gegen Ende des Stücks, wo er zwischen den Kämpfenden und schließlich zwischen den Toten umhergeht.

In beiden Inszenierungen erweist sich jedoch die Stabilität der Machtpositionen als trügerisch, das Handeln selbst als Simulation.

In Grübers "Hamlet" bricht die erhabene Haltung von Gertrud und Claudius dreimal auf. Bei ihrem ersten Auftritt (I.2) eilen sie schnellen Schritts durch die hintere Mitteltür auf das Hubpodium zu, winden sich herauf, um dann eine monumentale Haltung auf dem Sockel einzunehmen. Das Zitat auf Mnouchkines Verschmelzung des historischen Kodes von "Richard II." mit dem Kode des Kabuki-Theaters[58] 'erzählt' in dieser kleinen Sequenz den Machtaufstieg von Claudius mit Gertrud als Komplizin. Die Simulation der Stabilität und erratischen Machtwürde wird im folgenden betont. Szene II.2, in der Claudius seine Unsicherheit mit dem Auftrag der Spionage verrät, verzichtet auf das Hubpodest. Der Mächtige befindet sich auf gleicher Ebene mit den Handlangern. Eine weitere Infragestellung leistet die Schauspielszene: Prinzipal und Truppe setzen sich frech neben das Herrscherpaar, durch fast identische Kostüme kaum von ihm unterscheidbar.

Autoritätsverlust und Gewissensqual von Claudius drücken sich in langsamen, manieristischen Drehungen um die eigene Körperachse aus, die Wut des in die Enge getriebenen Herrschers in den laut herausgeschrienen Worten "Ich mag ihn nicht!" (III.3). Dabei versucht er, die statuarische Haltung wieder einzunehmen. Diese im Vergleich zur überwiegend heraldischen Darstellungsweise geradezu explosive, psychosomatische Entlarvung geht einher mit den Bemühungen von Rosenkranz und Güldenstern, Claudius wieder in eine repräsentative Körperhaltung zu zwingen.

Liebe zwischen Claudius und Gertrud spielt keine Rolle, ihre Beziehungslosigkeit wird mit jedem gemeinsamen Auftritt deutlicher. Die Klimax der zwischenmenschlichen Kälte ereignet sich am Ende von IV.2. Gepeinigt von

---

[58] Vgl. die Analyse von Mnouchkines "Richard II" in: Jean Alter. *A Sociosemiotic Theory of Theatre*. Philadelphia 1990. 132-148.

"grausen Vorahnungen", umklammert er Gertrud, sucht vergebens Kontakt, sinkt zu Boden, während sie in der höfisch-aufrechten Haltung verharrt und jede Solidarität vermissen läßt. Daß in ihrer Beziehung Sex keine Rolle spielt, ist die Konsequenz der alle Figuren überlagernden Atmosphäre der Einsamkeit und Beziehungslosigkeit.[59]

Die jederzeit gegenwärtige Möglichkeit, die Figuren könnten in ihren langsamen Gängen einfrieren, trifft nicht auf Rosenkranz und Güldenstern zu. Sie zeichnen sich durch schnelle, marionettenhaft-abgehackte Gänge und symmetrische Gesten aus, sprechen sogar einige Passagen unisono.

Müllers "Hamlet/Maschine" folgt teilweise Grübers figur-räumlicher Formalisierung der Dominanzverhältnisse. Die Inszenierung läßt jedoch eine größere Individualität insbesondere Hamlets zu, die sich in Ulrich Mühes Darstellung vornehmlich durch eine deutlich scharfe und 'analysierende' Sprache und durch eine weniger formalisierte Proxemik auszeichnet – wie noch zu zeigen ist.

Wie Grübers "Hamlet" stellt die Inszenierung die Unmöglichkeit zwischenmenschlicher Beziehung dar. Neben ihrer Verdeutlichung durch die Distanz der Figuren dient hierzu der Gaze-Kubus, der die Sprechenden voneinander trennt. Wenn Hamlet mit Rosencrantz und Güldenstern spricht, befindet er sich innerhalb, die Gesandten außerhalb des Eisblocks. Die "Hamletmaschine" bildet die Klimax der Beziehungslosigkeit. Wenn taktile Kommunikation stattfindet, wird sie in mechanisierten Bewegungen (Tanz des Ritters mit Ophelia, Tanz Horatio-Hamlet etc.) als Zitat auf eine einst mögliche Form der Beziehung ausgewiesen.

Im Gegensatz zu Grüber greift die Inszenierung jedoch auch zur Parodie, die sich ästhetischer Eigenheiten des vorhergehenden Regietheaters bedient. Die Parodie ist die wohl zwingende Antwort auf das Bewußtsein der eigenen Inkompetenz, die "Tragödie in voller Länge, aber ohne hinreichendes psychologisches Ausdrucksrepertoire zu inszenieren."[60]

"Sein oder Nichtsein" bringt Hamlet in der Wasserlache kriechend hinter sich, wie weiland Neuenfels' Hamlet sich im Styropor-Dreck vergrub. Währenddessen zieht Ophelia ihr Kleid über den Kopf, entblößt wie Wendts wahnsinniges und nun vertiertes Tugend-Mädchen ihren Körper.

Es wirkt wie eine unfreiwillig parodistische Anlehnung an Taboris Schauspielszene, wenn Claudius mit Hamlet nach dem Schauspiel den Part Gon-

---

[59] Hensel. A.a.O.
[60] Wille. A.a.O. 28.

zagos nachspielt, da hier von der Zwangshaltung, die Tabori sehr deutlich ausspielen läßt, nichts zu spüren ist.

Das Gebet von Claudius und Hamlets Überlegung, ob er ihn jetzt töten sollte (III.3), ereignet sich als kindlich-komplizenhaftes Gespräch. Claudius nimmt Hamlet auf den Schoß, Rächer und Mörder umarmen sich, trösten sich gegenseitig, bis Claudius Hamlet, der plötzlich auf ihn einschlägt, wegstößt. Zwar deutet sich in der Szene der Versuch von Claudius an, Hamlet auf seine Seite zu ziehen, doch mehr erinnert der Vorgang an die alberne, nichtsdestoweniger urkomische Komplizenschaft zwischen Hamlet und dem Geist aus Castorfs "Hamlet" (Köln 1989/90). Ebenso komplizenhaft und von Kindheitsmustern durchsetzt ereignet sich die Schelte von Rosencranz und Güldenstern mit Hamlet nach der Ermordung von Polonius.

Eine andere Szene mit Zitatcharakter: Hamlet und Gertrud im Boudoir, das von einem expressionistisch bemalten Zwischenvorhang lokalisiert ist; diese Begegnung spielte sich vornehmlich in den siebziger Jahren inzestuös bei starker Körperarbeit ab; hier scheint sie eine Zitat auf den Neuenfels-Hamlet zu sein, der in III.4 "Mama" laut schreiend wiederholt und sich schließlich auf Gertrud wirft. So auch in "Hamlet/Maschine": Bei der Passage "Du willst mich nicht ermorden" halten sich beide gegenseitig den Mund, damit sie nicht hören müssen, was sie nicht glauben wollen, nicht sagen müssen, was der Text vorschreibt.

Neben der punktuellen Parodie im "Hamlet"-Teil, die sofort wieder in die lähmende und gelähmte Fiktion gleitet, stellt die "Hamletmaschine" den Typus einer ernsthaften Parodie von "Hamlet" dar. Die Supernova des Prätexts reduziert dessen vielfältige Inszenierungs- und Interpretationsmöglichkeiten auf die Situation der globalen Verweigerung, der sämtliche aktionsindizierenden Passagen des Originaltextes zum Opfer fallen. Passagen aus der "Hamletmaschine" durchziehen die ganze Inszenierung, konfrontieren "Hamlet" mit zerstückelten Entsprechungen der "Hamletmaschine". Der Originaltext ist zwar aufführbar, doch scheint seine Botschaft nur noch eine Illusion, die "Hamletmaschine" entlarvt. Der Text wird im kahlen Bunker auf das schwarzgekleidete Ensemble verteilt, parallel, sukzessive gesprochen und fragmentarisiert. Bilder aus Beckett-Dramen reißen "Hamlet" in die Dimension des Absurden, wenn Claudius und Hamlet in Bowler und Anzug auftauchen, Clownsnummern (Hutwurfspiel) vorführen und dieses Bild schließlich mit dem im Rollstuhl gelähmt sitzenden 'Hamm Hamlet' konfrontiert wird.

Als Parodie auf den Heymeschen "Elektronischen Hamlet" wirken nicht nur Monitore, Lautsprecher und die Antenne im Zuschauerraum, sondern auch die Kritzeleien Hamlets und Ophelias an der Wand. "Hamlet/Maschine" zitiert in seinen parodistischen Aspekten die kühnen Versuche, "Hamlet" auf die eine oder andere Art zu aktualisieren. Sie erklärt mit ihrer Betonung der Stagnation sich selbst und diese inszenatorischen Versuche als gescheitert.

Die Aufkündigung der in "Hamlet" manifestierten Hoffnungen betreibt auch Grüber. Besonders Ophelia gerät in das Getriebe der Macht. Sie tritt meistens in Demutshaltung, mit vorgebeugtem Körper und ausgebreiteten Armen auf, ein Opfer der Autorität des Vaters. Polonius ist durch einen hinkenden Gang und dem König ähnliche, langsame Gesten und statuarische Haltungen als Mittäter der Macht charakterisiert. [61] Deren Repräsentanten besitzen greisenhafte Züge, was die Handlung als "Requiem zum Tode". [62] ausweist.

Die statuarische, an Sakralbilder gemahnende Körperhaltung, die Ophelia während der Abrichtung (III.1), der Konfrontation mit Hamlet (III.1) und während des Schauspiel (III.3) beibehält, bricht erst in der Wahnsinns-Szene auf, in der sie im Alternieren von zarter Kopfstimme und ordinärer Intonation der Liebes- und Trauerlieder (Shakespeare. "Hamlet". IV.5. Z.46-63) zu einer anderen, bisher unterdrückten Sprache findet. Die Haare fallen frei auf die Schultern, Ophelia dreht sich wild mehrmals um die eigene Achse. Die bewegungsintensive Körperarbeit wirkt als Befreiung, vermittelt jedoch in der Drehbewegung das sinnlose Kreisen ums Ich. Die Laute, die Ophelia zunächst an Gertruds Ohr und schließlich an ihres hält, wird in der zweiten Wahnsinns-szene zunehmend zum einzigen 'Gegenüber', womit der Rückzug in eine autonome Realitätssphäre besiegelt ist. Die Schönheit dieser Szene hat nichts von dem aggressiven Schrecken und der diskursiven Kraft, mit der Ophelia in Flimms und Düggelins Inszenierung Claudius angeht. Ihr geht ebenso die sexuelle Aggressivität ab, die sie in Wendts und Tragelehns Münchner Insze-nierungen ausstrahlt. Ophelias Wahnsinn in der Berliner Aufführung wird gemildert durch den poetisierten Schmerz um den zum Mörder gewordenen Geliebten, wandelt sich zum höchst ästhetisch präsentierten Autismus einer Kunstfigur. [63]

"Hamlet/Maschine" erarbeitet Ophelias Rollenkonzeption aus dem Derivat des Prätexts, in dem Ophelia Hamlets Selbstaufgabe ("Ich war Hamlet."), kontrapunktiert. Während der 'Verweigerungs-Hamlet' der "Hamletmaschine" die Sinnlosigkeit aktiver und gewalttätiger Revolution behauptet, versucht Ophelia den Aufstand "Im Namen der Opfer": "Nieder mit dem Glück der

---

[61] Bachmann. A.a.O.
[62] Iden. A.a.O.
[63] Vgl. Hensel. A.a.O. Iden. A.a.O. Kaiser. A.a.O.

Unterwerfung. Es lebe der Haß, die Verachtung, der Aufstand, der Tod."
("Hamletmaschine", "Pest in Buda Schlacht um Grönland").

Von dieser Aufwertung zehrt Margarita Broichs Ophelia. Sie präsentiert keine romantische Ikone des Wahnsinns, sondern "die wissend Wahnsinnige".[64] Ganz bewußt versucht sie, sich in das Schwert von Laertes zu stürzen, nachdem sie ihn im symbolischen Akt zur Revolution aufforderte: Sie fängt eine Träne des weinenden Bruders auf und zerreibt sie langsam auf der Klinge. Im Zitat auf 'Scherzo' ("Hamletmaschine"), zeigt Ophelia ein hohes Maß an Mitleiden, wenn sie sowohl in der Grabszene als auch im Finale wieder 'aufersteht', um Laertes und Hamlet im innigen Todestanz zu trösten.

Die Entrückung und Anästhetisierung der Gefühle durch Ästhetisierung prägt in Grübers "Hamlet" besonders das Spiel von Bruno Ganz als Hamlet. Schon der erste Auftritt verweist auf die romantische Tradition des Melancholikers, dessen topoi-artige Positionen Bruno Ganz reproduziert.

Der Prinz Hamlet von Bruno Ganz: ein Bein hochgestützt, dann das Kinn auf die Hand gelehnt, über und über in Schwarz gekleidet – eine Pose, die ein bekanntes Motiv romantischer Malerei darstellt.[65]

Wenn auf der Inszenierung der "Staub der Jahrhunderte"[66] liegt, so ist Bruno Ganz von der lähmenden Erfahrung des Protagonisten geprägt, seit Jahrhunderten zu scheitern. Die antiquarische Hamlet-Studie wird besonders in der Schwur-Szene deutlich (I.5). Über das von Hamlet weit vorgestreckte Schwert halten die Freunde ihre Hände zum Schwur.

Introversion und Beziehungslosigkeit prägen auch den Protagonisten. Hamlet und Ophelia gehen beide lesend auf der quer über die Bühne verlaufenden Lichtbahn aufeinander zu (III.1). Hamlet biegt kurz vor dem Aufeinandertreffen ab, schreitet zur Rampe, um seinen Monolog "Sein oder Nichtsein" ans Publikum und an Ophelia zu richten. Eine Beziehung zu Ophelia wird nicht aufgebaut, die Rezitation des Monologs als besondere Verdeutlichung von Trauer und Melancholie steht im Vordergrund, wie auch die ausgewiesene Theatralität: Den Triumph über die gelungene List der "Mouse-trap" feiert Hamlet im langsamen Balancieren auf einem Stuhl. Als Hamlet auf den betenden Claudius trifft, greift er zur Hinrichtungsgeste 'in effigie', ein höchst symbolischer und zugleich theatraler Akt: Er bewegt sein grell aus der Däm-

---

[64] Bernd Sucher. "Heiner Müller, Hamlet und Shakespeare. *SZ*. 26.3.1990.
[65] Beckelmann. A.a.O.
[66] Iden.a.a.O.

248

merung hervorgehobenes Schwert so, daß die Lichtreflexe die Wand der Apsis abtasten, um schließlich auf Claudius zu ruhen. Lediglich die Auseinandersetzung Hamlet – Gertrud sticht aus der lähmenden Beziehungslosigkeit etwas hervor. Eingeleitet wird der Wechsel von der "Nichtbeziehung" durch die laut ausgerufenen Worte "Mutter! Mutter!", bei denen Polonius sich ins Raumdunkel zurückzieht. Im Gegensatz zu seinen wilden Namensvettern der siebziger Jahre, die Gertrud häufig die Halskette mit dem Medaillon vom Hals und sie anschließend aufs Bett rissen, hält Hamlet die Halskette mit den Medaillons sanft hoch, um den Unterschied der Profile zu verdeutlichen. Ihr Dialog ist bei aller Nähe und aggressiver Emotion, die die Sprache vermittelt, begleitet von tranceartiger 'Anmut' im Verhalten. Als Höchstmaß der Aggressivität umfaßt Hamlet Gertruds Kinn und beugt ihren Körper sanft zurück, um ihr die Profile von Claudius und Hamlet senior eindringlich vor Augen zu halten.

Der Mord an Polonius durchbricht diese traumhafte Atmosphäre nicht, sondern geschieht unspektakulär, wie nebenbei. Als der Geist auftritt, faßt Hamlet ihr Gesicht mit den Händen und wendet es bei größtmöglicher Distanz zu ihr sanft in die Blickrichtung zum Geist, wobei die Worte "Auf ihn! Auf ihn!" (III.4) wie in "Trance"[67] gesprochen werden. Erst im Finale, in dem beider Vernichtung endgültig ist, gelingt Gertrud eine kleine emotionale Geste, als sie, den Todeskelch schon in der Hand, Hamlet den Schweiß von der Stirne wischt.

Müllers Hamlet, ein schmächtiger Intellektueller, sagt schon nach der ersten Begegnung mit dem Geist der Rolle des tragischen Protagonisten ab. "Die Zeit ist aus den Fugen. Ich war Hamlet. Ich stand an der Küste und redete mit der Brandung Blabla [...]." Die Hinzudichtung suggeriert den Wandel zum entschlossenen Oppositionellen, der nach Enthüllung der Wahrheit seine bisherige Rolle des intellektuellen Analytikers abstreift. Doch im Folgenden enthüllt Mühe, daß dieser Entwurf des aktiven Subjekts genannt, nicht ergriffen wird.

Die Crux zwischen Reflexion und wirkungsloser Aktion prägt Mühes Darstellung. Wie Christoph Bantzer verkörpert er einen kühlen Intellektuellen, der auf seine Umgebung wortgewandt, jedoch handlungsarm reagiert. Die Schwächung seiner Position erreicht die Inszenierung schlichtweg dadurch, daß sie Mühe während der "Hamlet"-Handlungen Passagen aus der "Hamletmaschine" aufzwingt, die seine Biographie als gescheitertes Projekt hervorheben. Punktuelle Aktivität und Aggression sind vorhanden, wenn etwa Mühe

---

[67] Iden.a.a.O.

im nüchternen Ton zu den ehemaligen Freunden sagt: "Glaubt Ihr, ich sei leichter zu spielen als eine Pfeife?" und die Flöte ganz sachlich, ohne Wut, zerbricht. Tatkräftig und inzestuös küßt er in III.4 Gertrud, die er leidenschaftlich und trotz ihrer eisigen Gegenwehr während der Aufzählung der Verbote ins Bett zu zwingen sucht. Obwohl um diesen Hamlet alle Figuren zur Randgängern degradiert werden, indem sie bei Müllers statuarischer Regie nur geringe Individualitätsmerkmale aufweisen dürfen, bleibt auch Mühes Hamlet lediglich Statist im Posthistoire-Konzept. Der Unterschied zur Grüber-Inszenierung liegt jedoch in der weniger verbindlichen Autorität eines theatralen Formenkanons, den Grüber über die Darsteller verhängt hatte. Da die Rollenkonzeption bei der starken Verringerung der anderen Figuren weder auf psychologisierende noch emotionale Schemata zurückgreifen kann, ist auch Mühes Darstellung von punktueller (unfreiwilliger?) Parodie betroffen. Übermütig, wie ein jugendlicher Kraftprotz ruft er "Schnell zu meiner Mutter". Auf die Vorhaltungen der einstigen Jugendfreunde über seine Inszenierung der "Mausefalle", verfällt er in die Rolle des beschämten Kindes. Im Zitat auffrüere, aktive und neurotische Hamlets liegt Methode: Die Rollenmultiplikation wird in dem Moment zur Selbstnegation, in dem Mühe entsprechende Passagen aus der "Hamletmaschine" zitiert.

Die Konzeption des nicht mehr möglichen Hamlet scheint mir weniger in der "Hamletmaschine" selbst dargestellt zu sein – in ihr und in V.1,2 ist Mühes Gesicht bedeutungsfordernd von einem Strich durchzogen –, sondern in IV.4, wo Hamlet auf Fortinbras trifft, der über dem zweigeteilten Polonius auf einem Podest thront (dieses diente vorher als Bett für III.4). Hier artikuliert sich im Zusammenspiel mit blutroten Flächen, die die Monitore ausstrahlen, dem golden eingerüsteten 'Alien' Fortinbras und mit Texten aus der "Hamletmaschine" die Handlungsarmut des Protagonisten besonders deutlich. Nachdem Hamlet Fortinbras über den Grund für den Armeeaufmarsch, der durch den Flugzeugbomber symbolisiert wird, zieht er Horatio an sich und vertraut ihm mit den Worten aus dem "Familienalbum" der "Hamletmaschine" das Geheimnis seiner tatenarmen Rollenkonzeption an:

Auftritt Horatio. Mitwisser meiner Gedanken. [...] Ich wußte, daß du ein Schauspieler bist. Ich bin es auch, ich spiele Hamlet.

In dieser histrionischen Verdeutlichung von Handlung als Simulation, von Identität als Vorspiegelung und Geschichte als längst passiertem Drama berühren sich Grübers und Müllers Inszenierung bei unterschiedlichen ästhetischen Mitteln. Sie unterscheiden sich in einem Hauch von Politik, der Müllers Inszenierung etwas stärker überzieht.

250

5.3.2 Hauch von Politik

Die Lähmung des Geschehens manifestiert sich in Grübers "Hamlet" neben der Zeit-Dehnung der Darstellung auch durch den Dauerzustand des Krieges. Der Vorbeizug der Truppen von Fortinbras gestaltet sich als starre Soldatenprozession mit Schilden und Lanzen innerhalb der Balkonöffnungen. Wie die Gewalt im Scherenschnitt einfriert, so versiegt auch der Aufstand von Laertes schon zu Beginn. Mit gezücktem Schwert stürzt er auf Claudius zu, paßt sich jedoch der lethargischen Anmut der anderen Figuren an, als er Ophelia wahrnimmt. Die lähmende Funktion des Schreckens gerät zum Sinnbild einer alle Figuren und Spontaneität bezwingenden Perspektive.

Geschichte, Macht und Subjekt sind in fataler Gleichgültigkeit miteinander verflochten, die Handlungsstränge gehen glatt an den Figuren vorbei. Todwund stolpert Hamlet gegen Fortinbras. Beide würdigen sich keiner Auferksamkeit. Am Ende läßt Fortinbras Hamlet wieder hineinschleppen, auf dem mittleren Hubpodest aufbahren, das hochfährt. Fortinbras erhebt das Schwert zur Ehrenbezeugung gegenüber einem Opfer, das ihm gleichgültig ist. Über das heraldische, hohle Bild senkt sich der eiserne Rollvorhang.

Müllers Interpretation von IV.5 und V.2 folgt einer undeutlich zusammengeführten Verbindung von Stalinismus (in Gestalt des Geistes) und Kapitalismus (Fortinbras), der sich an dessen Stelle setzt. Sie bezeichnet also eine Epochenschwelle, die die deutsch-deutsche Wiedervereinigung vage in den Blick nimmt. Dabei greift die Inszenierung zu verhältnismäßig simplen Metaphorisierungen: Der Raum für IV.5 und den fünften Akt symbolisiert mit goldenen Grabsteinen und einer sonnenglühenden Skyline die Gleichung von Kapitalismus und Ende der Geschichte. Aus dem Sand ragt Polonius Kopf stumm hervor: Die "Happy Days", in denen es sich über den Zerfall des Subjekts noch plaudern ließ, sind vorbei. In diesem Ambiente, das von verbrannter, roter Erde metaphorisch aufgeladen wird, führt die Inszenierung die Verstörung des Subjekts (Ophelias Wahnsinn), das Enden des Aufstands (die Besänftigung Laertes), die Vernichtung des Subjekts und seine Ablösung durch die mit vergoldeten Gedärmen an ihrer Rüstung ornamentierten, Unheil verkündenden Allegorie statt.

Horatio, dem Müller bis dahin Text und Bedeutung entzogen hatte, wird der Spielleiter des Finales, der die Auftritte und Kommentare während des Duells teilweise vorliest. Als er entdeckt, daß Fortinbras genau wie der Geist aussieht, kommentiert er diesen Gleichlauf der Geschichte lachend, wie einen guten Witz. Gemäß der posthistorischen These, daß historische Wiederholungen Farcen seien, gewinnt auch im tödlichen Verenden die Parodie Oberhand.

Zwar betont das langsame und zeremonielle Duell Endzeit und Stagnation, doch wenn Hamlet nach seiner Verwundung nicht nur Claudius, sondern den ganzen Hofstaat ersticht und nach einem Schluck aus dem Kelch die Perle weit von sich spuckt, überzieht die Parodie die Szene. Ein Bote entnimmt zwei Hutschachteln die Köpfe von Rosencrantz und Güildenstern, legt sie auf die Rampenbrüstung. Als Fortinbras auftritt, schleicht sich der sterbende Hamlet hinter seinen Rücken, sich Ophelias Liebesrufen entziehend. Zu Mozarts "Türkischem Marsch" wagt sie ein Ständchen mit Hamlet und Laertes, bevor die Monitore das verkünden, was von Anfang an sich längst ereignet hatte: "Ende".

Müllers "Hamlet/Maschine" suggeriert eine intensivere politische Ziellinie als Grübers Inszenierung. Assoziationen zur deutsch-deutschen Geschichte und zum "Kalten Krieg" werden durch die Stalin-Reportage, durch das Eindringen kapitalistischer Symbolfarben im Bühnenbild, durch die goldene Kriegs-Ikone und durch die Präsenz der Farben Schwarz-Rot-Gold leicht gemacht. Müller läßt keine Möglichkeit für Hinweise auf Staatsbeamte und Wahlen in den Systemen der DDR und BRD aus. Auch wenn der Regisseur den Bezug zwischen Ästhetik und Realgeschichte kurz vor der Premiere hervorhebt: Belege, die über diese unverbindlichen Anspielungen hinausgehen, liefert die Inszenierung in keinem Moment ihres Spiels. Sie spiegelt damit die Unmöglichkeit im Konzept der Posthistoire wider, Geschichte begreifbar, visualisierbar zu machen. Allenfalls Assoziationsstimuli deuten eine vage kritische Standpunktnahme an.

Dieser Verlust an Aussagekraft gegenüber der Realgeschichte, der in beiden Inszenierungen die Zukunft als vorentschieden ausweist, ist nichtsdestoweniger eine Fortführung des Themas 'Hamlet und Deutschland'. In Grübers Arbeit wird es nur in seinen ästhetischen Reizen erinnert; ein verändertes oder kritisches "Hamlet"-Bild entsteht dadurch nicht. Im aktuellen Ort- und Zeitrahmen, dessen reale, politische 'Revolution' gegen die SED-Herrschaft die Probenarbeit zur Inszenierung umspannt und deren Scheitern die Laufzeit der Inszenierung begleitet, dient das 'Hamlet/Deutschland'-Thema in Müllers Inszenierung zur pessimistischen Einschätzung der deutsch/deutschen Wiedervereinigung, die lediglich als Ablösung zweier Regime angedeutet wird: vom kommunistischen zum kapitalistischen Terror.

4.4 Bilanz: Geschichte und Kunst als Erinnerung: Das Erhabene als Imagination des Schreckens

Grübers und Müllers "Hamlet"-Variationen zeichnen sich gegenüber Wendts "Hamlet" vornehmlich in der Raumgestaltung durch ein Pasticcio von Repräsentationsstilen verschiedener Epochen aus. Der Raum und die Kostümierung lassen schablonenartige Zitate auf den ästhetischen Historismus erkennen – eine Epoche, die insofern mit der Posthistoire im Zusammenhang steht, als sie auf wissenschaftlichem Niveau die Vergangenheit zum Museum ästhetisierte und dabei die Entmachtung der Traditionen – das Programm der Aufklärung, die das Vorliegende für ungültig erklärt – immanent voraussetzte.[68]

Darin zeichnet sich die Vorstellung vom Abschluß der Geschichte ab, denn die "vollkommen entmachtete Vergangenheit, die nicht mehr mit der Gegenwart im Streit liegt, erlaubt die vollkommene Vergegenwärtigung."[69] Geschichte als Panorama des Blicks:

> Burkhardt: Wenn wir nun die Kulturen des 19. Jahrhunderts als Weltkultur betrachten, so finden wir sie im Besitz der Traditionen aller Zeiten, Völker und Kulturen. [...] Der höchste Gewinn hierbei ist auf Seiten der Betrachtenden.[70]

> Dilthey: [Das] historische Bewußtsein ermöglicht dem modernen Menschen, die ganze Vergangenheit der Menschheit in sich gegenwärtig zu haben: über alle Schranken der eignen Zeit blickt er hinaus in die vergangenen Kulturen; deren Kraft nimmt er in sich auf und genießt ihren Zauber nach.[71]

Wissen und Geschichte werden zu *Erinnerungsräumen*. Die Logik des historischen Bewußtseins – von Hegel in der "Philosophie der Geschichte" systematisch dargestellt – führt zu dem Ergebnis, daß sich die aufgehobene Zeit dem betrachtenden Blick darbietet. Die Gegenwart erweist sich als Abschluß, Vollendung der Vergangenheit. Was im Historismus als Überwindung einer Epochenschwelle begriffen wird, setzt die Posthistoire absolut.[72] Eine Epoche, die sich als glückliche, weil über die Vergangenheit verfügende Spätzeit versteht, unterscheidet sich zwar vom Geschichtspessimismus der Posthistoire,

---

[68] Hannelore und Heinz Schlaffer. *Studien zum ästhetischen Historismus*. Frankfurt/M. 1975. 14.

[69] Schlaffer. A.a.O. 14.

[70] Jacob Burkhardt. *Weltgeschichtliche Betrachtungen*. In: Gesammelte Werke. Bd. 4. Darmstadt 1956. 50.

[71] Wilhelm Dilthey: *Die Entstehung der Hermeneutik*. In: Gesammelte Schriften. Bd. 5. Leipzig 1924. 317.

[72] Hans Robert Jauß. "Literarische Tradition und gegenwärtiges Bewußtsein der Modernität".

253

stellt jedoch dieselbe Diagnose über die dabei gewandelte Rolle der Kunst: Angesichts der Verfügbarkeit des Vergangenen ist auch das Bewußtsein von der Geschichtlichkeit der Kunst hoch entwickelt, wodurch ein Museum der irreversiblen Höhenkämme vergangener Kunst denkbar ist.

Grübers Inszenierung zieht ein solches Resumée über die Rezeption des deutschen Hamlet, das die Karriere des eingebürgerten Protagonisten jedoch um alle utopischen Aspekte kappt, indem sich die Fabel vom Ende her aufrollt und dazu ästhetische Formen des Historismus verwendet. Müllers Inszenierung dagegen radikalisiert vor dem Hintergrund der staatlichen Veränderung Deutschlands die Kritik der Jungdeutschen am gedankenreichen und tatenarmen Hamlet zur globalen Perspektive. Die Jungdeutschen sahen in Hamlets Zögern den Verrat an der politischen Aufgabe, die immer wieder mit der Nationalgeschichte in Verbindung gebracht wurde. Beiden Inszenierungen liegt Blochs Interpretation[73] des Melancholikers Hamlet verborgen zugrunde. Er erörtert Hamlets Tatverlust aus dem Riß der Epoche zwischen Mittelalter und dem Materialismus der Frühaufklärung:

[...] vor dem Todeshintergrund des Lebens gibt es keine sinnvoll bleibende Ausfahrt und keine Aktion; der Erfüllungsort, der zugleich alles entwertet, ist eben dann kein anderer als der Kirchhof.[74]

In Blochs Interpretation stellt sich die Geschichte als Global-Kollaps nur aus Hamlets Perspektive dar. In den Berliner Inszenierungen ist diese individuelle Sicht absolut gesetzt. Die Kritik Blochs an Hamlets "konkavem und zerstreuendem Charakter"[75] wenden Müller und noch mehr Grüber zum kunstfiguralen Hohlspiegel, der nur die Facetten mehrerer Hamlets zurückwirft, aber die mögliche Kritik an ihm als geschichtlichem Subjekt und die utopischen Aspekte im Dunkeln läßt.

Die Verschmelzung der Katastrophe mit der großen ästhetischen Form vor allem in Grübers Inszenierung optiert formal für die Kategorie des Erhabenen, indem die Inszenierungen das Verschwinden des Menschen sichtbar machen, das – sofern es geschieht – kein Mensch bezeugen kann. Sie bringen das Nicht-Darstellbare zur Anschauung, und berühren sich so mit der Kategorie des Erhabenen, indem sie die Ästhetik als ein Unternehmen des Denkens und nicht nur der Sinne ausweisen.

---

[73] Vgl. Hensel. A.a.O. Iden. A.a.O. Kaiser. A.a.O.
[74] Ernst Bloch. *Das Prinzip Hoffnung.* 3 Bde. Frankfurt/M. 1985. III. 1208.
[75] A.a.O. 1207.

Zugleich wird Schillers Definition[76] der Kategorie um die utopischen und ethischen Gehalte reduziert. Zweck des Erhabenen ist nicht nur, das Nicht-Darstellbare zu veranschaulichen, sondern auch, die in der 'Sinnenwelt' unsichtbare sittliche Potenz des menschlichen Geistes zu veranschaulichen und ihre Unabhängigkeit gegenüber dem Naturgesetz aufzuzeigen:

> Stirn gegen Stirn zeige sich uns das böse Verhängnis. [...] Zu dieser Bekanntschaft nun verhilft uns das furchtbar herrliche Schauspiel der alles zerstörenden und wieder erschaffenden und wieder zerstörenden Veränderung, [...] verhelfen uns die pathetischen Gemälde der mit dem Schicksal ringenden Menschheit, der unaufhaltsamen Flucht des Glücks, der betrogenen Sicherheit, der triumphierenden Ungerechtigkeit und der unterliegenden Unschuld, welche die Geschichte in reichem Maß aufstellt und die tragische Kunst nachahmend vor unsre Augen bringt.[77]

Die angezeigte Ästhetik des Schreckens mildert Schiller mit der Aussicht auf die intelligible Fähigkeit des Menschen, sich selbstreflexiv aus den Fesseln des Naturgesetzes zu befreien. Die darin enthaltene ekstatische Fähigkeit des Subjekts, sich im Münchhausen-Akt der Vernunft einen "Ausgang aus der sinnlichen Welt"[78] zu bereiten, gestehen die inszenierten Fiktionen ihren Figuren ausschließlich im physischen Sinn zu. Die ethische Funktion der Ästhetik, das Naturgesetz durch die Kraft der Utopie und der geschichtlichen Praxis zu überwinden, findet in Grübers und Müllers Inszenierungen keinen Widerhall. Während Schiller die "Inokulation des unvermeidlichen Schicksals"[79] in der wirkungsästhetischen Kategorie des erhabenen Gefühls mit dem sittlichen Geist versöhnt, betrifft das Erhabene in "Hamlet" und "Hamlet/Maschine" nur die große Form, und es faßt ausschließlich das unvermeidliche Schicksal ins Auge. Durch die Heraldik der Darstellung und den monumentalen Raum entziehen die Inszenierungen die Fabel den Sehgewohnheiten und nutzen dazu das Erhabene. Vom versöhnenden Ethos des Erhabenen ist keine Spur, wohl aber von seiner Funktion als experimentelles Mittel, Reflexionen zur Darstellung zu bringen. Mit dieser eindimensionalen, nichtsdestoweniger originellen Nutzung einer hochklassischen Kategorie erweist sich das Posthistoire-Paradigma der Erinnerung und des Zitats einmal mehr als zwar geschichtliches, jedoch rückwärtsgewandtes Bewußtsein. Die Kategorie des Erhabenen wird auf diese Weise Kategorie der experimentellen Vorausschau

---

[76] Friedrich Schiller. *Über das Erhabene*. In: *Werke in drei Bänden*. Darmstadt ⁵1984. 607-618.
[77] Schiller. A.a.O. 617.
[78] A.a.O. 612.
[79] A.a.O.

auf eine vor sich hindämmernde und verglimmende Geschichte. Gemeinsam mit der klassischen Definition Schillers hat das so verstandene Erhabene nur noch Ausblick auf den Schrecken. Transzendent in deren Sinne ist es jedoch nicht, weil es das real Mögliche totaler Geschichtslosigkeit darstellt, ohne das Soll-Sein des geschichtlichen Subjekts einzufordern.

V. Zusammenfassung

1 Ansätze des Regietheaters

Das Regietheater sah sich mit den Nachkriegsausläufen einer jahrhundertelangen Shakespeare-Tradition konfrontiert. Es gewann seine Reibungsenergie aus Fehlentwicklungen dieser Überlieferung, die im 'geistigen Theater' der fünfziger Jahre das uneingestandene Erbe nationalsozialistischer Indienstnahme des 'nostrifizierten' Shakespeare, des rücksichtlos annektierten "dritten deutschen Klassikers" mitführte. Es konnte in der vorliegenden Arbeit gezeigt werden, daß die Vereinnahmung Shakespeares ohne den Vorlauf der Kanonisierung zum 'Klassiker' undenkbar ist. Goethes Konzept der Weltliteratur und des Welttheaters postuliert zurecht das nationale Belange überschreitende, humane Potential in Shakespeares Werk. Die Einbindung Shakespeares in das Konzept der 'Klassik' verbot, seine über die defizitäre Realität hinausweisende Humanität in Deckungsgleichheit mit dem historischen Moment zu zwingen. Goethe unterließ eine methodische Vorgabe, wie diese produktive Verzeitlichung des Werks gelingen könnte. Die Schnittstelle zwischen Vergangenheit des Artefakts, seiner zeitlosen Gültigkeit und dem Anspruch auf gegenwärtige Aussagekraft wurde nicht präzisiert.

Diese hermeneutische Unschärfe war der Nostrifizierungspraxis willkommene Gelegenheit, die humanen Implikate des Werkes in die Vergangenheit zu verlegen, und die Gegenwart als Erfüllung dieser Ziellinie darzustellen. Shakespeares Werke wurden Visionen, die im mimetischen Verweis auf die Realgeschichte den jetzigen historischen Zustand bestätigten. Die fragwürdigen Höhepunkte dieser Nostrifizierung wandelten Shakespeare zum Vordenker, besonders "Hamlet" wurde zum Leidgenossen der 'deutschen Misere' (Rezeption der Jungdeutschen im 19. Jahrhundert) und Visionär der 'deutschen Größe' (Nationalsozialismus). Die monosemiotische Einschwörung Shakespeares auf die nationale und später rassistisch-nordische Ideologie erreichte die perfide Situation, daß der 'Klassiker' Shakespeare besonders im "Dritten Reich" zur Dehumanisierung der Lebensbereiche ausgenutzt werden konnte.

Das große Problem der "Stunde Null" in der 'Klassiker'-Pflege des deutschen Nachkriegstheaters besteht – analog zur sozialen Tabuisierung des "Dritten Reiches" – in der Amnesie gegenüber diesem Zugriff auf Shakespeare. Obwohl der 'Klassiker' im "Dritten Reich" zutiefst 'deutsch' und inhuman wurde, fanden keine kritischen Rückfragen an die 'Klassiker'-Tradition statt. Daß die darin begründete stetig verfügbare 'Wahrheit' Shakespeares zur Legende wurde, die seine Instrumentalisierung verdeckte, blieb für das 'geistige Theater' anathema. Dessen Vertreter spielten die Dramen auch nach 1945 häufig innerhalb der ästhetischen Grenzen, die der Nationalsozialismus abseits propagandistischer Aneignung zugelassen hatte.

Das Regietheater erregte soviel Aufsehen, weil vor ihm – abgesehen von den bald unterdrückten Versuchen im Theater der Weimarer Republik – keine Infragestellung des 'nationaldeutschen' Shakespeares und des Problems der 'Klassizität' stattfand.

Ziel des Regietheaters ist die *Überprüfung des 'Klassiker'-Programms*, nicht eine Austreibung oder Desavouierung des Autors Shakespeare. Belegt wird dies allein schon durch den Anstieg der Shakespeare-Inszenierungen in den sechziger Jahren, der erst nach dem Jubiläumsjahr 1964 (400. Geburtstag) unwesentlich zurückgeht. Der Zugewinn der Historien für das Repertoire in einer Phase des vermeintlichen Klassikermords zeugt ebenfalls nicht von einem 'zerstörten' Shakespeare. Zur Disposition stehen vielmehr der vorhergehende theatrale Umgang mit Shakespeare als auch der höchst vage definierte Begriff des 'Klassischen', mit dem die Diskussion gegen eine zeitgenössisch engagierte Aufführungspraxis geführt wurde. Die Überprüfung des Klassikers zielt auf die Revision des Klassik-Programms schlechthin ab, indem dessen bevorzugte Gattung, die Tragödie, entmystifiziert wird.

Mit der semantischen und dramaturgischen Abbruchsarbeit gewinnt das Theater ein *Spannungsverhältnis zwischen der Geschichtlichkeit des klassischen Texts und heutigen Anforderungen an ihn.* Diese dialektische Lesart manifestiert sich in der betonten Differenz zwischen dem Wertgefälle, das besonders "Coriolan" vermittelte, und heutiger Geschichtssicht. Verstärkt setzt sich die Ansicht durch, daß der 'klassische' Text aus der Tradition herausgeschält und heutigen politischen wie sozialen Bedürfnissen angepaßt werden mußte, um ihn für das Repertoire zu retten – also keine Zerstückelung sondern 'Pflege des Erbes'.

Im Verlauf dieses Prozesses wandeln sich die 'Umfunktionierungen' von ernsthaften Travestien der Tragödie und des tragischen Helden (Brechts und Wekwerths "Coriolan") zu legitimen Ridikülisierungen, die das veränderte Stück nicht nur spielen, sondern auch seine Verurteilung mitliefern (Zadeks

258

"Maß für Maß"). Aus philologischer Sicht ist Brechts "Coriolan" die gelungenste 'Umfunktionierung' insofern, als sie den zentralen Konflikt des Stücks akzeptiert, aber umwertet. Dabei leistet die 'Umfunktionierung' eine so starke intertextuelle Spannung zum Prätext, daß dieser engagierter Partner wird. Diese Verfahrensweise ist ein provokativer Verstoß gegen traditionelle Erwartungshaltungen, die sich insbesondere mit den Übersetzungen des Gespanns Schlegel/Tieck verbinden.

Die demystifizierende Praxis der 'seriösen Umwertung' attackiert die Fundamente des literarischen Theaters, die Gattung Tragödie und das Theater der Repräsentation (in der Definition Derridas). Dies bedeutet: Aufbrechen des metaphysischen Gehalts der Gattung 'Tragödie' und die Vermeidung des illustrativen Körperspiels sowie der Demut gegenüber dem Text. Es bedeutet vor allem aber die Gegenwehr zum Theater der Repräsentation einer sozialen Trägerschicht. Im Musentempel regt sich ein 'Theater von unten', das die im 'klassischen' Text aufgehobene soziale Erfahrung auf demokratischere Grundlagen bezieht.

Auffälligerweise erreicht die gerade in den szenischen 'Umfunktionierungen' erreichte Forcierung der historischen Distanz zu Shakespeare, daß der 'Klassiker' zum engagierten Fürsprecher einer besseren Wirklichkeit wird. In den Historien-Inszenierungen von Peter Palitzsch signalisieren Bühnenraum und Kostüme die historische Distanz, aber Shakespeare wirkt aufgrund der Modernisierung seiner Texte aktuell.

Zadek und Hollmann verstümmeln den klassischen Text bis zur Unkenntlichkeit. Besonders Zadeks "Maß für Maß" wiegen diese literarische Einbuße jedoch mit der Dekanonisierung vorgegebener theatraler Normen auf. Ein ohne Maßen zerstückelter Shakespeare verhilft in der Auseinandersetzung mit seinem Drama zu einer originären Körpersprache, die die künftige Theaterästhetik nachhaltig beeinflußt. Dies geht soweit, daß das Theater vermeintlich Shakespeare aufführt, aber im Grunde seine eigenen Theatertexte schreibt – mit Körpern, Licht und Räumen, die alles andere als die Illustration des Klassikertexts sind, sondern – im Fall von "Maß für Maß" – Psychohistorien: Sie geben Aufschluß über eine junge Generation, die bei aller Betonung von Sinnlichkeit weit davon entfernt ist, soziale Lügen und die problematische Sehnsucht nach Einheit von Reflexion und Handlung hinwegzugestikulieren.

Wenn Zander die Einschnitte in den Prätext als "Deklassierung" des 'Klassikers' empfindet, ist damit nur eine Variante des Regietheaters bezeichnet.[1] Die Stücke mögen (bei graduellem Unterschied) verändert, travestiert und in den Augen von Verfechtern der ohnehin illusionären 'Werkeinheit' zerstört worden sein. Wesentlich sind jedoch zwei Aspekte: Zum einen werden die Historien, sämtlich im Nationalsozialismus belastet, wieder dem Repertoire zugeführt. Zum anderen findet mit Hilfe der Dramen wieder eine kritische Stellungnahme des Theaters gegenüber der Lebenspraxis statt. Dem affirmativen Inszenierungsstil, der im 'geistigen Theater' das Leid der personae dramatis schlichtweg mit dem Leid der 'Deutschen' gleichsetzte, sagt das Regietheater ab.

Shakespeare wird wieder zu dem Provokateur des Theaters, der er in den zwanziger Jahren kurze Zeit war. Daß dies häufig auf Kosten des Werkgehalts geschieht und die Laxheit in Fragen der Poetik und Dramatik groteske Ausmaße annimmt (Sperrs "Maß für Maß", Hollmanns "Coriolan"), ist ein geringeres Risiko im Vergleich zur aktualitätsfeindlichen Texttreue des Theaters der fünfziger Jahre. Philologisch gesehen, mag es akribischer gewesen sein, doch die 'Bühne als geistiger Raum' präsentierte ein unbeschädigtes, nahezu 'klassisches' Menschenbild, dessen kurz zuvor geschehene Deformation trotz der restitutio hominis eher tabuisiert wurde.

Über die semantische Umfunktionierung hinaus bekämpft das Regietheater die ästhetischen Verfahrensweisen, die Theater als Realität sui generis von lebensweltlicher Aktualität trennen: Es reißt die abstrakten und ahistorischen Räume ein und weist die Instrumentalisierung des Schauspielers zum Schamanen und Mittler einer höheren Wahrheit zurück. Diese semiotische Überprüfung des deutschen Theaters ist umso wichtiger, je weniger das 'geistige Theater' sich als reformfähig erweist.

Eine eminente Leistung der jungen Regisseure stellt die Anbindung des Theaters an die Lebenspraxis dar. Der Alltag der BRD schleicht sich in die Texte, nistet sich in die Räume ein, bestimmt die Kostümierung und das gestische Repertoire. Die klassischen Texte erweisen sich – besonders in Zadeks "Held Henry" – als kritische Dramen gegenüber mentalitätsgeschichtlichen Problemen der Gegenwart – im Fall von "Held Henry" etwa die Suche nach Polit-Helden und zeitgleiche Tabuisierung des Nationalsozialismus. Damit entsteht ein verändertes Verständnis über die Historizität des 'Klassikers':

---

[1]   Horst Zander. Shakespeare bearbeitet. A.a.O. 284.

Gingen beispielsweise das dialektische Theater und seine Nachfahren (wie Palitzsch) davon aus, daß der 'klassische' Text befremdend aufgrund seiner geschichtlichen Ferne sei, so suchte sie nach einer zeitgenössischen Aussagekraft des Texts, nicht ohne seine Historizität bewußt zu halten. Zadeks "Maß für Maß" setzt – im Zuge des Mottos des Bremer Stils – auf die Überprüfung der 'Klassiker', deren Zugehörigkeit zum zeitgenössischen Theater erst einmal erprobt werden mußte. Bearbeiter und Regisseur reißen das Stück in das zeitgenössische Ausdrucksrepertoire, nötigen dem offenbar als zu historisch betrachteten Text Aktualität ab.

Zadek geht jedoch, wie Heyme im "Elektronischen Hamlet", auch einen anderen Weg: Bei Belassung der Textgestalt inszeniert er "Henry V" als Polit-Zeitstück, was den dramaturgischen Prämissen von "Maß für Maß" und dem Verfahren des dialektischen Theaters diametral entgegensteht. Hier erhält der Text gleichsam aus sich heraus Aktualität, wenngleich – ähnlich dem Jessner'schen Prinzip des Zeitausdrucks – zu dieser Zeitgenossenschaft die szenische Präsentation nachhilft. Damit wird ein Niveau erreicht, auf dem der 'klassische' Text als – manchmal politisches – Zeitstück erscheint. Der Materialwert dient sogar dazu, die Theaterästhetik voranzutreiben und das Theater zunehmend in Belange des politischen und sozialen Alltags zu verwickeln. Die Historizität wird dabei nicht einfach kassiert: Indem Zadek die szenische Präsentation ständig gegen das normative Wertgefälle des Dramas "Maß für Maß" ausspielt, behält er dessen Geschichtlichkeit als Provokation bei. Statt jedoch das Drama aus dem Repertoire auszuschließen, machte er es spielbar. Das Drama fungiert gleichsam als schlechte These, deren Unhaltbarkeit die Inszenierung beweist.

Mit Shakespeare schafft das Regietheater eine Umcodierung, die die traditionellen Fundamente des Theaters der Repräsentation aufbricht. Es weicht die Trennung zwischen Theater und Lebenswelt nicht allein durch äußerliche Hinzudichtungen und zeitgenössische Requisiten auf. Vielmehr steht das Theater als eigenständige Kunstsphäre unter starkem Legitimationszwang: einmal gegenüber dem Privatgefühl der Schauspieler (Taboris "Hamlet"), zum anderen gegenüber der Präsenz anderer Ausdrucksmedien (Heymes "Hamlet"). Wesentliche Revisionen vorgegebener theatraler Normen und die Entgrenzung der Institution Theater werden also mit Hilfe von Shakespeares Dramen, nicht gegen sie, am ausgewiesenen Kunstort des Sprechtheaters vorgenommen.

Die wichtigste Leistung des Regietheaters besteht in der Veränderung des Darstellungscodes und in der Öffnung der Werke nicht nur in thematischer, sondern auch in semiotischer Hinsicht. Wie an "Held Henry" und "Maß für

Maß" gezeigt wurde: Verstärkt setzt sich ab Mitte der sechziger Jahre die Verwendung emotionaler dynamischer Interpretanten durch, die die rational-appellativen Verfremdungsstrategien des dialektischen Theaters ablösen. Theater dient nicht mehr allein der rationalen Vermittlung. Wichtiger wird die emotionale Einbindung des Publikums durch eine konkrete 'Sinnlichkeit', die sich vom klassischen Text emanzipiert.

Daß hiermit ein veränderter Erfahrungsmodus in das Theater Einzug hält, manifestieren besonders Inszenierungen wie "Maß für Maß" sowie Taboris und Zadeks "Hamlet", die die traditionelle Rampe zwar nicht mehr zulassen, aber nicht das Unmögliche versuchen: Je mehr Alltägliches in Kostümierung, sprachlicher Modernisierung und Gesten die Bühne beherrscht, umso stärker heben sie Gemeinsames, aber auch Verschiedenes der Erlebnisstile 'Alltag' und 'Theater' hervor.

Mit der 'Umfunktionierung' des 'Umfunktionierers' Brecht, an der das 'geistige Theater' kläglich gescheitert war, setzt das Regietheater Alternativen zur didaktischen Vermittlungsfunktion des Theaters. Erstmals kündet sich mit Hollmanns "Coriolan" und Zadeks "Held Henry" die Möglichkeit an, die Verfahren des dialektischen Theaters als historische zu überprüfen: Die Antwort der Regisseure ist (bei Zadek teilweise) die Parodie und (bei Hollmann) die Einführung des Zufalls als einzig 'bestimmender' geschichtlicher Kategorie. Die Ablösung des Theaters vom Primat der Didaktik findet statt, bevor im sozialen und literarischen Bereich der 'Erfahrungshunger' die Theorie der Utopien ablöst.

Zadeks "Maß für Maß" ist der Schnittpunkt dieses Wandels. Die Inszenierung präsentiert die unzumutbare 'Moral' des Stücks. Sie zeigt die Folgeschäden schlichtweg dadurch auf, daß die Körper 'beredt' dagegen protestieren, während die Hirne noch im Diskurs der Ausschließung vitaler Energien befangen sind. Dies ist zugleich der Protest Zadeks gegen das idealistisch geprägte Theater, das den Erkenntnisgewinn nur dann zuläßt, wenn er mit dem Leiden (des Helden im traditionellen Verständnis, der Gesellschaft in Brechts Theatertheorie) erkauft ist. Der Terror, der in dieser Inszenierung dem Katharsis-Gedanken untergeschoben wird, gelangt in "Maß für Maß" so deutlich zur Anschauung, daß seine Unmenschlichkeit bewußt wird.

Diese Hinwendung zum emotionalen Theater, das den Basistext zur Grundlage für Assoziationen reduziert, beargwöhnt die wissenschaftliche wie feuilletonistische Kritik als Rückzug in die Innerlichkeit, wobei die innovative Leistung dieser Phase verkannt wird: Das Theater der 'Innerlichkeit' verzichtet zwar auf eine dezidiert soziale Analyse, es zeigt jedoch Psychohistorien gesellschaftlicher Repression auf.

262

Das Theater der Interpretation verwandelt sich besonders in den siebziger Jahren zum 'phänomenologischen' Projekt, das Wahrnehmungshorizonte zu erweitern versucht. An Shakespeares Stücken interessiert weniger der politische und soziale Gehalt, der gegebenenfalls 'umfunktioniert' werden müßte, sondern die Emotionalität und psychische Disposition der Figuren. Häufig inszenieren die Regisseure einen Subtext, der primär nicht der Fiktionalisierung der Handlung verpflichtet ist, sondern aus dem Assoziationsreichtum des Texts und seiner direkten Wirkungsmöglichkeit auf die Darsteller und das Publikum schöpft. Infolgedessen vollzieht sich eine mehr oder minder radikale Verdrängung der Sprache, die traditionell im dramatischen Theater den ersten Platz unter den Zeichenebenen einnimmt. Am Wandel vom aktiv dargestellten Subjekt in Düggelins Inszenierung zum gesprochenen Subjekt in Heymes "Elektronischem Hamlet" war offensichtlich, wie sich dieser Prozeß von der geschlossenen fiktionalen 'Erzählung' zur Ausstellung der Materialität von theatraler Kommunikation und ihrer Störung vollzieht. Im "Elektronischen Hamlet" ist die Asynchronität von Sprache, Geste und Raum so markant, daß die Darsteller das theatrale Verständnis von der Rollenfigur als Einheit und als Substitut für den Zuschauer völlig perforieren. Erstmals wird mit der Instrumentalisierung der Schauspieler zu 'ready mades' bewußt, wie weit sich das Regietheater mittlerweile vom Theater der Repräsentation entfernte. Konnte man dieses als Geschichte der inszenierten Identität rekonstruieren, der sämtliche theatralen Ebenen subsumiert wurden, so quittiert Heymes Inszenierung diese Tradition mit dem gräßlichsten Identitätsverlust, den eine "Hamlet"-Inszenierung seit 1945 zumutete, und er dreht dabei das Verhältnis der Zeichenhierarchie um. Der Körper als konventionell-dominanter Zeichenträger verkümmert zusehends unter den beunruhigend aufgewerteten 'Aussage'-Instanzen von Fernsehbildern, Kostümen, Licht, Räumen und Mikroports, die ihn 'besprechen', fragmentieren, und seine Existenz nur unter technischen Wahrnehmungsbedingungen erlauben.

Das Theater der 'Innerlichkeit', das Mitte der siebziger Jahre in den Vordergrund tritt, trägt mit der Shakespeare-Tradition keine Kämpfe mehr aus. Es zieht sich im Zeitalter der beherrschbaren Materialien und der Perforierung verbindlicher theatraler Normen auf sich selbst zurück. Diese Entwicklung wurde im Rückgriff auf den "ästhetischen Nominalismus" und die "New Sensibility" hermeneutisch pointiert und in Bezug zu den veränderten semiotischen Strategien gesetzt. Das Ergebnis dieser Konfrontation erbringt einige Revisionen des bisher negativen Urteils über diese Theaterphase: Es zeigte sich, daß der Text zwar fragmentiert wird, die szenische Darstellung jedoch

durchaus plausibel der Logik der Gefühle folgt, die die dramatis personae
äußern.

Ein weiterer Aspekt dieser Entwicklung ist die Revitalisierung eines sehr
wörtlich genommenen Verständnisses von Theater: Zadeks und Taboris
"Hamlet" bedienen nicht das 'Als-ob' der theatralen Repräsentation, sondern
betonen die Bedeutung des Theaters als Erfahrungsraum und die Materialität
der theatralen Kommunikation. Der Erfahrungsraum konstituiert sich nur
bedingt durch den vorgegebenen Text. Ebensowenig konstruiert er eine abgeschlossene Realitätssphäre. Die Inszenierungen weisen vielmehr die Darsteller
und das Publikum auf das hic et nunc experimenteller Wahrnehmungs- und
Erfahrungsprozesse hin. Das bedeutet vor allem, daß die Texte nicht mehr nur
literarisches Gut sind, sondern Erfahrungs-Material. Besseres kann dem 'Klassiker' nicht widerfahren.

2 Vom Regietheater zum 'Klassiker'-Text

Den verschiedenen Stadien der mehr oder weniger heftigen Auseinandersetzung mit der Tradition eintritt, folgt eine Phase der Rekonstruktion: Das
Theater der Repräsentation wird nun aber nicht in seiner alten Gültigkeit
wiederhergestellt, rekonstruiert wird vielmehr seine 'Hülle'. Das Theater kehrt
zurück zu Kategorien des 'Klassischen', die durch das Regietheater überwunden scheinen. Während das Regietheater in seinen besten Momenten die
Darstellung dramatischer Prozesse – Domäne des literarischen Sprechtheaters
– durch Einführung sozialer und subjektiver Probleme überzeugend revitalisierte, verrät das nachfolgende textorientierte Theater eine wachsende Ratlo-
sigkeit gegenüber Shakespeare, zumal die Rückkehr zum Text nicht den
Wiedergewinn einer sinnvollen Sprache einschließt.

Radikale 'Umfunktionierungen' finden kaum mehr statt. Doch die Wiederannäherung an das 'dramatische Gefüge' der Shakespeare-Dramen verzichtet
zunehmend auf die Erklärung, warum Shakespeare überhaupt noch inszeniert
werden sollte.

Die Wiederannäherung an die Darstellung dramatischer Prozesse bestimm-
te die Shakespeare-Rezeption der achtziger Jahre. Was viele als längst fällige
Rückkehr zum klassischen Text und Beendigung des Bühnen-Allotria des
Regietheaters feiern, wäre ohne dessen Aggression gegen die Plazierung der
'Klassiker' jenseits der Aktualität nicht möglich gewesen. Die Abkehr von der
Konfrontation des 'klassischen' Texts mit zeitgenössischer Subkultur, von der
Desemantisierung der Figurenreden, Körperillustrationen und dramatischen

264

Räumen zugunsten der Resemantisierung der Aufführung als geschlossener Fiktion unterscheidet sich dank des vorangegangenen Regietheaters von dem Theater der Repräsentation: Der Verlauf der (Theater-)Geschichte erweist sich als unumkehrbar, auch wenn die Sprache wieder den ersten Platz in der Hierarchie der theatralen Ausdrucksebenen erhält. Eine immense Leistung des Regietheaters war, daß es die inszenierte Identität einer Zerreißprobe in Psychohistorien von politischer, sexueller und psychischer Repression unterzog. Die Konkretisation des dramatischen Subjekts zur metaphysisch gestützten Entität, zum Mittler oberster Sinnlegitimation, die das 'geistige Theater' bestimmt hatte, war seitdem im Kanon des Verbotenen. Diesen Kanon bricht auch die oberflächlich so viel 'werktreuere' Shakespeare-Rezeption der achtziger Jahre im Gegensatz zu anderen Klassiker-Inszenierungen nicht.

Die Figuren gewinnen das gedämpfte Pathos des 'Klassischen' wieder, das ihnen die Regietheater–Hamlets vorenthalten hatten. Doch gerade in dieser Phase einer konservativen 'Klassiker'-Behandlung erweist sich die 'Sonderrolle' Shakespeares als widerborstig. Das Gebot der 'inneren Form' in Goethes Dramen (insbesondere "Tasso" und "Iphigenie") erfuhr in den achtziger Jahren eine rückhaltlose Bestätigung und revitalisierte die im bildungsbürgerlichen Aneignungsprozeß geronnene ästhetische Erfahrung im "Schallplattentheater".[2] Shakespeare, dessen Widerspenstigkeit gegen die 'Klassiker'-Domestizierung auf den scheinbar inkongruenten Stil- und Handlungsebenen seiner Dramen gründet, weist andere Wege. Die meisten "Hamlet"-Inszenierungen spielen zwar den nahezu ungekürzten Test und appellieren an das Sitzfleisch des Zuschauers. Sie verweisen jedoch betont auf das Scheitern des humanistischen Potentials, das vom 'Klassiker'-Status des 'deutschen' Shakespeare untrennbar ist. In kalten, ausweglosen Räumen mit Brandmauern kämpft sich eine häufig sehr realistisch intonierte und von psychologischem Gesten-Repertoire untestützte Sprache vorwärts – doch geradewegs ins Ende. Über Utopien mag sich noch sprechen lassen, aber das Handeln als Widerstand ist suspendiert. Damit verlieren Shakespeares Dramen ihre Offenheit. Anhand des Theaters im Zeichen der Posthistoire konnte dargestellt werden, wie die zunehmende Innovationsmüdigkeit des westdeutschen Theaters sich auf die Reduktion der theatralen Qualität der Shakespeare-Dramen auswirkt. Der historistische Blick auf die Dramen als Zeugnisse einer längst

---

2   Günther Rühle. "Dieter Dorn läßt in den Münchner Kammerspielen Goethe sprechen. Iphigenie auf dem Wege zur Schallplatte." *Thh* 3 (1981). 11.

vergangenen Zeit bewirkt, daß das Interesse des Zuschauers längst vor dem Zerfall der Figuren Gefahr läuft, zu ersterben. Besonders diese Phase der Shakespeare-Rezeption, die zwar den ganzen Text aufbietet, um ihn dann doch nicht zu spielen, manifestiert ein Theater der schönen Bilder, das sein Interesse an Shakespeare mitunter kunstvoll verborgen hält.

Dem Konzept des Nachgeschichtlichen, das wohl die denkbarste Katastrophe darstellt, entspricht die Restitution einer längst verabschiedeten Kategorie: Das Erhabene verliert seine emanzipatorische Funktion. Statt eines kritischen Blicks auf die Lebenspraxis durch Ästhetisierung betreiben die jüngeren Shakespeare-Inszenierungen die Anästhetisierung des Ästhetischen: Figuren ohne Leben behandeln den theatralen Code der Aktion schlechthin als verlangsamtes Zitat einer vergangenen Zeit, Emotionen gelingen nur als ornamentale Geste. Gelähmt von der Last der Auslegungsgeschichte, widerfährt dieser Theaterzeit die Reduktion all der Elemente von Shakespeares szenischer Dramaturgie, die einst das deutsche Theater veränderten. Das Theater der achtziger Jahre erfindet nicht, es kassiert vielmehr einzelne theatrale Codes (Proxemik, Gestik und Mimik) bis zur Gänze. Der sich dabei verkümmernde Spiel-Begriff ist die einzige und ziemlich trostlose 'Innovation' nach dem Regietheater.

Das Gespenst des 'deutschen Shakespeare' zeigt sich in seiner demystifizierten Gefährlichkeit jedoch noch einmal in Heiner Müllers "Hamlet/Maschine". "Hamlet" wird zum Symbol eines formal geeinten Deutschlands, in dem die Möglichkeit einer Veränderung ausgeschlossen ist. Müller plaziert "Hamlet" an das Ende aller Diskussionen. Seine Inszenierung ist von radikal inhumaner Gewalt geprägt. Im völlig demystifizierten und nahezu tragischen Sinn: Aktueller könnte Shakespeare, der 'dritte deutsche Klassiker', nicht sein.

3 Zum Schluß

Prinz Hamlet sondert frische Hühnereier ab, Laertes ermordet Ophelia nach einer Sexorgie auf dem Sofa. Ophelia küßt die zitronengelbe Glatze des Norwegers Fortinbras. "Hamlet" wird nicht gespielt, wird ihm mitgespielt? Die Regie erkennt die Autorität des Textes nicht an. Es finden viele Geschichten statt, nicht die des Prinzen.

Déja vu? Schon, aber es handelt sich nicht um eine Inszenierung aus den 'Roaring Sixties', sondern von 1988/89. Frank Castorfs Kölner "Hamlet – Material von William Shakespeare. Aus dem Englischen von Heiner Müller" zitiert angeblich "Schmuddelexzesse"[4] des Regietheaters, ein Verdacht, der sich auch auf Leander Hausmanns "Romeo und Julia" (München 1992/93). erstreckt. Daß sich eine Opposition gegen die Lemuren-Hamlets der Achtziger ankündigt, ist erfrischend. Warum jedoch zieht sie sich auf Verfahren des Regietheaters der sechziger und siebziger Jahre zurück? Ist dies alles nur eine Hommage? Oder ein bewußtes Remake? Die Theaterkritik, die sich mittlerweile an die interessenlose Schönheit des nachgeschichtlichen Theaters gewöhnt hat, diskreditiert vor allem Castorfs Inszenierungen als Nachholbedarf eines DDR-Regisseurs, der von der altbundesdeutschen Avantgarde abgekoppelt war.[5] Das soll das einzig wesentliche Fazit zu dieser alt-neuen Entwicklung des gesamtdeutschen Theaters sein? Eine Gemeinsamkeit mit dem Regietheater besteht sicherlich darin, daß das Theater seine Texte wieder selbst schreibt, diese Texte zum Erfahrungsmaterial werden, wie es sich im Theater der 'Innerlichkeit' artikuliert hatte. Der betonte Rekurs auf die Avantgarde der sechziger und siebziger Jahre manifestiert sich darin, daß sich Castorf um die Widerlegung und Auslegung der traditionellen Lesart nicht kümmert. Rezepte des Regietheaters gegen den kanonisierten 'Klassiker' scheinen hier schlichtweg nachgestellt. Doch es ist eine von Castorf bewußt herausgestellte Imitation, die weniger ein neues Kapitel der Theatergeschichte schreibt, sondern das alte Kapitel – Regietheater als Avantgarde und Innovation – endgültig für beschlossen erklärt. Die Avantgarde als Gegenmodell zum traditionellen Kunstsystem gibt es nicht mehr. Ebensowenig existieren noch traditionelle Normen, mit denen gebrochen werden müßte.

Die Steinbrucharbeit ist durch das Regietheater geleistet worden. Die Abtragung der Bruchstücke findet derzeit statt. Wiederum und sehr traditionell mit Hilfe von Shakespeare.

---

[4] *Aachener Volkszeitung.* 19.4.1989.
[5] Vgl. Andreas Rossmann. "Im Bannkreis des Schwindels."FAZ.27.4.1989.

Bibliographie

Aus Gründen der Übersichtlichkeit verzeichnet die Bibliographie keine Rezensionen, Programmhefte, Regie-, Technik- und Rollenbücher und andere Inszenierungsmaterialien, die im fortlaufenden Text genannt wurden.

Abkürzungen

Zeitungen/Zeitschriften

AZ	Abendzeitung
SZ	Süddeutsche Zeitung
FAZ	Frankfurter Allgemeine Zeitung
DDB	Die Deutsche Bühne
FR	Frankfurter Rundschau
MD	Modern Drama
MM	Münchner Merkur
Thh	Theater heute
Stuttg. Nachr	Stuttgarter Nachrichten
Stuttg. Zg	Stuttgarter Zeitung

1 Beiträge zur Wissenschaftstheorie, Philosophie, Geschichte, Ästhetik, Theatertheorie

Alter, Jean. A Sociosemiotic Theory of Theatre. Philadelphia 1990.

Artaud, Antonin. *Das Theater und sein Double.* Transl. G. Henninger. Frankfurt/M. 1989.

Ausländer, Philip. "Toward a Concept of the Political in Postmodern Theatre." Theatre Journal, March (1987). 20-32.

Baudrillard, Jean. *Agonie des Realen.* Berlin 1978.

– *Die fatalen Strategien.* München 1985.

– *Laßt euch nicht verführen!* Transl. M.S. Leiby. Berlin 1983.

Bayerdörfer, Hans-Peter. "Probleme der Theatergeschichtsschreibung." *Theaterwissenschaft heute: Eine Einführung.* Ed. R. Möhrmann. Berlin 1990. 41-64.

Bene, Carmelo/Deleuze, Gilles. *Superpositions.* Paris 1979.

269

Bürger, Christa. "Das Kunstwerk als Setzung. Rohe Thesen." *Kolloqium Kunst und Philosophie: Das Kunstwerk* . Ed. W. Oelmüller. München – Zürich – Wien 1983. 128-130.

Derrida, Jacques. *Die Schrift und die Differenz.* Transl. Rodolphe Gasché. Frankfurt/M. , [4]1989.

Ebbighausen, Rolf/Neckel, Sighard, eds. *Anatomie des politischen Skandals.* Frankfurt/M. 1989.

Ebeling, Hans. *Das Subjekt in der Moderne. Rekonstruktion der Philosophie im Zeitalter der Zerstörung.* Reinbek 1993.

Eagleton, Terry. "Phenomenology, Hermeneutics, Reception Theory." *Literary Theory.* Minneapolis 1983.

Federman, Raymond, ed. *Surfiction: Fiction Now ... and Tomorrow.* Chicago 1975.

Fischer-Lichte, Erika./Paul, Fritz/Schultze, Brigitte/Turk, Horst, eds. *Soziale und theatralische Konventionen als Problem der Dramenübersetzung.* Tübingen 1988.

–/ Riley, Josephine/Gissenwehrer, Michael, eds. *The Dramatic Touch of Difference.* Theatre, Own and Foreign. Tübingen 1990.

–. "Zwischen Differenz und Indifferenz. Funktionalisierungen des Montage-Verfahrens bei Heiner Müller." *Avantgarde und Postmoderne. Prozesse struktureller und funktioneller Veränderungen.* Ed. E. Fischer-Lichte, K. Schwind. Tübingen 1991. 231-245.

Foucault, Michel. *Die Ordnung der Dinge.* Transl. U. Köppen. Frankfurt/M. [9]1990.

– *Die Ordnung des Diskurses.* Transl. P. Konsersmann. Frankfurt/M. 1988.

– "Was ist ein Autor?" *Schriften zur Literatur.* Frankfurt/M. 1988. 7-31.

Frank, Manfred. *Was ist Neostrukturalismus?* Frankfurt/M. 1983.

Fuchs, Elinor. "Presence and the Revenge of Writing: Re-thinking Theatre After Derrida." *Performance Art Journal* 26/27. 163-172.

Genette, Gérard. *Palimpsestes. La littérature au second degré.* Paris 1982.

Heinrichs, Hans-Jürgen, ed. *Der Körper und seine Sprachen.* Frankfurt/M. 1989.

Hess-Lüttich, Ernest W.B., ed. *Multimedial Communication. II: Theatre Semiotics.* Tübingen 1982.

Höfele, Andreas. "Drama und Theater. Einige Anmerkungen zur Geschichte und gegenwärtigen Diskussion eines umstrittenen Verhältnisses." *Forum Modernes Theater* 1 (1991). 3-22.

Jauß, Hans Robert. *Literaturgeschichte als Provokation.* Frankfurt/M. 1970. 31.

Kamper, Dietmar/Wulf, Christoph, eds. *Die Wiederkehr des Körpers..* Frankfurt/M. 1982.

v. Kesteren, Aloysius/Schmid, Herta, eds. *Moderne Dramentheorie.* Kronberg 1975.

Kittler, Friedrich A. Aufschreibesysteme 1800/1900. München [2]1987.

– / Schneider, Manfred/Weber, Samuel, eds. *Diskursanalysen 1: Medien.* Opladen 1987.

– / Schneider, Manfred/Weber, Samuel, eds. *Diskursanalysen 2: Institution Universität.* Opladen 1990.

Kocka, Jürgen/Nipperdey, Thomas, eds. *Theorie und Erzählung in der Geschichte.* Frankfurt/M. 1979.

Lüdtke, Alf, ed. *Alltagsgeschichte. Zur Rekonstruktion historischer Erfahrungen und Lebensweisen.* Frankfurt/M. – New York 1989.

Lyotard, Jean-Francois. *Philosophie und Malerei im Zeitalter ihres Experimentierens.* Transl. M. Krabe. Berlin 1986.

Marshall McLuhan. *Understanding Media. The Extension of Man.* New York [17]1964.

Möhrmann, Renate, ed. *Theaterwissenschaft heute. Eine Einführung.* Berlin 1990.

Müller, Heiner. *Materialien.* Ed.f. Hörnigk. Leipzig 1989.

Pautrat, Bernard. "Politique en scène: Brecht." *Mimesis des articulations.* Ed. S. Agacinsky, J. Derrida, S. Kofman et al. Paris 1975. 339-359.

Pavis, Patrice. "Die Inszenierung zwischen Text und Aufführung." *Zeitschrift für Semiotik* 1 (1989). 13-28.

– "Klassischer Text und szenische Praxis: Überlegungen zu einer Typologie zeitgenössischer Inszenierungsformen." *Studien zur Ästhetik des Gegenwartstheaters.* Ed. C.W. Thomsen. 19-31.

– *Semiotik der Theaterrezeption.* Tübingen 1988.

– "The Classical Heritage of Modern Drama: The Case of Postmodern Theatre." *MD* 1 (1986). 1-22.

Peper, Jürgen. "Postmodernismus: Unitary Sensibility. Von der geschichtlichen Ordnung zum synchron-environmentalen System." *Die unvollendete Vernunft. Moderne versus Postmoderne.* Ed. D. Kamper, W.v. Reijen. Frankfurt/M. 1987. 185-221.

Prauss, Gerold. *Einführung in die Erkenntnistheorie.* Darmstadt 1980.

Roberts, David, ed. *Tendenzwenden. Aspekte des Kulturwandels der Siebziger Jahre.* Frankfurt/M. 1984.

Strauss, Botho. *Versuch, ästhetische und politische Ereignisse im Zusammenhang zu denken.* Frankfurt/M. 1987.

Schäfer, Rolf. "Stationen des Nicht-Theatralischen. Ästhetisches Handeln in der Bildenden Kunst." *Kunst & Therapie.* Ed. P.W. Rech/P.U. Hein. Münster 1985. 35-50.

Schechner, Richard. "The End of Humanism." *Performance Art Journal* 1982. 94-106.

Schlaffer, Hannelore, Schlaffer, Heinz. *Studien zum ästhetischen Historismus.* Frankfurt/M. 1975.

Schmid, Herta. "Das dramatische Werk und seine theatralische Konkretisation im Lichte der Literaturtheorie Roman Ingardens." *Das Drama und seine Inszenierung.* Ed. E. Fischer-Lichte et al. Tübingen 1984.

S.J. Schmidt. *Ästhetische Prozesse. Beiträge zu einer Theorie der nicht-mimetischen Kunst und Literatur.* Köln – Berlin 1971.

Szabó, Ernö Kulcsár . "'Die Welt zerdacht...' Sprache und Subjekt zwischen Avantgarde und Postmoderne." *Avantgarde und Postmoderne. Prozesse struktureller und funktioneller Veränderungen.* Ed. E. Fischer-Lichte, K. Schwind. Tübingen 1991. 29-42.

Wellershoff, Dieter. *Die Auflösung des Kunstbegriffs.* Frankfurt/M. 1976

Welsch, Wolfgang. *Ästhetisches Denken.* Stuttgart 1990.

– *Unsere postmoderne Moderne.* Weinheim ³1991.

Zimmermann, Albert, ed. *Der Begriff der Repraesentatio im Mittelalter. Stellvertretung, Symbol, Zeichen, Bild.* Berlin – New York 1971.

2 Beiträge zur Theater- und Literaturgeschichte

Blinn, Hansjürgen, ed. *Shakespeare-Rezeption. Die Diskussion um Shakespeare in Deutschland I: Ausgewählte Texte von 1741 bis 1788.* Berlin 1982.

–ed. Shakespeare-Rezeption. *Die Diskussion um Shakespeare in Deutschland II: Ausgewählte Texte von 1793-1827.* Berlin 1987.

Borchmeyer, Dieter. *Die Weimarer Klassik.* 2 Bde. Königstein 1980.

Broich, Ulrich. "Montage und Collage in Shakespeare-Bearbeitungen der Gegenwart." *Poetica* 4 (1971). 330-60.

Carstensen, Uwe B. *Klaus Michael Grüber.* Frankfurt/M. 1988.

Cope, David. *New Music Composition.* New York–London 1977.

Daiber, Hans. *Deutsches Theater seit 1945.* Stuttgart 1975.

Devrient, Eduard. *Geschichte der deutschen Schauspielkunst.* Ed. R. Kabel, Chr. Trilse. 2 Bde. München – Wien 1967.

Dingelstedt, Friedrich. *Studien und Copien nach Shakespeare.* Pesth 1858.

Dippelt, Ulrike. *Vom Mysterium der Gnade zur Korruption durch Macht. Shakespeare's "Maß für Maß" in Westdeutschland: die Geschichte seiner Rezeption in Literaturwissenschaft und Theater 1946–1979.* Bonn 1980.

Erken, Günther. "Theaterarbeit mit Klassikern. Erfahrungen eines Dramaturgen bei Hansgünther Heyme." *TZS* 11 (1985). 5-21.

Fiebach, Joachim. "'Werk im Werden.' Theater der Siebziger Jahre in Westeuropa." *Weimarer Beiträge. Zeitschrift für Literaturwissenschaft.* 2 (1982). 10-32.

Finter, Helga. "Das Kameraauge des postmodernen Theaters." *Studien zur Ästhetik des Gegenwartstheaters.* Ed. C.W. Thomsen. 46-70.

Fischer-Lichte, Erika. *Kurze Geschichte des deutschen Theaters.* Tübingen – Basel 1993.

Gervinus, Georg G. *Geschichte der poetischen Nationalliteratur der Deutschen.* 5 Bde. Leipzig 1835-42. II. (1835).

Girshausen, Theo, ed. *Die Hamletmaschine. Heiner Müllers Endspiel.* Köln 1978.

Gordon, Mel, Lassiter, Laurie. "Acting Experiments in The Group." *The Drama Review.* Vol. 28. No. 4 (T 104): "The Group Theatre". Winter 1984.

Habicht, Werner. "Shakespeare and the theatre politics in the Third Reich." *The play out of context. Transfering plays from culture to culture.* Ed. H. Scolnicov, P. Holland. Cambridge, UP. 1989. 110-120.

Hadamczik, Dieter/Schmidt, Jochen/Schulze-Reimpell, Werner. *Was spielten die Theater? Bilanz der Spielpläne in der Bundesrepublik Deutschland. 1947-1975.* Köln 1978.

Haider-Pregler, Hilde. *Des sittlichen Bürgers Abendschule. Bildungsanspruch und Bildungsauftrag im 18. Jahrhundert.* Wien 1980.

Hebenstreit, Wilhelm. *Das Schauspielwesen. Dargestellt auf dem Standpunkte der Kunst, der Gesetzgebung und des Bürgertums.* Berlin 1847

Herzogenrath, Wulf. "Die ungleichen Brüder. Videokunst im Schatten des Fernsehens." *Zeitzeichen. Stationen Bildender Kunst in Nordrhein-Westfalen.* Ed. K. Ruhrberg. Köln 1989. 362-380.

Hinck, Walter. "Vom Ärgernis der Klassiker-Inszenierungen. Goethes Bearbeitung von Romeo und Julia und Hansgünther Heymes Bearbeitung des Wallenstein." *Verlorene Klassik.* Ed. W. Wittkowski. Tübingen 1986. 353-373. Diskussion: 373-377.

Höfele, Andreas. "A Theater of Exhaustion? 'Posthistoire' in Recent German Shakespeare Productions." *Shakespeare Quarterly.* Vol. 43. 1 (spring 1992). 80-86.

– "Leopold Jessner's Shakespeare Productions 1920-1930." *Theatre History Studies.* Vol. XII. 1992. 139-156.

– *Die szenische Dramaturgie Shakespeares* . Heidelberg 1976.

Hoffmeier, Dieter. *Die Einbürgerung Shakespeares auf dem Theater des Sturm und Drang.* (Schriften zur Theaterwissenschaft. Bd. 3,II.) Berlin 1964.

Hofmann, Norbert. *Redundanz und Äquivalenz in der literarischen Übersetzung, dargestellt an fünf deutschen Übersetzungen des "Hamlet".* Tübingen 1980.

Hortmann, Wilhelm. "Changing Modes in Hamlet-Production: Rediscovering Shakespeare after the Iconoclasts." *Images of Shakespeare. (Proceedings of the 3rd Congress of the International Shakespeare Association 1986).* University of Delaware. 1988. 221-235.

- "Die Macht der Bilder – Szenographische Notate zu einigen jüngeren Shakespeare-Inszenierungen." *Kunstgriffe. Auskünfte zur Reichweite von Literaturtheorie und Literaturkritik.* Fs. für Herbert Mainusch. Ed. U. Horstmann, W. Zach. Bern 1989. 139-151.

- "Spielorte und Bühnenräume: Zur Szenographie von Shakespeare-Inszenierungen der jüngsten Vergangenheit." *ShJ(W)* 1989. 59-76.

- "Theaterschocks bei avantgardistischen Shakespeare-Inszenierungen." *Shakespeare. Didaktisches Handbuch 1.* Ed. R. Ahrens. München 1982. 313-342.

Kilian, Eugen. "Shakespeare und die Mode des Tages." *ShJ* (1925). 7-38.

Knudsen, Hans. *Deutsche Theatergeschichte.* Stuttgart 1959.

R. Kostelanetz. *The Theatre of Mixed Means. An Introduction to Happenings, Kinetic Environments and other Mixed Means Performances.* London 1970

Kott, Jan. *Shakespeare heute.* Frankfurt/M. [3]1991.

Kuckhoff, Armin-Gerd. "Aktualität und Aktualisierung. Shakespeare-Aufführungen in England, der BRD und den USA." *Sh-Jb.* (Ost) 1972. 200-207.

Larson, Kenneth Edwin. *King Lear in German Translation: Problems of Translation, Reception, and Literary History.* Yale UP 1983.

Ledebur, Ruth v. *Deutsche Shakespeare-Rezeption seit 1945.* Frankfurt/M. 1974

Lehmann, Hans-Thies. "Müller/Hamlet/Grüber/Faust: Intertextualität als Problem der Inszenierung." *Studien zur Ästhetik des Gegenwartstheaters.* Ed. C.W. Thomsen. 33-45.

Lenz, Jakob Michael Reinhold. *Anmerkungen übers Theater. Shakespeare-Arbeiten und Shakespeare-Übersetzungen.* Stuttgart 1976.

Linke, Manfred. *Theater – Theatre 1967-1982.* Schriftenreihe des Zentrums BRD des Internationalen Theaterinstituts e.V. 2 Bde. Berlin 1983.

Mainusch, Herbert. *Regie und Interpretation: Gespräche mit Regisseuren.* München 1985.

Malsch, Wilfried. "Die geistesgeschichtliche Legende der deutschen Klassik." *Die Klassik-Legende.* Ed. R. Grimm/J. Hermand. Frankfurt/M. 1967. 108-140.

Mauer, Burkhard/Krauss, Barbara, eds. *Spielräume – Arbeitsergebnisse. Theater Bremen 1962-1973.* Programmheft Nr. 15, Spielzeit 1972/73.

Mennemeier, Franz Norbert. "Das Theater als semiotische Anstalt: Antonin Artaud und Bertolt Brecht." *Das Drama und seine Inszenierung.* Ed. E. Fischer-Lichte. 120-132.

Michael, Friedrich/Daiber, Hans. *Geschichte des deutschen Theaters.* Frankfurt/M. 1990.

Muschg, Walter. "Deutschland ist Hamlet." *Der deutsche Shakespeare.* (Theater unserer Zeit 7.) Basel 1965. 7-31

Patterson, Michael. *Peter Stein: Germany's leading director.* Cambridge et. ub. 1981.

Piedmont, Ferdinand. "Tendenzen moderner Schiller-Aufführungen." *Jahrbuch der deutschen Schiller-Gesellschaft* 21 (1977). 247-273.

Pfister, Manfred. "Hamlet und der deutsche Geist: Die Geschichte einer politischen Interpretation." *ShJ(W)* 1992. 13-38.

- "Moderne Hamlet-Bearbeitungen im Spannungsfeld aktueller Dramaturgien." *Shakespeare – Didaktisches Handbuch.* Ed. R. Ahrens. Stuttgart 1982. 953-984.

Raab, Michael. *Des Widerspenstigen Zähmung: Moderne Shakespeare-Inszenierungen in Deutschland und England.* Rheinfelden 1985.

Raddatz, Frank-Michael. *Dämonen unterm roten Stern. Zur Geschichtsphilosophie und Ästhetik Heiner Müllers.* Stuttgart 1991. 166-173.

Rice, C. Jane. *The discussion of Shakespeare in West Germany. 1945 to 1985.* Stanford Univ. Diss. 1987.

Rouse, John. *Brecht and the West German Theatre: The Practice and Politics of Interpretation.* Ann Arbor 1989.

Rutschky, Michael. *Erfahrungshunger. Ein Essay über die siebziger Jahre.* Köln 1980.

Schink, Johann Friedrich. *Zeitgenossen.* Bd. 3. Leipzig 1818.

Schmalzriedt, Egidius. *Inhumane Klassik.* München 1970.

Schwanitz, Dieter. "Theatrum Mundi und soziales Rollenspiel: Zur sozialgeschichtlichen Deutung des Hamlet. *ShJ(W)* 1978/79. 114-131.

Sellner, Gustav Rudolph/Wien, Werner. *Theatralische Landschaft.* Bremen 1962.

Steiger, Klaus Peter. *Die Geschichte der Shakespeare-Rezeption.* Stuttgart 1987
– Moderne Shakespeare-Bearbeitungen. Ein Rezeptionstypus in der Gegenwartsliteratur. Stuttgart 1990.

Susan Sontag. *Against Interpretation and other Essays.* New York [3]1967.

Stahl, Ernst Leopold. *Shakespeare und das deutsche Theater. Wanderung und Wandelung seines Werkes in dreiundeinhalb Jahrhunderten.* Stuttgart 1947.

Suerbaum, Ulrich. *Das Elisabethanische Zeitalter.* Stuttgart 1989.

Theater der Zeit, ed. *Der deutsche Shakespeare.* Wien 1965.

Thomsen, Christian W., ed. *Studien zur Ästhetik des Gegenwartstheaters.* Reihe Siegen 58. Heidelberg 1985.

Ubersfeld, Anne. "Le jeu de classiques reecriture ou musee." *Les voies de la creation theatrales..* Ed. J. Jaquot. Bd. 6. Paris 1978

Vielhaber, Christiane. *Shakespeare auf dem Theater Westdeutschlands 1945-1975.* [Diss.] Köln 1977.

Wekwerth, Manfred. *Notate über die Arbeit des Berliner Ensembles 1956-1967.* Frankfurt/M. 1967.

– *Theater in Diskussion.* Berlin 1981.

Williams, Simon. *Shakespeare on the German Stage.* Vol. 1: 1586-1914. Cambridge – New York – Port Chester – Melbourne – Sydney 1990.

Willett, Ralph. "The Old and the New: Robert Wilson's Traditions." *Studien zur Ästhetik des Gegenwarttheaters.* Ed. C.W. Thomsen. 91-98.

Wittkowski, Wolfgang, ed. *Verlorene Klassik.* Tübingen 1986.

Wulf, Joseph. *Theater und Film im Dritten Reich. Eine Dokumentation.* Frankfurt/M. [2]1983.

3 Rezensionen, Interviews, Diskussionen, Werke von Theaterschaffenden und -kritikern

Baumbauer, Frank u.a. "Das Theater ist eine Investition in das Individuum. Ein Gespräch unter Theatermachern." *SZ.* 1. 2. 1993.

Becker, Peter v. "Kampf der Giganten: Shakespeare am Burgtheater und den Münchner Kammerspielen." *Thh* 4 (1992). 8-15.

– "Ein Kinderspiel – was sonst. Peter Stein inszeniert Shakespeares Julius Caesar in der Felsenreitschule." *Thh* 9 (1992). 20-21.

– "Shakespeare heute – Shakespeare harmlos? Überlegungen und Eindrücke nach Zadeks Hamlet in Bochum." *Thh* 11 (1979). 6-15.

– "Shakespeare, Marlowe und der Dichter aus Wien: Zum Tode von Erich Fried." *Thh* 1 (1989). 22f.

– "Der Tanz der Tragödie. Wie Ariane Mnouchkine und ihr Sonnentheater die Mord-Dramen der Antike erleuchten: Les Atrides, Iphigenie in Aulis, Agamemnon, Die Choephoren." *Thh* 6 (1991). 1-7.

– "Zettels Traum scheint ausgeträumt. Über neue Inszenierungen von Peter Brook, Peter Hall, Dieter Dorn und Peter Zadek." *Thh* 11 (1978). 4-11.

Becker, Peter v.; Heyme, Hansgünther u.a. "Kultur in Deutschland: Milliardenspiel und Nullösung?" *Thh* 1 (1991). 1-5. .

– "Theaterarbeit mit George Tabori." Der Weg vom Bremer Hamlet zum Münchner Shylock. *Thh* 1 (1979). 47-51.

– "Die Berliner Schaubühne: Ein Denkmal als Ruine." *Thh* 7 (1979). 1-3.

Boltz, Ingeborg. "'a gallimaufry of gambols' – Bemerkungen zu Zadeks Inszenierung des Wintermärchens." *Nugae Clementinae: A Poetical-Historical-Critical Rhapsody.* Ed. U. Broich et al. München 1979. 178-186.

Brecht, Bertolt. "Gespräch über Klassiker." *Gesammelte Werke.* 7. Bd. Frankfurt/M. 1967.

Brock, Bazon. "Für dieses leere Spiel mit Worten sollt Ihr Buße tun! Antikenprojekt. Die Hybris der Schaubühne beim Umgang mit historischem Material." *Thh-Jb* 1974. 40-3.

Brook, Peter. *Travail theatral* 18 (1975).

Burkhardt, Joachim. "Etwas mehr Leiden mit Mitte. Die Bühnen der Stadt Bonn." *Thh* 4 (1976). 33.

Canaris, Volker. "Peter Roggisch oder: Spielfiguren unter Laborbedingungen." *Thh-Jb* 1972. 104-106.

– "Helmut Lohner oder: das Dilemma eines Virtuosen." *Thh-Jb.* 1972. 113f.

– "Die ersten Juden, die ich kannte, waren Nathan und Shylock." *Thh* 2 (1973). 20-5.

– "Zeit für Klassiker?." *Thh-Jb.* 1974. 30-4.

– "Was man in England wörtlich darstellen kann, muß man in Deutschland gestisch wiedergeben. Über Peter Halls Hamlet und Peter Zadeks Othello." *Thh* 7 (1976). 12-21.

– "Der Kampf aller gegen alle: Minks inszeniert Shakespeares Sturm in Hamburg." *Thh* 10 (1976). 11f.

– "Vier Schwierigkeiten im Umgang mit Shakespeare." *Thh* 11 (1976). 17-19.

–"Auf der Suche nach Shakespeares Welt. Erfahrungen mit Shakespeare's Memory bei der Schaubühne." *Thh* 2 (1977). 19-22.

– Coriolan – zum Lachen." *Thh* 6 (1977). 9f.

– Hamlet – ein Clown, ein Zeitgenosse?." *Thh* 6 (1977). 6-8.

– Peter Zadek: Der Theatermann und Filmemacher. München – Wien 1979.

Deutsche Bühne. "Die Zeit ist aus den Fugen." 7 (1986). 8-11.

Erken, Günther. "Shakespeares Königsdramen auf der deutschen Bühne." *Thh* 8 (1977). 9-15.

– "Theaterarbeit mit Klassikern." TZS 11 (1985). 15.

Gamper, Herbert. "Geldnöte? Komödie der Irrungen in Basel." *Thh* 4 (1971). 22f.

– "Narrheit? Was Ihr wollt in Basel." *Thh* 4 (1971). 23.

Gersch, Wolfgang. "Schaubühnenschau." *DDB* 6 (1990). 14-17.

Girshausen, Theo. "Werk – Wahrheit – Wirkung. Überlegungen zu neueren Klassikerinszenierungen." TZS 11 (1985). 22-38.

Glossner, Herbert. "Versuche, Musik zu erfinden." *Allgemeines Sonntagsblatt.* 26.4.1987.

Gregori, Ulrich. "Shakespeare auf der deutschen Bühne". *ShJ* 49 (1904). 84-112.

Gründgens, Gustav. *Briefe, Aufsätze, Reden.* Hamburg 1967.

Haußmann, Leander. "Nerv und Herz treffen." *Thh-Jb.* 1991. 112-116.

Henrichs, Benjamin. "Im Anfang war der Mord. Eine Irrfahrt zu Shakespeare: Wilfried Minks inszeniert Richard III., Rudolf Noelte Hamlet, Ariane Mnouchkine Richard II." *Zeit.* 25.12.1981.

– "Das Leben ein Alptraum, der Tod ein Beamter." Zeit. 12.2.1982.

– "Shakespeare und Mozart auf der Reise nach Indien. Peter Brook erzählt in neun Stunden die Geschichte der Welt: das Mahabbarata-Epos und die tausend Theater von Avignon." *Zeit.* 19.7.1985.

– "Verletzliche Liebende – selbstsichere Komödianten." *Thh* 3 (1971). 8.

– "Verriß des Monats." *Thh* 8 (1971). 53.

Hensel, Georg. "Tränen trägt man nicht mehr." *Jahresring 1968.* Stuttgart 1968. 333f.

– "Shakespeare Richard II. in Darmstadt." *Thh* 3 (1972). 53.

– "Black Othello: Marowitz funktioniert Shakespeare um." *Thh* 7 (1972). 20.

– *Das Theater der siebziger Jahre: Kommentar, Kritik, Polemik.* München 1983.

– *Spiel's noch einmal: Theater der achtziger Jahre.* Frankfurt/M. 1990.

Iden, Peter. "Brechts Erbe. Über Peter Palitzsch." *Thh* 6 (1991). 43-44.

– *Die Schaubühne am Halleschen Ufer 1970-1979.* München 1979.

– *Theater als Widerspruch: Plädoyer für die zeitgenössische Bühne.* München 1984.

Jäger, Gerd. "...wie alles sich für mich verändert hat." *Thh* 6 (1973). 12-9.

– "Wir, das Ensemble, probieren euch Shakespeare vor." *Thh* 4 (1977). 15f.

Jörder, Gerhard. "Richard II. und der Junge W. in Freiburg." *Thh* 5 (1975). 53.

Kaiser, Joachim. "Falscher Ehrgeiz kann tödlich sein. Warum das deutsche Schauspieltheater in eine Sinnkrise geriet." *SZ.* 29. 2.1992.

– "Komödienkünste." *Thh* 9 (1971). 8-10.

– "Werktreue – warum und wie?" *Thh-Jb.* 1974. 12f.

–Rischbieter, Henning/Kahl, Kurt et al. "Wie inszeniert man heute Klassiker?" *Thh* 5 (1961). 3-11.

Karasek, Helmut. "Nicht mehr naiv, aber noch nicht kritisch: Peter Palitzsch inszeniert Shakespeares Hamlet zum Abschied aus Stuttgart." *Thh* 7 (1972). 21-3.

– "Richards Machtübernahme." *Thh* 4 (1973). 18-20.

Karasek, Helmut. "Othello oder So stirbt man nicht." *Der Spiegel* 18 (1975). 215.

Kilian, Eugen. "Shakespeare und die Mode des Tages." *ShJ* 51 (1925). 7-38.

Kirchner, Alfred. "Das spielerische Theater ist das eigentliche Theater." *Thh* 7 (1977). 13f.

Koch, Knut. "Das Diktat der Kunst. "*Thh* 1 (1991).30-32.

Krug, Hartmut. "Auch Theater sind sterblich." *Thh* 1 (1992). 9.

Kruntorad, Paul: "Auf Jan Kotts Spuren." *Thh* 2 (1978). 8-10.

Krusche, Friedemann. "Der Greif schlägt das dumme Huhn. Ein Jahr vereinigtes deutsches Theater." *Thh-Jb* 1991. 143-144.

Leber, Hugo. "Zeit, daß es ehrlich wird." *Thh* 11 (1975). 28f.

Martins, Kirsten. "Der Fels, der in der Mitte bricht." *Thh* 1 (1979). 52-5.

Melchinger, Siegfried/Iden, Peter. "Dramatiker-Umfrage: Verstehen Sie sich als einen Autor in Beziehung zu Shakespeare, ohne Shakespeare, oder gegen Shakespeare?" *Thh–Jb.* 1972. 28-33.

– "Das Menschenmögliche, wie es sich immer wieder ereignen mag. Giorgio Strehler inszeniert Shakespeares Lear in Mailand." *Thh* 1 (1973). 7-9.

– Ed. *Shakespeare auf dem modernen Welttheater.* Velber 1964.

– "Veränderer: Ionesco, Müller und Shakespeare – kein Vergleich." *Thh-Jb.* 1972. 30-2.

– "Wie spielen wir Shakespeare? Die Frage im Jubiläumsjahre." *Thh* 5 (1964). 6-9, 10-17.

Merschmeier, Michael. "Heiner & Heiner. Im Dickicht der Stasi – ein deutsches Leben?" *Thh* 2 (1993). 1-2.

Mnouchkine, Ariane. "Wir arbeiten an Schrecken und Verzückung." [Int.] *Thh* 6 (1991). 8-10.

Müller, André. "Dichter müssen dumm sein: Ein Gespräch mit Heiner Müller." *Zeit.* 14.8. 1987.

Müller, Christoph. "Lear im Deutschen Theater." *Thh* 8 (1976). 57.
- "Nicht die DDR, sondern sich selbst erklären: Jürgen Gosch im Gespräch." *Thh* 3 (1981). 19-27.
-. "Sturm und Sturmchen. Shakespeare in Ulm und Wiesbaden." *Thh* 3 (1979). 59f.
-. "Erfolg mit Effekt: Die neue Bremer Truppe stellt sich mit Maria Stuart vor." *Thh* 11 (1978). 14f
Müry, Andres. "Ein deutscher Dramaturg oder Die Kunst des Verschwindens." *Thh* 12 (1992). 36-41.
Pawlu, Erich. "Shakespeares Hamlet in Augsburg." *Thh* 11 (1975). 64.
Rischbieter, Henning. "Angenehme Unterhaltung, leere Routine." *Thh* 8 (1972). 16-9.
- "Deutsche Trauerspiele." *Thh* 1 (1987). 2-6.
- "Erfolg mit Effekt: Die neue Bremer Truppe stellt sich mit Maria Stuart vor" *Thh* 11 (1978). 14f.
- "Die neue Regisseursgeneration." *Thh* 2 (1962). 96.
- "Theater als Ort der Geschichte. Rede zur Eröffnung des neuen hannoverschen Schauspielhauses am 30. Oktober." *Thh* 1 (1993). 30-33.
- "Wege zu Shakespeare?" *Thh* 6 (1972). 30-5.
- "Wie es euch zerfiel." *Thh* 11 (1977). 11-6.
- "Zadek meint: Shakespeare ist geschmacklos." *Thh* 2 (1973). 28f.
- "Kraft, Konzentration – Unmaß? Über Friedrich Karl Prätorius." *Thh-Jb.* 1978. 16f.
- "Macht mißt Macht: B.K. Tragelehn inszeniert Shakespeares Maß für Maß in Stuttgart." *Thh* 7 (1979). 23-7.
- "Machtkämpfe, Resignation, Intrigen auf und hinter den Bühnen." *Thh* 12 (1980). 11-3.
- "Shakespeare und wir. Theaterschaffende aus aller Welt antworten auf die Theater-der-Zeit-Umfrage zum Welttag des Theaters 1964: Was bedeutet Shakespeare für Ihre Arbeit?" *Theater der Zeit* 19 (1964). 5-26.
Roßmann, Andreas. "Im Abseits der Gegenwart." *Thh* 7 (1992). 22-26.
Rühle, Günther. "Die schrecklichen Plagen der Liebe." *Thh* 1 (1978). 7f.
- *Anarchie in der Regie. Theater in unserer Zeit.* Bd. 2 Frankfurt/M. 1982.
- "Die Vision ins Nichts." *Thh* 4 (1979). 6-10.
- "Der Menschensammler. Laudatio auf Kurt Hübner." *Thh* 11 (1991). 1-14.
Ruf, Wolfgang. "Der Mohr färbt ab." *DDB* 3 (1990). 6f.
Schmidt, Jochen. "Hamlet gegen Heute. Heyme/Vostells Kölner Shakespeare-Inszenierung." *Thh* 4 (1979). 14f.
Schmidt-Mühlisch, Lothar. "Anmerkungen zur Wirklichkeits-Manie der deutschen Bühne." *Theater-Rundschau* 2 (1993). 4.
Schödel, Helmut. "Freud für den Hausgebrauch: Shakespeare Hamlet in Ulm." *Thh* 5 (1977). 57f.
Schuh, Oscar Fritz. *Die Bühne als geistiger Raum.* Bremen 1963.
Schwab-Felisch. "Der melancholische Shakespeare." *Thh* 6 (1973). 12f.
- "Düsseldorf: Othellos." *Thh* 8 (1975). 9.
Skasa, Michael. "Vorgestern Augsburg oder Skandal um heute." *Thh* 12 (1978). 23, 26.
Stein, Peter. "Wohin das führen wird, weiß ich noch nicht." *Thh* 4 (1984). 3f.
Stein, Peter; Brook, Peter. "Prospero ist Prospero." *AZ.* 13. 11. (1990)
Stein, Peter; Zadek, Peter. "Was kann man machen? Ein Gespräch über Theater und Theatermachen in diesem Jahr 1968." *Thh-Jb* 1968. 26-29.
Stumm, Reinhardt. "Kaputt lachen: Zadeks Othello-Inszenierung – warum lachen wir?." *Thh-Jb.* 1976. 39-41.

277

Theater heute. "Debatte über Formalismus und Realismus." *Thh* 7 (1974). 19-22.
– "Der Einschnitt." *Thh* 4 (1984). 1, 5.
– "Die neue Konstellation: Bochum." *Thh-Jb.* 1971. 54f.
– "Shakespeares Stücke sind komplexer als jede Aneignung – man braucht zu verschiedenen Zeiten verschiedene Übersetzungen. Ein Gespräch [Müller, Hamburger, Tragelehn]." *Thh* 7 (1975). 32-7.
– "So ein Theater." *Thh* 10 (1971). 2-10.
Ueding, Cornelie. "Melancholien, keine Hoffnung." *Thh* 10 (1980). 40.
Vietta, Egon. Theater. *Darmstädter Gespräch 5.* Darmstadt 1955.
Vitez, Antoine. "A propos d'Electre." *Les Lettres Françaises* 125 (1966).
Wekwerth, Manfred. *Notate über die Arbeit des Berliner Ensembles 1956-1967.* Frankfurt/M. 1967.
Weilen, Alexander v. *Der erste deutsche Bühnen-Hamlet. Die Bearbeitungen Heufelds und Schröders.* Wien, 1914.
Widmann, Wilhelm. *Hamlets Bühnenlaufbahn. 1601-1877.* Leipzig 1931.
Wendt, Ernst. "Keine utopische Rettung im Theater." *Thh* 9 (1978). 1-3.
– Wie es euch gefällt, geht nicht mehr: Meine Lehrstücke und Endspiele. München – Wien 1985.
Wille, Franz. "Blick zurück nach vorn auf jetzt?" *Thh* 12 (1992). 11-17.
– "Solange wir solche Intendanten haben, ist noch nicht alles verloren. Das drohende Theatersterben in den neuen Ländern und eine Diskussion in Dresden." *Thh* 12 (1992). 64-65.
Willett, Ralph. "The Old and the New: Robert Wilson's Traditions." *Studien zur Ästhetik des Gegenwartstheaters.* Ed. C.W. Thomsen. 91-98.
Wittkowski, Wolfgang. "Zerstört das Regietheater die deutsche Literatur?" *Drama und Theater im 20. Jahrhundert.* Ed. H.D. Irmscher, W. Keller. Stuttgart 1984. 476-482.
Zadek, Peter. "Die Anarchie der Gefühle: Benjamin Henrichs im Gespräch mit Peter Zadek." *Thh* 7 (1976). 24-9.
– "Am liebsten Morde oder frei wie beim Jazz. Wie Peter Zadek den Hamlet inszenierte. Ein Gespräch mit den Schauspielern." *Thh* 3 (1978). 26-32.
– *Das wilde Ufer: Ein Theaterbuch.* Köln 1990.